国家出版基金项目
NATIONAL PUBLICATION FOUNDATION

抗日战争专题研究

张宪文 朱庆葆 主编

第三辑
敌后根据地

山西抗日根据地的社会教育

辛 萌 著

江苏人民出版社

图书在版编目(CIP)数据

山西抗日根据地的社会教育 / 辛萌著. -- 南京 : 江苏人民出版社, 2022.1

(抗日战争专题研究 / 张宪文, 朱庆葆主编)

ISBN 978-7-214-26190-8

Ⅰ. ①山… Ⅱ. ①辛… Ⅲ. ①农村革命根据地—社会教育—研究—山西 Ⅳ. ①K269.5②G779.29

中国版本图书馆 CIP 数据核字(2021)第 089448 号

书　　名	山西抗日根据地的社会教育
著　　者	辛　萌
责任编辑	张世卿
装帧设计	刘葶葶
责任监制	王列丹
出版发行	江苏人民出版社
地　　址	南京市湖南路 1 号 A 楼,邮编:210009
照　　排	江苏凤凰制版有限公司
印　　刷	苏州市越洋印刷有限公司
开　　本	652 毫米×960 毫米　1/16
印　　张	28.75　插页 4
字　　数	350 千字
版　　次	2022 年 1 月第 1 版
印　　次	2022 年 1 月第 1 次印刷
标准书号	ISBN 978-7-214-26190-8
定　　价	98.00 元

教育部哲学社会科学研究重大委托项目
2021年度国家出版基金资助项目
南京大学“双一流”建设卓越计划项目

合作单位

南京大学　北京大学　南开大学　武汉大学
复旦大学　浙江大学　山东大学
台湾中国近代史学会

学术顾问

金冲及　章开沅　魏宏运　张玉法　张海鹏
姜义华　杨冬权　胡德坤　吕芳上　王建朗

总　序

张宪文　朱庆葆

日本侵华与中国抗日战争是近代中国最重大的历史事件。中国人民经过14年艰苦卓绝的英勇奋战，付出惨重的生命和财产的代价，终于取得伟大的胜利。

自1945年抗日战争结束至2015年，度过了漫长的70年。对这一影响中国和世界历史进程的重大事件，国内外历史学界已经做过大量的学术研究，出版了许多论著。2015年7月30日，在抗日战争胜利70周年前夕，中共中央政治局就中国人民抗日战争的回顾和思考进行集体学习，习近平总书记发表重要讲话，指示学术界应该广为搜集整理历史资料，大力加强对抗日战争历史的研究。半个月后，中共中央宣传部迅速制定抗日战争研究的专项规划。8月下旬，时任中共中央宣传部部长刘奇葆召开中央各有关部委、国家科研机构和部分高校代表出席的专题会议，动员全面贯彻习总书记的讲话精神，武汉大学和南京大学的代表出席该会。

在这一形势下，教育部部领导和社会科学司决定推动全国高校积极投入抗战历史研究，积极支持南京大学联合有关高校建立抗战研究协同创新中心，并于南京中央饭店召开了由数十所高校的百余位教授、学者参加的抗战历史研讨会。台湾中国近代史学会也派出十多位学者，在吕芳上、陈立文教授率领下出席会议，共同协商在新时代深入开展抗战历史研究的具体方案。台湾著名资深教授蒋永敬在会议上发表了热情洋溢的讲话。经过几个月的酝酿和准备，南京大学决定牵头联合我国在抗战历史研究方面有深厚学术基础的北京大学、南开大学、武汉大学、复旦大学、浙江大学、山东大学及台湾中国近代史学会，组织两岸历史学者共同组建编纂委员会，深入开展抗日战争专题研究。中央档案馆和中国第二历史档案馆也积极支持。在南京中央饭店学术会议基础上，编纂委员会初步筛选出130个备选课题。

南京大学多次举行党政联席会议和校学术委员会会议，专门研究支持这一重大学术工程。学校两届领导班子均提出具体措施支持本项工作，还派出时任校党委副书记朱庆葆教授直接领导，校社科处也做了大量工作。南京大学将本项目纳入学校“双一流”建设卓越计划，并陆续提供大量经费支持。

江苏省委、省政府以及江苏省委宣传部，均曾批示支持抗战历史研究项目。国家教育部社科司将本项研究列为哲学社会科学研究重大委托项目，并要求项目完成和出版后，努力成为高等学校代表性、标志性的优秀成果。

本项目编纂委员会考察了抗战历史研究的学术史和已有的成果状况，坚持把学术创新放在第一位，坚持填补以往学术研究的空白，不做重复性、整体性的发展史研究，以此推动抗战历史研究在已有基础上不断向前发展。

本项目坚持学术创新，扩大研究方向和范围。从以往十分关注的九一八事变向前延伸至日本国内，研究日本为什么发动侵华战争，日本在早期做了哪些战争准备，其中包括思想、政治、物质、军事、人力等方面的准备。而在战争进入中国南方之后，日本开始实施一号作战，将战争引出中国国境，即引向亚太地区，对东南亚各国及东南亚地区的西方盟国势力发动残酷战争。特别是日军偷袭美军重要海军基地珍珠港，不仅给美军造成严重的军事损失，也引发了日本法西斯逐步走向灭亡的太平洋战争。由此，美国转变为支援中国抗战的主要盟国。拓展研究范围，研究日本战争准备和研究亚太地区的抗日战争，有利于进一步揭露日本妄图占领中国、侵占亚洲、独霸世界的阴谋。

本项目以民族战争、全民抗战、敌后和正面战场相互支持相互依靠的抗战整体，来分析和认识中国抗日战争全局。课题以国共两党合作为基础，运用大量史实，明确两党在抗日战争中的地位和作用，正确认识各民族、各阶级对抗日战争的贡献。本项目内容涉及中日双方战争准备、战时军事斗争、战时政治外交、战时经济文化、战时社会变迁、中共抗战、敌后根据地建设以及日本在华统治和暴行等方面，从不同视角和不同层面，深入阐明抗日战争的曲折艰难历程，以深刻说明中国抗日战争的重大意义，进一步促进中华民族的伟大复兴。

对于学界已经研究得甚为完善的课题，本项目进一步开拓新的研究角度和深化研究内容。如对山西抗战的研究更加侧重于国共合作抗战；对武汉会战的研究将进一步厘清抗战中期中国政治、经济、社会的变迁及国共之间新的友好关系。抗战前期国民党军队丢失大片国土，而中国共产党在十分艰难的状况下，在敌后逐步收复失地，建立抗日根据地。本项目要求各根据地相关研究课题，应在以往学界成果基础上，着力考察根据地在社会改造、经济、政治、人才培养等方面，如何探索和积累经验，为 1949 年后的新中国建设提供有益的借鉴。抗战时期文学艺术界以其特有的文化功能，在揭露日军罪行、动员广大民众投入抗战方面，发挥了重要作用。我们尝试与艺术界合作，动员南京艺术学院的教授撰写了与抗日战争相关的电影、美术、音乐等方面的著作。

本项目编纂委员会坚持鼓励各位作者努力挖掘、搜集第一手历史资料，为建立创新性的学术观点打下坚实基础。编纂委员会要求全体作者坚决贯彻严谨的治学作风，坚持严肃的学术道德，恪守学术规范，不得出现任何抄袭行为。对此，编纂委员会对全部书稿进行了两次“查重”，以争取各个研究课题达到较高的学术水平，减少学术差错。同时，还聘请了数十位资深专家，对每部书稿从不同角度进行了五轮审稿。

本项目自2015年酝酿、启动，至2021年开始编辑出版，是一项巨大的学术工程，它是教育部重点研究基地南京大学中华民国史研究中心一直坚持的重大学术方向。百余位学者、教授，六年时间里付出了艰辛的劳动，对抗战历史研究做出了重要贡献！编纂委员会向全体作者，向教育部、江苏省委省政府以及各学术合作院校，向江苏凤凰出版传媒集团暨江苏人民出版社，向全体编辑人员，表示最崇高的敬意和诚挚的感谢！

目　录

导　论

一、研究缘起及意义

社会教育与家庭教育、学校教育并称为教育的三大组成形式，是教育体系的重要组成部分。社会教育作为山西抗日根据地①建设的重要内容，为根据地政治民主推进、经济发展、文化繁荣做出巨大贡献。虽然对山西抗日根据地社会教育的研究极为重要，但目前学界对这一问题的研究成果却并不多见。据统计，目前已发表的研究成果有：关于晋西北抗日根据地社会教育的相关论文3篇、关于晋察冀边区社会教育的论文5篇、有关晋绥革命根据地社会教育的1篇，对陕甘宁边区和晋察冀边区社会教育做整体研究的论文1篇、以华北根据地为整体进行社会教育研究的论文1篇。对已有成果进行分析，不难发现其大多是引用现有之教育资料选编而进行的宏观性、经验化概述，原始档案资料运用较少，缺乏系统、全面且融合教育理论的深度探究，普遍存在千篇一律的"模样"。缺乏对山西抗日根据地原始档案资料的挖掘和利用，缺少新

① 山西抗日根据地是指抗战时期山西省境内所辖各抗日根据地的总称。

史料支撑的研究本身就带有“先天体弱”之嫌。而且,原有研究的视角主要集中于中共政策法规等方面,并大多运用“政策—效果”的研究范式,思维模式一般为宏观论述中共关于社会教育政策与实施的概况、群众积极拥护社会教育,以及社会教育在根据地发展迅猛等。已有研究鲜少从山西抗日根据地基层农村和农村群众对社会教育切实感受的角度出发,在研究中缺乏鲜活的基层史料论证,未将“自下而上”和“自上而下”的研究方法有机融合起来,其成果往往缺乏直观性、生动性,给人以“冷冰冰、硬邦邦”的感觉。

实证研究是本书的主要研究方法,而档案史料是本书研究的基石。一个偶然的机会,笔者在山西省档案馆发现大量保存完整且可供查阅的山西抗日根据地社会教育档案,而这部分档案至今仍未被研究者利用。庆幸之余,笔者花费了 4 年多时间,陆续抄录相关档案史料几达 90 万字。可以说,对这批原始档案资料的抄录与整理,为本书写作奠定了坚实基础。而本书正是通过对这批档案资料的整理与解读,以山西抗日根据地为研究区域,以当时根据地开展的各种社会教育为中心,以群众对根据地开展社会教育的接受过程为线索,鲜活地呈现了山西抗日根据地社会教育的全貌。此外,以往的研究多聚焦于某个根据地的社会教育(大多数聚焦于冬学),将山西抗日根据地所辖之晋察冀、晋绥、太行、太岳根据地的社会教育进行“割裂式”研究,不可避免地使研究出现“碎化”问题。目前此类研究成果基本是就社会教育论社会教育,缺乏跨学科的综合研究,多是依据宏观性史料对当时社会教育的状况进行工作层面、经验层面描述,缺乏学术性理论指导。山西抗日根据地社会教育不仅是教育史层面的问题,还与根据地区域内的经济史、政治史、文化史、社会史等内容密切关联。社会教育不可能孤立存在,它的产生、发展,以及内部要素等均与当时根据地的政治、经济、文化以及社会现状相关，它们之间相互联系、相互影响。与此同时，基层乡村社会和基层群众同社会教育的互动亦是非常重要的，因而要对山西抗日根据地社会教育进行全面、系统、深入的研究，必须以历史资料、研究内容、理论方法三位一体的理念作为指导，结合历史学与教育学以及其他多学科进行交叉、联动，实现跨学科研究。

为冲破当前因一般性、经验性史料描述而造成抗日根据地社会教育研究“碎化”问题的局面，应以“新革命史”的理念、系统论的方法和关系性的角度来解读山西抗日根据地的社会教育。山西抗日根据地社会教育是当地社会活动总系统中的一个子系统，其活动对整个山西抗日根据地建设起着极其重要的作用。社会教育不能仅仅被理解为教育层面的问题，对山西抗日根据地社会教育进行研究不仅要关注其社会教育本身所涵盖的内容，还应将其所处区域相关的其他社会要素融合进来，并加以理论性分析。这就需要对其所处区域的社会、政治、经济、文化等问题进行综合研究，围绕社会教育史，将政治史、文化史、经济史、乡村史、区域社会史等多学科有机融合。关注山西抗日根据地社会教育内部、外部、与社会教育活动有关的社会要素以及教育要素等多方面内容，在研究山西抗日根据地社会教育的过程中，注重社会教育内部要素与外部要素的互动结构及其影响方式。在此研究方法的指导下开展山西抗日根据地社会教育的研究，试图改变过去抗日根据地社会教育研究中存在的“干瘪”“碎化”问题，生动有力、深入细致地展现山西抗日根据地社会教育运行全景。

将题目定为“山西抗日根据地的社会教育”的理论意义在于：对山西抗日根据地社会教育进行探讨，是以区域社会史研究为主体的研究，并伴以多学科知识之融合，实现史学与教育等相关理论的有机结合。本研究力图全面、系统、深入地展现山西抗日根据地社会教育的真实全貌，研究成果争取为相关领域的研究提供理论层面支持，并丰富这一层面的研究。本研究有助于人们从教育理论层面及社会学等方面，多角度、多层次地理解山西抗日根据地社会教育，运用跨学科研究方法和系统论等方法研究山西抗日根据地社会教育，能够对其发展的整个过程进行宏观、整体、深入、系统的描述和分析，并对山西抗日根据地社会教育不同发展阶段状况做细致了解，客观地总结山西抗日根据地社会教育发展的经验与教训。本研究对山西抗日根据地社会教育与根据地社会发展变迁、中共在根据地中心工作变化，以及在山西抗日根据地社会教育发展过程中形成的社会教育传统进行理论层面的探讨，为社会教育的发展和进步提供科学的理论与启示。本研究的开展，不仅从理论层面拓展了山西抗日根据地社会教育研究的范畴，也对山西抗日根据地社会教育研究形成自身的学术话语体系做出了一定贡献。从前文论述中可知，将山西抗日根据地作为整体区域，对其社会教育进行研究，可避免目前根据地社会教育研究中存在的“碎化”问题。通过对山西抗日根据地社会教育的研究，不仅可以为今后的相关研究提供有力参考，为相关研究的学术话语体系的形成与发展贡献一分力量，且有助于研究者更加明确今后山西抗日根据地社会教育研究的发展思路与研究方向。本研究超越于以往经验层面上对抗日根据地社会教育的一种探求，通过研究增强了对山西抗日根据地社会教育的解释力，对其相关领域中的问题做出解答，并应对未来更新的挑战。本研究选题的实践意义在于，通过对山西抗日根据地社会教育的研究，为当代社会教育的建设起到有效的借鉴作用，并对社会教育如何能够更好地促进社会发展起到积极的启示作用。

二、研究现状及文献综述

自20世纪20年代初始，学界对社会教育表现出极大热情，并取得了一定的理论研究成果。1949—1977年间该领域的研究受挫，从1978年开始则又渐渐恢复。到目前为止，社会教育研究正在逐步走向深入，但从整体上看，其应有的重要性仍未被充分认识。聚焦到中共根据地社会教育的研究来看，已有相关著作多是根据地时期教育资料选编，或是在中国教育史、革命根据地教育史等相关书籍中以社会教育作为一个小单元，只占略少章节，普遍是对根据地社会教育的宏观概述，且目前学界对以山西抗日根据地为整体区域进行的社会教育研究较为鲜见。要对山西抗日根据地社会教育进行研究，对相关研究成果进行梳理是非常必要的基础性工作，笔者根据现有的能够检索到的文献，对有关社会教育的研究成果进行分门别类的检视，主要包括以下几方面内容。

（一）“社会教育”一词的来源

据文献记载，“社会教育”这一概念最早出现于1835年德国教育学家狄斯特威格的《德国教师陶冶的引路者》一书中。① 在中国，“社会教育”这一专业术语和教育领域其他诸多术语一样，属于“舶来品”。民国时期，学者们追溯“社会教育”一词的来源，对其进行考证，当时大多数的学者赞同“社会教育”这个专业词语是蔡元培先生于德国引进，引进的时间是1912年，但王雷通过考辨，认为“社会教育”概念系由日文转译而来。② “社会教育”一词最早出现

① 詹栋梁：《现代社会教育思潮》，台北：五南图书出版公司，1981年，第3页。

② 王雷：《“社会教育”传入中国考略》，《河北师范大学学报（教育科学版）》，2000年第4期，第37—41页。

于《游学译编》第11册(1903年)的目录之中。[①] 1906年,蓝公武在“爱智会”主办的《教育》上发表《社会教育论》一文。[②] “社会教育”亦出现于1907年10月出版的《教育世界》(159号)目录之中。[③] 对该名词出现的时间进行了考证之后,我们来追溯社会教育相关著作出版的事件脉络,谢荫昌出版于1913年的《社会教育》是我国最早出现的关于社会教育的专业论著。[④] “从史实来看,近代中国社会教育一词于1912年以前就已经被当时各种社会教育刊物所使用,并非是蔡元培从德国介绍而来,而是受到日本社会教育影响的结果。”[⑤]但不可否认的是,蔡元培为1912年教育部设立社会教育司做出了巨大贡献,他与蒋维乔等共同草拟,并于1912年3月底由南京临时参议院制定的教育部官制中,将社会教育与普通教育、专门教育三司并立,“社会教育”制度化形态由此诞生。[⑥] 陶孟和所著的《社会与教育》一书是我国最早较为系统地论述教育与社会之关系的著作。[⑦] 此书1922年由商务印书馆出版发行,内容主要偏向于对史密斯1917年所著的《教育社会学导论》一书理论篇和克劳于1920年所著的《社会学原理与教育应用》内容的编写与翻译。[⑧] 简言之,“社会教育”是20世纪初由日本舶来的一个全新名词,中

---

① 《游学译编第11册》(1903年),游学译编社编:《游学译编》,长沙:湖南师范大学出版社,2008年,第14页。

② 蓝公武:《社会教育论》,《教育》,1906年第2期。

③ 侯怀银、张宏波:《“社会教育”解读》,《教育学报》,2007年第4期,第3—8页。

④ 侯怀银、张宏波:《“社会教育”解读》,《教育学报》,2007年第4期,第3—8页。

⑤ 王雷:《中国近代社会教育史》,北京:人民教育出版社,2003年,第6—7页。

⑥ 于述胜:《民国时期社会教育问题论纲——以制度变迁为中心的多维分析》,《北京大学教育评论》,2005年第3期,第18—25页

⑦ 吴康宁:《教育社会学》,北京:人民教育出版社,2014年,第54页。

⑧ 李锦旭:《中文教育社会学的回顾与展望》,《佛光学刊》,1996年创刊号。

国近代社会教育观念的产生与发展受到了日本与德国社会教育的双重影响。①

（二）社会教育概念界定

对社会教育概念的界定，从民国到当代学者均从不同角度进行了诸多讨论，但一直未有定论。民国时期，在社会教育研究领域影响较大的两位学者是马宗荣和吴学信，其中，马认为“国家、公共团体、私人，为图谋民众资质的向上，以社会全体为客体，使影响及于社会全体的教育叫作社会教育”②。吴则认为“社会教育为家庭教育、学校教育以外，所实行的教育活动的泛称。其对象为社会全民，其时期为整个人生，其内容是充实人生的，其实施机关是种类多歧，其施教时间乏严密连续性，以上各项都是社会教育的特征”③。至于同期的其他学者，观点与之相似或基本一致。如余寄认为“社会教育，以社会之全体为教育之客体，而施教育于社会全体之谓也”④。陈礼江认为“社会教育是国家或私人欲使教育范围扩张，在普通正式学校以外，另办的各种各样的非正式教育。这种教育包括各种教育机关和事业，应用各种方法和手段，给予一切未受国民基础教育的成年民众以补习的基础教育，以及受过教育（无论何种程度）的民众以继续的教育。”⑤总之，这一时期关于社会教育概念的探讨颇多，但没有达成一致的见解。

新中国成立后，对社会教育概念从广义和狭义两方面进行了

① 王雷：《“社会教育”传入中国考略》，《河北师范大学学报（教育科学版）》，2000 年第 4 期，第 37—41 页。

② 马宗荣：《社会教育概说》，上海：商务印书馆，1925 年，第 1 页。

③ 吴学信：《社会教育史》，上海：商务印书馆，1939 年，第 2 页。

④ 余寄：《社会教育》，上海：中华书局，1917 年，第 1 页。

⑤ 陈礼江：《社会教育的意义及其事业》，南京：正中书局，1937 年，第 3 页。

界定。刘真为李建兴的《中国社会教育发展史》一书所做的序中讲到"若就积极方面下一界说,凡社会上具有教育作用的任何活动和设施,都可以叫作社会教育;如果就消极方面的意义而言,则反正是学校系统之外一切具有教育作用的任何活动和设施,都可以叫作社会教育",①这里的积极和消极方面可理解为广义和狭义的社会教育。《中国大百科全书》亦是从广义和狭义两方面对社会教育进行界定的,狭义的社会教育指一切社会活动影响于个人身心发展的教育,广义的社会教育泛指一切增进人们的知识、技能、身体健康的活动。② 杨才林认为"广义的社会教育包括正规教育,又包括非正规教育,狭义的社会教育则指学校和家庭教育之外的一切社会文化机构及有关的社会团体或组织对社会成员所进行的教育,是家庭教育和学校教育的补充和延续"③。

这一时期关于社会教育的概念,有学者认为可从教育对象角度界定,主要有社会全民说、社会全体说、社会成员说、青少年和成人说,但以此范式认识社会教育实际忽视了其主体。④ 亦有学者从社会教育内容角度对之进行界定,如韩敬波认为社会教育是在广泛的社会生活和生产过程中所进行的教育。⑤《教育管理词典》则将之界定为:以社会各界人士为教育对象,以经济、政治、文化、生活为内容的多种形式的教育。⑥ 还有学者认为"社会教育包括了处

---

① 李建兴:《中国社会教育发展史》,台北:三民书局,1986 年,第 1 页。

② 中国大百科全书总编委员会编:《中国大百科全书》教育卷,北京:中国大百科全书出版社,1985 年,第 313 页。

③ 杨才林:《民国社会教育研究》,北京:社会科学文献出版社,2011 年,第 30 页。

④ 侯怀银、张宏波:《"社会教育"解读》,《教育学报》,2007 年第 4 期,第 3—8 页。

⑤ 韩敬波:《教育学基础》,北京:教育科学出版社,2002 年,第 8 页。

⑥ 李冀:《教育管理词典》,海口:海南人民出版社,1989 年,第 15、118 页。

世、接物、立身、行事。其与家庭并立而为一种教育场者也。夫人既不能离社会而独立于世界之上，则无往而非社会，既无往而非教育场，终其身而不能离”①。另有学者从影响个人身心充分发展方面对之进行界定，认为“社会教育与学校教育同为一种重要的教育活动，其目的在共同促进全国国民身心之充分发展，社会生活之全面改善，社会文化水准之普遍提高，以增进国家社会之繁荣与进步”②。

要深入了解社会教育，将其与相关概念进行区分是必要的。在社会教育发展过程中，存在着与之相近且容易混淆的诸多教育概念，如通俗教育、平民教育、民众教育等。杨才林对三者进行了区分，认为前两者属于社会教育的一部分，后者与社会教育是一个命题的两个方面：社会教育包括高等社会教育和通俗社会教育，通俗教育是社会教育的一部分；平民教育是以不识字的青少年或成年人为对象，做“除文盲、作新民”的工作，并非全民教育，故平民教育亦属社会教育的一部分；民众教育是针对受教育的对象而言，或就社会教育的实施范围而言，两者是一个命题的两个方面。③ 此外，社会教育与学校教育、家庭教育、成人教育、社区教育的区别与联系在于：社会教育和学校教育、家庭教育是从教育形态或教育运行的场域来区分的；社区教育和成人教育从总体来说属于社会教育的分支④；成人教育是社会教育中专门面向成人实施的教育，而社区教育是社会教育在特定地域和范围，即人们所居住的社区进

① [日]中岛半次郎：《论学校对家庭与社会之关系》，《游学译编》1903 年第 8 期，第 1—5 页。

② 李建兴：《中国社会教育发展史》，台北：三民书局，1986 年，第 3 页。

③ 杨才林：《民国社会教育研究》，北京：社会科学文献出版社，2011 年，第 30 页。

④ 侯怀银、张宏波：《“社会教育”解读》，《教育学报》，2007 年第 4 期，第 3—8 页。

行的社会教育。

探讨概念时，应对上升为理论学科的社会教育学和教育社会学进行辨析。目前学界对社会教育学的研究较少，社会教育学是从理论层面对社会教育现象及其规律进行研究的一门教育科学。要研究社会教育史应将历史与理论联系起来，这样才能更准确地了解社会教育的发展。社会教育学的主要著作有民国时期学者詹栋梁的《社会教育学》，日本学者新堀通也所著的《社会教育学》，王冬桦、王非的《社会教育学概论》。新堀通也是在终身教育的大背景下论述了终身教育中的社会教育，并对社会教育的历史与制度进行了探讨。王冬桦、王非则是从社会教育的基本原理、社会教育的实施、社会教育的管理这三大方面对其进行论述。“教育社会学则是将教育学和社会学结合起来，研究教育与社会的基本关系及交互影响的一门社会科学，是研究教育与社会基本关系的一门学科。”①有学者认同其是教育学的一个分支，亦有学者认同是社会学的分支之一。“教育社会学，实质上就是把教育与社会的关系作为研究对象，即以教育（指学校教育）作为一种社会现象、社会组织体系加以研究，主要探索这一社会体系和其他社会体系的交互关系，并分析研究教育的社会过程。”②“教育社会学依照社会学和教育学的观点，以教育教学的社会机制为核心，综合系统研究与教育有关的社会现象和与社会有关的教育现象，并揭示其规律的一门边缘科学。”③

吴康宁所著《教育社会学》一书从教育社会学学科论、教育的

① 王冬桦、王非主编：《社会教育学概论》，北京：教育科学出版社，1992年，第12页。
② 裴时英：《教育社会学概论》，天津：南开大学出版社，1987年，第15页。
③ 王冬桦、王非主编：《社会教育学概论》，北京：教育科学出版社，1992年，第12页。

社会背景、教育自身的社会系统、教育的社会功能四方面对社会教育学进行论述。① 美国教育社会学之父佩恩认为，对教育社会学的认识可分两类观点，第一类观点为“教育社会学是描述与解释个人如何透过社会关系以获得组织经验的一门科学”，②“教育社会学研究整个文化环境对个人影响的过程，个人经由此种过程获得并组织其经验。”③第二类观点可统称为“相互关系说”，“教育制度与社会相互关系说”④。英国社会学家米切尔在《新社会科学辞典》中这样写道，“教育社会学通常是研究教育同社会其他大型制度（经济、政治、宗教和亲属）之间的功能关系。”⑤苏联著名社会学家费里波夫也持相同观点，即“教育社会学研究的对象，从广义上来说，就是研究教育制度和社会之间的相互联系与相互作用的问题。”⑥“教育活动（过程）与社会相互关系说”是苏联 1984 年出版的《应用社会学辞典》中“教育社会学”词条的释文，即如美国芝加哥大学教育社会学家比德威尔与费雷德金所提出的“过程”概念被“活动”所取代，是“教育与社会相互关系说”。关于社会教育学学科性质的讨论主要有三种观点，第一种观点是以“美国社会学之父”沃德为代表的学者支持的“规范学科论”、第二种观点为注重教育学客观性的“事实学科论”、第三种观点是以美国学者巴兰坦为代表的学者

---

① 吴康宁：《教育社会学》，北京：人民教育出版社，2014 年，第 1—7 页。

② Payne. E. G. *Principles of Educational Sociology*，New York：New York University Book Store，1928：20.

③ Brown. F. J. *Educational Sociology*，New York：Prentice-Hall，1947：35 - 36.

④ 贺安民：《远程教育社会学》，北京：中央广播电视大学出版社，2004 年，第 5 页。

⑤ [英]邓肯·米切尔著，蔡振扬等译：《新社会学辞典》，上海：上海译文出版社，1987 年，第 354 页。

⑥ [苏]费里波夫著，李震雷、徐景陵译：《教育社会学》，上海：华东师范大学出版社，1985 年，第 14 页。

所主张的将第一种与第二种观点综合考虑的“事实与规范兼有学科论”。[①] 吴康宁认为教育社会学是教育学的基础学科，是社会学的特殊理论学科，也是教育学与社会学的中介学科。吴康宁对教育社会功能的相关方面进行了较为细致的论述，如从“唯正向功能论”“有条件的正向功能论”“负向功能论”三方面对教育的社会功能进行述评，并对教育的社会功能的形成从功能取向的确立、功能行动的发生、初级功能结果的产生、次级功能结果的衍生等四方面进行了论述。董泽芳在《教育社会学》[②]一书中则按照宏观、中观、微观三个维度进行论述。

（三）关于社会教育的阶段划分

从现有文献看，社会教育阶段划分的研究主要包括三方面内容，即民国时期社会教育阶段、革命根据地社会教育阶段、宏观层面的社会教育阶段。

1934 年，学者马宗荣在《现代社会教育泛论》一书中对社会教育的发展历程进行了归纳，将其历程划分为三个时期，即“准社会教育时期、社会教育萌芽时期、社会教育成立时期，其中准社会教育时期从西周到清朝甲午战争之前，社会教育萌芽时期起于甲午战争，止于清王朝的结束，社会教育成立时期则是从民国建立开始。”[③]1939 年吴学信在其书中将民国社会教育分为四个阶段，即“1912—1918 年为中国社会教育的确立时期，以通俗教育为主；1919—1926 年为发展时期，以平民教育为主；1927—1937 年为扩张时期，以民众教育为主；随着抗战全面爆发，社会教育进入发展

① 吴康宁：《教育社会学》，北京：人民教育出版社，2014 年，第 15—17 页。

② 董泽芳：《教育社会学》，武汉：华中师范大学出版社，2009 年。

③ 马宗荣：《现代社会教育泛论》，上海：世界书局，1934 年，第 251 页。

新阶段。”[①]民国时期是社会教育研究的一个高潮期，其间诸多学者如晏阳初、吴学信、马宗荣、谢荫昌、张志澄、陈礼江、郁祖庆、钟灵秀、林天乐、汤茂如、顾岳忠等均为之做出了重要贡献。当代学者亦同样对此问题进行了探讨，但总的来说基本上沿用前人看法，如王雷将1895—1937年间的社会教育分为近代社会教育萌芽、确立、发展、分化四个阶段[②]。又如杨才林认为“1912—1918年是社会教育确定时期，注重通俗教育的推行；1919—1927年是社会教育发展时期，大力推行平民教育；1928—1937年是社会教育全面扩张时期，注重民众教育；1938—1949年是战时社会教育时期。”[③]

目前关于革命根据地社会教育阶段划分的成果相对较少，邓红在其《论晋察冀边区的社会教育》一文中将晋察冀边区社会教育划分为四个阶段：初创阶段、发展阶段、艰苦生存阶段和恢复阶段，此种阶段划分与晋察冀边区创立和发展历程基本一致。[④] 总的来说，根据地社会教育阶段划分的相关研究大多是以根据地发展状况作为划分社会教育阶段的依据。亦有研究者从宏观层面以纵向视角对社会教育阶段进行划分，将中国社会教育历程分为五个阶段，即起步阶段（1906—1911）、高潮阶段（1912—1948）、挫折阶段（1949—1977）、复苏阶段（1978—1991）、发展阶段（1992—至今）。[⑤]

---

① 吴学信：《社会教育史》，上海：商务印书馆，1939年，第16—17页。

② 王雷：《中国近代社会教育史》，北京：人民教育出版社，2003年。

③ 杨才林：《民国社会教育研究》，北京：教育科学出版社，2011年。

④ 邓红：《论晋察冀边区的社会教育》，《抗日战争研究》，1999年第2期，第105—116页。

⑤ 侯怀银、张宏波：《中国社会教育研究的回顾与展望》，《太原师范学院学报（社会科学版）》，2009年第3期，第119—124页。

（四）关于社会教育史的整体性与区域性研究

目前学界对社会教育史的研究主要有整体性与区域性研究两个层面，而后者又主要表现为对民国政府统治区、革命根据地及日伪统治区社会教育研究三方面。

有关中国教育史及近代教育史的论著尽管很多，但专门研究社会教育史者甚少。吴学信在《社会教育史》中论述了清末至抗战时期中国社会教育的发展轨迹，内容简明、主线清晰，但尚未形成一定体系；而顾岳中的《民众教育》一书则将理论与史实相结合，对抗战时期的民众教育进行了专门论述。① 综合来看，民国时期的研究大多依据官方教育年鉴、教育法令汇编、学校或社团出版的教育期刊和著述，内容大同小异。② 李建兴的《中国社会教育发展史》从文化背景、发展概况、社会教育思想及其影响方面再现了夏商周到民国时期中国社会教育的发展历程，但对近代社会教育则缺乏具体研究。③ 王雷的《中国近代社会教育史》比较全面地阐述了中国近代社会教育的萌芽、确立与发展过程，总结了其中存在的问题和经验，但对区域发展状况的论述则显得史料不足。④ 杨才林的《民国社会教育研究》对民国时期社会教育的主要概念进行了辨析，指出其间社会教育的主旨在于变革教育、培养国民，最终完成救亡图存的时代使命；在分析学校教育弊端的基础上，提出社会教育的重要性；在考察社会教育推进根由与发展进程、社会教育行政、社会教育设施、社会教育事业的基础上对民国社会教育进行了总评。⑤

---

① 顾岳中：《民众教育》，上海：商务印书馆，1948 年。

② 杨才林：《民国社会教育研究》，北京：教育科学出版社，2011 年，第 5 页。

③ 李建兴：《中国社会教育发展史》，台北：三民书局，1986 年。

④ 王雷：《中国近代社会教育史》，北京：人民教育出版社，2003 年。

⑤ 杨才林：《民国社会教育研究》，北京：教育科学出版社，2011 年，第 5 页。

还有学者将民众教育等同于社会教育进行研究，如张蓉的《中国近代民众教育思潮研究》[①]、周慧梅的《民国时期社会教育师资的培养方式及其特征》[②]等。

目前有关区域社会教育研究的成果主要有谷小水的《1927—1937年中国民众教育研究：以江苏为中心》，该文探讨了这一时期中国民众教育的起源、变化、发展，并在此基础上对江苏民众教育作了总评，认为除在乡镇改进会、农业技术推广等有限几个层面取得进展外，民众教育的开展存在诸多弊端。[③] 黄国庭的《江苏公立民众教育研究（1927—1937）》[④]对江苏的民众教育发展进行了考察。张研的《抗日战争时期四川省的社会教育——以成都市立民教馆为中心的研究》以成都市立民众教育馆为切入点，对民教馆的概况、民教馆举办的社会教育活动进行了探讨，并在此基础上对抗日战争时期的四川社会教育进行了评价。[⑤]

至于对革命根据地社会教育的研究，笔者通过知网检索，结果如下：关于晋绥边区1篇、晋察冀边区3篇、陕甘宁边区20篇、总体性概述的有3篇；硕士论文中有1篇研究晋绥革命根据地、1篇研究山东革命根据地、2篇研究抗战时期陕甘宁边区、1篇研究豫西抗日根据地社会教育的；博士论文中有1篇研究陕甘宁边区社会

---

① 张蓉：《中国近代民众教育思潮研究》，华东师范大学博士学位论文，2001年。

② 周慧梅：《民国时期社会教育师资的培养方式及其特征》，《教师教育研究》，2007年第4期，第60—64页。

③ 谷小水：《1927—1937年中国民众教育研究：以江苏为中心》，南京大学博士学位论文，2000年。

④ 黄国庭：《江苏公立民众教育研究（1927—1937）》，华南师范大学硕士学位论文，2005年。

⑤ 张研：《抗日战争时期四川省的社会教育——以成都市立民教馆为中心的研究》，四川大学博士学位论文，2007年。

教育的。这些成果大都基于一般性描述，内容主要包括社会教育的背景、内容、形式、目标、特点以及方针政策、行政组织及其实施效果等。如陈波的《晋绥革命根据地社会教育研究》以晋绥革命根据地冬学运动为个案，总结了根据地社会教育的主要特点，即政治性、实践性、普及性、针对性，评价了根据地社会教育的实施效果。① 类似的成果还有邓红的《论晋察冀边区的社会教育》②、黄正林的《论抗战时期陕甘宁边区社会教育的几个问题》③、张王勇的硕士论文《抗日战争时期陕甘宁边区社会教育与社会和谐发展研究》、李卫华的硕士论文《山东革命根据地的社会教育》、谢飞的硕士论文《抗战时期陕甘宁边区社会教育研究》等。王玉珏的博士论文《抗战时期陕甘宁边区社会教育研究》则从思想政治教育的视角对抗战时期陕甘宁边区社会教育的相关方面进行了较为细致的研究。④ 关于日伪统治区社会教育研究的重要成果是杨家余的《伪满社会教育研究（1932—1945）》，该书通过对伪满社会教育的特异性、实施目的、实施社会教育的控制机构、社会教育制度、日伪对社会教育主体及其媒介的控制、日伪实施奴化教育的途径和方法等六个方面的深入研究，向读者展现了 1932—1945 年间伪满社会教育的实景。⑤ 此外学者们开始逐渐将研究目光转向根据地女性社会教育的领域，相关研究有董玉梅的《抗战时期妇女社会教育与农村社

---

① 陈波：《晋绥革命根据地社会教育研究》，华中师范大学硕士学位论文，2011 年。

② 邓红：《论晋察冀边区的社会教育》，《抗日战争研究》，1999 年第 2 期，第 105—116 页。

③ 黄正林：《论抗战时期陕甘宁边区社会教育的几个问题》，《河北大学学报（哲学社会科学版）》，2003 年第 4 期，第 50—55 页。

④ 王玉珏：《抗战时期陕甘宁边区社会教育研究》，西南交通大学博士学位论文，2014 年。

⑤ 杨家余：《伪满社会教育研究（1932—1945）》，北京：高等教育出版社，2010 年。

会变迁——以晋北抗日根据地为例》，其从抗战与妇女、妇女与抗战的双向需求出发，从政治结构的变迁、社会价值观念的变迁、社会制度的变迁三个维度对晋西北抗日根据地妇女社会教育与农村变迁进行了探讨。① 此外，亦有安莉的硕士论文《晋察冀抗日根据地农村妇女社会教育研究》论述了晋察冀抗日根据地妇女社会教育的内容、形式，总结了其特点，并对晋察冀抗日根据地妇女教育进行了评价。②

（五）关于社会教育的内容、功能、设施及行政

1. 社会教育内容分类

社会教育的内容随历史演进不断进行调整，民国时期学界大致将之划分为"四育说""人生全部活动说""五类十种说""分类实施说""五育说"等。③ 仲靖澜以社会教育对象为划分依据，将其分为一般社会教育、职业化社会教育、特殊社会教育。"一般社会教育是指对普通民众进行的教育，职业化社会教育是指针对农、工、商等需要职业技术的人群进行的教育，特殊社会教育是实施给精神缺陷、身体残疾、品行堕落者的教育。"④

从目前的研究成果来看，中共根据地社会教育的内容可归纳

---

① 董玉梅：《抗战时期妇女社会教育与农村社会变迁——以晋北抗日根据地为例》，《历史教学》，2018 年第 5 期，第 49—57 页。

② 安莉：《晋察冀抗日根据地农村妇女社会教育研究》，太原理工大学硕士学位论文，2019 年。

③ 罗廷光在 1934 年由世界书局出版的《教育概论》一书中提出社会教育的"四育说"；陈礼江在 1937 年由中正书局出版的《社会教育的意义及其事业》一书中提出"人生全部活动说"；马宗荣在 1937 年由商务印书馆出版的《社会教育纲要》一书中提出"五类十种说"；国立编译馆所著的由正中书局于 1948 年出版的《社会教育》一书中提出"分类实施说"；陈侠、傅启群、傅葆琛所著的由人民教育出版社于 1994 出版的《教育论著选》一书中提出"五育说"。

④ 仲靖澜：《社会教育指导》，上海：世界书局，1933 年，第 66 页。

为:政治教育,主要是时事政策教育、启发群众民族革命意识、教授民族自卫战争中所需的理论和技能;文化教育,以识字教育为主,随着受教育者文化水平的提高逐步增加各方面的文化知识,培养写作和阅读能力;科学常识教育,破除封建迷信,教育群众认识自然科学现象。除此之外,还有生产教育、移风易俗教育等。这些内容在敌后抗战中发挥了重要作用。还有研究者将之归纳为知识教育、军事训练和生活训练。知识教育主要分为识字教育和政治教育。识字教育所采用的形式主要有识字班、冬学、大众补习学校等,教育目的在于扫除文盲、提高民众文化知识水平。政治教育则是为了提升政治觉悟。军事训练主要包括对青年男子、妇女、儿童进行的相关军事常识培训,如自卫军训练、医药常识训练、儿童站岗放哨训练等。生活训练是针对根据地群众所需日常生活常识和简单农业技能进行培训。董纯才在《中国革命根据地教育史》中讲到"如群众需要识字,就教日用杂字;需要记账,就教珠算;需要应酬门户,就教写信、写条据、写契约、写对联;需要健康,就教卫生常识,等等。所用的教材不是固定的课本,实际生活就是教材内容的源泉。"①

当代社会教育内容是以教育对象还是以教育内容或教育实施方式为分类标准,学者们认为仍需进行具体深入的研究。② 近年来社会教育的内容又注入新的元素,包括思想政治教育、公民法制教育、道德及品格教育、科学精神教育、人文素养教育、生命教育、职业教育、创新实践教育、健康教育等。

---

① 董纯才:《中国革命根据地教育史》第2卷,北京:教育科学出版社,1991年,第333页。

② 侯怀银、张宏波:《中国社会教育研究的回顾与展望》,《太原师范学院学报(社会科学版)》,2009年第5期,第119—124页。

2. 社会教育功能

学界对民国时期、抗日根据地及当代社会教育功能进行探讨的学者主要有：于述胜从制度变迁的角度着眼，认为社会教育在“整个民国时期的制度设计中，是一个处在流变过程中的历史概念，其功能包括社会改造和教育改造两个方面，其具体职能在不同阶段有不同的内涵和表现。”其中，国家、地方政权和知识分子群体在不同阶段扮演着不同角色。他特别指出“围绕着解决国家自上而下的理性规划与基层社会自主、自治能力发展之间的矛盾，存在着不同的探索方式，但限于历史条件未及展开。”①抗日根据地社会教育功能的研究主要围绕陕甘宁边区展开，且在已有研究中对社会教育功能的论述更像是对意义的概括。如黄正林认为陕甘宁边区社会教育提升了边区民众文化水平，减少了文盲数量；给民众以民族意识、国家意识、道德观念的教育，激发了民众参与政治的热情；提高了群众对中共政策的接受度，最终达到了民众对中共政权及各项政策最大限度的认可。② 对当代社会教育功能进行探讨时，有学者从整体的宏观层面将之分为育人功能和社会功能两种，认为目前研究的难点不仅在于其本身，还应注重对文化、经济功能的关注，并在研究育人功能的基础上注重社会教育功能的整合与互相渗透。③

① 于述胜：《民国时期社会教育问题论纲——以制度变迁为中心的多维分析》，《北京大学教育评论》，2005 年第 3 期，第 60—64 页。

② 黄正林：《社会教育与抗日根据地的政治动员——以陕甘宁边区为中心》，《中共党史研究》，2006 年第 2 期，47—55，65 页。

③ 侯怀银、张宏波：《中国社会教育研究的回顾与展望》，《太原师范学院学报（社会科学版）》，2009 年第 5 期，第 119—124 页。

3. 社会教育设施

民国时期社会教育实施机关可分为学校和社会两种形式。此时期主要的社会教育设施机构有民众教育馆、民众学校、图书馆、博物馆、科学馆、礼乐馆等。目前关于民众教育馆的研究较多，如毛文君的硕士学位论文《近代中国(1911—1937)城市民众教育馆述论》等，这些成果对近代中国民众教育馆兴起、发展历程、组织机构及活动进行了一定探讨。根据地时期的社会教育主要集中于冬学。除此之外，还辅以其他的社会教育设施，以补充和增强社会教育实施效果。比如根据地一般会在有条件的基础上逐步加强社会教育的组织领导工作、扩充社会教育形式，以及建立健全识字班、农民夜校、大众补习学校、读报组、革命剧团、一揽子村学、民族革命室(即民革室，亦称“民族革命教育室”“救国堂”)、黑板报、秧歌队、民众教育馆等。

4. 社会教育行政

社会教育行政包括机构与制度、人员与经费、目标与任务。民国时期的社会教育行政机构有中央、省、县三级，目前相关研究基本都会涉及此部分内容。抗日根据地社会教育行政的研究内容多以史料梳理来展现，因缺乏系统性分析，所以读者在阅读时难免感觉内容庞杂，逻辑不甚清晰。而当代社会教育行政方面的研究较多地集中在社会教育制度上，包括其概念、基本构成、价值、特性、实施和创新等。这里所言的社会教育制度又多指狭义的社会教育制度，即以社会教育政策、法律、规章等形式表现出来的社会教育活动规范。

(六) 关于社会教育思想

社会教育思想的研究成果主要体现为对马克思社会教育思想的关注和对中国近代社会教育思想的探究。马克思社会教育思想主要包括马克思社会教育思想的理论内核、马克思社会教育思想指导下的社会教育任务、马克思社会教育思想中的民本思想等，如龚超从马克思主义辩证法、社会实践教育思想、社会教育的马克思哲学基础、马克思对社会教育内涵的扩展几个方面探讨了马克思社会教育思想的理论内核[①]，并认为马克思特别强调要积极培养全面发展的共产主义新人，培养共产主义青年的综合能力，加强对正在成长的工人的全面教育，开展实际操作工艺教育等。[②] 朱云则指出社会教育的任务包括三方面内容：其一，运用马克思主义理论武器对现存的需要批判的一切进行无情批判；其二，人民需要用马克思主义理论来武装自己；其三，要消灭阶级的教育，让全体社会成员享有社会教育，要通过社会教育的开展来推动社会全面的发展。[③] 而近代社会教育思想主要集中于对著名教育学家如晏阳初、蔡元培、梁漱溟、俞庆棠、马宗荣、李蒸、高阳、傅葆琛、雷沛鸿等的社会教育思想及其实践活动的探讨，相关论文有施莉的《论蔡元培的的社会教育思想》[④]、何长凤的《社会教育学家马宗容》[⑤]、张俊宗的《李蒸及其民众教育思想》[⑥]、马玲亚的《俞庆棠对民国时期民众

---

① 龚超：《马克思社会教育思想的理论内核》，《马克思主义理论研究》，2010年第1期，第22—25页。

② 龚超：《初探马克思的民本社会教育思想》，《南方论刊》2012年第1期，第70—72页。

③ 朱云：《马克思论社会教育的任务》，《湘潭大学学报（哲学社会科学版）》，2011年第4期，第98—100页。

④ 施莉：《论蔡元培的社会教育思想》，《宁波大学学报（教育科学版）》，2006年第5期，第67—70页。

⑤ 何长凤：《社会教育学家马宗荣》，《贵阳文史》，2003年第4期，第12—13页。

⑥ 张俊宗：《李蒸及其民众教育思想》，《西北师大学报（社会科学版）》，2002年第5期，第43—46页。

教育的贡献》[①]、熊贤君的《民众教育的开拓者——俞庆棠》[②]、杨孝容《创造新文化　救活旧农村——略论梁漱溟乡村民众教育思想》[③]、张澎的《平民教育家傅葆琛》[④]、华莹的《高阳民众教育思想初探》[⑤]、易慧清的《略论雷沛鸿的民众教育思想》[⑥]等。

综上所述，从民国时期开始，学界对中国社会教育或社会教育史的各个层面进行了研究，取得了较为丰硕的成果。但正如笔者所分析的那样，关于社会教育的研究力度仍需进一步强化。已有成果多从表层现象进行考察，或只就某一相关问题展开论述，所得结论难免偏颇；有的成果貌似区别于过往，实则惟文字表述不同而已，存在明显的"瞒天过海"之嫌；有的成果"照猫画虎"，仅选择的区间或地域转换罢了，缺乏新的理论建树；有的成果宏观阐释有余，实证分析阙如，给人以"空空然"之感。具体而言，先前的研究基本可以划分为两大类，一从教育理论层面对相关概念体系进行宏观探讨，一从教育史角度进行历史追溯，而将两者有机结合起来的成果相对匮乏，甚至鲜见。从现有成果看，还是更多地聚焦于民国时期中央政府管控区域的社会教育，而对中共根据地及日伪统治区研究者甚少，尤其关于根据地时期的研究大多是在一些教育

---

① 马玲亚：《俞庆棠对民国时期民众教育的贡献》，《教育评论》，2003 年第 3 期，第 83—85 页。

② 熊贤君：《民众教育的开拓者——俞庆棠》，《档案与史学》，2003 年第 3 期，第 54—57 页。

③ 杨孝容：《创造新文化　救活旧农村——略论梁漱溟乡村民众教育思想》，《西南民族大学学报（人文社会科学版）》，2005 年第 4 期，第 361—364 页。

④ 张澎：《平民教育家傅葆琛》，《文史杂志》，1996 年第 1 期，第 38—39 页。

⑤ 华莹：《高阳民众教育思想初探》，《河北师范大学学报（教育科学版）》，2004 年第 5 期，第 52—57 页。

⑥ 易慧清：《略论雷沛鸿的民众教育思想》，《广西师范大学学报（哲学社会科学版）》，1993 年第 3 期，第 56—63 页。

资料选编或在中国教育史及革命根据地教育史等通论性著述中略有论及。至于某些专题性研究，也多是一般的经验性概述，且以陕甘宁边区构成观察主体。

实际上，社会教育不能仅仅被理解为教育层面的问题，除关切自身外，还应考量到所处区域的相关社会要素，如政治、经济、社会、文化等，厘清理论表达与具体实践之间的关系，应紧紧围绕社会教育史，进行政治史、经济史、文化史、区域社会史等多学科的整体性综合探讨，既要关注社会教育的内部组织机理，又不能忽视与之密切关联的各种外部元素，特别是两者之间的互动关系，在具体的研究实践中实现历史学与教育学理论等多学科的交叉融合。如此，才能突破既往的研究路径或考察视角，将中国社会教育或社会教育史研究推向更高更广更深的层次。

三、研究架构与方法

山西抗日根据地的社会教育是在抗战与中共革命的大背景下实施的，具有鲜明的战时性和工具性特点，即社会教育必须为全民抗战和中共革命的现实服务。社会教育内容包括政治教育、文化教育、生活教育三大方面，不仅传授知识给根据地民众，亦通过社会教育改变民众的精神文化面貌，进而推动传统乡村社会权力结构的变革。研究其内在组织机理并总结其经验教训，不仅有助于我们观察根据地社会建设和政权建设的全景，亦可为当代社会教育提供某些历史启示。

本书遵循“让历史说话、用史实发言”①的宗旨，通过分析大量

---

①《让历史说话用史实发言　深入开展中国人民抗日战争研究》，《人民日报》，2015 年 8 月 1 日，第 1 版。

原始档案资料，力图展现山西抗日根据地社会教育之原貌，试图跳出以往“政策—效果”的传统研究范式，将更多关注点聚焦于基层社会教育在根据地乡村的具体运行，社会教育对普通群众的施教效果，群众对社会教育接受过程等方面，将“自下而上”与“自上而下”的研究方法有机结合，使研究有“筋骨”有“血肉”。

（一）研究框架

本书正文从以下几方面进行论述：

第一章为全面抗战爆发前中国社会教育的发展概况。这部分内容从两个方面进行论述，第一部分为中国社会教育的发展脉络，包括中国古代社会教育的发展、晚清社会教育的发展，以及民国前期社会教育的发展（1912—1937）。第二部分为战前山西社会教育鸟瞰，从社会经济与文化生态、阎锡山的社会教育理念、阎锡山的社会教育实践三方面进行论述。

第二章为山西抗日根据地社会教育的实施背景。从山西抗日根据地的建立、苏区经验的传承与根据地政权建设诉求这两方面进行论述。苏区经验包括中央苏区社会教育的政治宣传，较为完备的社会教育方针政策，苏区开展消灭文盲运动，夜校教育的开展，女性社会教育的发展，以及社会教育的其他施教形式，陕甘宁边区冬学运动的开展，这些方面的经验可为山西抗日根据地社会教育工作的开展提供有益借鉴。中央苏区社会教育指导思想包括马克思社会教育思想、毛泽东教育思想，以及文化教育是上层建筑的重要组成、教育与生产劳动相结合、群众路线等方面的内容。最后对开展社会教育是山西抗日根据地建设的诉求进行论述。

第三章阐释了山西抗日根据地社会教育的制度安排，主要围绕社会教育方针政策、行政机构、组织机理三方面展开论述。

第四章检视了山西抗日根据地社会教育的运行实践，重点分析了识字教育的相关方针政策、运行措施，冬学运动发起、组织机构、目标任务、教学方法、教育内容、实施效果，以及学校兼办社会教育、中共在敌占区的社会教育等，其中既有对创新模式——儿童冬学教育的个案研究，亦有对其他社会教育施教机构如民众学校、民族革命室、民教馆、俱乐部、大众黑板报，以及以往研究中鲜少论及的人民文化馆、冬学运输队、五台山喇嘛社会教育、学习站等的探讨。

第五章研究了山西抗日根据地社会教育的教学装备——义务教员和教材。教师和教材是社会教育的根本要素，山西抗日根据地社会教育的教师被称为义务教员，是教师存在于根据地时期的一种特殊形式。本章从义务教员的选拔培训、学历水平、阶级成分、模范教员评选标准及奖励、师训班培训五方面对社会教育的义务教员进行了分析。社会教育教材是社会教育目标及任务的文字化展现，笔者对教材的篇章安排、内容选定、课后练习题设置，以及讲授方法等方面做了详尽论述，在此基础上对其特点进行了归纳，即内容通俗易懂，贴近乡村民众日常生活；篇章安排逐级递进，符合认知规律；运用唱词、插图等形式丰富教材内容；宣传中共方针政策与紧密配合根据地中心工作。

第六章阐述了山西抗日根据地社会教育的两个“特点”。具体而言，从农村戏剧团和女性社会教育两方面展开论述。农村戏剧团是通俗化、大众化的重要社教机构，用群众喜闻乐见的艺术形式进行宣传。农村戏剧团通过演出教育群众，并鼓励根据地群众积极参与到戏剧团宣传中。演出剧目丰富多彩，农村戏剧团深受群众喜爱，剧团数量迅速增加。女性社会教育通过对妇女进行教育，使得女性获得解放，社会和家庭地位得到提升。关注女性婚姻，鼓励女性婚姻自己做主。对妇女进行生产和拥军优抗教育，取得了极好效果。

第七章剖析了山西抗日根据地社会教育的影响因素。笔者选取了与以往不同的研究视角，考察了山西抗日根据地战争形势的变化、中心工作的转化、群众团体配合、学员自身努力、“精兵简政”这五个因素对山西抗日根据地社会教育的影响，探究各因素与根据地社会教育之间的互动关系。

结语则对山西抗日根据地社会教育进行了总括，归纳了一些可资借鉴的历史经验，并试图从社会教育传统传承方面对当代社会教育事业的发展给予关怀。

（二）研究方法

文献法和历史法。通过山西省档案馆，发掘大量一手资料，并对史料进行整理、分析，深挖其内容，用一份史料说一分话。前文中已论述了目前对于根据地社会教育的研究大多是浮于现有资料汇编的一般性阐述，缺乏对新史料的挖掘，缺少一手史料，缺少对更为具体的基层原始史料的发现。本研究旨在分析、研究大量的原始档案资料，以此为本书写作提供坚实的史料基础。研究山西抗日根据地社会教育，还需要运用历史法，以时间为线索，从社会教育的产生和发展的过程中展开考察。

“新革命史”的方法。山西抗日根据地的社会教育是在根据地各乡村中逐步开展的，每一位受教育者都是鲜活的个体。以往的研究多是以传统的“政策—效果”研究范式展开，多聚焦于中共政策的实施效果，是从宏观层面进行论述。而社会教育在根据地的开展是一幅内容丰富、形象生动的“画卷”，单纯以“自上而下”的方法，而不结合“自下而上”的方法是不完善的。关注基层、关注基层民众，才能无限接近历史的原貌。

系统论的方法。山西抗日根据地社会教育是社会活动总系统中的一个子系统,受制于社会系统并与之相互影响。因此需要以现代科学系统论的原理为指导,把山西抗日根据地社会教育问题放在区域社会范围内进行考察与思考。在研究中,既要关注到山西抗日根据地社会教育内部的各体系、各方面的相互依赖以及各种教育要素之间的关系,又要关注到社会教育之外的要素体系的内容及它们对当时社会教育的影响。运用系统论原理指导山西抗日根据地社会教育研究,可以超越社会教育本身的局限,既考虑到社会教育内部要素,亦充分考虑到社会教育外部要素,还能综合考虑到两部分要素结合的时机、条件、程度,以及相互的影响。在系统论的指导下,从社会教育内部各要素之间的关系、社会教育与其他教育之间的关系、社会教育与社会其他因素之间的关系等视角来深入研究山西抗日根据地社会教育的一系列问题。

文献资料分析与实地调研考证相结合的方法,历史与现实相结合的方法,宏观与微观相结合的方法。目前关于抗日根据地社会教育的相关研究中,普遍缺乏原始资料的运用,更多的是对教育资料汇编当中资料的一般性描述。故做好本研究首先须运用文献资料分析与实地调研考证相结合的方法,并且在研究中注重宏观与微观的结合。

以马克思主义方法论作为指导。研究山西抗日根据地社会教育,方法论的指导是必要的,也是首要的。教育研究的方法论有很多种,本文以马克思主义的方法论作为研究的根基,即在以马克思主义方法论指导下,具体研究山西抗日根据地的社会教育。叶澜在《教育研究方法论初探》一书中指出马克思主义哲学在教育方法论哲学层是居于核心地位的,因而马克思主义方法论的意义在于通过马克思主义教育哲学的研究来指导教育的研究,同时避免教条式运用马克思主义哲学的情况。马克思主义哲学的方法论价值主要体现在其基本的范畴、原理及思想方法对教育研究的指导上。这主要表现在三个方面:正确处理认识中一般与特殊的关系;正确运用矛盾理论研究教育内外关系的性质;正确理解和运用理论与实践统一的原理。

跨学科研究方法。正如前文中笔者对山西抗日根据地社会教育的分析,不能仅就社会教育论社会教育。在社会教育以外,还应将其所处区域的社会、政治、经济等相关要素加入进来分析。在此层面上来说,应当是以区域社会史研究为主体的研究,并伴以社会教育史、近代史、新闻史、社会史、文化史、经济史、政治史等多学科融合的跨学科研究。

区域社会史的研究方法。山西抗日根据地社会教育的研究是将研究对象限定在山西抗日根据地区域内,因此必须要注重区域社会史的研究视角和研究方法,将社会史与社会教育的研究相结合,将史料、研究内容、理论方法三位一体的理念作为指导,深入考察和探究山西抗日根据地社会教育的各方面内容。

四、创新之处

第一,原始档案资料的充分挖掘。习近平总书记在中央政治局第二十五次集体学习时提出“深入开展中国人民抗日战争研究,必须坚持正确历史观、加强规划和力量整合、加强史料收集和整理、加强舆论宣传工作,让历史说话,用史实发言。”历史研究的根本立足点是史料,史料之外无历史。

第二,研究范式向“新革命史”的转向。以往的社会教育研究多采用“政策—效果”这一传统革命史研究范式,研究关注点多为“上层”制度、政策等,运用的资料多为教育政策的集合,对社会教育内容的研究多为一般意义的概述,研究成果普遍是从宏观的角度概述社会教育发展，鲜少从山西抗日根据地基层乡村和农村群众的角度进行研究。笔者在书中运用大量根据地基层原始档案资料，融入基层乡村，关注民众之视角，运用“新革命史”的研究范式，将“自下而上”与“自上而下”的研究方法有机结合，使研究不仅有“筋骨”，更有“血肉”。

第三，社会教育新内容的发现。通过对原始资料的整理、分析、研究，笔者发现了以往社会教育研究中未曾关注过的问题，如山西抗日根据地社会教育在具体实施过程中，群众结合实际创造了诸多教育形式，即儿童冬学、冬学运输队、文化站、盲人宣教队、五台山喇嘛社会教育等。对上述内容进行研究，有力地拓展了抗日根据地社会教育的相关研究范畴。

第四，弥补了前人研究的不足，如对冬学义务教员的选拔、学历水平、阶级成分、奖惩制度、冬学干部培训、冬学教员训练班进行研究。冬学义务教员的选拔是具备一套完整的制度体系的。通过整理、分析大量原始档案，对数据做量化分析，可知冬学义务教员的学历水平偏低，初小水平和粗通文字者的比重最大。1945 年之前冬学义务教员阶级成分构成以“中农”占绝大多数，但在 1945 年之后义务教员中出现文盲教员，且“贫农”成分的义务教员所占比重最大，这是与 1945 年山西抗日根据地开展翻身运动以及反奸复仇清算运动相关的，这一时期为配合根据地中心工作的开展，社会教育工作中吸纳了大量的英雄模范承担政治教育和宣传工作，致使这一时期的义务教员学历水平和阶级成分构成发生变化。

第五，对山西抗日根据地社会教育教材的深入挖掘。以往的研究中有关社会教育教材并未成为研究者所关注的重点。教材作为社会教育的主要施教载体，对其关注度理应加强。笔者对搜集查阅到的大量不同时期的山西抗日根据地社会教育教材（包括识字课本、政治教材、各根据地补充教材、拥军教材、公民读本、群众通俗读物、冬学教材、妇女冬学教材等)进行分析,对教材的篇章安排、内容选定、课后练习题设置,以及讲授方法等方面进行了详尽研究,在此基础上对其特点进行了归纳,即内容通俗易懂,贴近乡村民众日常生活;篇章安排逐级递进,符合认知规律;运用唱词、插图等形式丰富教材内容;宣传中共方针政策与紧密配合根据地中心工作。

第六,以新视角对影响山西抗日根据地社会教育因素进行分析、归纳和总结。笔者选取了与以往不同的研究视角,考察了山西抗日根据地战争形势的变化、中心工作的变化、群众团体的配合度、学员自身努力度、"精兵简政"这五个因素对山西抗日根据地社会教育的影响,并探究各因素与根据地社会教育之间的互动关系。

第一章　全面抗战爆发前中国社会教育的发展概况

第一节　中国社会教育的发展脉络

社会教育可以说既古老又年轻，说它古老是因为从历史宏观层面上看，社会教育自古有之，但古代社会教育并没有形成专门的教育分类，更多的是与社会教化等同。说它年轻，是因为有目的、系统化、科学化的社会教育是从近代才逐步兴起的。

一、中国古代社会教育的发展

中国古代社会教育内容主要侧重于对民众的社会道德规范教育。历史上可追溯到最早的社会教育雏形是《周礼》中的聚民读法。《周礼·地官》记载："大司徒……正月之吉，乃教象之法于象魏，使万民观教相。"周朝时，掌管民众教化的地方官员每年于正月、七月、十二月的朔日，召集辖区内的民众一同诵读邦法，以此起到社会教育的政治教化作用。并且每年春秋祭日之时，饮酒乡射，以此礼法来宣扬尊敬老者，表彰道德高尚者，这是《周礼》中关于社会教育之道德教育方面的内容体现。“大司徒掌之职施十有二教焉”①便展现出当时社会所倡导的社会教育相关内容，所教科目包含十二项内容，即“一曰祀礼教敬，则民不苟；二曰以阳礼教让，则民不争；三曰以阴礼教亲，则民不怨；四曰以乐礼教和，则民不乖；五曰以仪辨等，则民不越；六曰以俗教安，则民不愉；七曰以刑教中，则民不虣；八曰以誓教恤，则民不怠；九曰以度教节，则民知足；十曰以世事教能，则民不失职；十有一曰以贤制爵，则民慎德；十有二曰以庸制禄，则民兴功。”②教化乡民的科目内容为“乡三物”，包括六德、六行和六艺。六德，即知、仁、圣、义、中、和；六行，即孝、友、睦、婣、任、恤；六艺，即礼、乐、射、御、书、数。

宋朝蓝田吕氏发起的乡约制度亦是重要的社会教育实施规范，其内容为“德业相劝、过失相规、礼俗相交、患难相助”。③ 明朝时各地以十家为甲，百又十户为里，社会教育以乡约、里社、社学的形式存在。明洪武三十年颁布的《圣训六谕》，就是社会教育关于道德教化方面的内容规范。明太祖颁布了《六谕恳切训道》，康熙年间颁布了《圣训十六训》，此后雍正帝在对《圣训十六训》进行改动扩充的基础上制定了《圣谕广训》，道光帝在此基础上对其中各条例进行俗语解释，颁布了《圣谕直解》。这些社会教育的相关内容可以看作是对周朝聚民读法的效仿与传承，封建社会的社会教育不可避免带有迷信神道色彩，但其对民众社会道德规范和民众的互助模式却起到了极富成效的教育作用。除此之外，《周礼》中记述了诸多关于社会教化的内容，主要以道德教育为主，兼具政治

①《四库全书》经部，礼类。周礼之属，《周礼注疏》卷 10。

②《四库全书》经部，礼类。周礼之属，《周礼注疏》卷 10。

③ 杨开道：《中国乡约制度》，北京：商务印书馆，2015 年，第 43 页。

教育、文化教育等方面内容。

总而言之，创始于姬周时期的社会教育更多体现为政教合一、化民成俗，是面向全体社会大众的广泛教育。封建社会时期的社会教育主要聚焦于重人伦、重礼法、重道德、教化普罗大众。在实施过程中缺乏宏观的、有组织的、国家层面的支持，民间有识之士在化民成俗的社会教化中起到了一定作用。有贤者将家中藏书向民众义务开放，其带有私人图书馆的萌芽之意。如晋时孙晋家中藏书颇丰，他鼓励民众登门借阅；五代时的罗绍威贡献万卷书籍任他人学习；常熟毛子晋所收集书目八万五千余本，免费开放藏书阁供民众阅读。除此之外，范仲淹所办之"义庄"具备了社会教育实施机构的雏形条件，类似于民众教育馆。宋代私人讲学的书院大量产生，陆续出现了白鹿洞、岳麓、睢阳(应天府)、嵩阳、石鼓、茅山等书院，其中白鹿洞、岳麓、睢阳(应天府)、嵩阳并称为中国古代四大书院，最大的特色是学术不依附于政治和科举，只凭借自身魅力取得社会尊崇。明朝有东林书院和金陵书院等类似于社会教育中实施高等教育的机构。清朝政府从国家层面兴办公众图书馆，如始于乾隆三十七年，历经十六载编纂成的《四库全书》，所著全部藏于七阁，其中四阁为文渊阁、文潮阁、文津阁、文源阁，这四处均在宫内和行宫之中，剩余三阁为建于扬州的文汇阁、镇江的文宗阁、杭州的文澜阁。这三阁对民众开放阅览，可谓之为当时国家公设于地方的公共图书馆，承担了社会教育的责任。这个时期社会教育的主要任务是确立和推行儒家伦理道德体系，其起于孝，止于忠，对于规范民众的行为，维系社会等级制度，强化专制王权起到了不可忽视的作用。

二、晚清社会教育的发展

清朝末年改良派对社会教育进行变革，其内容涉及文字、公民、生计、健康、科学常识等多方面。① 张之洞、罗振玉、李端棻、孟朝常、周家纯等有识之士均为推动和发展社会教育起到了积极促进作用。光绪二十二年(1896 年)左侍郎李端棻向朝廷奏请在设立学校以外,推广建立藏书楼、仪器院、译书院、报馆等,关注面向全体民众的社会教育。罗振玉在其《学制私议》中提出了应积极设立图书馆、简易学校、植物园、陈列所等社会教育的相关机构。光绪二十五年(1899 年),商务所于汉口设立,其作为社会教育设施的一部分,陈列工业产品,举办劝业展览等供民众参观学习。此后江宁设立江南商品陈列所,分为天产、工业、教育、美术四部,对民众进行宣传展览。光绪二十九年(1903 年),《奏定学校章程》中规定应设立实业补习普通学堂、艺徒学堂,这其实就是社会教育中关于民众生计教育的相关内容。宣统二年(1910 年)农工商部主办的南洋劝业会开幕,会期六个月,会址选在江宁下关附近的丁家桥地区。会场筑有十个陈列专馆,即教育馆、工业馆、农业馆、卫生馆、美术馆、武备馆、通运馆、机械馆、京畿馆、纪念馆,此次展览平均每日到场参观人数为三四百人。② 识字教育消除文盲方面,宣统三年(1911 年)学部颁布了《简易识字学塾章程》,其中规定由学堂附设免费简易识字学塾,接收常年失学者和贫困家庭子弟入学,对其进行识字和简单算术教育,希望以此消灭文盲。学制为 1—3 年的弹性学制,每日学习时长为 2—3 小时。识字学塾开展效果显著,学部调查报告对 1911 年开展识字学塾的数量进行了统计,共16 314所,入学者为245 483人。③ 清政府虽关注社会教育的发展,但并未

① 宋煦东:《中国社会教育演进史述略》,《华北社会教育协进会会刊》,1943 年第 1 期,第 37—38 页。

② 郑丽君:《中国影像史》第 3 卷,北京:中国摄影出版社,2015 年,第 189 页。

③ 马宗荣:《现代社会教育泛论》,上海:世界书局,1934 年,第 39 页。

真正认识到社会教育的重要性，只是将社会教育作为正规学校教育外的附属。

三、民国前期社会教育的发展(1912—1937)

1912 年教育部内设总务厅、普通教育司、专门教育司和社会教育司。此时“社会教育”一词被正式运用于官方行政事务之中，教育面向所有国民。1914 年，教育部修正官制，规定社会教育司所辖事务为：① 关于通俗教育及讲演会事项；② 关于感化事项；③ 关于通俗礼仪事项；④ 关于文艺、音乐、演剧事项；⑤ 关于美术馆及美术展览会事项；⑥ 关于动植物园等学术事项；⑦ 关于博物馆、图书馆事项；⑧ 关于各种通俗博物、通俗图书馆事项；⑨ 关于公众体育及游戏事项。[①]

民国时期的社会教育实施机构比较庞杂，机构类目众多。马宗荣从广义社会教育层面对其进行了总结，他认为民国社会教育实施机构形式多样，主要有识字所、民众学校、讲演厅、讲演会、讲习会、图书馆、阅报所、揭示处、博物馆、历史博物馆、自然科学博物馆、美术博物馆、名胜古迹、动物园、植物园、展览会、函授学校、无线电教育、人事指导处、民众读物编审会、国民教化运动、盲哑教育院、成人教育院、劳工教育院、感化院、童子军、青年团、修养团、民众体育场、健康中央馆、幼儿院、儿童游乐园、林间学校、假期聚落、职业补习学校、博览会、合作社、生活改善会、音乐厅、演戏、民众娱乐、民众茶园、公园、民众教育馆、农民教育馆。[②]

民国前期社会教育的发展经历了通俗教育(1912—1918)、平民教育(1919—1928)、民众教育(1929—1937)三个阶段。

---

① 王雷:《中国近代社会教育史》，北京:人民教育出版社，2003 年，第 39—40 页。

② 马宗荣:《现代社会教育泛论》，上海:世界书局，1934 年，第 99—120 页。

(一)通俗教育(1912—1918)

通俗教育是民国社会教育的发轫。民国初期国民文化水平和道德水准均亟待提升,1914年教育部修订的《社会教育司组织及执掌》中规定社会教育设施分为高等社会教育设施和通俗教育设施。1914年12月教育部颁布的《整理教育方案草案》中对社会教育进行了划分,认为社会教育应包括"学艺的社会教育"和"通俗的社会教育"。1915年汤化龙所呈请的通俗教育研究会呈文中讲到"吾国学校教育既远不逮各国,而一般人民未尝学问,毫无训育者实居多数,其所需于通俗教育者自视他国为尤急。又值此国基甫定,民习未纯之时,使非于此项教育积极提倡,不徒人民之德慧不开,社会将日趋于下,而蚩蚩者氓乏适宜之训化,尤惧无以定志气而正趋向,其于国家前途关系甚巨。故通俗教育实为现今刻不容缓之图。"①通俗教育为社会教育所属之一部分,其教育对象主要为"浅学者"和"无学者",而社会教育的受教育者则应为全体民众。

通俗教育主要内容为宣传国家观念、公民道德、谋生与卫生教育,将报馆、图书馆、补习学校、剧场、说书场、活动影剧馆、影院、美术馆、常识博物馆、动物园、共进会、公园、运动场、体育会等作为直接传布的机关。② 1912年"中华通俗教育会"于上海成立,并创设《通俗教育研究录》期刊,是通俗教育的主要研究机构。民国时期社会教育受到极高重视,从表1.1中社会教育事业的统计数据便可窥一斑。此表列举了1915年和1918年间11项社会教育事业发展

①《教育部关于设立通俗教育研究会呈并大总统批令》(1915年7月18日),中国第二历史档案馆编:《中华民国史档案资料汇编》第3辑《文化》,南京:江苏古籍出版社,1991年,第101页。

②《民众教育馆的历史背景及现代使命》,苏州国立社会教育学院:《教育与社会》1942年第1卷2—4期合刊,第37—38页。

概况，通俗教育会从200个增长到342个、简易识字学塾从3 407个增长到4 851个、半日学校从1 186个增长到1 686个、巡行宣讲团从738个增长到742个、通俗教育讲演所从1 464个增长到2 579个、通俗图书馆从236个增长到285个，巡回文库和博物馆从无到有，发展到259个和9个，此外虽然公众补习学校与公众阅报所数量有所下降，但总体看来可见社会教育蓬勃发展之状。

表1.1 1915年和1918年社会教育事业发展表 **单位：个**

年份	通俗教育会	简易识字学塾	半日学校	公众补习学校	巡行宣讲团	通俗教育讲演所	巡回文库	公众阅报所	通俗图书馆	图书馆	博物馆
1915	200	3 407	1 186	76	738	1 464		2 808	236	22	
1918	342	4 851	1 686	46	742	2 579	259	1 376	285	176	9

资料来源：本表格根据"民国教育部"行政纪要第一辑第二辑所载社会教育事业内容得出。

（二）平民教育(1919—1928)

1919—1928年是平民教育时期。平民教育主要是实现"除文盲、作新民"的教育目标。1919年杜威来华做教育演讲，极大推动了中国平民教育的发展。同时期著名的社会教育团体有北京大学平民教育讲演团、北京高师平民教育社、上海平民学社、中华平民教育促进会等。中华平民教育促进会设立的宗旨是"除文盲、作新民"，晏阳初是平民教育的主要代表人物，他在《平民教育概论》中讲道："平民教育从文字方面，以提高民智，从生产方面，以裕民生。"①"平民教育运动的使命在于'作新民'"，②教育对象为不识字

① 王雷：《"开启民智"、"改良社会"、"扩充效能"：辛亥革命后中国社会教育的几点突破》，《河北师范大学学报(教育科学版)》，2011年第11期，第37—41页。

② 晏阳初：《平民教育概论》(1928年)马秋帆、熊明安编：《晏阳初教育论著选》，北京：人民教育出版社，1993年，第42页。

的青少年或成年人。教育内容为识字教育、公民教育与生计教育。教育目标是“除文盲、作新民”，因此看来平民教育虽属于社会教育，但又不能等同于社会教育，它是社会教育的一部分。平民教育自开始的两年时间内，主要工作侧重于城市的平民，之后教育界开始进行反思，考虑到中国是农业大国，乡村民众对社会教育的需求日益迫切，于是平民教育的侧重点由此转向乡村。1927 年傅葆琛就任乡村教育部主任，建议将全国划分为七大区域（华北、东北、西北、华南、华中、华东、华西）进行乡村平民教育。当时全国设立了许多平民教育实验区开展实验，其中最著名的是由晏阳初在河北定县所开展的乡村平民教育研究实验，他选择定县内翟城村作为华北实验区，以周边的 62 个村庄作为第一乡村实验区，此是乡村平民教育的中心。

表 1.2 所示为平民教育实施第一时期的组织机构。此后由于以村为单位进行实验的范围较小，遂改为以定县为实验单位，所辖面积为3 130平方公里，包含 472 个村庄，人口总数约为 40 万人。针对当时乡村民众存在的“愚”“穷”“弱”“私”四大“疾病”展开与之对应的文艺教育、生计教育、公民教育和卫生教育。定县实验区设立平民学校 179 个，1928—1929 年，毕业学生共5 969人，年龄为12—25 岁的学生占大多数。毕业学生中男生所占比例为86.6%，女生所占比例为13.4%。① 定县实验区在开展平民教育之初全县有文盲 8 万余人，故此识字教育是平民教育的重中之重。定县实验区在实施平民教育时，按照先研究再实验，实验后表演给民众观看，使之得以效仿、推广。

---

① 马宗荣：《现代社会教育泛论》，上海：世界书局，1934 年，第 80 页。

表 1.2　华北实验区初期的组织机构图

<table>
<tr><td colspan="29">中华平民教育促进会</td></tr>
<tr><td colspan="29">华北实验区</td></tr>
<tr><td colspan="13">农民教育部</td><td colspan="4">调查部</td><td>普及家庭教育科学部</td><td colspan="11">普及农业科学部</td></tr>
<tr><td colspan="2">推广股</td><td colspan="11">研究股</td><td>经济调查股</td><td>农业调查股</td><td>普通调查股</td><td></td><td colspan="8">研究股</td><td colspan="4">推广股</td></tr>
<tr><td>社会教育</td><td>学校教育</td><td colspan="5">社会教育</td><td colspan="6">学校教育</td><td></td><td></td><td></td><td></td><td>农业经济组</td><td>农业组</td><td>农艺化学组</td><td>病虫害组</td><td>农业工程组</td><td>选种组</td><td>畜牧组</td><td>园艺组</td><td colspan="3">农场</td><td>县表证</td></tr>
<tr><td>乡村平民学校</td><td>乡村表证平民学校</td><td>工具组</td><td>行政组</td><td>师资组</td><td>方法组</td><td>教材组</td><td>教具组</td><td>教材组</td><td>视导组</td><td>师资组</td><td>教学组</td><td>行政组</td><td></td><td></td><td></td><td></td><td></td><td></td><td></td><td></td><td></td><td></td><td></td><td></td><td colspan="3">证农组</td><td>乡区表证</td></tr>
<tr><td></td><td></td><td></td><td></td><td></td><td></td><td></td><td></td><td></td><td></td><td></td><td></td><td></td><td></td><td></td><td></td><td></td><td></td><td></td><td></td><td></td><td></td><td></td><td></td><td></td><td>平校学生</td><td>平校毕业证</td><td>普通农民</td><td></td></tr>
</table>

资料来源：马宗荣：《现代社会教育泛论》，上海：世界书局，1934 年，第 167—168 页。

表1.3中实验平民学校和表演平民学校由平民教育促进会直接创办，前者设置在城内，后者设置于各区，普通平民学校则由各乡村自行创办。普通平民学校分为初级、高级、青年补习学校课程三种。其中初级和高级平民学校课程按照所授内容的不同分为甲、乙、丙、丁四种。初级平民学校课程中，甲种课程包括三民主义、公民图说、千字课、珠算、注音符号、表演；乙种课程包括三民主义、千字课、珠算、唱歌；丙种课程为千字课；丁种课程亦为千字课。高级平民学校课程中，甲种课程包括三民主义、文艺读缀、公民、卫生、唱歌；乙种课程包括三民主义、文艺、公民、生计；丙种课程包括文艺、公民、卫生或生计；丁种课程包括文艺和公民。表演平民学校有现成的场地，供年龄在14—40岁之间的80位学生学习(分日夜两个班级，每班为40人)，从教学所需器具可由乡村自己供给的平民学校中进行筛选设立。表演平民学校的学员需每日上课2小时，且在附近各村庄推广平民学校，以10所为最低限度，学制为4个月。

(三) 民众教育(1929—1937)

在民众教育阶段，“中华民国大学院”是积极提倡并推广民众教育的主要力量。1928年5月大学院召开全国教育会议，其中涉及社会教育的议案有26案，经讨论最终确立11案：平民教育应否改为补习教育案、实施民众教育案、颁布民众学校规程尽早消除文盲案、农工补习教育案、实施劳工教育案、各省改良社会娱乐案、全国广设民众阅报处推广社会教育案、监狱囚犯实施感化教育案、改良社会风化案、各机关团体应实施民众补习教育案、以学校教育补救社会教育案，并在此次会议中明确提出了要推行实施民众教育。①

---

① 赵兴胜等：《地方政治与乡村变迁》，张宪文、张玉法主编：《中华民国专题史》第8卷，南京：南京大学出版社，2015年，第303页。

表 1.3 具体的学校式教育组织与工作的联锁表

校别	普通平民学校			表演平民学校			实验平民学校			平民教育专科学校
	青年补习	高级	初级	青年补习	高级	初级	青年补习	高级	初级	
程度	初小毕业者 高级毕业者	略识字或初级毕业者	完全不识字者	初小毕业者 高级毕业者	初级毕业或略识字者	完全不识字者	初小毕业者 高级毕业者	略识字或初级毕业者	招收完全不识字者	招收师范及中学毕业而有教育经验者
期限	全日制两个月 半日制五个月	每日两小时四个月	每日两小时四个月	全日制两个月 半日制五个月	每日两小时四个月	每日两小时四个月	全日制两个月 半日制五个月	每日两小时四个月	每日两小时四个月	一年至三年
教员资格	各街村小学教员及街村长佐			平民教育专科学校一年制毕业生			本部职员			本会专门干事以上职员
性质	人民自立的普通平民学校越多越表演推行之成绩			模范学校性质为推行平民教育的乡村中心较远兼任推广员及助理视导员			实验室性质为研究实验科制造各级学校教材教具及实施方法的工厂			职业性质训练专门人才
目的	除文盲,作新民			表证实验学校里所生产的教材教具等的实效并借以修正一切			产生各级学校全套教材教具及实施方法			培养平民教育工作人员以充实能力
联锁	1. 根据表演学校之办法扩充之 2. 供给本部研究教材			1. 作专科学校参观的地方 2. 作普通平民学校之中心			1. 作专科学校的实习的地方 2. 作表演学校的中心			供给实验表演各校人才

资料来源:马宗荣:《现代社会教育泛论》,上海:世界书局,1934 年,第 181 页。

1928年10月，各省教育厅在大学院的要求下规定社会教育经费应占教育经费的10%—20%，富庶地区应升至20%—30%。1929年江苏省于苏州创立民众教育院，随后迁入无锡，次年改名为省立教育学院，该学院是培养社会教育人员的全国最高学府。民众学校是民众教育实施的教育机构之一，其以三民主义为根本，教授常年失学者以简易知识技能，使其可以适应社会生活之需要。年龄在12—50岁的男女均需入民众学校学习（1932年受教育者年龄被修改为16—50岁之间），所授科目为：三民主义、识字、珠算、笔算、乐歌、常识等，除此之外还兼授地理、自然、历史、卫生等简易知识，并依据当地教育实际，开办农业或工商业相关科目。表1.4和表1.5对1928年和1929年的民众教育机构数量和所投入经费做简单统计，从中可一窥民众教育发展繁盛之状。

由此可见民众教育发展速度极快，民国政府亦给予了很大的财政支持。从民众教育的施教范畴来看，其与社会教育相同，都是以全体社会民众为施教对象的。因而从这个层面上来说，这一时期的民众教育等同于社会教育。

第二节 战前山西社会教育鸟瞰

一、社会经济与文化生态

第一，自然环境。山西地处华北地区，引其于太行山之西，因而谓之山西。其所在坐标为北纬34°34.8′—40°43.4′和东经110°14.6′—114°33.4′之间，位于华北平原西侧山地，属黄土高原地貌。山西周围有山川、河流环抱，东有太行山，与河北接壤，西有吕梁山，与陕西隔黄河相望，南与河南毗连，北与内蒙古相接。方显廷

表 1.4 1928 年民众教育机构的数量和所投入经费统计

	民众学校	民众问字处	民众识字处	民众茶园	民众教育馆	民众图书馆	民众阅报处	民众讲演所
数量(个)	6 708	86	74	97	185	321	1 402	551
经费(元)	11 682	2 650	740	8 458	468 806	139 284	102 350	307 635

资料来源:马宗荣:《现代社会教育泛论》,上海:世界书局,1934 年,第 100 页。

表 1.5 1929 年民众教育机构的数量和所投入经费统计

	民众学校	民众问字处	民众识字处	民众茶园	民众教育馆	民众图书馆	民众阅报处	民众讲演所
数量(个)	28 383	7 601	2 811	2 419	386	1 131	9 518	2 708
经费(元)	1 385 262 885	49 092	77 733	244 676	753 792 940	966 422 760	283 370 340	441 030 190

资料来源:马宗荣:《现代社会教育泛论》,上海:世界书局,1934 年,第 103 页。

对华北地区地理位置的重要性做过精辟总结，即“试览我国已往史乘，凡能征四裔，辟疆园，御外寇，守本土，未有不争幽燕者也，争幽燕者，争其地形，争其交通也，幽燕一失，纵成偏安之局，鲜能有延国祚图长久者。”①山西抗日根据地是华北区域重要的根据地，其所处的华北革命根据地占据着大青山以南地区，总面积达 100 万平方公里，位于黄河之东，占据黄河中、下游流域，山海关和渤海以西，陇海路之北，所辖区域包括山西、河北、绥远、察哈尔、山东五省以及北平和天津。华北根据地所处地理位置十分重要，可谓自古以来兵家必争之地，西接陕西、宁夏、甘肃、新疆、青海，北连吉林、热河、辽宁、黑龙江，往南则与江苏、安徽接壤，为温带大陆性气候，农副产品以小麦和棉花为主，矿藏资源非常丰富，主要为铁矿、煤矿资源，其亦是中国政治文化的中心地带。

山西历史文化源远流长，根据西侯度文化和丁村文化遗址判断历史起源可追溯于旧石器时代。此后尧、舜、禹均在山西境内建立都城。历经夏、商、周、秦、汉、魏、晋、南北朝、唐、宋、元、明、清，即使朝代不断更替，山西在历朝历代的政治、经济、军事、文化等方面所起的重要作用从未改变过，被誉为“华夏文明摇篮”，并有“中国古代文化博物馆”之美誉。山西素有“表里河山”之美誉，其山川俊美、河流婉转。山西的轮廓像一个南北间距较长，东西间距较短的不规则四边形，总面积为15.67万平方公里，占全国总面积的1.63%。其所辖区域内有太行山、吕梁山、五台山、恒山、太岳山、中条山等山脉名川，可谓群山环绕。“平均海拔南部约 830 余米，由北渐高至

① 方显廷：《论华北经济及其前途》（1926 年），魏宏运、左志远主编：《华北抗日根据地史》，北京：档案出版社，1990 年，第 1 页。

1 666米。”[①]境内有大同、忻州、太原、临汾、运城、长治、晋城、阳泉、寿阳、襄垣、黎城等盆地。山西省境内山水环绕，最大的河流为汾河，是黄河第二大支流，全长 694 公里，流经忻州、太原、晋中、吕梁、临汾、运城 6 市 29 县，流域面积39 721平方公里。[②] 除汾河外，山西省境内还有桑干河、漳河、昕水河、丹河等大小 400 余条河流。

山西属温带大陆性季风气候，位于大陆东岸中纬度内陆地区。四季分明，昼夜温差大。春季风沙多，夏季南长北短，秋季较为短暂，冬季漫长，气温偏低，全年境内日照充分，气候干燥，北部缺水易干旱，灾害天气较全国其他省份偏多，自古就有“十年九旱”之说。水资源主要依靠当地降水补给，由于降水量分布不均，不同区域的水资源亦分布不均，总体由山西的东南部向西北部递减。[③] 如太岳、太行地区位于东南部多雨区，年降水量在 600 毫米以上，而位于北部的大同等地年降水量则在 400 毫米以下了。[④] 山西矿产资源丰富，具有资源优势的矿产有煤、煤层气、铝土矿、铁矿、铜矿、金红石、白云岩、耐火黏土、灰岩、芒硝、石膏、硫铁矿等 13 种。[⑤] 其中，煤炭保有资源储量2 767.85亿吨，煤层气保有资源储量1 825.16亿立方米，铝土矿保有资源储量14.16亿吨，此外，锰、银、金、石墨、膨润土、高岭岩、石英岩（优质硅石）、含钾岩石、花岗岩、

---

① 岳谦厚：《日本占领期间山西社会经济损失的调查研究》，北京：高等教育出版社，2010年，第 1 页。

②《山西省人民政府办公厅转发省水利厅关于汾河中下游河道治理意见的通知》，《山西政报》，1998 年第 12 期，第 28—29 页。

③《山西经济年鉴》编辑委员会编：《山西经济年鉴 2012》，太原：山西经济出版社，2012年，第 28 页。

④ 山西国土资源编写组：《山西国土资源》上册，内部发行，1985 年，第 65 页。

⑤ 刘瑾：《山西省地质灾害防治研究》，太原：山西科学技术出版社，2015 年，第 13 页。

沸石10种矿产资源储量也较丰富。① 山西煤炭资源储备量为1 270吨,占全国的50%,主要分布于太原、寿阳、孝义、介休、潞安、阳泉、平定、富家滩、轩岗等地。② 山西南部和东南部为夏绿阔叶林或针叶阔叶混交林分布区,中部以针叶林及中生落叶灌丛为主,夏绿阔叶林为次分布区,北部和西北部是温带灌草丛和半干旱草原分布区。③ 山西省植物资源丰富,主要出产黄芪、连翘、甘草、党参等药材。④

第二,人口。夏、商、周及春秋战国时期的诸侯国(晋、郑、齐、宋、卫等国)所辖华北区域在全国来看为人口数量集中的区域,公元初年黄河中下游流域人口就已达到全国人口总数的80%以上。⑤ 作为历史上长期的政治、经济、文化中心,以及华北区域所处的重要战略地位,山西人口发展与历朝历代的社会动乱及变革密切相关。从整体上看,人口处于一个较为缓慢增长的过程,具体到每个朝代的动荡与变革之时,所处区域的人口数量会随着战争、自然灾害的到来而降低,这是无可避免的客观状况。1393年山西布政司使所辖面积146 448平方公里、人口数为4 072 127人、人口密度为27.81%,全国人口为60 545 812人,平均人口密度为19.07%,此

---

①《山西经济年鉴》编辑委员会编:《山西经济年鉴2016》,太原:山西经济出版社,2016年,第44页。

② 樊吉厚、李茂盛、岳谦厚:《华北抗日战争史》,太原:山西人民出版社,2005年,第17页。

③ 王君主编:《山西经济年鉴2009》,太原:山西经济出版社,2009年,第121页。

④《山西经济年鉴》编辑委员会编:《山西经济年鉴2016》,太原:山西经济出版社,2016年,第44页。

⑤ 乔志强:《近代华北农村社会变迁》,北京:人民出版社,1998年,第30页。

时山西人口密度高于全国人口密度 8.74 个百分点。① 1578 年，山西人口数为5 624 352人。② 从宏观上来看人口数是增加了，但在具体的历史阶段中，如从西汉末年到明代，黄河中下游地区人口总数与全国人口数量变迁的变化是一致的，即虽然数量存在起伏，但是其占全国人口的比重却是逐渐在下降的。③ 明末清初时，华北地区除经历战争外，旱涝灾害频发，可谓是“满目榛荒，人丁稀少”“民户凋耗，十室九空”。表 1.6 以山西洪洞县为例，户均人口数从 1579 年的7.89减少为 1648 年的4.11，从这项数据的变动可知当时人口数量减少迅速之状。

表 1.6　明清山西洪洞县人口变化情况

年份	户数	人口数	户均人口数
1579 年(万历七年)	12 388	98 873	7.98
1648 年(顺治五年)	7 908	32 534	4.11

资料来源：民国《洪洞县志》卷九，《田赋志・户口》户均人口数由笔者根据原始数据计算所得。

自清代开始人口数量开始大规模增加。这是由于清朝创立之初，社会经历了长达 20 余年的战乱摧残，全国人口伤亡总数激增。而后清朝统治者开始实施促进人口增长和农业发展的政策，如实施了“轻徭薄赋”“与民休养生息”“鼓励开垦荒地”“恢复屯田”“招集流亡”“治理河患”等政策，人民生活逐渐稳定，全国的农业生产得到恢复。此外，由于清政府实施了“滋生人丁永不加赋”(即以

① 梁方仲：《中国历代户口、田地、田赋统计》甲表 72 摘编，乔志强：《近代华北农村社会变迁》，北京：人民出版社，1998 年，第 32 页。

② 葛剑雄：《中国人口发展史》，福州：福建人民出版社，1991 年，第 350—351 页。

③ 乔志强：《近代华北农村社会变迁》，北京：人民出版社，1998 年，第 33 页。

1711年全国人口数为基准，此后达到成丁年龄者均不承担丁役）和“摊丁入亩”，此项举措推行了单一的土地税制，取消了贫苦大众身上的“丁役”负担，使得大量的隐匿户口“现身”。① 在清朝政府多项举措的带动下，华北地区的人口数量开始大幅度提升。具体情形可见于表1.7。

表1.7 顺、康、雍三朝华北四省人口增长表

省份	1661年（顺治十八年）	1685年（康熙二十四年）	1724年（雍正二年）
山西	1 527 632	1 649 666	1 768 657
直隶	2 857 692	3 196 866	3 406 843
河南	918 060	1 432 376	2 049 417
山东	1 759 737	2 110 978	2 278 305

资料来源：《梁方仲前揭书乙表70—72》，乔志强：《近代华北农村社会变迁》，北京：人民出版社，1998年，第37页。

清朝初年为鼓励生产，促进经济繁荣，清政府推行了“摊丁入亩”和“滋养人丁，永不加赋”政策，经过长时间休养生息的稳定发展，到1877年即光绪三年，人数达到16 430 000人。② 再之后，华北历史上出现了重大灾荒，史称“丁戊奇荒”，致使华北人口剧减，山西和河南两省最为严重，1883年时，山西人口已经减少到了10 744 000人，死亡和逃难人数众多。③ “丁戊奇荒”晋豫重灾州县人口损失如表1.8所示。到1911年，人口继续减少，降到10 099 135人。④ 1912年时，山西总人数为10 081 896人，之后人数

① 乔志强：《近代华北农村社会变迁》，北京：人民出版社，1998年，第36页。

② 李玉文：《山西近现代人口统计与研究1840—1948》，北京：中国经济出版社，1992年，第575页。

③ 李玉文：《山西近现代人口统计与研究1840—1948》，北京：中国经济出版社，1992年，第575页。

④ 毕士林：《中国人口（山西分册）》，北京：中国财政经济出版社，1989年，第50—51页。

又出现了先增后降再增又降的趋势，至 1937 年时山西人口总数为 11 601 026人①，九一八事变爆发时，山西人口数为12 240 000人。②

表 1.8 "丁戊奇荒"晋豫重灾州县人口损失表

地区	灾前人口(万)	灾后人口(万)	死亡率(%)
太原府	100	5	95
洪洞	25	10	60
平陆	14.5	3.5	75.86
灵宝	15—16	9	37.5—40
荥阳	13—14	6	53.8—57
新安	15	6	60

资料来源：何汉威：《光绪初年华北的大旱灾》，《香港中文大学中国文化研究所专刊二》，1980 年，第 33—34 页。

第三，乡村政权。中国基层的政权组织建构起源于战国时期，距今已有2 000多年历史，之后随着历史发展与朝代更迭，政权组织逐步发展为完备的地方行政管理体系。至民国时政府推行农村基层组织体系改革，施行村制，村制的推广尤以山西最好。1918 年，山西省政府下令在全省范围内编定村制，要求"凡村内居民，以 25 家为一闾，以至少 100 户为一村，不足百户的，联合编制为联合村，有主村、附村，每村设一村长，附村设村长副。村长由选举产生，报县知事委任，任期一年，年龄在 30 岁以上，诚实、公正、有文化并分别有资产1 000元和 500 元"。③ 对于村长的职责规定为"承办行政官员委托，办理传布及进行事项暨本村民之公意，陈述利弊并办理

① 岳谦厚：《日本占领期间山西社会经济损失的调查研究》，北京：高等教育出版社，2010 年，第254 页。

② 蓝天照：《华北五省的经济地位及日本的企图》，南开大学马列主义教研室：《华北事变资料选编》，郑州：河南人民出版社，1983 年，第 500 页。

③ 乔志强：《近代华北农村社会变迁》，北京：人民出版社，1998 年，第 794 页。

职务内应报告及特别发生事项”。[①] 此后又在政权组织内增加了庄长和街长，经过逐步发展，乡镇闾邻的农村基层组织体系在华北农村建立了起来。

第四，农民生活的艰辛。由于军阀之间战争频发，战事持久不断，政府对乡村民众的剥削和压迫不断增强，给乡村的人民带来了无尽痛苦。阎锡山掌管山西时苛捐杂税总计 30 余种，民众怨声载道。更甚者冀西居然征缴未来 4 年左右的田赋，这种敲骨吸髓般的压榨使农民背上了极为沉重的负担。乡村中，地主占有大量土地，土地较为集中区的地主占 20%以上，甚至有的地方不到 10%的地主竟然占有 50%以上的土地。在土地相对分散的地区，如晋东南阳城、平顺、壶关、晋城等县，地主占 7.5%，占有土地为 20%以上。[②] 并且山西匪患不断，农民经常受到土匪骚扰，在多重压迫、多重苦难的生活背景下，乡村大批农民的生活难以为继。

第五，教育状况。抗战前的山西由阎锡山长期统治，交通闭塞不便，生产落后，人民生活贫穷困苦。农民文化水平低，封建意识根深蒂固，迷信鬼神，守旧且愚昧。农村的文化教育水平很差，文盲占总人口的 90%左右，如临县文盲占人口数的 95%，保德占 83%，[③]有的地方甚至全部为文盲，占到总人口的 99%。[④] 山西地区经济文化较为发达的兴县，私塾发展较好，在清朝涌现出不少科考榜首和帝王的老师，正因为有如此浓厚的文化传统熏陶，全县人

① 山西省地方志编纂委员办公室编:《近现代山西政权机构概况》，太原:山西省地方志编委会办公室，1984 年，第 98 页。

② 太行革命根据地总编会编:《太行革命根据地史稿》，太原:山西人民出版社，1987 年，第 2 页。

③《民国二十九年教育工作总结》，《行政导报》，1941 年第 2 卷第 2—3 期合刊。

④ 穆欣:《晋绥解放区鸟瞰》，吕梁文化教育出版社，1946 年，第 67 页。

民受教育的热情相比其他地区要强烈许多。但私塾是私人办学，教授内容及科目遵循传统念经式的教育模式，其乡村除了私学外，无政府兴办之学校。以沁源为例，其属山区，森林覆盖面广，交通不便，因其地域的特点，村庄与村庄之间路程遥远，山区耕地面积较小，土地较为贫瘠，生产落后，农民生活水平较低。在文化教育领域来看，则是相当落后。抗日战争爆发前，沁源县的教育机构主要是私塾，学校少，入学率很低，农民则更无接受文化教育的机会，文盲占比非常高，尤其是在偏僻的山沟，情况就更糟了。“一连几个村庄没有一个识字的人，写一张文契、一封书信，要跑到十里以外的地区去求人。”由于民众缺乏文化科学知识，封建迷信的活动便大行其道，“神婆、神汉、阴阳先生、相面算卦先生不乏其人”。这样的状况下，人们的思想更加愚昧。为了向乡村的民众宣传抗日救国的道理，唤起民众同仇敌忾反抗日本侵略者，则需要对乡村的民众进行教育，唤起其民族与国家之意识，激发其爱国之热情，使其积极投入到中共领导的抗日活动中来。

第六，技术作物的种植。近代山西大量种植罂粟和棉花。华北地区是中国近代以来集中种植罂粟面积最大的地区，在山西更是如此。“晋民好种罂粟，最盛者二十余州县，其余多少不等，几余无县之。”[①]由此可知，山西种植罂粟已经成为一种常态，“太原 167 村，共种土药4 535亩 7 分。榆次 150 村，共种土药3 013亩 7 分。交城 145 村，共种土药5 096亩 7 分。文水 175 村，共种土药4 302亩 5 分。代州 194 寸，共种土药5 096亩 7 分。归化 161 村，共种土药4 885亩 1 分。”[②]如此大范围、大面积地种植罂粟着实惊人。究其

---

① 张之洞：《张文襄公奏稿》卷 3《禁种罂粟片》，光绪八年六月十二日。

②《曾忠襄公奏议》卷 8《申明栽种罂粟旧禁疏》，光绪四年。

原因在于种植罂粟可获取暴利，造成了民众争相种植的风气，罂粟大面积种植致使民众耕地面积大量减少。棉花作为技术作物在山西的种植面积亦居于前列。山西棉花种植数量增长与近代工业兴起直接相关，农村种植棉花的人数起初并不多，仅依自家消费用量种植，后由于近代工业对棉花需求量急速攀升，作为经济技术作物的棉花，其市场价值自然要高于其他作物，因而吸引诸多民众种植。如表 1.9 所示，仅 1914—1915 年一年的时间，棉花种植面积就增加了3 559千市亩。

表 1.9 山西省棉花种植面积、产量及产额(1914—1915 年)

年度	山西省		
	面积(千市亩)	产量(千市担)	产额(市斤/市亩)
1914	1 544	57	4
1915	5 103	187	4

资料来源：许道夫：《中国近代农业生产及贸易统计资料》，上海：上海人民出版社，1983 年，第 203—204 页。

二、阎锡山的社会教育理念

阎锡山(1883—1960)，山西省五台县人，1902 年进入山西武备学堂学习，1904 经选拔入日本振武学堂留学，1905 年在东京加入中国同盟会，1907 年入日本陆军士官学校步兵科学习，1909 年毕业回国。1910 年任山西新军第 86 标标统，1917 年北洋政府委任阎锡山为山西督军兼任省长。1927 年“四一二”政变后投靠蒋介石集团，任国民政府第二集团军总司令。阎锡山统治山西近 40 年，他将山西打造为民国的模范省。阎锡山在任期间关注山西教育发展，将教育事业纳入其“用民政治”的有机系统，阎锡山对社会教育事业的发展起到了重要的推动作用。究其社会教育理念的形成，主要与尊崇儒学、尤重宋明理学相关。

阎锡山尊崇孔子，并将孔子的教育思想吸纳融汇到自身的社会教育思想中。阎锡山青年时代世界局势发生巨变，他认为如果西方军队能听从中国圣人的教导，就不会发生战争。因此他对民众道德层面的教育关注尤为强烈。他赞赏孔子所尊崇的仁爱思想。虽然孔子的教育理念中包含着诸多有益内容，但其本质是为特权主义服务的，是从道德层面上教育领导民众的一种理念。阎锡山作为山西最高统领，选择孔子的教育理念运用于自身的社会教育理念中也是无可厚非的。对民众进行教化时，阎锡山从道德层面对民众进行教育，他指出人生而向善，人们的情感和欲望必须服从做人的良知。阎锡山遵从孔子教育思想，在每个城镇建立了“洗心社”，要求官员、地方士绅以及年纪较大的学生参加，在“洗心社”中每个人都肃立着，并高声坦白着自己过去一周内所犯下的错误，并请别人对自己进行批评。① 这其实就是社会教育的一种施教方式。此外，阎锡山还在各乡村发动“村村全好”的“好人运动”，通过这样的方式教化民众向善，培养其高尚的道德品质。其实这样的施教方式已经带有民国时期社会教育所宣传的“新生活运动”的意蕴了。但不论是“洗心社”还是村庄中的“好人运动”，最终的教育效果还是达到使民众完全服从阎锡山的意志，在这一点上再次解释了为何阎锡山如此偏好和尊崇孔子的教育学说。

阎锡山的社会教育包含“良知”的指导思想，这亦与其尊崇孔孟之道密切相关。他认为民众一定要有良知，强调社会教育要施教于民，则一定要做到“适中的教育”，即启发受教育者“自觉自强

① 阎锡山:《阎伯川先生言论类编》第 3 卷，1939 年，第 197—198 页。

自动”的内心，“人有两个心，一个是内心，一个是外心，内心是所谓的道心，外心是人们平常所说之心，这两心谁的作用大、力量大，就出现力大一方的性情”，只要道心向外通外心，外心向内通道心，就可以达到中和的状态了。这样的社会教育是要实现“为人做好人”的教育目的。

三、阎锡山的社会教育实践

阎锡山将社会教育理念贯穿在他的教育体系之中，为传播他一直重视的社会教育思想，他免费发放《村长须知》《商人须知》《人民须知》《家庭须知》等大众读物于民众；并要求官员、教师、学生等宣讲团队以各种形式深入民间讲演，将各种须知读给不识字的民众听，以此扩大教育效果；张贴大量宣传标语、公告等进行辅助宣传；出版大量报纸，如发行以《村话》为名的农村日报。阎锡山还率先在全国推行国语与注音字母，大力发展社会教育中的民众教育馆，1929 年山西省社会教育机构数量达到12 291个，位居全国第一，接受教育的人数为210 386人，居全国第二名，教师人数为17 411人，居全国首位。① 社会教育的实施，有效地保证了社会秩序的安定，民众文化素质的提高，“用民政治”的推行，实业计划的实施促进了山西教育的发展。② 抗战时期开展社会教育的条件与环境逐渐变差，阎锡山的热情亦较之前有所减退，因此社会教育工作开展较为迟缓，但仍开设了民校、春学、识字班、毕业团体等小组

① 教育部中国教育年鉴编审委员会编：《第一次中国教育年鉴》(1934 年)，台北：宗青图书出版公司，1991 年影印版，第 185—187 页。

② 申国昌：《守本与开新——阎锡山与山西教育》，济南：山东教育出版社，2008 年，第3—4 页。

织，并辅以公演话剧、歌咏等。①

阎锡山在农村推广的社会教育主要围绕其“六政三事”展开，是对乡村民众实施的多方位教育。阎锡山针对山西农村当时遗留的一些不良习气，如女子缠足、溺女婴、早婚、赌博、吸鸦片，以及社会上存在的“贪官、污吏、劣绅、土棍”等“四蠹”②，推行了“六政三事”和“整理村范”，发行《人民须知》《家庭须知》《村长副须知》等大众读物，教导并帮助农民除掉不良旧习，要求群众接受教育，争做文明的新国民。其社会教育目的为培养具有“深邃思想、高远志向、高尚品格”的民众。抗战期间阎锡山退守晋西以吉县为实验基地，重点进行村政改革，健全村政组织，培养村级干部，教育农村民众，培养“热心爱国”“主持公道”“意志坚强”的晋西乡村公民。③ 阎锡山强调社会教育此阶段要以抗战教育为重。他在 1938 年指出“民族革命的目的是要推翻一切压迫、完成独立自主的国家，其任务有二：一是动员民众抵抗目前敌人武力的压迫，以求国家之存在；二是迎头赶上，走上新兴国家之途径，以图民族之复兴。”④对晋西民众进行抗战形势教育，“今日国家民族生存需要之国识，就是民族革命，而民族革命的现实是由抗战到复兴之抗战建国，民族革命的同志们应当紧紧的把握住这个现实。”⑤他教育民众去除恶习，积极支援抗战救国，进行参军动员，使民众积极服兵役。“以爱国

---

①《在险恶环境下晋西教育积极推进》，《申报》1939 年 7 月 5 日，第 13 版。

② 山西六政考核处编：《阎督军讲话汇编》第 3 册，太原：晋新书社，1929 年，第 36 页。

③ 申国昌：《抗战时期区域教育研究——以山西为个案》，北京：社会科学文献出版社，2014 年，第 276 页。

④ 阎锡山：《阎伯川先生救国言论选集》第 1 辑，民族革命出版社，1938 年，第 34 页。

⑤ 阎锡山：《阎伯川先生救国言论选集》第 1 辑，民族革命出版社，1938 年，第 34 页。

为中心，鼓励其忠勇，统一其思想，使人民都有为国牺牲的精神”。①

阎锡山推行“兵农合一”政策，旨在达到“种地的人多，打仗的人多”之目标。② 他重视部队中官兵的思想政治，认为“把从各种不同地区不同职业不同生活的群众聚集在一个部队中，训练成洋灰铁筋般的坚强部队，没有很好的主义教育工作，那是不可能的。”③他亦十分重视对民众进行军事教育，通过时事教育使民众了解抗战形势，增强民众的民族意识，调动民众参与抗战的主动性，教授民众以军事技能和战略战术。晋西是有名的地瘠民贫之地，“这里几乎没有半里平地，黄土的梯田既得不到肥料，又得不到水分，终年都是干黄干黄的，像贫血一样。在平时晋西的人口很少，农业、工业什么也谈不到。”④在抗日的紧要关头，阎锡山教育民众和军人要过俭朴的军民生活，他在 1940 年 5 月 24 日宣布开展“克难运动”。他强调，“克服困难，广义的说，也就是说展开搏斗。除了与敌人搏斗外，还要和环境搏斗，和物质搏斗，以至和自己的内心搏斗，和内心搏斗是修养内力，内力坚强始能把‘困难’两个字从内心中打出去，然后，才能具有‘进吾往也’的精神，胜任艰巨的奋斗工作”⑤，极大地鼓舞了士兵和群众的抗战信心。

---

① 李江：《阎伯川先生政治思想之体系》，民族革命出版社，1939 年，第 125 页。

② 杨怀丰：《关于阎锡山兵农合一暴政的回忆》，中国人民政治协商会议山西省委员会文史资料研究委员会编：《山西文史资料》第 14 辑，太原：山西人民出版社，1980 年，第 174 页。

③ 李江：《阎伯川先生政治思想之体系》，民族革命出版社 1939 年，第 154 页。

④ 阎锡山：《克难城》，《扫荡报》（重庆）1945 年 5 月 9 日。

⑤ 阎锡山：《克难城》，《扫荡报》（重庆）1945 年 5 月 9 日。

第二章　山西抗日根据地社会教育的实施背景

第一节　山西抗日根据地的建立

1931 年“九一八”事变前，国民党推行“对日妥协”和“攘外必先安内”政策。抗战爆发后日本侵略者占领了我国东北三省并建立伪“满洲国”，随后又开始侵略热河省。1932 年初，国民党形成了以林森为国民政府主席，以蒋介石主军、汪精卫主政的局面。虽然暂时缓解了矛盾，但各派势力之间的明争暗斗依旧持续。在中央有蒋介石与汪精卫之间的权力之争，在地方则有各个割据势力的相互争夺，国民党表面上统一，实则暗中分裂局面依旧。1933 年 5 月 31 日，关东军副参谋长冈村宁次与中国代表熊斌签订《塘沽协定》，此协定承认了日本对东北地区的掌控，并把冀东地区置于日军的监视和控制之下。随后日军逐渐将华北地区纳入其势力范围。为实现侵占华北的目的，日本又蓄意制造了一系列事件。1935 年 5 月 29 日，驻扎天津的日本驻屯军，借口中国义勇军进入滦东非武装区，并且天津有两家汉奸报社的社长被暗杀，日军以此为借口诬蔑此系列事件是中国政府的排日行为，向国民党北平军分会委员长何应钦提出要求，命其撤回驻河北省的国民党党部及军队，并提出了取缔一切抗日团体及其活动的无理要求。1935 年 6 月 10 日，何应钦根据国民政府行政院长汪精卫的指示，决定接受日方的武力胁迫，《何梅协定》就此签订生效。如此这般丧权辱国之协定实际上就是把河北省主权拱手让给贪婪的日本侵略者。之后，日本又制造了察哈尔事件，意图将察哈尔亦纳入其统治之下。

华北事变爆发后，中日之间的民族矛盾迅速上升为国内主要矛盾，国共之间的矛盾以及国民党内部不同派别之间的矛盾转变为次要矛盾。1935 年 6 月 27 日，秦德纯在日本政府的胁迫下签订了《秦土协定》，至此，以《何梅协定》和《秦土协定》的签订标志着日本实现了侵占河北省和察哈尔省的目的。此后，日本加紧了侵略步伐，开始积极策划华北五省的“自治”运动，企图使河北、察哈尔、绥远、山东、山西等华北五省脱离国民政府的管辖。1936 年 1 月 13 日，日本政府制定的《处理华北纲要》中规定，日本对华北自治“指导”的重点要放在财政经济（特别是金融）、军事和对一般民众的指导方面，并抓住大局，“以依靠私人资本自由渗入为原则，指导方式须体现共存共荣的原则”①。1936 年 8 月 11 日，日本外务省制定了《第二次处理华北纲要》。1937 年 2 月 5 日，蒋介石确定了解决时局的五项方针：“一、对内避免内战，然而一遇内战，则不放弃戡乱安内之责任。二、政治、军事仍应渐进，由近及远，预定三年至五年为统一时间。三、不说排日，而是说抗战。四、加深军队之训练。五、分省物色品行方正之人才。”②此后，毛泽东在 1937 年 5 月的

① 《处理华北纲要》（1936 年 1 月 13 日），北京大学历史系中国现代史教研室编：《中国共产党历史教学参考资料》第 2 册，北京：北京大学历史系中国现代史研究室，1978 年，第 474 页。

② ［日］古屋奎二：《蒋总统秘录》典藏版第 10 册，台北：台湾出版社，1987 年，第 189 页。

《中国共产党在抗日时期的任务》中谈到“国民党不能不开始转变它过去十年的错误政策，这即是由内战、独裁和对日不抵抗的政策向着和平、民主和抗日的方向转变，而开始接受抗日民族统一战线政策。”①抗日民族统一战线是中国共产党同国民党地方实力派从局部联合走向全国联合而形成的。西安事变的和平解决和国民党五届三中全会的召开，标志着抗日民族统一战线的初步形成。中国共产党的宣言和蒋介石的谈话，标志着以国共合作为基础的抗日民族统一战线的正式形成。日本于 1937 年 2 月 20 日颁布的《第三次处理华北纲要》对华北经济做出了具体的指示，如“华北经济开发的目的，在于一面使私人资本自由参加，以扩大我方权益，一面也诱致中国资本，形成以日人和华人共同一致的经济利益为基础的日华不可分割的情况。特别是在国防上必需的军需资源（铁、煤、盐等）的开发，以及与此有关的交通、电力等的设备方面，有需要时，应投入特殊资本，力求其迅速实现。”②

山西因所处战略优势成为建立敌后根据地的最佳之选，毛泽东曾说过，“山西将成为主要的根据地”“华北是游击战充分发展的地区，是游击战争根据地的‘榜样’”。③ 1937 年 8 月 22 日至 25 日，中共中央在陕北洛川召开政治局扩大会议，指出“在敌人后方发动独立自主的山地游击战，使游击战担负起配合正面战场、开辟敌后

---

①《中国共产党在抗日时期的任务》（1937 年 5 月 3 日），毛泽东：《毛泽东选集》（第一卷），北京：人民出版社，1991 年，第 255 页。

② 复旦大学历史系编译：《日本帝国主义对外侵略史料选编 1931—1945》，上海：上海人民出版社，1983 年，第 218 页。

③ 毛泽东：《论新阶段》（1938 年 10 月），刘泽民等主编：《山西通史》卷 8 抗日战争卷，太原：山西人民出版社，2001 年，第 692 页。

战场、建立敌后根据地的任务。”[①]1937 年 9 月 20 日，毛泽东做出了游击战争应当在敌人之侧翼和后方开展，在山西应分为晋东北、晋西北、晋东南、晋西南四个区，对占领着中心城市和要道的敌人进行包围的指示。[②] 山西山区较多，如晋东北有管涔山，太岳有两条山脉，晋东南有太行山，这样的地理位置对八路军开展游击战是极其有利的。1937 年 11 月 13 日，毛泽东进一步指出八路军的任务是要发挥独立精神，坚持华北游击战争，同敌人争夺山西全省大多数乡村使之成为游击根据地，要动员发动群众，不断壮大自己，最终取得胜利。[③] 自平型关、雁门关战役后，华北敌后战场的局面被打开，中共在此后的战斗中逐步拉开了在山西建立敌后根据地的序幕。

中共中央于 1937 年洛川会议分析了全国抗战开始后的新形势和战争的持久性，并指出：争取抗战胜利的关键是实行全面的全民族抗战路线，反对国民党单纯依靠政府和军队的片面抗战路线。会议决定必须坚持统一战线中的无产阶级领导权，把党的工作重心放在战区和敌后，放手发动独立自主的山地游击战争，使游击战担负配合正面战场，开辟敌后战场，建立抗日根据地的战略任务。[④] 1937 年 10 月 22 日，八路军总部决定第 115 师一部在政治委员聂荣臻率领下，以晋东北五台山为中心，在晋、察、冀边境地区创建敌

---

① 甘国治主编：《党在抗日战争时期的战略策略》，杭州：浙江人民出版社，1986 年，第 113 页。

② 中国人民解放军军事科学院编：《中国人民解放军大事记》，北京：军事科学出版社，1983 年，第 130—131 页。

③ 中国人民解放军军事科学院编：《中国人民解放军大事记》，北京：军事科学出版社，1983 年，第 139 页。

④ 军事科学院军事历史研究所：《中国人民解放军八十年大事记》，北京：军事科学出版社，2007 年，第 104 页。

后抗日根据地。10月27日，晋察冀抗日根据地在山西省五台县石咀镇建立。“11月，晋察冀边区已初具雏形，在晋东北和冀西的30个县、冀中的20个县和察南的4个县中，地方性的动员委员会和各种初级组织十分活跃”。[①] 晋察冀边区在1938年2月边区行政委员会成立时，其辖区仅限于正太、同蒲、平汉、平绥四条铁路之间的山西东北部，察哈尔南部和河北西部山区、半山区以及冀中平原地区。后来随着形势发展，形成以山西、察哈尔、河北三个省的边陲地带为中心，扩展到包括绥远、热河、辽宁的部分地区。[②] 1945年11月中旬之后，晋察冀边区所辖区域有热河、察哈尔2个省政府，冀晋、冀中、冀东3个行署，1个直辖市，22个专署，164个县，27个旗，4个自治区（县）面积达30余万平方公里，人口将近4 000万。[③]

晋察冀抗日根据地位于华北腹地，与北京、天津等城市接壤，其范围包含了以山西、察哈尔、河北三省交界地带为基本区域的广大地域。所辖区域之北与绥远省东部、察哈尔省北部、热河省北部和辽宁省西部相接，东、西、南三面分别以津浦、同蒲、正太、石德铁路线为界，毗连晋绥、晋冀鲁豫和山东抗日根据地。从地理方位来看，晋察冀边区西部为太行山山峦地带，北部为燕山山脉，东部为冀东、冀中平原。

晋察冀抗日根据地所处战略位置极其重要，物产亦极为丰富。盛产粮食、棉花、盐、煤、铁等物资，人口密集。其地处中国内陆，深受传统农业文明的影响，现代思想文化传播的基础相对较弱，加之

① [美]费正清主编，章建刚等译：《剑桥中华民国史》第2卷，上海：上海人民出版，1992年，第696页。

② 曹建英、刘茗、石璞、谢淑芳：《晋察冀边区教育史》，石家庄：河北教育出版社，1995年，第4页。

③ 谢忠厚、肖银成：《晋察冀抗日根据地史》，北京：改革出版社，1992年，第587页。

西方新思想、新文化传播到中国不足百年，即使新文化与新思想已开始在中国发展，但因其尚处于萌芽阶段，很难与长达两千多年的传统文化相比，故新文化、新思想影响的范围和程度十分有限。尤其民国以来各路军阀为了互相争夺权力，彼此间相互封锁，致使晋、察、冀三省几乎处于相互隔绝的状态。“在边委会成立之前，三省是异常隔阂的，单单就经济的流通一方面来讲，河北票子流不到山西，山西票子也流不到河北，大家能够记忆的是那时晋东北的棉花、布匹、物品的恐慌几乎达到了极点；同样，冀西的粮食恐慌也很厉害，三省民众互相存在成见，山西叫河北人‘侉子’，河北人叫山西人‘老西’，是很普遍的。”①

据蒋善国1935年在距北京约100里的涿县西部山区野三坡调查，“居民系避明末之乱而迁居此处的，生活俭朴，衣食粗鄙，勤苦耐劳，男女共同操作，不尚交通，非有迫不得已时，绝不出山。因为见闻不广，耳目锢蔽，只有墨守成规，毫无改良思想。现时该处男子未剪发者，尚居半数，妇女均缠足，其头足之装饰甚古，……居民迷信甚深，只奉佛教，排斥异教。教育虽有学校，亦甚幼稚，课程不外《三字经》《百家姓》等书。”②晋、察、冀三省地处封建王朝统治的中心区域，封建文化向来发达，民众生活行为以孝、悌、忠、信、礼、义、廉、耻等传统思想为准则。乡村教育多以私塾为主，而家境贫苦的儿童根本没有条件进学堂读书，这样的状况造成大量农村青壮年人口为文盲或半文盲。“冀东、冀中平原地区人口稠密，物产丰富，工商业发达，农村教育基础较好，文盲半文盲尚占总人口的80%。冀西、晋西北、雁北、冀南、平西等山区，土地贫瘠，经济文化

① 柳林：《晋察冀边区底过去和现在》，《解放》1938年9月第51期。

② 蒋善国：《会勘涿县三坡纪略》，《河北月刊》1935年12月第3卷第12期。

十分落后，文盲和半文盲的比例就更大，学校更少，许多村庄甚至连一个识字的都没有，广大群众处于愚昧落后的状态。”①晋察冀根据地学校教育发展较为落后，以崇礼县为例，直到1906年才由教会办起了一所小学，学生只有50余人。1934年，全县办起国民小学58所，其中国民高小2所，国民初级女子小学1所，国民初级小学55所，共有学生1 925人，全县人口有67 445人，平均每万人中有初级小学生242人，高小学生44人。②

晋绥抗日根据地包括晋西北、晋西南和绥远大青山（今属内蒙古自治区）三个地区，东西横跨500余里，南北纵长2 000余里，是中共在华北具有重大战略意义的主要根据地之一，是日军侵略山西的前沿战场。根据地东面连接同蒲铁路、平绥铁路，与晋冀鲁豫边区和晋察冀边区相连；西面紧邻黄河，与一河之隔的陕甘宁边区相望，是陕甘宁边区重要的保护屏障；南至汾河、黄河三角地带的山西芮城黄河渡口风陵渡；北迄大青山至绥远省的百灵庙、乌兰花一带，与蒙古大草原接壤。晋绥抗日根据地山川秀美，所辖区域内有吕梁山、管涔山、洪涛山、云中山、大青山等山脉，河流有桑干河、汾河、蔚汾河以及大黑河等河流。群山连绵，河山交错，山地、丘陵居多，同时亦有平原、盆地及草原。晋西北地区地势较高，气温偏低，十年九旱，农作物多为莜麦、谷子、马铃薯、胡麻等耐寒杂粮作物，因其地理条件较为恶劣，土地广种薄收，地广人稀。抗日战争爆发后，八路军挺进山西抗日，与中共地方组织、山西新军部队和统一战线组织“战动总会”“牺盟会”等一起创建了晋西北抗日根据地和

---

① 董纯才：《中国革命根据地教育史》第2卷，北京：教育科学出版社，1991年，第342页。

② 曹剑英、刘铭、石璞、谢淑芳：《晋察冀边区教育史》，石家庄：河北教育出版社，1995年，第11页。

晋西南抗日根据地，并从晋西北出发到达绥远，开辟了大青山抗日游击根据地，晋西北、晋西南、绥远大青山这三块地区一同构成了晋绥抗日根据地①。其所辖区域内大部分为汉族，绥远境内有蒙古族，亦有回族、满族等少数民族。晋绥抗日根据地条件艰苦，经济文化水平落后，社会风气不良，所辖区域内文盲众多，文盲总数占到了总人口的 90%左右。② 学校教育发展落后，以小学教育来说，如偏关县 1934 年统计，全县有男学龄儿童3 568人，入学1 499人，入学率 42%，部分村庄据统计女学龄儿童1 785人，入学 268 人，入学率仅 20%。并且学校都是为有钱人家子女开门的，穷苦人家子弟入学的很少。③ 这组数据中入学儿童大多是家境尚可者，绝大多数的贫家子弟根本没有机会踏入学堂。

晋冀豫抗日根据地包括山西省东南部、河北省西南部、河南省黄河以北西部。太行山纵贯南北，黄河襟带南面。④ 太行山海拔一千五百米至两千米，古称“天下之脊”，山高崖险，峭壁如林，居高临下，易守难攻，历来为兵家必争之地，是开展游击战争的理想战场。晋冀豫抗日根据地的创建是从 1937 年 11 月太原失守前后开始的，是由八路军一二九师、一一五师第三四四旅等抗日武装开辟的，由晋东南、冀南、豫北三个战略区组成，是中共中央北方局和八路军前方总部机关所在地。太原失守后，八路军总部根据中共中央、中

① 山西省史志研究院、中共内蒙古自治区委党史研究室著：《晋绥革命根据地史》，太原：山西古籍出版社，1999 年，第 1 页。

② 山西省教育史晋绥边区编写组、内蒙古自治区教育史志办公室编：《晋绥革命根据地教育史资料选编》，内部发行，1986 年，第 185 页。

③ 董纯才：《中国革命根据地教育史》第 2 卷，北京：教育科学出版社，1991 年，第 426 页。

④ 太行革命根据地史总编委会：《太行革命根据地史稿》，太原：山西人民出版社，1987 年，第 2 页。

央军委指示，命令一二九师进入太行山区，开辟以太行山为依托的晋冀豫抗日根据地。1937 年 11 月 13 日，一二九师在和顺县石拐镇召开干部会议，传达讨论中共中央指示精神，决定全师化整为零，分散到各地发动群众，开展游击战争。一二九师进入太行山以前，根据中共北方局决定，成立了中共冀豫晋省委，书记李菁玉要求省委同一二九师师部结合，共同创建晋冀豫抗日根据地。1938 年 2 月，冀豫晋省委和一二九师师部召集辽县、和顺、昔阳、平定、井陉、元氏、赞皇、临城、内邱、邢台 10 个县的区委以上干部开会，讨论和研究了建立根据地有关问题。这几次干部会议，对创建晋冀豫抗日根据地具有重要意义。1938 年 1 月初，一二九师三八六旅副旅长陈再道等率 6 个连兵力组成东进纵队，挺进冀南平原。1939 年 5 月中旬，冀鲁豫支队挺进鲁西南地区，痛击挑衅的芦翼之部，消灭其武装1 800余人，在曹县、定陶等地建立了抗日民主政权，同年年底冀鲁豫支队由4 000余人扩大到7 000余人，同时又组建了豫北大队、独立大队和若干县区武装。① 1940 年，冀鲁豫边区党委和冀鲁豫军区先后成立，王从吾任书记，黄克诚任军区司令员，崔田民任委员。1941 年 1 月，冀鲁豫边区行政主任公署正式宣告成立，所辖 3 个专区 15 个县。至此根据地党政军领导归于统一，冀鲁豫抗日根据地正式成立。

第二节　苏区经验的传承与根据地政权建设的诉求

一、苏区经验的传承

在山西抗日根据地未成立之前，苏区和陕甘宁边区的社会教

① 魏宏运、左志远主编：《华北抗日根据地史》，北京：档案出版社，1990 年，第 60 页。

育已经取得显著效果，并形成了许多可供借鉴的教育经验。其所创立的是一个与旧社会完全不同的崭新的教育模式，是以马克思主义为指导的教育，是将马克思主义教育原理与中国具体教育实际相结合的一种全新教育。其教育思想核心是，“教育为政治经济服务，教育与生产劳动相结合，用共产主义思想教育人民群众，以及依靠人民群众办学。”①在苏区建立的教育制度是以马克思主义教育思想、早期共产主义者，以及中国共产党人的教育实践活动作为基础的。当时的教育构成包括四大方面，即普通教育、社会教育、干部教育和红军教育。在对苏区所用“社会教育”一词来源进行考证时，陈桂生认为其来自于对苏联社会教育的学习。而再追溯苏联所用“社会教育”一词，则来自马克思、恩格斯相关教育理论，最初在马克思和恩格斯的《共产党宣言》中提出要以社会教育代替家庭教育的主张。苏俄采用“社会教育”概念较之苏区所言“社会教育”一词的教育对象范畴及教育内容不同，前者主要是指对工农群众进行的教育，且在1920年11月左右，苏俄就把“社会教育”改成了“政治教育”。而苏区的“社会教育”则并不限于政治教育，且从教育对象来看，社会教育以工农群众为主要对象。② 中共成立初期便注重对工人的教育，要求在工业部门开设工人学校，旨在“提高工人的觉悟，使他们觉得有成立工会的必要”③。1922年，共青团第一次全国代表大会通过的《关于教育运动的决议》中，明确指出了需开展的六项教育运动，其中开展青年工人和青年农民

① 曹建英、刘茗、石璞、谢淑芳：《晋察冀边区教育史》，石家庄：河北教育出版社，1995年，第128页。

② 陈桂生：《中国革命根据地史》(上)，上海：华东师范大学出版社，2015年，第67页。

③《关于当前实际工作的决议》，中国人民解放军政治学院党史教研室：《中共党史参考资料》第2册，中国人民解放军政治学院党史教研室，1979年，第200页。

的特殊教育运动被列在各项教育工作之首，由此可见其重要地位。1925年，中共第四次全国代表大会通过的工人运动决议案和农民运动决议案中，均强调要加强对工人和农民的宣传教育，使其通过接受教育提升阶级觉悟，并引导其积极参加革命。最早由中共领导的农民教育运动，兴起于广东的海丰、陆丰地区，依托农会设立教育部，兴办农民学校。教育内容涉及文化知识、革命知识、生产生活相关知识等。当时大多数的乡里都建立了农民夜校并发展迅速。到1927年时，平均每乡有一所农民夜校。农民夜校属于社会教育的组成部分，社会教育是中共教育体系的重要构成，在苏区教育工作中占据着重要的地位。1932年5月，江西苏维埃第一次工农兵代表大会决议指出："群众教育①不但与儿童教育并重，以目前革命需要发展斗争形势而论，应视为首务。"②1933年8月少共中央局和中央教育人民委员部联席会议发布的《关于目前教育工作的任务与团对教育部工作的协助的决议》中指出："教育部应当去帮助群众和各社会团体，必须注重社会教育的发展，并提到更高的观点上去。"③教育人民委员部是直属于人民委员会的政府职能部门之一，其主要任务是"在教育方针及政策上领导全国学校教育及社会教育"④。1934年教育人民委员部修正的《教育行政纲要》规定中央教育人民委员部下设初等教育局、普通教育局、社会教育

① 这里所言的群众教育等同于社会教育。

②《苏维埃第一次工农兵代表大会决议》(1932年5月)，赣南师范学院、江西教育科学研究所编：《江西苏区教育资料汇编》第1册，赣南师范学院、江西教育科学研究所，1985年，第103页。

③《关于目前教育工作的任务与团对教育部工作的协助的决议》(1933年8月)，陈元晖等编：《老解放区教育资料》(一)，北京：教育科学出版社，1981年，第37页。

④ 安树芬、彭诗琅主编：《中华教育通史》第7卷，北京：京华出版社，2010年，第1503页。

局、艺术局、编审局、巡视委员会。① 苏区的地方教育行政管理机构分为四级，即省、县、区、乡四级。省教育部下设普通教育科、社会教育科、巡视员；县教育部下设普通教育科、社会教育科和巡视员；区设区教育部；乡设乡教育委员会。② 社会教育由专门的社会教育行政机构掌管，从中央教育人民委员部所辖社会教育局，到省教育部所辖社会教育科，再到县教育部所辖的社会教育科都设有专门主管社会教育的行政部门。由此可见社会教育在根据地教育中占据重要地位。苏区和陕甘宁边区的社会教育经验为山西抗日根据地社会教育的开展提供了诸多宝贵经验。

希尔斯在《论传统》中探讨了实质性传统，即崇尚过去的成就和智慧，崇尚蕴含传统的制度，并把从过去继承下来的模式视为有效指南的思想倾向。③ 传统的形成和历史相关联，是需要时间积累的，它所包含的内容是在历史的发展和沿传中积淀而来的。④ 中共所领导的社会教育始于中央苏区，并在发展过程中形成根据地社会教育的传统，传统具备稳定性特征，其对抗日根据地社会教育以及解放区社会教育的开展起到了启示和借鉴作用。山西抗日根据地社会教育传承了中央苏区社会教育形成的部分传统，并融入了符合根据地实际的新内容。

（一）中央苏区社会教育政治宣传

瞿秋白在《阶级战争中的教育》中写道："教育也是阶级斗争的

---

①《教育行政纲要》(1934年)，《中华教育改革编年史》编写组主编：《中华教育改革编年史》2，北京：人民教育出版社，2009年，第556页。

② 卓凡：《中华苏维埃法制史》，南昌：江西高校出版社，1992年，第225页。

③ [美]希尔斯著，傅铿、吕乐译：《论传统》，上海：上海人民出版社，1991年，第4页。

④ 辛萌、侯怀银：《教育学传统解读》，《华东师范大学学报(教育科学版)》，2017年第1期，第87—92+123页。

武器，只有无产阶级领导的苏维埃教育，才能够真正赞助革命战争。”①中央苏区的社会教育是以马克思教育思想为指引的，社会教育中政治宣传工作是社会教育的中心工作。中共自第二次国内战争时期开始就非常注重社会教育中的政治宣传工作。苏区的基本教育方针——“教育是为革命战争服务的”，是指导苏区全部教育工作的根本。1927 年 8 月，南昌起义部队撤离并向广东进发，途经临川、宜黄、广昌、瑞金等地，部队在所到之处以贴布告、发传单、写标语、开大会等方式向群众宣传革命道理。这时所属社会教育中的群众宣传工作尚处于萌芽状态，因而并未有具体的规范和政策来对其进行指导，社教宣传工作主要是向人民群众讲授宣传革命道理，使群众理解革命、同情革命、拥护革命。宣传委员会代主席恽代英指导宣传队工作时就曾对宣传队员们说：“要善于向老百姓宣传革命的道理，使老百姓了解我们的政策，这样我们才能得到老百姓的拥护，使革命获得胜利。”②

政治宣传对于巩固苏区群众基础，动员群众参与到革命事业当中来起到了重要的宣传作用。1927 年 11 月 25 日，“赣东北弋阳、横峰等五县的共产党员在弋阳县窖头村举行了由方志敏主持的联席会议，会议制定了《宣传大纲》，要求参加会议的共产党员选择来自群众基础较好、有革命影响的地区，迅速向群众开展广泛的宣传教育工作，为举行武装起义大造声势。”③中共领导非常重视政治宣传工作，朱德和陈毅就曾亲自参与教育计划的制定，编写军

① 吕良主编：《中央革命根据地教育史》，北京：教育科学出版社，1989 年，第 321 页。

② 皇甫束玉等编著：《中国革命根据地教育纪事》，北京：教育科学出版社，1989 年，第 4 页。

③ 皇甫束玉等编著：《中国革命根据地教育纪事》，北京：教育科学出版社，1989 年，第 7 页。

事、政治教材，领导部队指战员白天出操、上课，进行军事训练和政治训练，晚上以排为单位，分散到附近农村去宣传群众、发动群众，开始走上了把武装斗争和农民运动结合在一起的道路。① 1929 年 9 月中共湘赣边界特委通过《湘赣边界目前工作任务决议案》。《决议案》指出，“在教育宣传工作方面，党的特委和县委应在可能条件之下开办党务政治训练班和短期补习班，以此推动和普及中共的政治宣传。”②1932 年发布的《闽浙赣省苏大会文化工作决议案》中指出：“在目前日益开展的国内阶级斗争中，加紧工农群众的、革命的、阶级的政治教育，提高其文化水平、激励其斗争情绪、坚定其对革命斗争胜利之信心与决心……争取革命战争的完全胜利，这是文化教育工作的中心任务。”③1933 年 4 月 15 日颁布的《中华苏维埃共和国临时中央政府教育人民委员部第 1 号训令》中明确指出：“苏区当前文化教育的任务，是要用教育与学习的方法，启发群众的阶级觉悟，提高群众的文化水平与政治水平，打破旧社会思想习惯的传统，以深入思想斗争，使能更有力的动员起来，加入战争，深入阶级斗争和参加苏维埃各方面的建设。”④

（二）苏区制定了较为完备的社会教育方针

苏区社会教育法令法规的制定是一个不断发展完善的过程，这为苏区社会教育的开展指引了方向，并结合教育实际的改变和

---

①《宣传大纲》(1927 年 11 月 25 日)，皇甫束玉等编：《中国革命根据地教育纪事》，北京：教育科学出版社，1989 年，第 7 页。

②《湘赣边界目前工作任务决议案》(1929 年 9 月 6 日)，皇甫束玉等编：《中国革命根据地教育纪事》，北京：教育科学出版社，1989 年，第 19 页。

③《第二次闽浙赣省苏大会文化工作决议案》(1932 年秋)，顾明远主编：《中国教育大系》——20 世纪中国教育(三)，武汉：湖北教育出版社，2015 年，1893—1894 页。

④ 顾明远主编：《教育大辞典》第 10 卷，上海：上海教育出版社，1991 年，50—51 页。

教育经验的丰富而进行着调整，进而使苏区社会教育工作得到不断深化和完善。1922 年 5 月，中国社会主义青年团第一次全国代表大会通过的《关于教育运动的决议案》中对社会教育做出规定：要求提高青年的知识、提高社会觉悟，并使年长的失学青年得到普通文化教育。① 1927 年 9 月中共江西省委以江西省革命委员会名义公布的《行动纲领》中对社会教育的相关工作做出了指示。《行动纲领》中规定"实行普及教育，提高革命文化。具体措施是：1. 实行免费的、强迫的、普遍的和工艺的教育，以培植全体男女儿童；2. 建立一般未达入学年龄的机关（如儿童养育院、幼稚园等），以利增进社会教育和解放妇女；3. 极力增进工人、农民及一般平民的知识和娱乐，开办校外的教育机关（如图书馆、平民学校、阅览室、科学讲话、电影、新剧等）。"②同月，"中共安徽省工委书记舒传贤在霍山县舒家庙组织'学术研究会'，开办农民夜校，广泛宣传革命道理。当时皖西地区的共产党员都以学校为掩护，进行教育群众、发动群众和组织群众的工作。"③接受社会教育的学员大多都成为日后农民运动的主要参与者，如来自东兰、凤山、都安、河池等县共 200 余人参加了讲习所，学习政治经济学、哲学、帝国主义侵华史、农民运动史等课程，结业后他们均返回原籍从事农民运动工作。

共青团第五次全国代表大会通过了《苏维埃区域内青年团工作大纲》，并指出："共青团在苏维埃区域应进行一般的社会政治教育工作，应推广宣传所、书报室、俱乐部一类的组织，应进行广大的

---

①《中国社会主义青年团关于教育运动的决议案》，郑登云编著：《中国近代教育史》，上海：华东师范大学出版社，1994 年，第 223 页。

②《行动纲领》(1927 年 9 月)，皇甫束玉等编：《中国革命根据地教育纪事》，北京：教育科学出版社，1989 年，第 5 页。

③ 皇甫束玉等编：《中国革命根据地教育纪事》，北京：教育科学出版社，1989 年，第5 页。

识字运动，消灭团员与一般工农群众中不识字的现象；应尽可能恢复学校和教育机关，首先应当创办一些模范性质的学校和团校，应根据革命的需要，编辑各种新剧本和新教材，应禁止一切反动书报，检查反动新闻报纸，各级苏维埃应设立教育委员会或教育委员，教育经费在政府的全部预算中应占相当成数，尽可能施行免费强迫教育。”①同月颁布的《教育宣传决议案》对苏维埃区域必须组织平民学校或夜校，教育一般青年劳动群众等工作作出指示，将此类学校作为政治宣传工作的一种帮助。② 1929 年 4 月中共鄂东北特委召开县委书记联席会议，会议通过了《鄂东北苏区苏维埃临时政纲》，其中对于文化部分的规定为：普及农村小学教育，设立农村夜校，教材由苏维埃文化委员会编定，各校教员须经区苏维埃文化委员会核准，并发给证书方为合格。③ 毛泽东在中华苏维埃共和国第二次全国苏维埃代表大会上，代表中华苏维埃中央执行委员会与人民委员会作两年来的工作报告。其中特别强调指出“苏维埃文化教育的总方针在于以共产主义的精神来教育广大的劳苦民众，在于使文化教育为革命战争与阶级斗争服务，在于使教育与劳动联系起来，在于使广大中国民众都成为享受文明幸福的人”。④ “苏维埃文化各级教育部教育科的职务分工为省教育部在部长、副部长之下设普通教育科、社会教育科、编审出版委员会、总务科；县教育部在部长、副部

① 《苏维埃区域内青年团工作大纲》（1928 年 7 月），皇甫束玉等编：《中国革命根据地教育纪事》，北京：教育科学出版社，1989 年，第 12 页。

② 《教育宣传决议案》（1928 年 7 月），皇甫束玉等编：《中国革命根据地教育纪事》，北京：教育科学出版社，1989 年，第 12 页。

③ 《鄂东北苏区苏维埃临时政纲》（1929 年 5 月 30 日），皇甫束玉等编：《中国革命根据地教育纪事》，北京：教育科学出版社，1989 年，第 17 页。

④ 顾明远、刘复兴：《从新民主主义教育到社会主义教育》（1921～2012），北京：教育科学出版社，2015 年，第 65 页。

长之下设普通教育科、社会教育科；区教育部、市教育科在部长或科长之下设普通教育兼文书 1 人、社会教育兼统计 1 人。”①

（三）苏区开展消灭文盲运动

扫除文盲为苏区社会教育的中心工作。苏区是在远离经济文化中心的农村地区建立和发展起来的，其所处区域的经济、文化落后，有 90％以上的成人群众处于文盲状态，劳动妇女几乎全都是文盲。群众中文盲占比巨大，这在很大程度上制约着苏区的政治斗争和社会发展。这样的客观条件决定了苏区的社会教育必须把文化教育放在重要位置，并把扫除文盲列为文化教育的中心任务之一。② 社会教育在当时的情形之下，其中心任务便是开展消灭文盲运动。③ 开展社会教育工作最首要且最重要的是要提高当地群众的文化知识水平，面对苏区群众文化水平较低，文盲占比较大的教育实际，识字教育成为社会教育工作中的首要任务。苏区的群众教育主要围绕着政治、军事斗争展开，首要任务便是以识字教育为主要内容的扫盲教育。④ 毛泽东 1925 年 2 月在韶山、银田等地进行农村调查的基础上，组织创办了农会和农民夜校，并在其任广州农民运动讲习所所长之时，担任《农村教育》《中国农民问题》《地理》三门课程的教授工作。⑤ 毛泽东提出红军的教授法为启发式，必须废止注入式的教法等，教材设置需充分考虑地方性，除全国统

① 张静如、梁志祥、镡德山主编：《中国共产党通志》第 4 卷，北京：中央文献出版社，2001 年，第 626 页。

② 于述胜：《中国教育通史・中华民国卷》（下），北京：北京师范大学出版社，2013 年，第 273 页。

③ 陈元晖等编：《老解放区教育资料》（一），北京：教育科学出版社，1981 年，第 58 页。

④ 于述胜：《中国教育通史・中华民国卷》（下），北京：北京师范大学出版社，2013 年，第 273 页。

⑤ 邹博主编：《中国通史》（第三卷），北京：线装书局，2011 年，第 1160 页。

一编订的教材以外，应增加乡土教材。苏维埃政府将识字教育作为社会教育中消减文盲运动的中心工作，开展政治宣传，团结群众，使群众了解、理解、支持中共工作。在粉碎敌人第三次“围剿”后，毛泽东便与徐特立一同讨论识字运动方面的问题，他认为这是一项非常重要的工作，是苏区教育方针的基本出发点。①

1930 年 7 月，闽西苏维埃政府文化部教育委员会召开第二次会议，会议决定在各乡普遍设立识字所，识字所负责人由当地苏维埃政府分配可识字的人担任。② 并编写了富有阶级性，且重实用性的看图识字课本，在可能的范围内出版各种小册子和关于教育方面的书籍。③ 学校教育亦配合识字教育的开展，1930 年颁布的《目前文化工作总计划》对学校参与社会教育中扫盲运动工作作出指示，各学校每月应规定 1 周为“减少文盲周”，在乡村每隔 10 户，在城市街道每隔 10 铺设立 1 个问字所，还应编写看图识字课本和社会教育的小册子，编印各种社会科学丛书，设立劳动夜校，普遍而深入地提高群众的阶级觉悟、政治水平和文化程度。④ 县、区、乡及城市各级政府普遍开办识字班，大多数 16 岁以上的人应入识字班学习。识字班通常以小队为单位，成员一般由 9 至 11 人构成，要求每人每天识字 5 个，每 10 天或半个月进行一次以班为单位的比赛。⑤ 识字班按照学生掌握识字数的多少进行分班，识字多的、文化

---

① 湖南省长沙师范学院编：《怀念徐特立同志》，长沙：湖南人民出版社，1979 年，第 36 页。

② 董源来等主编：《中央苏区教育简论》，南昌：江西高校出版社，1999 年，第 174 页。

③ 皇甫束玉等编：《中国革命根据地教育纪事》，北京：教育科学出版社，1989 年，第 30 页。

④《目前文化工作总计划》(1930 年 8 月 2 日)，皇甫束玉等编：《中国革命根据地教育纪事》，北京：教育科学出版社，1989 年，第 31 页。

⑤ 皇甫束玉等编：《中国革命根据地教育纪事》，北京：教育科学出版社，1989 年，第 45 页。

知识掌握好的学生可升入教学内容相对深化的班级，在授课内容方面偏重于研究中共较深层次的条例、法规等与政治相关的内容。1931 年中央革命军事委员会总政治部编写了《识字运动》，同年徐特立根据毛泽东的建议撰写了《识字运动》与《识字运动的办法》。1933 年 6 月发布的《关于识字班工作的通知》中指出，识字班分为三个阶段，第一阶段识1 000字，第二阶段识2 000字，第三阶段识3 000字，每个识字班设班主任 1 人，负责组织识字班的各项工作。①

识字教育除开展识字所外，苏区的教育者结合教育实际尝试探索出多种多样、简单且极富成效的办法。如徐特立通过研究提出了《识字运动办法》，其认为“识字运动最好的办法，就是同吃饭的，同睡觉的，同工作的人，从 2 人到 5 人，编成一个小组。把所有识字的人和不识字的人配合，用所有识字的，教所有不识字的。就是用工作人员教工作人员，战斗员教战斗员，群众教群众，老公教老婆”。② 苏区各乡亦通过设立识字牌开展扫盲教育，识字牌由识字班的班长负责，一般建立在通行大道上，最多三天、最少两天更换一次内容。苏区消灭文盲运动在中共领导下积极开展，当地群众踊跃参与积极学习，取得了非常值得骄傲的成绩。《青年实话》第 3 卷第 8 号报道了才溪、通贤两个模范区在消灭文盲运动中的成绩：“至 1934 年 1 月，才溪全区8 782人中，除小孩外6 400余人，其中能看懂《斗争》者约占 8%；能看懂《红色中华》与能写信者约占 6%；能看路票与打条子者约占 8%；能识 50—100 字者，约占 30%；能查普通路条的妇女占 30%；不识字者占 10%。通贤区有人口7 248

① 《关于识字班工作的通知》(1933 年 6 月)，皇甫束玉等编：《中国革命根据地教育纪事》，北京：教育科学出版社，1989 年，第 77 页。

② 《识字运动办法》(1931 年)，徐特立：《徐特立文集》，长沙：湖南人民出版社，1980 年，第 56 页。

人，减少了65%的文盲，能看《斗争》的占4%，约200人左右；能看《红色中华》的和能写信的占7%，约有240人左右；能看路票和写便条的占40%，识50至100字的占50%。”[①]据1934年在《红色中华》上刊发的《苏区教育的发展》一文统计，截止到1934年已有识字组23 286个，仅在江西省的识字组组员就达到12万人。[②]

（四）夜校教育的开展

夜校亦是苏区开展社会教育的重要施教机构。夜校亦称夜学、夜学校、平民夜校，其任务为在不妨碍群众生产与工作的条件下，在短时期内提高群众政治文化水平。校址选定标准一般是在人口比较集中的地方，以方便群众入学。[③] 自1928年1月始，湘赣边界各乡农会纷纷创办农民夜校，农民入夜校学习文化，接受政治教育熏陶。中共江西省委公布《全省第二次党代表大会的总结与精神》的赤字第一号《通告》要求各地团组织按照实际情形设法创办夜校、工厂小报、画报以及多召集各种青年群众会议，以进行识字运动，扩大宣传教育工作。[④] 此外，《通告》还要求切实整顿基层团支部的宣传教育工作，尤其要加强进行政治讨论和实际斗争的训练。[⑤]《湘赣边界目前工作任务决议案》中有关社会教育的指示为：“设立夜班学校和成人学校，奖励并提倡青年工农组织教育游

---

① 皇甫束玉等编：《中国革命根据地教育纪事》，北京：教育科学出版社，1989年，第93页。

②《苏区教育的发展》，《红色中华》，1934年9月29日。

③ 陈桂生：《中国革命根据地教育史》（上），上海：华东师范大学出版社，2015年，第71页。

④《全省第二次党代表大会的总结与精神》（1929年1月26日），皇甫束玉等编：《中国革命根据地教育纪事》，北京：教育科学出版社，1989年，第16页。

⑤《全省第二次党代表大会的总结与精神》（1929年1月26日），皇甫束玉等编：《中国革命根据地教育纪事》，北京：教育科学出版社，1989年，第16页。

艺团体和文化团体，通过各种文化教育团体启发青年对于革命的更深的情绪。”①

苏区夜校的开展将学校力量充分调动起来，依靠学校自身的教育优势，使其在承担国民教育的同时亦担负起夜校的工作任务。1930 年 9 月，闽西苏区永定县第 7 区召开第一次文化建设委员会联席会议，会议决定各学校应附设开办一所夜校，学生人数以 20 人为限，如人数超过 20 人，则需要另外设立夜校，并且各乡应尽量设立工农夜校，夜校分为男女同班和女子班，混合班的女性比例为总人数的三分之一。② 其他政府机关团体亦积极配合夜校工作的开展，夜校所教授内容根据当时当地的特点进行补充添加，做辅助教育之用。中央教育人民委员部 1933 年颁布了《夜校办法大纲》，于 1934 年重新审订颁布的《夜学校及半日学校办法》，发布《业余补习学校的办法》及其所附《识字班办法》等对社会教育工作进行指导。中央教育人民委员部 1934 年重新审订颁布的《夜学校及半日学校办法》中要求各政府机关、群众团体、俱乐部、工厂等皆须出资创办夜校或半日学校，夜校、半日学校的功课，除采用教育部编印的各种课本外，必须采取带有地方性和时间性的资料做辅助性教材。③

（五）女性社会教育的发展

中共非常注重女性的社会教育，在提升女性社会地位和争取

---

①《湘赣边界目前工作任务决议案》(1929 年 9 月 6 日)，皇甫束玉等编：《中国革命根据地教育纪事》，北京：教育科学出版社，1989 年，第 19 页。

② 皇甫束玉等编：《中国革命根据地教育纪事》，北京：教育科学出版社，1989 年，第 33 页。

③《夜学校及半日学校办法》(1934 年)，福建省教育科学研究所、中共龙岩地委党史资料征集研究委员会编：《闽西苏区教育资料选编》，福州：福建省教育科学研究所、中共龙岩地委党史资料征集研究委员会，1986 年，第 317 页。

女性解放等方面做出了积极贡献。1928 年 8 月 1 日，中共中央发表《告小商人、学生、自由职业者及国民党中的革命分子》的公开信，信中指出“妇女在经济上、政治上、教育上与男子一切平等”。1931 年 11 月第一次全国工农兵代表大会宣言中宣布工农劳苦群众不论男子和女子，在社会、经济、政治和教育上，完全享有同等的权利和义务。[①]

早在 1929 年 7 月，“毛泽东向红四军军部驻地闽西连城县新泉村的共产党支部建议在新泉村办一所工农妇女夜校，组织妇女学政治、学文化，使妇女同男人一样接受革命道理，参加革命工作。”[②]同年 7 月，新泉工农妇女夜校开学，夜校设政治课、文化课和军事课，政治课讲授马列主义常识、中共政治纲领和革命主张，文化课结合识字教育，学习革命道理和农村实用科学知识，军事课学习红军打仗的战略战术等。至 1929 年底新泉工农妇女夜校的学员已增至 100 多人。[③] 识字班的教员由苏维埃政府工作人员、小学教员，以及当地工作的党员担任，上课时间安排尊重多数妇女的意见，彼此商讨，共同决定。通过接受社会教育，妇女思想政治觉悟和知识文化水平均得以提升，其从封建社会的神权、族权、夫权禁锢中逐渐解放出来。很多妇女积极参加到赤卫队的工作中，成为革命队伍里的一支重要力量。女性社会教育亦为革命工作培养了储备干部，如六安县六区开办的女子识字速成所，学生有 30 人左右，学习时间为 3 个月，要求每个学生识1 000字，毕业后分配到区、

---

① 《中华苏维埃共和国第一次全国工农兵代表大会宣言》，陈元晖等编：《老解放区教育资料》(一)，北京：教育科学出版社，1981 年，第 27 页。

② 宋荐戈：《中华近世通鉴教育专卷》，北京：中国广播电视出版社，2000 年，第 457 页。

③ 皇甫束玉等编：《中国革命根据地教育纪事》，北京：教育科学出版社，1989 年，第 18 页。

乡、村苏维埃政府当干部。①

1932年6月中华苏维埃共和国临时中央政府颁布《关于保护妇女权利与建立妇女生活改善委员会的组织和工作的训令》中要求“各级苏维埃政府设立妇女生活改善委员会，以保证妇女权利。为了提高妇女的政治文化水平，各级文化部应设立妇女半日学校，组织妇女识字班，也可以办家庭临时识字班、田间流动识字班，由政府干部、群众团体干部和当地学校教员担任教学工作，这些识字组和劳动妇女代表会议以及妇女学校、俱乐部对妇女进行政治教育，号召她们积极参加苏维埃运动，参加革命战争。”②1932年7月2日，临时中央政府发布《关于保护妇女权利与建立妇女生活改善委员会的组织与工作》的训令(第7号)，其中提到：“为提高妇女政治文化的水平，各级文化部应设立妇女半日学校，组织妇女识字班，可办家庭临时训练班，田间流动识字班，教员由政府及各地学校教员及群众团体的干部来担任。”③在少数民族地区，苏维埃政府专门针对少数民族及当地女性的实际情况，开设适合少数民族教育实际的训练班，如广西右江东兰县苏维埃政府分别设立开办“妇女训练班”和“瑶族训练班”，两个训练班共培养革命骨干200余

---

① 皇甫束玉等编：《中国革命根据地教育纪事》，北京：教育科学出版社，1989年，第37页。

②《关于保护妇女权利与建立妇女生活改善委员会的组织和工作的训令》(1932年6月20日)，董纯才：《中国革命根据地教育纪事》，北京：教育科学出版社，1991年，第62页。

③《临时中央政府告人民委员会训令(第六号)——关于保护妇女权利与建立妇女生活改善委员会的组织和工作》(1932年6月20日)，中华全国妇女联合会妇女运动历史研究室编：《中国妇女运动历史资料1927—1937》，北京：中国妇女出版社，1991年，第235页。

人，促进了右江县妇女工作和瑶族地区革命工作的开展。① 1934年春，江西县在第一次教育会议提出："各级教育都要特别注意妇女教育与妇女干部之培养。为了吸收广大妇女参加夜学，识字班及俱乐部的工作必须开展反对'婆婆禁止媳妇''老公禁止老婆'参加文化教育工作的斗争。"②在政策的支持和女性高涨的学习热情推动下，女性社会教育在苏区得到了大力发展，据《红色中华》报道，1934 年仅在兴国县内就有"1 000多个夜校，在16 000名学生中，妇女有11 000余名，妇女识字组有15 300余名，占兴国全县识字组组员的 60%"③。

除政治文化的学习外，女性社会教育亦教授女性以算术、看护、卫生健康、生活相关等知识，并注重女性职业教育的开展。1932 年 3 月，湘赣省劳动妇女第一次代表大会通过的《社会文化与卫生运动决议案》中提出，要"实行女子在教育上与男子平等，要求各地开办女子工厂、女子职业学校、女子半日学校"④。同年 7 月，湘赣省妇委书记联席会议又通过了《全省妇女冲锋季工作计划》，其中规定："每个大的县须开办一个女子职业学校，以增加妇女的职业技能。"鄂豫皖苏区红 32 师在金寨县南溪开办女子职业改进社，课程安排为政治课与文化课，每天每课各一节。其余时间开设

① 皇甫束玉等编：《中国革命根据地教育纪事》，北京：教育科学出版社，1989 年，第 28 页。

②《江西省第一次教育会议的决议案》，陈元晖等编：《老解放区教育资料》(一)，北京：教育科学出版社，1981 年，第 90—91 页。

③《红色中华》(第 239 期 1934 年 9 月 29 日)，张品良：《传播学视阈下的中央苏区马克思主义大众化》，北京：中共党史出版社，2016 年，第 329—330 页。

④《社会文化与卫生运动决议案》(1932 年 3 月 19 日)，江西省妇联吉安地区办事处编：《吉安地区妇女运动史资料 1925—1949 年》，1992 年，第 72 页。

缝纫、纺织、染色等生产技术课。[①] “1932 年湘赣省开办女子职业学校 3 所，妇女半日制学校 30 余所。”女性职业教育受到重视，通过接受职业教育女性掌握了更多的劳动技能，经济地位和社会地位得到提升。

女性社会教育工作主要是由各乡的群众团体来组织，充分利用社会教育机构和社会教育资源积极开展女性社会教育。李伯钊在《红色中华》中对提高妇女文化水平作了这样的论述：“女性社会教育由雇农工会、贫农团、俱乐部、互济会里组织识字班、读报团或短期的夜课学校来开展。发动附近乡村的青年妇女来识字，或由俱乐部召开常识问答晚会，使妇女们在这些文化教育活动中来认识革命的任务和提高她们对政治问题的兴趣，帮助她们工作的进步。”[②]

（六）社会教育的其他开展形式

中央苏区社会教育开展方式灵活多变、形式多样，施教方式依据苏区具体实际进行不断调整，具体有俱乐部、读报团、剧团、演讲、画报、壁报、歌咏、半日班、图书馆等。1929 年 6 月中共湘赣边界特委在向省委的报告中指出，宣传工作方面可采取的方法有群众大会演讲、化装演讲、组织宣传队深入群众中演讲、画报、壁报、歌咏、标语、浅显宣言。[③] 1928 年湘鄂赣苏区平江县工农兵苏维埃政府发布的《平江县苏维埃政府政纲》中指出“文化教育方面的相

① 皇甫束玉等编：《中国革命根据地教育纪事》，北京：教育科学出版社，1989 年，第 37 页。

② 皇甫束玉等编：《中国革命根据地教育纪事》，北京：教育科学出版社，1989 年，第 58 页。

③ 编纂出版委员会：《中国教育大系马克思主义与中国教育（下）》，武汉：湖北教育出版社，1994 年，第 1223 页。

关条文为废除封建礼教、封闭一切反革命学校、开办补习班、半日班、图书馆、俱乐部进行革命教育。”①

1930年颁布的《文化教育问题决议案》中指出：“需建立俱乐部、书报社、新剧团等各种文化团体，组织宣传队、扩大口头宣传，各区乡设立通俗讲演团，经常派出做革命理论演讲和政治报告，进行识字运动，组织十人识字团，农民识字所等。同时规定县、区政府应经常召集各学校教职员和各文化团体干部开会，讨论教育工作和文化工作。”②共青团闽西特委于1930年9月召开第一次代表大会，此会议通过的《农村青年工作问题决议案》中提出：“今后应加紧对青年进行共产主义教育，在文化方面要建设大规模的俱乐部、新剧团，在青年群众逢有集会时便应组织谈话会，研究共产主义。”③1931年鄂皖边召开各县苏维埃联席会议讨论并通过《关于文化教育问题草案》，其主要内容为：“加紧苏区的文化教育运动；健全各级文化委员会；确定教育经费，翻印和采办各种课本，鼓励儿童自动入校，加紧妇女教育；建立俱乐部，游艺室、读报班、识字班、赤色体育会、平民学校、农村半日学校、工余学校、通俗讲习所、唱歌队；组织反宗教大同盟，从教育上彻底破除迷信；规定教师的伙食薪资，提高教师生活，多写标语、口号，扩大政治影响等。”④

1932年闽浙赣省工农兵苏维埃第一次代表大会通过《文化工

---

①《平江县苏维埃政府政纲》(1928年)，岳阳市文化局编：《岳阳地区苏维埃时期文化史料汇编1927—1937》，岳阳：岳阳市文化局，1996年，第26页。

②《文化教育问题决议案》(1930年2月)，皇甫束玉等编：《中国革命根据地教育纪事》，北京：教育科学出版社，1989年，第25页。

③《农村青年工作问题决议案》(1930年9月19日)，皇甫束玉等编：《中国革命根据地教育纪事》，北京：教育科学出版社，1989年，第33页。

④《关于文化教育问题草案》(1931年11月)，皇甫束玉等编：《中国革命根据地教育纪事》，北京：教育科学出版社1989年，第51页。

作决议案》，对社会教育的开展作了部署，即“要普遍建立各乡俱乐部、开展识字运动、扫除文盲、建立墙报、普遍建立读报工作、加强群众的阶级教育，揭发反动宣传、开展马克思列宁主义初步知识的传播运动、继续不断地进行反对封建迷信的斗争、发动群众经常开展体育运动、建立革命纪念馆、普遍建立学校和夜学、编印列宁师范和列宁小学的教科书、吸收青年工农群众参加各种文化教育工作等。”[①]俱乐部是苏区社会教育的重要组织形式之一。俱乐部虽然也承担了消灭文盲的教育任务，但其主要任务在于广泛开展各种群众文化活动，以此活跃群众生活，“其是以政治动员为中心工作”[②]。俱乐部的工作被认为是“文化工作的最主要部门”，是“最易于团结群众、鼓励群众、教育群众”的文化机关。[③] 中央教育人民委员部于 1934 年 4 月制定的《俱乐部纲要》中指出：“俱乐部的一切工作，都应当是为着动员群众来响应共产党和苏维埃政府每一号召的，都应当是为着革命战争，为着反对封建及资产阶级意识而战斗的。”[④]俱乐部的工作开展富有成效，其设置标准为每1 000人应有一个俱乐部，到 1934 年 9 月发表于《红色中华》的《苏区教育的发展》一文对中共苏区的江西、瑞金、福建、鄂赣等地的俱乐部数量进行了统计，共建有俱乐部1 917个，参加俱乐部文化生活的会员约有

---

① 《文化工作决议案》(1932 年)，皇甫束玉等编：《中国革命根据地教育纪事》，北京：教育科学出版社，1989 年，第 88 页。

② 陈元晖等编：《老解放区教育资料》(一)，北京：教育科学出版社，1981 年，第 287 页。

③ 《闽浙赣省第二次工农兵代表大会文化工作决议案》，陈元晖等编：《老解放区教育资料》(一)，北京：教育科学出版社，1981 年，第 121 页。

④ 《俱乐部纲要》(1934 年 4 月)，陈元晖等编：《老解放区教育资料》(一)，北京：教育科学出版社，1981 年，第 283 页。

93 000人。①

读报团是社会教育中广泛应用的一种教育形式。读报团通过宣读报纸内容，对群众进行思想政治教育，尤其是对于不识字的群众来说，参加读报团是最简单且易接受的教育形式。1931 年闽西苏维埃政府文化部发布的《关于组织读报团的通知》中指出："读报团是目前群众工作中的主要工作之一，读报团的任务就是把一切宣传品的文字宣读给不识字的群众听，使政府的政治主张、斗争策略以及目前的政治消息能为群众所知。读报团以乡为单位组织，县、区各机关也要建立读报团的组织，把公差、伙夫等不识字的工作人员集中起来，指定专人为他们读报。"②

（七）陕甘宁边区冬学运动的开展

1936 年冬学运动首次在陕甘宁边区开展。1936 年 12 月 13 日，共青团中央和中华苏维埃共和国中央教育部在《红色中华》刊发《关于冬学运动的指示》，对冬学的具体实施做出详尽规定，"要求各级教育部与各级团组织应立即抓紧开展冬学运动、有计划地开办冬学师资训练班，以解决冬学教员问题。建立小先生制，冬学教材为《看图识字》《儿童读本》《简易的写法》《政治读本》。冬学的形式根据各地具体情况而定，开展冬学竞赛运动。"③这是冬学第一次在根据地的开展，也是中共在毛泽东带领下，转变"左倾"主义作风，将革命重点转向农村后的社会教育的新举措。冬学是利用农

---

①《苏区教育的发展》(〈红色中华〉第 239 期 1934 年 9 月 29 日)，福建省教育科学研究所、中共龙岩地委党史资料征集研究委员会编:《闽西苏区教育资料选编》，福州:福建省教育科学研究所、中共龙岩地委党史资料征集研究委员会，1986 年，第 328 页。

②《关于组织读报团的通知》(1931 年 5 月 7 日)，皇甫束玉等编:《中国革命根据地教育纪事》，北京:教育科学出版社，1989 年，第 44 页。

③《关于冬学运动的指示》，《红色中华》1936 年 12 月 13 日。

民冬季闲暇时间对其实施教育的一种方式，这种结合各地乡村教育实际的新举措，在此后成为社会教育开展的重点，为培养革命力量、团结乡村群众、促进根据地文化教育事业发展起到了极其重要的作用，更为抗日战争爆发以后，其他新建根据地的社会教育开展提供了有益借鉴。

二、社会教育指导思想

自中国共产党诞生之日起，共产党人及先进知识分子一直致力于传播马克思主义理论，在教育界，先进学者们积极探索将马克思主义与中国具体教育实际相结合，立志于探究出符合我国国情的马克思主义教育理论，并以此来指导教育实践。杨贤江、林砺儒、钱亦石、张栗原、蒋径三、李平心等拥护马克思主义的教授们在当时极为艰难的时局中对马克思主义教育相关理论的发展和传播做出了巨大贡献。此外，新教育运动中许多教育学家的理念也给根据地社会教育工作者以一定启发，如陶行知的“生活即教育”以及“小先生制”；晏阳初的“平民教育”等合理且符合根据地社会教育实际的教育思想。

（一）马克思社会教育思想

任何一门新兴学科的创立都有其坚实的理论基础，马克思哲学对社会教育起到了最根本的指导作用。“马克思主义哲学是关于世界观的学问，即人们对整个世界根本观点的理论体系，是关于自然界、人类社会和思维发展的最科学的概括与总结。”马克思主义哲学对社会教育的指导首先表现在它给予社会教育以世界观和一般方法论的指导。“马克思主义的世界观和方法论是指导人们认识世界、改造世界的最普遍、最伟大的认识工具，世界观将决定着总体前进的方向。”爱因斯坦曾说过“认识论要不与科学接触，就会成为一个空架子；科学要是没有认识论——要是这真是可以设想的——就是原始的混乱的东西。”此外，马克思主义哲学也是排除社会教育工作中唯心主义和形而上学干扰的思想武器。列宁曾指出：“我们必须懂得，任何自然科学，任何唯物主义，如果没有充分可靠的哲学论据，是无法面对资产阶级思想的侵袭和资产阶级世界观的复辟坚持斗争的。为了坚持这个斗争，为了把它进行到底并取得完全胜利，自然科学家就应该做一个现代的唯物主义者，做一个以马克思为代表的唯物主义的自觉拥护者，也就是说应当做一个辩证唯物主义者。”①社会教育工作者只有坚持辩证唯物主义和历史唯物主义才能避免和克服唯心主义和形而上学，才能抵制资产阶级世界观的影响，才能为中共领导的根据地社会教育做出世界观和方法论上的正确指引。

（二）毛泽东教育思想

1945 年中共第七次全国代表大会上，“毛泽东思想”作为一个科学概念被提出，获得全体代表的一致通过。从那时起毛泽东思想被公认为中共一切工作的行动指南。实际上，毛泽东思想在此之前就被运用于指导根据地的各项建设，毛泽东思想是马克思列宁主义在中国的运用和发展，是被实践证明了的关于中国革命的正确原则和经验总结，是中国共产党集体智慧的结晶。中共许多领导人对它的形成和发展都做出了重要贡献。毛泽东思想具体体现在毛泽东本人的多本著作之中，作为指导根据地社会教育的教育思想亦然。毛泽东教育思想是毛泽东思想的重要组成部分，并伴随历史发展不断总结和提升。体现毛泽东指导根据地社会教育

① 《论战斗唯物主义的意义》，中共中央马克思、恩格斯、列宁、斯大林著作编译局编：《列宁选集》第 4 卷，北京：人民出版社，1960 年，第 608—609 页。

事业的相关著作有《青年运动的方向》《大量吸收知识分子》《在延安文艺座谈会上的讲话》《改造我们的学习》《别了，司徒雷登》《整顿党的作风》《反对党八股》《湖南农民运动考察报告》《中华苏维埃共和国中央执行委员会与人民委员会对第二次全国苏维埃代表大会的报告》《新民主主义论》《文化工作中的统一战线》《论联合政府》等。

根据地时期中共所制定的教育目标即要实现新民主主义教育。1940 年毛泽东发表的《新民主主义论》提出了要实现“民族的、科学的、大众的文化”，并阐释了新民主主义文化的内涵。1945 年，毛泽东在《论联合政府》中指出“中国国民文化和国民教育的宗旨，应当是新民主主义的，即中国应当建立自己的民族的、科学的、人民大众的新文化和新教育。”①具体到社会教育方面，就是要反对帝国主义压迫，主张中华民族的独立和尊严。反对一切封建思想和迷信思想，主张实事求是、客观真理及理论与实践相结合。“新民主主义教育是属于大众的，是要为百分之九十以上的工农劳苦民众所服务的。”毛泽东教育思想运用马克思列宁主义的基本教育原理对中国长期教育实践进行指导，形成了一系列独创经验的理论概括，是被实践证明了的，适合中国根据地具体实际的中国教育理论原则和中国教育经验的总结。“它是马克思列宁主义在中国的运用和发展，是在同各种错误倾向作斗争中逐渐形成和发展起来的，是中国共产党集体智慧的结晶。”②

① 《论联合政府》，《毛泽东选集》第三卷，北京：人民出版社，1991 年，第 1083 页。

② 中国教育学会马克思主义教育思想研究会、华中师范学院教育系编：《马克思主义教育思想研究文集》第 2 辑，1982 年，第 7 页。

（三）文化教育是上层建筑的重要组成

“经济基础决定上层建筑，文化教育是上层建筑中的组成部分。”毛泽东在《经济问题与财政问题》中指出：“离开经济工作而谈教育或学习，不过是多余的空话。”①他进而在《新民主主义论》中指出：“一定的文化（当作观念形态的文化）是一定社会的政治和经济的反映，又给予伟大影响和作用于一定社会的政治和经济；而经济是基础，政治则是经济的集中的表现。这是我们对于文化和政治、经济的关系的基本观点。”②教育包括在文化中，文化教育受经济基础发展的制约，其是要为经济基础服务，文化教育适应经济基础发展时推动促进其发展，而当文化教育发展不适应当时的经济基础时，则会延缓经济基础的发展。社会教育作为根据地教育中的重要内容，也必遵循这样的规律。只有符合根据地当时的经济基础和社会教育实际的社会教育才会取得预期效果。“在我国新民主主义时期，政治、经济的具体情况和革命的任务决定整个文化教育的性质是新民主主义的。”根据地社会教育是新民主主义性质的，如超越了当时的经济基础，就可能会犯“左倾”主义的错误。根据地在不同的发展阶段应实施与根据地经济基础相适应的社会教育。“一定形态的政治和经济是首先决定一定形态文化的，然后一定形态的文化又给予影响和作用于一定形态的政治和经济。”③不能孤立地看待教育问题，要把教育与当时的革命斗争紧密地结合

① 毛泽东：《经济问题与财政问题》（1942 年 12 月），顾龙生：《中国共产党经济思想史 1921—2011》上册，太原：山西经济出版社，2015 年，第 161 页。

②《新民主主义论》，毛泽东：《毛泽东选集》第二卷，北京：人民出版社，1991 年，第 656—657 页。

③ 顾明远、刘复兴主编：《从新民主主义教育到社会主义教育（1921—2012）》，北京：教育科学出版社，2015 年，第 145 页。

在一起，从政治、经济、军事、文化的整体关系中去研究教育问题。把教育作为整个革命事业的有机组成部分，统一部署，充分发挥教育的作用，使教育为实现政治目标和发展经济而服务。

教育工作由中共领导，这是根据地时期社会教育的显著特点。社会教育的方针政策依据当时根据地的经济基础来制定，符合政治、经济发展需要的社会教育对政治和经济起到有力的促进作用。此外，根据地的形势随着战局变动而不断发生变化，中共依据不同历史时期的实际对教育方针和政策进行相应调整，用文化教育"唤起群众"。"一定的教育是一定社会的政治与经济的反映，又给予伟大影响和作用于一定社会的政治与经济"的观点，①是马克思主义关于教育和政治、经济的关系的基本观点，这亦是毛泽东教育思想的一个基本观点。

（四）教育与生产劳动相结合

教育同生产劳动相结合是马克思教育原理的核心内容，亦是中共领导的社会教育一直遵循和发扬的光荣传统。根据地的发展离不开生产劳动，通过社会教育指导根据地民众进行生产劳动，可不断充实丰富战争所需的物资，并可不断提升根据地民众的生活水平。劳动与生产教育相结合是根据地教育的最大特色，根据地社会教育是使民众不脱离生产的教育，在教育过程中将生产劳动的相关内容融入教育具体实施安排中，这是根据地社会教育成功的基础和根本。

教育与生产劳动相结合是毛泽东将马克思教育理论中关于与生产劳动相结合理论置于中国实际的思考所得。自苏区社会教育至抗日根据地社会教育，再到解放区的社会教育，中共社会教育指

---

① 张文正主编：《党的领导概论》，北京：中共中央党校出版社，1999 年，第 259 页。

导方针一直强调要将教育与劳动相结合，其在社会教育内容中是贯穿始终的最重要的组成部分。1934 年毛泽东提出苏维埃文化教育总方针，即“在于以共产主义的精神来教育广大的劳苦民众，在于使文化教育为革命战争与阶级斗争服务，在于使教育与劳动联系起来，在于使广大中国民众都成为享受文明幸福的人”①“伟大的抗战必须有伟大的抗战教育运动与之相配合”②“提高和普及人民大众的抗日的知识技能、民族自尊心”③等。教育与生产劳动相结合，符合根据地时期革命和生产的需要，根据地时期的社会教育将教育与当地农业生产、手工业生产相结合，这是对马克思教育理论中“劳动与教育相结合是建立在大生产基础上的”思想的一种变通，是符合中国当时教育实际的正确选择。根据地社会教育中的春耕运动，教授群众以农业相关知识。民校中教授内容与劳动知识相结合，鼓励群众在做中学、在学中做，不仅提升了群众的文化知识，且在生产劳动中将更多符合群众实际需要的劳动知识传授给他们。苏区和陕甘宁边区从创办社会教育伊始就提出教育要结合战争、生产、群众运动和家庭劳动等方式。④ 抗日根据地对干部教育、群众教育、普通中小学教育进行了一系列的调整与改革，“把指导战争和生产所需要的知识列为课程”。⑤ 马克思主义认为：“实

① 毛泽东：《中华苏维埃共和国中央执行委员会与人民委员会对第二次全国苏维埃代表大会的报告》（1934 年 1 月），江西省档案馆编：《中央革命根据地史料选》，南昌：江西人民出版社，1982 年，第331 页。

② 毛泽东：《论新阶段》，沈阳：东北书店出版社，1947 年，第 74 页。

③ 顾明远、刘复兴主编：《从新民主主义教育到社会主义教育（1921—2012）》，北京：教育科学出版社，2015 年，第 64 页。

④《根据地普通教育改革的问题》，《解放日报》1944 年 4 月 7 日。

⑤ 卓晴君主编：《教育同生产劳动相结合的理论与实践》，北京：教育科学出版社，1992 年，第 219 页。

现人的全面发展的唯一途径是教育与生产劳动相结合。"马克思主义关于全面发展的基本含义和本质特征是体力和智力统一的多方面的发展,也就是作为生产力要素的人的劳动能力和生产才智的多方面的发展。

(五) 群众路线

中共抗日根据地的社会教育离不开群众,群众是受教育者,并且是根据地取得抗日战争和解放战争胜利的重要基础。中国共产党的立党根本就是全心全意为人民服务,群众路线在团结群众中起到了至关重要的作用。毛泽东在《论联合政府》中强调:"应该使每一个同志懂得,只要我们依靠人民,坚决地相信人民群众的创造力量是无穷无尽的,因而信任人民,和人民打成一片,那就任何困难也能克服。"①为了提高群众的思想政治觉悟,必须要发展好文化教育事业。群众路线就是要尊重群众的需要和愿望,从群众切身利益出发,具体到社会教育方面,就是要根据当地群众之切身需要,所处环境之实际,对教育内容和教育形式等进行符合群众要求之安排。根据地社会教育是在群众路线的指引下进行的,是属于群众最迫切需要的教育。"只有代表群众才能教育群众,只有做群众的学生才能做群众的先生。"②教育是面向全体人民大众,所有人都有接受教育的权利和义务。毛泽东在《在延安文艺座谈会上的讲话》首先强调:"在现在世界上,一切文化或文学艺术都是属于一

① 《论联合政府》,毛泽东:《毛泽东选集》第三卷,北京:人民出版社,1991年,第1096页。

② 《在延安文艺座谈会上的讲话》,毛泽东:《毛泽东选集》第二卷,北京:人民出版社,1991年,第865—866页。

定的阶级，属于一定的政治路线的。”①因而无产阶级的文化教育是要遵循阶级路线的，教育是要为人民群众所服务的。

三、山西抗日根据地政权建设的诉求

二十世纪二十年代后期，著名教育家晏阳初在河北定县开始乡村平民教育实验，通过调查研究得出结论，中国的平民普遍具有“愚、贫、弱、私”四大“疾病”。虽然只有简单四字，却将中国农村普遍存在的社会文化状况描述的精准到位。晋察冀边区建立时，所面临的教育背景即为如此，乡村接受过教育的人口少之又少。1940 年 7 月 5 日，《新华日报》报道：“文盲在晋察冀边区，多少年以来，都是占着 90%以上的绝对多数。边区的人民，连小学教育的程度都很少人享受过。”②在阜平、灵丘、黎城、武安等县的荒僻山沟里，一连几个村庄没有一个识字的人，农民写一张文契、一封书信，要跑到一二十里外的地方去求人。③ 因为缺乏文化科学知识，乡村中封建迷信盛行，如晋县“民性守旧，国历虽颁，而民众依然奉废历为圭臬。”高邑居民“见闻不广，失之固陋，而淳谨朴讷，犹存敦庞忠厚之风。务本力田，衣食粗恶，长于保守，少进取性……惟社会迷信，积重难返。如延巫觋、作佛事以及建醮演剧、迎神赛会，虽所费不费亦不惋惜”④。这样的状况普遍存在于山西抗日根据地所辖乡

① 《在延安文艺座谈会上的讲话》，毛泽东：《毛泽东选集》第二卷，北京：人民出版社，1991 年，第 865—866 页。

② 仓夷：《晋察冀边区的识字运动》，《新华日报》1940 年 7 月 5 日。

③ 刘松涛：《华北抗日根据地农民教育工作的几点经验》，教育科学研究所筹备处编：《老解放区教育资料选编》，北京：人民教育出版社，1959 年，第 149 页。

④ 《高邑县志》卷 12（1941 年），丁世良、赵放主编：《中国地方志民俗资料汇编 · 华北卷》，北京：北京图书馆出版社，1989 年，第 109 页。

村，因而以提升农民文化知识水平、培养思想政治觉悟、提高生产劳动技能为教育目的的社会教育成为根据地建设中最迫切和最重要的工作。

根据地建设包括政治、军事、经济、文化、教育、卫生等诸多方面。社会教育作为根据地教育中的重要一环，其革命意义十分重大。根据地社会教育是不脱离生产给民众以教育，是一面生产一面学习，且不妨碍生产的一种教育方式。社会教育不只是教授农村民众学习识字，还要通过教育，启发和培养民众的民族革命意识，传授民众以民族自卫战争中所须的理论和技能，发动乡村民众积极参与救国行动。通过在根据地实施社会教育，广泛深入地进行政治教育与战争动员，以此提高根据地群众的思想政治觉悟，使根据地群众自觉自愿地参加到革命战争和根据地的各项建设中去。中共在根据地进行的建设包括新民主主义的政治、军事、经济、文化、卫生、教育等方面。将旧中国改造成为新中国，需要根据地民众的积极配合和帮助，其内容包括扩充人民军队，这就需要社会教育宣传和动员劳动人民积极参军、送子弟参军；军需物资需要广大劳动人民供给；战斗、后勤、站岗、放哨、抬担架、运弹药需要群众支前；军队建设、政权建设需要大量干部；工业、农业、商业及经济文化建设需要大量人才。而这些需求的实现均与根据地所实施的社会教育密切相关，社会教育涵盖范围广、内容丰富、施教形式灵活多样，其进行深入地政治教育和战争动员，培养和提高广大群众的政治自觉与阶级觉悟，使其自愿参加革命战争和根据地各项建设。通过文化教育，提升根据地民众文化水平，为根据地建设培养出大量政治、经济、文化教育事业，以及大批军队、地方政权急需的各类人才，这是中共取得抗战和解放战争胜利所不可缺少的。

第三章　山西抗日根据地社会教育的制度安排

山西抗日根据地社会教育是在中共领导下，开展于抗日根据地所辖区域内的一种普及性教育，其教育对象为根据地内不脱离生产的广大农民，教育内容涵盖政治、文化、时政、军事、生活、生产、卫生等多个方面。中共中央1940年2月1日发布的《中共中央关于目前时局与党的任务的决定》指出："广泛开展抗日的文化运动，提高抗日人民、抗日军队与抗日干部的文化水平与理论水平。没有抗日文化战线上的斗争，以与总的抗日战争相融合，抗日也是不能胜利的。"①根据地社会教育属于抗战的教育，是适应战争环境的教育，亦是抗日文化运动的一部分。山西抗日根据地社会教育将日常教育工作与乡村中抗战动员工作结合，且与群众团体及群众运动密切联系、相互配合，其教育目的不仅在于提高群众的文化知识水平，更在于政治教育的普及，是提高民众政治水平、民族觉悟、增强抗战必胜之决心的有力武器。社会教育与群众运动的关

---

①《中共中央关于目前时局与党的任务的决定》，中共中央文献研究室中央档案馆编：《建党以来重要文献选编(1921—1949)》第17册，北京：中央文献出版社，2011年，第104页。

系在1941年《新华日报》(华北版)的《答复今年冬学运动几个问题》一文中有精准描述,即“群众运动是根据地和群众达成各种抗日任务的政治泉源与组织泉源,而冬学运动乃是这种泉源的发祥地和发动机”。这里虽只讲到冬学,其仅是山西抗日根据地社会教育组织形式之一,实际的范围应扩大到整个抗日根据所开展的社会教育,整个社会教育系统的有效运行也是如此,是在具体实践当中与根据地开展的各项群众运动相互配合、互相促进的。

社会教育在山西抗日根据地教育工作中占据重要地位,1944年5月27日,《解放日报》刊发社论明确指出根据地成人教育(即社会教育)重于儿童教育。社会教育最突出的特征是为政治服务,其带有明显的战时性和工具性特点。山西抗日根据地社会教育方针政策随着根据地发展阶段的变化、根据地中心工作的变化而进行与之适应的调整。总体而言,社会教育是为全民抗战和中共革命的现实服务的。

山西抗日根据地社会教育遵循“发挥高度民族精神,加强抗战力量”的原则,其目的是为“唤起民众”“组织民众”“依靠民众”,并取得抗战最终胜利。山西抗日根据地社会教育的性质为民族、民主、科学、大众的新民主主义社会教育,其符合群众之所需,切合群众之利益。社会教育培养了乡村民众的民族独立的自觉意识,坚定了民众抗战必胜的信心,通过民主政治教育使民众认识到自身拥有的民主权利,积极主动参与到社会政治活动中来,养成民主生活习惯,反对封建复古思想,反对专制独裁思想,反对一切压迫人民的制度。通过社会教育破除旧式乡村宗教迷信,教育民众认识客观真理,传承优秀民族传统文化,反对狭隘的民族本位主义。新民主主义教育方针是根据地教育的总方针,社会教育在其指导下开展,在山西抗日根据地具体发展阶段中,社会教育的方针政策并非固定不变，而是根据具体的实际进行着相应的变化。山西抗日根据地社会教育方针政策是由中共中央或教育相关部门直接制定，多以教育指示的文件形式在中共各级部门中逐级传达，或是通过中共所办报刊进行发布，如刊登于《新华日报》《晋察冀日报》《晋绥日报》等。

第一节 社会教育的方针政策

山西抗日根据地社会教育是在抗战大背景下开展的，结合根据地自身教育实际，以马克思主义为指引，提升群众思想政治觉悟，将生产劳动与学习相结合，依靠和团结当地人民群众，指引全民参与到战争中来。社会教育是整个抗战文化教育的一部分，其是充分考虑到乡村民众的日常生活习惯及民众最迫切的需求所开展的广泛性的群众教育活动。抗日根据地社会教育是渗透在群众的一切生活里，无论是在政治生活中、经济生活中、生产事业中、思想意识上都可以进行的教育，且是无论在什么时候、什么地点都可以进行的教育，其亦注重乡村文化娱乐工作的开展，运用多种群众喜闻乐见的方式进行群众性的艺术性宣传教育工作。① 社会教育工作和抗日根据地的中心工作相联系，中共在根据地开展的各项中心工作，都可以运用社会教育的形式配合其迅速完成。

1937 年 8 月 25 日，中共中央政治局扩大会议(洛川会议)通过了毛泽东提出的《抗日救国十大纲领》，指出抗日的教育政策是“要改变旧的教育制度、旧课程，实行以抗日救国为目标的新制度、新

① 《杨耕田同志报告关于边区社会教育的一些问题》，《边区教育》1940 年第 2 卷第 15—16 合期。

课程。”[①]1938年党的六届六中全会明确指出要实行抗战教育政策，战时教育是要为长期抗战所服务的方针。同年的1月10日《晋察冀边区军政民代表大会文化教育决议案》以法令的形式正式宣布了晋察冀边区社会教育的开始。其中对扩大社会教育的举措做了明确而具体的规定：“一、普遍地设立民众教育机关，建立农、工、妇等各种补习学校、识字班、夜校，并创立通俗图书馆、书报社、讲演所等。二、加紧民众宣传，广泛地组织宣传团、游击教育团等，经常到乡村宣传指导，组织戏剧团、鼓书社等，并将旧剧班改良，加演新剧，经常举行各种宣传周、讲演会等。三、提高民众娱乐及健康，提倡并奖励各种运动，提倡并奖励各种武术，提倡农村各种娱乐，设俱乐部等。”[②]毛泽东在《论新阶段》中指出，“在一切为着战争的原则下，一切文化教育事业均应使之适合战争的需要，因此全民族的第十个任务，在于实行如下各项的文化教育政策，第一，改订学制，废除不急需与不必要的课程，改变管理制度；第二，创设并扩大增强各种干部学校，培养大批的抗日干部；第三，广泛发展民众教育，组织各种补习学校，识字运动……”[③]

在毛泽东思想指引下，结合根据地教育实际，1938年1月颁布的《晋察冀边区军政民代表大会决议案》中做出规定：“文化教育的基本原则为发挥高度的民族精神，加强抗战力量；培养健全的军事政治干部，领导抗战；造就专门技术人才，建立抗战时期各种专业；培养热烈的新青年，扩大民族革命的基础势力；提高一般民众的文

---

① 《抗日救国十大纲领》，毛泽东：《毛泽东选集》第二卷，北京：人民出版社，1991年，第328页。

② 王谦主编：《晋察冀边区教育资料选编：教育方针政策分册》（上），石家庄：河北教育出版社，1990年，第2页。

③ 毛泽东：《论新阶段》，沈阳：东北书店出版社，1947年，第74—75页。

化水准，并增进他们的健康。”[①]1939年9月晋察冀边区颁布的《边委会函关于边区社会教育实施办法的通知》中指出，要谋得民族彻底解放、取得抗日战争的最后胜利，必须动员全国民众，参加抗战，粉碎敌人的政治阴谋，同时在持久抗战的过程中打下建国的基础，需要加强民众的政治认识和供给他们一般生活上必要的常识。因此，当前的社会教育是要抓紧主要的对象，以提高他们的文化水平、政治认识、生产技能、发扬民族的自尊心，坚定其抗战的自信心，更使其政治生活与社会密切关联起来，这是历史所赋予现实的课题。1938—1939年间，晋察冀边区冬学运动的指示为“首先需要把冬学当作当前政治动员工作中的中心任务之一，使它真正担负起战争动员中的组织任务。要使这一运动深入到群众中去，必须把它开展成为一种广泛的群众运动，使每个群众积极自动地参加冬学。”[②]1939年社会教育的方针为“必须在为了坚持抗战、为了巩固边区根据地的战斗任务之下来开展冬学运动。冬学必然要在战斗中坚持，也必须与战争保持密切的联系。特别是反扫荡后，应充分的以此次战役的经验教训，教育广大民众。”[③]1939年9月11日，晋察冀边委会发布了《关于边区社会教育实施办法的通知》，这是边区社会教育的一个纲领性文件，文件全面、系统地阐明了边区社会教育的意义、对象、内容、实施原则、组织形式、教学方法等重大

---

① 《晋察冀边区军政民代表大会决议案》（1938年1月），河北省社会科学院历史研究所、河北省档案馆等编：《晋察冀抗日根据地史料选编》上册，石家庄：河北人民出版社，1983年，第13页。

② 《抗战初期晋察冀边区开展冬学运动的指示》（1938—1939年），王谦主编：《晋察冀边区教育资料选编》社会教育分册，石家庄：河北教育出版社，1990年，第2页。

③ 北京学苑文化研究中心：《中国社会力量办学大辞典》上卷，北京：红旗出版社，1997年，第873页。

问题，并且对1939年7月31日晋察冀边委会发布的《敌区教育实施计划纲要》和《学习站办理通则》进行了重申，此文件内容涵盖了巩固区，亦对敌占区社会教育提出了要求。①

1940年1月，毛泽东所著《新民主主义论》发表，其是“各抗日根据地政治、经济、文化工作的最高准则”。1940年3月18日，中共中央发出《关于开展抗日民主地区的国民教育的指示》，指出各地“开展抗日民主地区的国民教育，是当前深入动员群众参加与坚持抗战，培养革命知识分子与干部的重要环节。各地党的领导机关及其宣传教育部，必须认真地把这一工作当作他们的中心任务之一，坚决反对党内历来对于这一工作的轻视与忽视的态度，即认为战时不能注意与发展国民教育的观点。特别是党的宣传教育工作者，应该打破过去教育工作狭窄的圈子而走进这个广大的活动领域中去。”②1940年《晋察冀边区政府民国二十九年工作方案》中要求“教育须配合抗日根据地民主运动与经济建设运动，改变民众意识……这一工作要配合各种工作的开展，而不是和其他工作游离开展的……要把社会教育的组织系统建立起来，要在我们每一个工作运动当中，社会教育都配合上开展文化娱乐的工作，以此提高劳动者情绪与精神。”③1940年3月晋西北根据地连续颁布了《教育纲领》《教育实施方针》《社会教育组织法》等一系列法令。

---

①《关于边区社会教育实施办法的通知》(1939年9月11日)，王谦主编：《晋察冀边区教育资料选编》教育方针政策分册(上)，石家庄：河北教育出版社，1990年，第66—74页。

②《中央关于开展抗日民主地区的国民教育的指示》(1940年3月18日)，中央档案馆编：《中共中央文件选集1939—1940》第12册，北京：中共中央党校出版社，1991年，第328页。

③《晋察冀边区政府民国二十九年工作方案》，王谦主编：《晋察冀边区教育资料选编：教育方针政策分册》(上)，石家庄：河北教育出版社，1990年，第83页。

1940年6月16日,《晋察冀边区文化教育决议案》颁布,对边区教育总方针做出以下规定“以民族的、民主的、大众的、科学的精神教育人民。以粉碎敌伪的奴化教育政策及一切落后的迷信的、复古的、买办性的反动教育,树立全国新教育的模范,使教育为抗战建国服务。”①1941年5月1日颁布的《晋西北教育宗旨及实施方针》中指出:“实行民族的、民主的、科学的、大众的新民主主义教育,以提高晋西北人民的文化政治水平与生活技能,使教育为抗战建国服务。”②1940年6月23日《新华日报》(华北版)发布《山西三区专署拟定计划促进教育正规化,加强社会教育,深入群众扫盲》要求“建立村教育委员会、开展扫盲工作,两个月后达到每位农村青年妇女、壮丁识得30个字。各村成立1个报纸读者会、1个民革室、1个农村剧团或娱乐小组。”③1940年8月30日发布的《中共晋察冀边委目前实政纲领》,其中第18条中有关社会教育的指示为“开展民众识字运动和文化娱乐工作,定期逐步扫除文盲。”④

1941年1月12日《晋察冀日报》发表社论《猛烈的开展冬学运动》,强调冬学是一种有力的政治运动,是边区文化教育的重要环节,是根据地社会教育的重要组成,是社教工作的主要推动力,须

---

①《晋察冀边区文化教育决议案》(1940年6月16日),王谦主编:《晋察冀边区教育资料选编》教育方针政策分册(上),石家庄:河北教育出版社,1990年,第132页。

②《晋西北教育宗旨及实施方针》(1941年5月1日),解玉田编:《晋绥革命根据地教育史资料选编》(一),山西省教育史晋绥辖区编写组、内蒙古自治区教育史志办公室,1986年,第48页。

③《山西三区专署拟定计划促进教育正规化,加强社会教育,深入群众扫盲》,《新华日报》(华北版)1940年6月23日,第4版。

④《中共晋察冀边委目前施政纲领》(1940年8月30日),中央档案馆编:《中共中央文件选集1939—1940》第12册,北京:中共中央党校出版社,1991年,第662页。

在边区范围内将冬学作为社会教育的重心，开展其工作。① 1941年太行区社会教育主要内容为“对群众实施持久抗战的教育，坚定其抗战必胜的信心，并对统一战线的政策进行重点教育，包括三方面内容：统一战线与抗战、上层阶级的分裂、如何巩固扩大统一战线。”除此之外，实施民主教育和真三民主义教育，对真三民主义和假三民主义进行区别，使群众深刻认识何为三民主义，并围绕怎样实行三民主义、民主与抗战的关系、谁是三民主义的真正实行者开展社会教育工作，同时重视前途教育，向群众介绍社会主义、苏联以及中国未来的发展。② 1941 年 5 月颁布的《晋西北教育宗旨及实施方针》中有关社会教育的内容为第十二条，即“以小学为中心，与群众团体密切配合，开展社会教育，健全并发展读报组、识字班、民众剧团、大众补习学校、冬学、民革室与民教馆，推广新文字运动，定期扫除文盲，提高大众的文化政治水平，并推广乡村文化娱乐活动，调剂生活，启发大众的抗战热忱和生产热忱。”③

1942 年 10 月 3 日《晋察冀日报》再次发表关于社会教育的社论《今年的冬学》要求社会教育工作者在“敌寇临死前加紧蚕食的扫荡中，将冬学开办的更加普遍和活跃……贯彻执行边区教育处的社会教育工作中冬学的实施计划。”④1943 年 3 月 12—13 日太行区文联召开的扩大执委会议，讨论了本年度文化运动的方针与计划，对于本年的文化工作进行了指导，其中就包括“开展以新民主

---

①《猛烈的开展冬学》，《晋察冀日报》1941 年 1 月 12 日，第 1 版。

②《太行三专三区教育扩大会议记录》(1941 年 2 月 21 日)，山西省档案馆藏，A67－4－1－2。

③《晋西北教育宗旨及实施方针》(1941 年 5 月 1 日)，《晋绥根据地资料选编》(第 5 集)，吕梁：中共吕梁地委党史资料征集办公室，1984 年，第 231 页。

④《今年的冬学》，《晋察冀日报》1942 年 10 月 3 日，第 1 版。

主义的民主思想为中心的启蒙运动,反对敌伪及特务分子的奴化思想和变天思想,反封建传统观念,以提高群众的政治觉悟与文化水平,坚强抗日胜利的信心,本年度社会教育注重民主建设,从政治上、思想上动员群众,粉碎敌伪的一切阴谋和反动宣传。”①

山西抗日根据地社会教育涵盖多方面的内容,其内容往往与季节相关,如1943年晋察冀边区颁布的《边委会关于继续开展民众教育建立春学的指示》中指出“春学教育的主要任务为政治教育与农业生产,两者要紧密联系,提高群众农业生产技术、增收增产。课程分为常识课和识字课,前者包括农业生产常识、政治常识、后者主要是文化学习。学习时间为3月1日—5月底,因3月群众有相对较多的闲暇时间,所以每日上课次数多于4、5月份,3月每2天上课1次、4和5月份每3天上一次课。上课时间为一个半小时。”②1944年晋察冀边区的教育总方针为“开展与建设游击区教育工作,加强对敌思想战,加强生产教育,深入反法西斯和民主教育,提高文化教育,使教育工作和其他形式的斗争结合起来。”③

1945年社会教育的侧重点主要是“对群众进行政治教育、深入爱国自卫战的宣传和开展反奸复仇清算教育。”1945年6月28日太岳区颁布的《国民教育任务与方针》指出:“本年度社会教育的主要任务依旧为扫除文盲,社教内容与形式和根据地建设工作相结合,保证农民学习时不脱离生产。在冬学结束后的生产季节中要依据生产时间,运用互助组的形式使社会教育深入到家庭中,利用

① 《努力争取新文化运动的开展》,《新华日报》(华北版)1943年3月21日,第1版。

② 《边委会关于继续开展民众教育建立春学的指示》(1943年2月9日),王谦主编:《晋察冀边区教育资料选编》社会教育分册,石家庄:河北教育出版社,1990年,第69页。

③ 王谦主编:《晋察冀边区教育资料选编:教育方针政策分册》(下),石家庄:河北教育出版社,1990年,第99页。

一切可利用的闲暇时间进行教育，采取灵活多变的施教方法。教育内容依据生产季节与根据地工作变化而变化。”①《冀晋行署关于全面深入开展冬学运动的指示》对于本年度的社会教育做出指导，“教育的主要任务在于启发和提高群众的民主思想与斗争，反对专制独裁，并加强对新民主主义新中国建设的正确认识与信心。”②社会教育以群众路线为指引，以政治教育为中心，以时事教育为主，文化教育与之相配合，并与生产运动和实际工作相结合，促使更深层次、更高水平地提高根据地民众政治文化水平。

第二节　社会教育的行政机构

山西抗日根据地教育行政系统按照专署、县、区、村四级开设，具体分为专署教育科、县教育科（包括学校教育股、社会教育股、督学股）、区设教育助理员、村教育委员会，由村民代表大会选出村教育委员会主席 1 名，委员由小学教员、民族革命室主任、青救会宣传员等担任。具体人数与分工安排为：一等村委员最多 5 人，其中 1 人为主任，其余 4 人中，2 人负责小学教育工作，另外 2 人负责民校及文化俱乐部，宣传等工作；二等村最多 3 人，其中 1 人为主任，1 人负责小学教育，1 人负责民校文化俱乐部及其他宣传工作；三等村最多 2 人，1 人为主任且兼负学校教育之责，另 1 人负责民校文

① 《国民教育任务与方针》（1945 年 6 月 28 日），太岳革命根据地教育史编写组编：《太岳革命根据地教育文献选编》，太原：山西省教育志编审委员会，1986 年，第 44 页。

② 《冀晋行署关于全面深入开展冬学运动的指示》（1945 年 10 月 1 日），王谦主编：《晋察冀边区教育资料选编》社会教育分册，石家庄：河北教育出版社，1990 年，第 88 页。

化俱乐部及其他宣传工作；准三等村 1 人，则全权承担所有教育工作。① 工作制度的制定程序为专署制定总的指示计划，县一级教育行政机构制定执行计划。② 村教育委员会为教育行政的最基层组织，其负责各村具体文化教育工作的开展，是村政权的有机组成部分，接受村公所的领导。村教育委员会、村公所和上级教育部门的层级关系为：村教育委员会是村政权组成的一部分，是村公所主持文化教育的一个部门，其直接受村公所的领导，因此村里文化教育工作的重要决议须经村务会议讨论通过，其对于上级汇报工作（县、区）须通过村公所，以村公所的名义向上汇报。从整个教育行政体系来看，村教育委员会是教育行政体系中最下层的组织，上级教育部门对于文化教育工作的布置和指示，村教育委员会必须执行，上级对工作的指导和考查，村教育委员会必须接受，对上级召开的各种文化教育会议必须出席。③ 并且，"村教育委员会的社会教育职责为宣传中共政策法令，指导、配合、服务、检查识字班、冬学、民众学校的教学工作，并对根据地中心工作进行解释宣传，开展战时情报宣传和卫生防疫工作等，其所负责之事务可谓事无巨细、一应俱全。"④

山西抗日根据地各级教育行政机构定期召开教育会议，具备完善的会议逐级管理制度。专署级别的教育会议每半年召开一

① 《编委会函发村教育委员会须知》，王谦主编：《晋察冀边区教育资料选编》教育方针政策分册（上），石家庄：河北教育出版社，1990 年，第 403 页。

② 《太行三专 1941 年教育工作计划》（1940 年），山西省档案馆藏，A67－4－1－1。

③ 《边委会函发"村教育委员会工作须知"》（1942 年 9 月 3 日），《边政往来》，1942 年第 2 卷第 7 期。

④ 《边委会函发"村教育委员会工作须知"》（1942 年 9 月 3 日），《边政往来》，1942 年第 2 卷第 7 期。

次，“要求各县教育科督学必须参加，各文化群众团体必须全体出席。县教育会议每半年召开一次，由县教育科召集全体教员、区助理员参加，各文化团体均须出席。区助理员会议每两个月召开一次，区教育会议每月召开一次，由区助理员全权负责，全区教员必须参加。村教育会议每两周召开一次，村教育委员会每半个月需向区教育委员会汇报一次工作，区教育助理员每月给县教育科汇报一次工作，县教育委员会每月向专署教育委员会汇报一次工作，必要时举办临时会议进行汇报。”①各级领导按照制度，科学安排工作，注重效果检查，通过运用各种力量，调节社会团体之间的配合。社会教育工作与基层民众的生活息息相关，教育管理部门重视试验村模范村民的塑造，利用典型模范经验推动社会教育在山西抗日根据地的开展。“宣传教育部门由县宣教联席会设秘书、宣传、教育三股研究布署和实施工作，各区设文化教员会直接指导各村宣教工作。”②

山西抗日根据地社会教育的领导机构在专区以上不单设领导机关，由各级政权担负行政领导之责，并与群众工作密切结合，统一步调、共同进行。“社会教育工作由宣教联席会负责，其是社会教育辅导机构，职责为协助教育主管机构推行政治、文化、生活等社会教育，沟通社会教育主管机构与各社会群众团体关于社会教育具体实施之工作”，“宣教联席会的组织机构按照县、区、村三级划分，县级宣教联席会由教育科与各群众团体（如文救会、抗敌后援会等）的宣导员、各地教育名流、当地驻军、民众运动部共同组

① 杜润生：《全区教育及二十九年度实施草案报告大纲》，山西省档案馆藏，A67－4－1－2。

②《晋冀豫教育工作会议文集》，山西省档案馆藏，G3－245。

成，下设秘书、宣传、教育三股。”①“区级宣教联席会由教育助理员、各群众团体、自卫队大队部教宣联席的士绅组成。各级宣教组织每半月向上级组织报告一次工作。工作的部署程序为宣联会具体布置工作，各级宣教部门展开讨论，宣传材料由宣联会统一供给，并通过报纸等形式传达指示。”②

宣教联席会的内部运行机制为“县教育科、区教育助理员负责召集宣教联席会议，于会议上选举产生社教巡视组和干部教育委员会，委员会的执行机构为民族革命室，下设四股，即问题研究股、文化娱乐股、墙报出版股、体育卫生股。”③职责分别为自由组织各种学习小组或讨论会，进行革命理论研究，以配合抗战精神总动员；建立各种具有教育意义的娱乐组织，进行各种娱乐活动；每周出墙报一期，以加强干部与民众的文化教育；举办各种体育运动，如早操、集体运动、竞赛会、检查卫生等。④ 另外，这些行政机构附设的抗战报社、抗战文学社、发行局，则由三十余人组成，专门负责传送宣传品、书报，各区设发行站，各村依靠儿童组织——儿童发行队将书报等直接送达各户手里，同时所属的先锋剧团和地方剧团配合社会教育相关内容进行公演。⑤ “县区级宣联会每月召开一次，县宣联会开会时各区文教工作队长和各民校主任均需列席，县教育科每月将社会教育工作开展的情况向专署汇报一次。”此外，“村宣教联席会每周召开一次，村文教工作队队长每半月集合开会

① 《太行三专 1941 年教育工作计划》(1940 年)，山西省档案馆藏，A67－4－1－1。

② 《晋冀豫教育工作会议文集》，山西省档案馆藏，G3－245。

③ 《晋冀豫教育工作会议文集》，山西省档案馆藏，G3－245。

④ 申国昌：《抗战时期区域教育研究——以山西为个案》，北京：社会科学文献出版社，2014 年，第 122 页。

⑤ 《晋冀豫教育工作会议文集》，山西省档案馆藏，G3－245。

一次，村义务教员会议每周召开一次。”①

山西抗日根据地社会教育行政机关的人事安排与任命依据“三三制”原则。1941年抗日根据地政权机构在人员分配上开始执行“三三制”原则。“‘三三制’是中共领导的抗日民族统一战线性质的政权，其团结了抗日各阶层、争取了中间力量、孤立了顽固势力、巩固和发展了抗日民族统一战线。”“三三制”原则具体到山西抗日根据地社会教育行政机关的人员构成方面，即为“中共党员、非党的左派进步分子、中间派和其他分子各占社会教育工作总人数的三分之一。”

根据地社会教育发展到“简政”时期，虽然在教育的指导观念上仍是以社会教育为重，但教育工作组织机构的实际状况却是并无具体负责领导社会教育的干部，自实施教育督学制，撤销教育助理员之后，教育督学便只负责学校教育，每县仅有督学一人或二人(甲等县二人，乙、丙等县均一人)，由一二个督学领导全县学校教育工作。而在区一级又无教育部门的机构，且各县多没能认识到督学任务之重要性，在配备教育干部时，使工作能力较强者担任科员处理一般行政问题，次之能力者出任督学，因此督学干部质量普遍较低，不能很好地督导学校教育，且因督学主要负责学校教育，造成社会教育工作无人领导的局面，因此在既有的社教基础上不但没有发展，反而日行衰退，这些问题的根源在于此时教育工作机构的不健全，大大影响了社会教育和学校教育的推进。

自1942年5月机构改革后，针对教育领域出现的问题，遂各县社会教育配备社教指导员以资补救，并恢复区教育助理员，民教合

①《关于冬学社教工作意见的指示》(1948年9月13日)，山西省档案馆藏，A66-4-23-1。

并后取消教育督学设教育科员，从秋季开学后，率先着手整顿小学教育，提高小学教员的责任心，并密切了小学教育与群众工作的关系，鼓励小学教员对冬学予以帮助。在某些县（如赞皇、临县、昔和等）根据地的某些地区则在区一级把民教工作分开，以专责成，在游击县（元氏、井陉）游击区之民教干部实行合二为一，经统计知全区共有民教干部48人，其中有23人多负责教育工作，其余25人则兼管民教工作，并且工作人员在时间投入上多倾斜于民政工作，较民教未合并前，教育干部人数调整为23人，相较于之前专门负责教育工作干部的37人减少了14人，但在工作效率上反而获益较多。[①] 自此，专、县、区各级政府均设有负责教育工作之干部，教育工作的布置和推行可直达于村，社会教育相关机构运作较之前灵活、高效。

第三节　社会教育的组织机理

第一，视察员督导制度。山西抗日根据地社会教育视察员督导制度有效保障了社会教育的质量。1942年《晋冀鲁豫边区国民教育视察员暂行通则职责》颁布，其规定视察员由三种方式选出，"第一种为县以上各级政府直接聘任之；第二种为各文化机关民众团体介绍推荐经政府予以考察，合格后聘任之；第三种为自行介绍，根据适当担保，经政府审查合格后聘任之。"凡符合下列条件者均符合聘任条件，即"各级党政军干部与工作人员、各级参议员、新闻界、文化界同志均得以聘任之；具有初中以上文化水平，且对国

①《太行第一专署教工材料及教育工作材料》（1942年7月20日），山西省档案馆藏，A65－1－17－1。

民教育有所研究或是热心者，能在一定时间、一定地区坚持工作者得以聘任之。”并且，各级政府可聘任视察员数量的规定为“教育厅或行署不得超过 5 人、专署不得超过 3 人、县不得超过其分区数。”①负责社会教育视察、检查和监督的部门为县社会教育科，其对“冬学、民众学校等学员进行考试抽查，视察督导员的工资津贴由教育厅或行署发放，行署级别的聘任者为 10 元、专署级别的聘任者为 8 元、县级政府聘任者为 6 元，任期一般为 1 年，中途因工作转移或居所变动时，政府应及时解聘并予以补聘。”②

第二，配合社会教育工作的群众团体。社会教育与群众团体工作之间是相辅相成、相互促进的关系。社会教育在山西抗日根据地的开展离不开群众团体的配合，群众团体领导各项运动的顺利开展离不开山西根据地社会教育对其的宣传与指引。群众团体按行政区域大致划分为：边区抗联会、地区抗联会、专区抗联会、县抗联会、区抗联会、村抗联会六个层级。“边区抗联会是最高领导机关，是负责制定政策的执委会，设有委员 15—51 人，常委 7 人，正副主任各 1 人，下设组织部、宣传部、工会、农会、青救会、妇救会、童子军、学联等部。”除此之外，其他社会各界的抗战组织，如教联、医救、牺牲同盟会、产业工会等都可以作为团体会员，并派代表参加抗联代表会。

“村抗联会以工救会、农救会、妇救会、青救会、文救会等各团体联合委员会为村抗联的最高权力机关。”联合委员会闭幕期间，村抗联委员会为全权执行机关。在无上述团体存在的村庄，则可分编成直属于抗联的各种小组，以村抗联会员大会为村最高权力

---

①《晋冀鲁豫边区民众学校暂行规程》(1943 年 4 月 15 日)，山西省档案馆藏，G3－240。

②《晋冀鲁豫边区民众学校暂行规程》(1943 年 4 月 15 日)，山西省档案馆藏，G3－240。

机关。“村抗联委员会设委员3—9人，由村各团体联合委员会或抗联会员大会选举产生。村抗联委员会设主任1人，设组织、宣传、工人、农民、妇女、青年，合作社等委员各1人。凡兼任村抗联主任和组织、宣传等团体主任者，其所属团体可再补选副主任1名。”[①]“区以上各级抗联均设有代表大会，为该级抗联最高权力机关。区以上各级执委会由各级代表大会选举。区以上各级抗联常委，由各级执委会选举。”“常委会内设正副主任各1人，分设组织、宣传、工、农，青、妇六部，各部设部长1—2人，由常委会互相推选之。县以上各级设秘书处，由常委聘请秘书长。专区为代表机关，其为适应敌后分散多变的环境可独立行动，进行相应安排。”[②]专区和县抗联在各地设办事处，如晋东北专区因被敌人分割，划成三块，就分设三个办事处，代表专署抗联进行领导。

山西抗日根据地的群众团体有工会、农救会、妇救会、青救会、医救会、文救会、武救会、童子军、抗敌后援会、报国会等。晋察冀、晋绥根据地因其所处地理位置的原因，所辖区域内有少数民族聚集地，因而群众团体中还包括回教会、学联同学会、佛救会等。1945年1月，刘澜涛在《晋察冀边区的群众工作》一文中所统计，“当时参加群众运动中的人数约有三百余万，配合群众运动的团体中北岳区农会所领导的人数最多，这与群众运动的大多数活动与农业生产直接相关所致，因而农会的领导作用是最大的。其次是

①《晋察冀北岳区各界抗日救国联合会组织章程》，晋察冀边区北岳区妇女抗日斗争史料编辑组编:《晋察冀边区妇女抗日斗争史料》，北京:中国妇女出版社，1989年，第144页。

②《晋察冀边区的群众工作》，《晋察冀抗日根据地》史料丛书编审委员会、中央档案馆编:《晋察冀抗日根据地》第一册文献选编下，北京:中共党史资料出版社，1989年，第981页。

领导妇女工作的妇救会，女性人数占据了乡村人数的较大比重，在妇救会的领导下妇女参加社会教育、参与根据地各项活动的热情高涨。”[①]以 1945 年北岳区为例，群众团体领导群众参加工作的人数分别为：“农会领导群众参加群众工作的人数为500 000余人，妇救会领导群众参加群众工作的人数为260 000余人、青救会领导群众人数为130 000余人、工会领导群众人数为100 000余人、学生会领导群众人数为20 000余人、文救会领导群众人数为15 000余人。”[②]由此可见群众团体的力量之巨大，其为发动群众参与根据地社会教育之作用不容小觑。

对群众团体干部的阶级成分进行分析可知，贫农出身的干部占绝大多数。群众团体中的干部是领导群众工作开展的排头兵，在对群众的领导中，贫农出身的党政干部因其和大多数乡村群众成长、生活背景相似，所以能从根本上了解群众的需求，工作开展起来有群众基础，了解群众越多、越深就越能更好地开展群众工作，因而在各群众团体中贫农出身的干部数量最多。如 1945 年经过“精兵简政”后，北岳区群众干部有2 900余人，冀中区约有1 800余人，干部的阶级成分就北岳区县级以上的干部来看，农会中干部出身为富农的占 3%、中农占 31%、贫农占 65%；妇救会干部中地主家庭出身的占 1%、富农家庭出身的占 7%、中农占 39%、贫农占 51%；青救会中地主子弟占0.1%、富农子弟 4%、中农占 36%、贫农占 58%、雇工占0.1%；工会干部中中农出身的占 12%、贫农占

① 《晋察冀边区的群众工作》，《晋察冀抗日根据地》史料丛书编审委员会、中央档案馆编：《晋察冀抗日根据地》第一册文献选编下，北京：中共党史资料出版社，1989 年，第 974 页。

② 北岳区部分群众团体领导群众参加参加群众工作的人数来源于刘澜涛 1945 年 1 月发表的《晋察冀边区的群众工作》一文。

10%、雇工占34%;[1]将以上统计数字按照地主、富农、中农、贫农、雇工这五类阶级成分进行综合统计,所得比重如下:地主出身所占比重为0.7%、富农出身所占比重为5.09%、中农出身所占比重为32.91%、贫农出身所占比重为56.15%、雇工出身所占比重为5.05%。由此可见,贫农出身的群众团体干部占到干部总数的绝对多数。

群众团体干部的文化程度情况按照区级、县级、专区三级统计是逐级提升的。对1945年北岳区群众团体干部文化程度进行分析,区级干部中,初中文化水平的占1.8%、高小文化水平占18%、初小占59.1%、文盲占21.1%;县级干部中,初中文化水平的占2.1%,高小占35.4%、初小56.3%、文盲占6.2%;专区干部中,初中文化水平的占5.6%,高小占72.2%,初小占22.2%,无文盲。[2]总体看来群众团体基层干部中绝大多数为初小教育水平,这与干部多是贫农出身的情况所吻合,群众团体干部中贫农出身的干部占绝大多数,其能切身体悟到群众之所思、所想、所需,对群众工作的开展会起到极好促进作用,并且有利于以群众所思所想为根本宗旨的社会教育工作在根据地顺利开展。

第三,山西抗日根据地社会教育经费。社会教育的经费主要包括冬学民校教材经费、义务教员奖金、农村戏剧奖金、文化奖金、书店出版辅助费、外稿费、广告费、太行教育、行署宣传费、各专市

① 《晋察冀边区的群众工作》,《晋察冀抗日根据地》史料丛书编审委员会、中央档案馆编:《晋察冀抗日根据地》第一册文献选编下,北京:中共党史资料出版社,1989年,第975页。

② 《晋察冀边区的群众工作》,《晋察冀抗日根据地》史料丛书编审委员会、中央档案馆编:《晋察冀抗日根据地》第一册文献选编下,北京:中共党史资料出版社,1989年,第975页。

宣传费、民教馆辅费、年画辅助费、青年与儿童费、华北文化费、政报法令费、县区干部教育费共 16 部分，以县为单位统筹统支，过渡期间可向村中借，将来由县补付。[①] 以太行区 1945—1946 年社会教育经费为例进行考察，1945 年太行行署教育处民校教材的预算为200 000元、义务教员奖金为50 000元、农村剧团奖金为50 000元、文化奖金为14 000元、书店出版辅助费为20 000元、外稿费(课本插画、画片、底稿等)16 000元、广告费 500 元、行署宣传费为30 000元、各专市宣传费80 000元、青年与儿童费48 000元、华北文化费36 000元、县区干部教育费50 000元、政报法令费35 000元，总计944 500元。[②]

依据表 3.1，1946 年社会教育经费中冬学民校教材费预算共计100 000元，比 1945 年时降低了一半，义务教员奖金为25 000元，比 1945 年时的金额减少了一半，农村戏剧奖金为75 000元，[③]这是由于人民生活水平逐渐改善，对文娱要求增强，农村剧团数量增加，因此 1946 年此项经费比 1945 年增加了25 000元。为鼓励群众剧创作，推动文化事业快速发展，社会教育经费中的文化奖金部分比前一年增加了1 000元，共计15 000元，书店出版辅助费为60 000元，比 1945 年增加了40 000元，外稿费为20 000元，比 1945 年时增加4 000元，用于出版出错纠正之费用的广告费为1 000元。行署宣传费为20 000元、各专市宣传费为75 000元(太行行署所辖六个专署以每个10 000元计算，共60 000元，三个市每个5 000元，共计15 000元，各专市宣传费总计75 000元)。具体开支如表 3.1 所示。

---

①《晋冀豫教育工作会议文集》，山西省档案馆藏，G3－245。

②《太行行署教育处社会教育经费预算》(1945 年 12 月 13 日)，山西省档案馆藏，A52－4－31－5。

③《太行行署教育处 1945 年与 1946 年社会教育经费预算表》，山西省档案馆藏，A52－4－31－5。

表 3.1 太行行署教育处 1945 年与 1946 年社会教育经费预算表

项别	1945 年金额数	1946 年金额数	
		金额	理由
冬学民校教材	200 000元	100 000元	共 45 个县，每县以 100 个行政村计算，每村 2 本教材，每本 10 元，共计 90 000元加之其他预算，共计100 000元。
义务教员奖金	50 000元	25 000元	
农村戏剧奖金	50 000元	75 000元	人民生活水平逐渐改善，对文娱需求增强，农村剧团数量增加，因此农村戏剧奖金较上年度增加 25 000元。
文化奖金	14 000元	15 000元	群众剧创作，推动文化事业快速发展。
书店出版辅助费	20 000元	60 000元	出版新大众鼓词剧本
外稿费	16 000元	20 000元	如课本插画、画片、底稿等
广告费	500 元	1 000元	出版出错纠正之费用
太行教育		5 000元	
行署宣传费	30 000元	20 000元	
各专市宣传费	80 000元	75 000元	六个专属以每个10 000元计算共60 000元；三个市每个5 000元，共计15 000元，总计75 000元。

续表

项别	1945 年金额数	1946 年金额数	
		金额	理由
民教馆辅费		90 000元	共 15 个民教馆，每个经费6 000元，共计90 000元
年画辅助费		5 000元	
青年与儿童费	48 000元		
华北文化费	36 000元		
县区干部教育费	50 000元		
政报法令费	35 000元		
总计	629 500元	491 000元	

资料来源：《太行行署教育处 1945 年与 1946 年社会教育经费预算表》，山西省档案馆藏，A52－4－31－5。

第四章　山西抗日根据地社会教育的运行实践

第一节　识字教育的实施

贫穷与战争是造成山西地区大量文盲产生的主要原因，中共建立山西抗日根据地后，社会教育的首要任务为开展识字教育，通过识字教育扫除乡村文盲，提升民众思想政治觉悟，提高其文化知识水平，这亦是根据地各项工作得以顺利开展之根本。

1912—1938年华北农村灾难频繁，旱灾、水涝、虫灾、冰雹、疫情等各种灾害共计1 510次，其中山西受灾次数就多达1 050次。[①]因华北地处军事战略重地，民国时期，华北各省亦成为各类战争如军阀混战、抗日战争、国共内战的主要战场，战争对当地的经济和农业造成了重创，人民生活困苦窘迫。山西、山东、河北一带匪患严重，"在平汉路沿线或公路上，亦时有土匪出没，甚至横劫车辆"。[②] 在温饱已成问题的情况下，山西乡村民众的教育状况就可

① 夏明方：《民国时期自然灾害与乡村社会》，北京：中华书局，2000年，第34页。

② 文振家：《论河南的旱灾》，《益世报》1937年6月26日，第12版。

想而知了。在战争大背景下,加之自然环境的恶劣,山西抗日根据地文盲数占据了总人数的绝大比重。据统计,1940 年文盲在冀西有43 934 人,漳北 51 301 人,太南 32 661 人,晋中 45 557 人,漳西185 418人,太岳111 805人,总计470 676人。① 1940 年冀西、漳北、太南、一办、二办、太岳根据地文盲占人口总数的 96%—98%,武安、黎城等县偏僻村庄中甚至全部是文盲,如需写信或文契的话要走一二十里地去请人代写。② 造成文盲的另外一个原因为乡村学校数量较少,且有条件入学者更少之又少。如 1940 年武乡某县 50 人以上的学校只有 2 所,40 人以上的学校有 2 所,30 人以上的学校共 17 所,25 人以上的学校共 7 所,20 人以上的学校共 40 所,20 人以下的学校共 135 所。③ 因此,山西抗日根据地扫盲运动成为一项艰巨的任务,即使是识字教育亦步履艰难,工作开展 7 年后仍有部分地区的扫盲工作面临着严峻的形势,如 1945 年和顺县人口为23 296人,文盲人数为18 086人,文盲所占百分比高达77.3%。又如榆社县人口为11 241人,文盲人数为7 900人,文盲所占比例为75.3%,④文盲数量所占比重依然巨大。扫除文盲成为中共在根据地持续开展、坚持不懈的一项长期教育任务。

一、方针政策

1938 年 9 月,晋察冀边区颁发了教字第九号令《扫除文盲办法》,《办法》中对扫盲工作做了全面细致的规划:“办理扫除文盲机

---

①《晋冀豫区 1940 年的冬学运动》,《新华日报》(华北版)1941 年 3 月 29 日,第 4 版。

② 李公朴:《华北敌后—晋察冀》,北京:生活・读书・新知三联书店,1979 年,第125 页。

③《1940 年社教工作总结》,山西省档案馆藏,G3-244。

④《全区教育工作的总结及今后教育建设新方向》,山西省档案馆藏,A52-4-7-1。

构，县一级由教育科主持，群众团体、文化团体，及热心教育人士配合之。村一级由村长（或副村长）主持，民族革命室文化组、群众团体、小学教师，热心教育人士配合之。识字教学任务分三期完成，第一期从1938年11月1日至来年4月底截止，凡15岁至25岁的男女文盲均须入学；第二期从1939年5月1日起至同年10月底截止，凡26岁至35岁的男女文盲均须入学；第三期从1939年11月1日至1940年4月底截止，凡36岁至45岁之男女文盲均须入学，修业期限定为3个月内必须读完所授民众识字教材里的1 000字，且以能确切认识与书写自如为准。"①"书籍费和杂费由县政府负担，或由县统筹办法通令各村负担，亦或学生自行负担。"教员及其他所有服务人员皆属义务，教员由村干部、各群众团体中的知识分子、小学教员等担任。知识分子是承担根据地社会教育工作的主要力量之一，1940年1月25日《新华日报》（华北版）社论《大量吸收知识分子来参加抗战》中便指出道："没有一个国家没有自己的知识分子，没有一个国家可以不要自己的知识分子，而且每个国家的知识分子都曾在历史的革命运动中起着重大的作用……中国知识分子是中国反帝反封建的民主革命的先锋队……各抗日根据地的各部门工作的负责者，也必须大量吸收一切具有抗日意志，且富有刻苦耐劳精神的知识分子和半知识分子来参加工作。"②1943年1月19日《新华日报》（华北版）社论中谈到了在乡知识分子的重要性，强调需要吸收更多的在乡知识分子加入抗战的队伍，其应与乡村中一切工作取得密切联系，随时为抗战服务。例如在乡知识分

①《边委会令扫除文盲办法》（教字第9号，1938年9月），王谦主编：《晋察冀边区教育资料选编》教育方针政策分册（上），石家庄：河北教育出版社，1990年，第27—29页。

②《大量吸收知识分子来参加抗战》，《新华日报》（华北版）1940年1月25日，第1版。

子应该成为抗日根据地执行、宣传政府法令的模范，应担负起向所在地周围的各阶层人士，尤其是广大人民群众进行耐心的宣传教育之责，协助政府和群众团体开展各种抗战动员工作，促使中共在抗日根据地的政策、法令为群众所深刻认识。在乡知识分子积极参与冬学、农民夜校、妇女识字班等工作，利用演讲、授课等多种方式，通过文字、绘画、歌曲、戏剧等形式来进行群众教育，普及抗战知识、进行民主教育、鼓舞抗战热情。

此外，鼓励小学生经过培训后担任识字教育助手，伴随着《扫除文盲办法》的颁布，《小先生制教育实施办法》相继出台，小先生制充分发挥小学生力量，广泛建立传习处，开展对乡村群众的识字教育。教学内容以民众识字课为主，亦包括教写字、唱救亡歌曲、训练科目、国难讲话（包括政治、经济、文化、时事等方面内容）、军事常识（如关于秩序训练、整队、集合等军事常识，养成民众遵守纪律之作风，迅速敏捷之习惯）。教学时间为每天 2 小时，具体时间分配为识字课 1 个小时 20 分钟、国难讲话 10 分钟、学唱救亡歌曲 20 分钟、军训 10 分钟，识字班举行 2 次测验考核，并于学期结束时由县或区工作人员到校监督毕业考试。① 在具体识字教育工作开展过程中亦有小学创造了“一字传习法”配合识字教育的开展，方法为小学设立一个识字牌，每天在上面写一个和乡村民众生活息息相关的字，小学教员教会小学生，小学生回家后将这字写在家中的小黑板上，利用晚上吃饭和闲谈的时间，教会家中成员识字。

1939 年《边区社会教育实施办法的通知》中对识字班的组织、课程和教材、教学进度等方面的内容进行了详细阐述。识字班以

---

①《边委会令扫除文盲办法》（教字第 9 号，1938 年 9 月），王谦主编：《晋察冀边区教育资料选编》教育方针政策分册（上），石家庄：河北教育出版社，1990 年，第 28 页。

12—16 人为一班。教学进度分为三个阶段，将识字班三个月的授课时间按月划分为三个阶段，第一阶段的教学目标为学员需认识 130 个字，并能将简单的生字进行组词，且政治教育方面需对民主与抗战有一定的认识；第二阶段需认识 300 个字，能达到复杂组词的教学效果，政治觉悟进一步提升；第三阶段学员应认识 500 个生字，会写应用文、公文、能进行简短的演讲。① 1940 年晋西北在冬学结束后，随即迅速发展识字运动，各团体积极配合，群众学习热情高涨。忻州河曲妇救会与小学共同开办妇女识字班，达到当地每所小学均设立一所长期的妇女识字班。同年太岳区开展扫盲运动，进行识字教育，至 1940 年 8 月底时，每位妇女、壮丁平均识字 30 个。② 1940 年 2 月太行三专自上而下组织识字运动委员会调查文盲，定出分期肃清计划，成立识字班，各分区召集民革室主任委员会议，对识字工作进行检定，且每区至少聘请 10 位义务教员担任民革室讲解识字之职。③ 1944 年《冀晋二专署抗联关于冬学运动工作的指示》中指出基础好的游击区以及巩固区群众迫切需要学习文化，因此就要以提高群众文化为主，着重开展识字运动，以政治教育和生产教育辅助之。

二、识字运动周

识字运动周的设立是山西抗日根据地社会教育工作开展初期

---

①《边区社会教育实施办法的通知》(1939 年 9 月 11 日)，王谦主编：《晋察冀边区教育资料选编》教育方针政策分册(上)，石家庄：河北教育出版社，1990 年，第 68 页。

②《山西三区专署加强社会教育，深入群众扫除文盲》，《新华日报》1940 年 6 月 23 日，第 4 版。

③《太行三专三区教育扩大会议记录》(1941 年 2 月 21 日)，山西省档案馆藏，A67－4－1－2。

的一项重要举措，根据地各机关团体举全力投入到这项工作中，浓厚的学习氛围充分调动了根据地群众学习的热情，取得了极好的识字教育效果，识字运动周为推进识字教育在根据地的普及做出了贡献。1939 年晋察冀革命根据地颁布了《边委会关于识字运动周的通令和号召》要求在扫除文盲工作第一期即将结束，第二期即将开始之时，在对过去半年来工作进行总结和检讨的基础上，规定 5 月 1 日至 5 月 7 日为识字运动周。其工作的开展具备突击性，聚合根据地所有力量开展识字教育，通过各组织、各团体举办各种识字竞赛，努力营造根据地全民识字的热潮，以此配合根据地社会教育任务的开展，加速进行扫除文盲工作。识字周时值春耕时期，想要集合群众到固定学习场所学习不甚方便，于是在具体的工作开展中注重灵活的、因地制宜的教育方式，如民族革命室工作人员在人流量大的街道设置黑板，在上面写上生字供群众每日学习，学会的人再教家中不会的成员。亦可在村口岗棚边挂一块黑板，上面写上生字，行人路过查阅路条后，问其可否认识黑板上的字，如不认识随即教于行人。①

识字运动周主要是以竞赛的方式进行，由各县教育科主要负责，其他群众团体进行配合。县教育科对扫除文盲实施委员会的工作进行检查，未建立起扫除文盲实施委员会的要求必须尽快成立。识字运动周工作的开展和根据地当时的中心工作紧密结合，如识字教育于春耕运动、根据地乡选等工作中开展，更易取得成绩。识字教育可通过各群众团体及自卫队小学校组织联合推动。识字运动联合儿童团、自卫队、群众团体及民族革命室进行广泛宣传，说服乡村文盲学习识字。党政干部、机关人员、“小先生”为识

---

① 胡宁：《关于识字运动周的推行办法》，《边区社会教育》1939 年 4 月 22 日。

字运动的主要推行者。各地区中心小学领导的识字班应争取建成模范识字班,并鼓励此班学员经培训后参与到识字教育工作中,这样可迅速拓展识字运动开展的范围。①

识字周竞赛以村区县为单位,按村、区、县三级组织识字竞赛。竞赛计分以该地人口的百分比为原则,竞赛的项目分为三项:即增设识字班的新数量、争取识字学员的新数量、调查工作完成的速度。识字运动周闭幕后,区村成绩由县级扫除文盲实施委员会评判优劣,并在县级报纸上予以公布,之后再由实施委员会教育处评判优劣,最终结果公布在《边政导报》《抗敌报》《救国报》之上。此外还在部队中为文盲战士开设军队识字班,采取因地制宜,变通竞赛的办法开展教育。识字运动周在短期内以突击的方式达到非常好的教育效果,尤其促进了识字班数量的大幅度增加,但由于其为突击性方式开展,所以工作中难免存在重数量、轻质量的状况。

三、识字教育

识字教育的教学方法注重所教文字与实际相联系,因受教育者绝大多数为成年人,其机械记忆的能力差于理解记忆,因而在教授生字时将其与相关具体实物和事例相结合,能收到更好的教育效果。在教学中教员需充分考虑到不同学习者的多种需求,以此安排所教内容,如干部先学工作中急需用到的文字;农民先学日常农业生产中经常用到的字;妇女先学纺织记账的字;抗属先学写信等。以"做甚学甚"为原则进行识字教学,如配合减租减息工作就教"减租"二字;生产时就教和生产相关的字。在教育中注重配合

① 《边委会关于识字运动周的令和号召(教字第 17 号)》(1939 年 4 月),王谦主编:《晋察冀边区教育资料选编》教育方针政策分册(上),石家庄:河北教育出版社,1990 年,第 22 页。

政治教育进行识字，如以政治口号“雇贫中农是一家，团结翻身力量大”为识字教育内容，这样学员不仅学会了生字，亦提升了其思想政治觉悟。除了课堂教学外，辅以小先生制与助教制，发动干部教群众、群众教干部、群众教群众、干部教干部的互学运动。① 识字教育普遍采用“见物识字法”的教学方法，即走到哪里都有字，将生字与日常民众的生产、生活结合起来，比如村子里面的墙上写“墙”字，橱柜上写“橱”字以及各种橱柜的名字，各种家具上也贴上各自的字条。比如给锅台上贴上字条，做饭时便可以边做饭、边识字；又比如做农活推磨时，教“推磨要推细”等常用词。游击队员在平日训练空闲时学习“埋地雷”“打游击”等战斗中常用的词。儿童团则利用站岗放哨时教乡村民众识字，生字的选择标准由简单到复杂，与群众生产生活相关且易于掌握之字作为首选。

山西抗日根据地识字教育普遍选用的教材为《民众千字课》②，笔者在第五章中对社会教育教材进行了分析，但考虑到《民众千字课》作为识字教育的主要施教内容，其具备根据地识字教育的鲜明特点，故在本章中将其与识字教学方法相结合进行论述。以此教材为例，共分为 50 课，分别为农民、抗日主力、姓名年岁、我的家、耕种、春耕委员会、互助组、儿童妇女、代耕队、借贷所、开荒、开渠、担水下种、喂鹅喂猪、栽树、收割、选村长、村政委员会、民众团体、村代表会、贪污村长、合作打日本、县政府公所、学校、民革室、娱乐晚会、识字好、民众学校、读报组、点将台、合作社、会记账了、银行、军民合作、站岗放哨、路条、破坏道路、子弟兵、游学小组、一封家信、优待抗属、借据、公平负担、一张收条、造纸工厂、太行山、漳河、

①《关于年冬学运动的指示信和补充指示信》，山西省档案馆藏，A90－3－28－6。
②《民众千字课》，山西省档案馆藏，G3－201。

华北的铁路、五大城市。① 每课内容围绕着题目关键词展开简单描述，所选生字均为乡村群众日常用到的字，通过学习与自身生活密切相关的文字，激发学员的积极性。生字的安排由简单逐渐加深再到复杂，遵从循序渐进的规律。所涵盖的文字包括农民生活的方方面面，全部是与群众息息相关的。

如第一课是农民，内容为“我们是农民”；第二课是抗日主力，内容为“农民是抗日主力军”；第三课是姓名年岁，内容为“我姓、我的名字叫、我今年是 岁”；第四课是我的家，内容为“我是中国人，我的家在省县村”；第五十课是五大城市，内容为“上海、天津、北平、广州、汉口，是我国的五大城市，这五个城市的人口，都在一百万人以上，交通都很方便，工商业都很发达，上海是五个中最大的一个，人口已经有三百多万。这些城市，都被敌人占领，我们一定要打胜敌人，收复回来。”课程内容由简入难循序设置，符合群众的认知规律，并且内容与群众的日常生活息息相关，学会的内容可以立刻应用到生活中，实用性强，教育效果立竿见影，因而识字教育受到根据地群众的广泛拥护，群众踊跃参其中。

识字教育的教材编排以插画配合课本文字，图文并茂的方式形象直观、更利于群众理解，且使课本内容丰富生动，有效地调动群众的兴趣。如《民众千字课》第五课为耕种，本课内容为“到了春天农民耕种忙”，内容下方配春耕的图画进行图文讲解。第七课互助组，内容为“你有力我有牛、大家成立互助组。”第三十五课站岗放哨，内容为“自卫队，儿童团，站岗放哨查汉奸，行路人过来，就盘问，有路条的放过去，没路条的过去难。”均配有相关的图画进行讲解。

---

①《民众千字课》，山西省档案馆藏，G3－201。

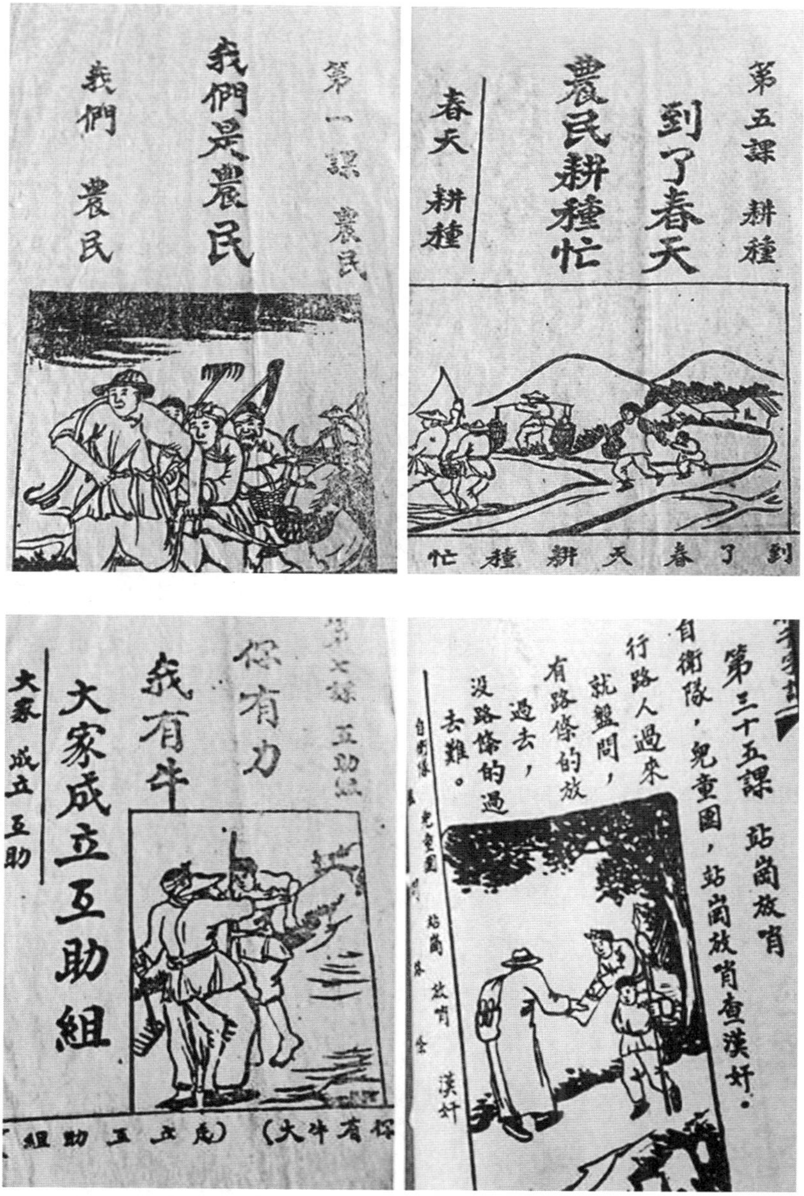

图片来源:《民众千字课》,山西省档案馆藏,G3－201。

课后习题的设置符合学生学习规律，题目难度由易入难。《民众千字课》每10课后设练习题，对所教效果进行考察，督促群众学习。练习题结合课程内容进行题目设置，通过课后练习的形式对学生之前所学课程效果进行考察。随着课程的加深，练习题题目类型设置也由简单形式逐渐转变为较有难度的题目类型。题型有填空题、改错题和造句。如前10课的练习题为填空题，如“我（ ）农（ ）是（ ）日的主力军。我（ ）中（ ）人，我的名字叫（ ）。到了（ ）天（ ）种忙。春耕（ ）员会（ ）（ ）春耕。大家成立（ ）。儿（ ）妇女（ ）石头。我们（ ）贷（ ）借（ ）去（ ）锄。”20课至30课后所设置的练习为改错题型，难度比之前的填空题型稍大一些，如改错题“有人主长查黄庄就村长的张。土主禾贫农，人作打日本。县政府有区长，区公所有县长。他们都应当由合民这举产生。张小牛今年上学去了，教室中树子，有凳子，也有黑面。女乐晚会上，妇女唱歌唱得妙。议会不能管国家大事。张有民也经把第二十课背会了。你有不明白的开题，就是出来开。这个字条上写的是十么”（其中错误的字是改错题应该查找出的答案）。30课—40课后的练习为造句题型，如根据所给出的词语进行造句“到合作社王金生二斤煤油买了、我记账了会、是发的银行大洋票子、是血和汗有的我们、汉奸查岗岗哨、有没有同志路条、敌人没子弹，他能不败吗吃不上饭、鬼子子弟兵见了真英雄、写了一个通讯孙克明日报给新华社、身体很好我的发下棉衣已经”。①

识字教育在山西抗日根据地社会教育工作中占据着重要地位，其教育目的在于消灭根据地文盲，提升群众文化知识水平，是

① 《晋绥行署两年半的文化教育建设报告》（1942年），山西省档案馆藏，A90－3－1－1。

社会教育的初级施教形式。1938 年山西抗日根据地普遍成立了夜校识字班，据统计 1940 年时，仅北岳区（平西和雁北地区除外）共成立约2 000个夜校识字班，学员181 794人。[①] 晋察冀边区 1939 年识字教育中约有 20 余万学员接受了教育，短短 4 个月的时间内，平均每位学员认识生字 150—160 个，其中女性学员参加识字教育更为积极，每人普遍识字 150—250 个。[②] 太岳区 1940 年接受过短期识字训练的青年有5 000人、妇女识字班有 200 多个，共有4 500人参加学习。[③] 消灭文盲方面，晋察冀仅四分区 1940 年时已达到扫除文盲 12 万人，[④]即使是在敌人占领的太原区，据统计至 1940 年共设识字班1 257个，共有学员5 970人，[⑤]由此可见识字教育开展的力度之大、范围之广。

1940 年太行区依照当地具体实际制定扫除文盲运动计划，保证在 2 年内消除文盲（以认识千字为标准），文盲按年龄划分为青年文盲（16 岁—25 岁）、壮年文盲（25 岁—40 岁）、老年文盲（40 岁以上），按照完成一批后再进行下一批扫盲的步骤进行。[⑥] 识字课程按程度分班，从县至村设识字运动委员会，专门领导此项工作，从区至县成立各团体宣传联席会，由工作的统一推行到组织的统一。[⑦] 对敌占区的教育安排为在革命组织与团体配合下进行敌占区教育工作，广大知识分子与抗日民众运动结合起来，努力达成抗

---

①《晋绥行署两年半的文化教育建设报告》（1942 年），山西省档案馆藏，A90－3－1－1。

② 仓夷：《晋察冀边区的识字运动》，《新华日报》1940 年 7 月 5 日。

③《太岳区的民众运动》，《抗敌报》1940 年 8 月 8 日，第 1 版。

④《中国共产党晋察冀边区党委关于边区冬学运动总结摘要》，《抗敌报》1940 年 5 月 16 日，第 4 版。

⑤ 丽生：《在战斗中长大的太原区》，《抗战日报》1940 年 9 月 25 日，第 2 版。

⑥《晋冀豫教育工作会议文集》，山西省档案馆藏，G3－245。

⑦《太行区 1945 年教育工作概述》，山西省档案馆藏，G3－4。

日文化的统一战线。一专区(晋东北)的识字测验统计为:“在1938年冬季时平均每人认识200—300个字,1939年度平均每人认识120—350个字,最多可以认识500个字,平均每人能写150—200个字。五专区1938年末时平均每人认识200—500个字,1939年最多的能认到900个字。三专区1938年平均每人认200—300个字,1939年平均每人认识200—510个字,并且民众通过学习能够写路条,会写简单的信,会记账。”①1940年春季时,据太行八专区7县学员识字测验统计,“识字0—100字的男性为109 372人、女性为155 954人;识字101—200字的男性为30 482人、女性为19 279人;识字201—400字的男性为22 742人、女性为8 945人;识字401—600字的男性为16 033人、女性为5 105人;识字600—1 000字的男性为14 667人、女性为3 146人。”②

随着识字教育的开展,文盲入学人数逐年增加。以太行区为例,通过下面三张表的数据可对1945年太行区识字教育的开展状况作以大致了解。识字教育开展到1945年时,太行区17县(昔东、内邱、临城、赞皇、井陉、平东、林县、辉县、汲其、辉嘉、辽西、武乡、榆社、武西、林北、邢西、武安)文盲总数为432 682人,占总人口数990 284人的43.69%;入学文盲为271 506人,文盲入学率为62.75%。1945年太行区赞皇县文盲入学率为90%、河东文盲入学率为95%、平东文盲入学率为93%、邢西文盲入学率为81%、武北文盲入学率为87%、辉县文盲入学率为41%、临县文盲入学率为55%,7个县的平均文盲入学率为69%。③ 1945年太行区所辖的

① 《杨耕田同志报告关于边区社会教育的一些问题》,《边区教育》1940年第2卷第15—16合期。

② 《太行区教育概况》,山西省档案馆藏,G3-40。

③ 《太行区教育概况》,山西省档案馆藏,G3-40。

晋东、冀西、太南、漳北、太岳等地共开办识字班3 062个，学员人数为112 109人，每个识字班平均38人。① 据1945年兴县、保德、河曲、岢岚、偏关、临南、神府等7县不完全统计，有识字组1 317处，学员22 584人，比1942年上半年7个县统计的206处多十余倍。② 由此看出根据地开展的识字教育取得了较大成绩。

表4.1　1945太行区教育概况

项目	人口总数	文盲数	文盲占人口百分比	入学文盲数	占文盲百分比	说明
比例	990 284	432 682	43.69%	271 506	62.75%	统计数字为17县：昔东、内邱、临城、赞皇、井陉、平东、林县、辉县、汲其、辉嘉、辽西、武乡、榆社、武西、林北、邢西、武安

资料来源：《太行区冬学总结》，山西省档案馆藏，A52-4-7-2。

表4.2　1945年太行区7县文盲与入学文盲比例数

项别 数别 县别	赞皇	河东	平东	邢西	武北	辉县	林县	合计
文盲数	10 695	12 230	13 270	31 850	32 671	26 840	77 947	207 503
入学数	9 687	11 847	14 371	25 590	28 402	11 016	42 849	143 762
百分比	90%	95%	93%	81%	87%	41%	55%	69%

资料来源：《太行区冬学总结》，山西省档案馆藏，A52-4-7-2。

① 曹建英、刘茗、石璞、谢淑芳：《晋察冀边区教育史》，石家庄：河北教育出版社，1995年，第128页。

② 穆欣：《晋绥解放区鸟瞰》，吕梁：吕梁文化教育出版社，1946年，第118页。

表 4.3 1945 年太行各区识字班统计表

区域	全县识字班	学生数	识字班平均学生数
晋东	1 488	64 276	43.2
冀西	434	16 309	37.5
太南	128	（原始资料中未列出）	（原始资料中未列出）
漳北	183	8 111	25.4
太岳	329	23 413	28.3
总计	3 062	112 109	38.1
备注：	晋东 7 县：昔东、榆社、和东、平西、和西、黎城、辽县 冀西 5 县：赞皇、内邱、临城、邢台、沙河 太南 3 县：平顺、潞城、林县 太岳 6 县：沁县、沁河、平遥、介休、屯留、灵石 漳北 4 县：偏城、沙县、武南、武安		

资料来源：《太行区 1945 年教育工作概述》，山西省档案馆藏，G3－41。

识字教育在山西抗日根据地如火如荼地开展着，识字班的数量和学员数量逐年累增，教育效果总体来看是非常不错的，但在工作的具体实施中还存在落实不够的情况，如遇到季节性农忙和战争频发状况时，识字教育工作及效果很难不受到影响。识字班的教员由义务教员或小学教员兼任，识字班举办之初因未充分考虑到教育不可耽误生产，由于授课时间较长，农忙时不免耽误群众生产，引起群众不满。更为普遍存在的问题为山西抗日根据地识字教材的缺乏，且已有教材多是依靠各县、工救会、妇救会等群众组织自行编写的，大部分识字教材质量不高，文字选定及章节编排不符合群众的识字规律，这样造成教员授课时多为单个字的无序教学，运用缺乏系统性、逻辑性的教材必然会影响教育效果。虽然识字教育开展过程中存在着一些问题，但总体上达到了识字教育的目标，识字班的设立在根据地非常普及，扫盲工作开展卓有成效，基本做到了村村有识字班，群众学习热情空前高涨。

第二节　冬学运动的开展

在冬季农闲之时，农民或是以村庄为单位，或是由几家庄户合办冬学的形式在抗战前就已是存在的，但是当时开办冬学的目的只是为了在闲暇的时间，让农户子弟“去念几天书”“学会一些简单的字”而已。而中共在山西抗日根据地推行的冬学运动，则是一种广泛的乡村群众运动，是抗日根据地社会教育的重要内容，其利用农民秋收工作结束后较为闲暇的冬季时间（教育活动开展的时间选在不耽误农民生产与务农等事宜的农闲时段），把分散的农民群众组织起来，对其进行政治、文化、日常生活、抗战斗争等方面教育，在根据地社会教育发展历程中发挥了重要作用。亦是农村广大群众普遍参加的一种集体生活，是中共在根据地进行政治动员工作的中心任务之一，其担负着战争动员中的组织任务，培养了群众的团结性和组织性，并充分调动了群众的学习热情。农民是根据地建设的重要后盾，通过冬学运动对农民进行教育不仅有助于农民自身文化素质的提升、政治信仰的养成，更对根据地各方面的建设起到促进作用。冬学是中共在根据地开展的一场普及性群众学习运动，其最根本的原则与出发点是冬学教育需与根据地群众的利益相结合，教育内容从群众的根本利益出发，冬学中涉及的教育内容均是群众最切身、最迫切之需要。

1938年颁布的《抗战初期晋察冀边区开展冬学运动的指示》中明确指出：“为了使广大民众，能够实地参加抗战，必须首先加强对他们教育，提高他们对抗战的认识与抗战胜利的信心……从而这里开办冬学的意义与其重要性，也就毋用重述了。”[①]指示亦指出：“首先应该把冬学当作当前政治动员工作中的中心任务之一，使它真正担负起战争动员的组织任务，要使这一运动深入到群众中去，必须把它开展成为一种广泛的群众运动，使每个群众自动地参加冬学。”[②]1939 年 10 月 23 日晋察冀边区颁布的《边委会关于冬学运动的号召及冬学运动计划大纲》中，对冬季开展冬学运动的意义和作用进行了较为深入的阐释，其认为为克服边区文化教育工作所存在的一些不普遍、不深入的缺点，以适应目前边区政治实际所反映的对教育的要求，利用冬闲的时间，用突击的方式，来广泛地开展边区文化教育工作，是当前一个重要的任务。冬季是农民比较闲暇的时候，利用这个闲暇期，广而深入地开展边区的冬学运动，借以加强对民众的政治教育，增加乡村文化娱乐活动，加速文盲的扫除。应当号召边区各级政府，各救会等，用突击的精神来开展这一工作，用革命的竞赛方式来完成这一任务，把冬学运动普及到边区的每一个角落，把冬学运动深入到边区每一位民众的心中。

同年 12 月 6 日《抗敌报》刊发了《开展冬学运动》的社论，指出：“几千年来，由于一种历史的错误传统，使广大的中国民众长久地局限于狭小的个人家庭生活中，所谓文化之类的东西，是从来不和这些人们发生关系的，因而千百万的中国广大群众，忘记了自己的国家，忘记了自己的民族以至于世界大势……这种结果无疑增加了今天抗战过程中民运工作中的许多困难……空前紧张的抗战形势要求提高广大民众的文化政治水平……使他们从无知识的状态

① 《抗战初期晋察冀边区开展冬学运动的指示》(1938 年)，王谦主编：《晋察冀边区教育资料选编：社会教育分册》，石家庄：河北教育出版社，1990 年，第 1 页。

② 《抗战初期晋察冀边区开展冬学运动的指示》(1938 年)，王谦主编：《晋察冀边区教育资料选编：社会教育分册》，石家庄：河北教育出版社，1990 年，第 1 页。

中解放出来，迅速赶上目前抗战形势所要求的一般水平……一般农村民众在冬季是比较有充裕的时间，可以接受点教育的，这是一个很好的机会，应当紧紧抓住这个有利的条件，去对这些饥渴于教育的民众进行一种抗战教育的突击工作。”①冬学运动自此在山西抗日根据地广泛开展起来。冬学抓住乡村农闲的这个时机提出“把根据地变为学校的口号，造成全区党政军和老百姓的学习热潮”，并将冬学与群众运动相结合，将冬学打造为乡村民众的文化活动的场所，“凡是冬学办的好的地方，群众就发动的好，凡是群众运动发动起来的地方，冬学就能坚持下去，冬学就活跃。”②

一、宣传发动

冬学是群众性的教育活动，需要社会各团体进行配合，冬学运动开展之前需要做好充分的准备工作，这个时期为冬学准备时段，主要开展计划和组织工作，同时进行干部的动员、数目字的确定，以及开展广泛地宣传工作。村冬学运动委员会负责行宣传、动员、调查、登记文盲，计划领导冬学运动等工作。冬学委员会全体委员与教员及全体村干部分头到每户每家进行动员，向群众说明冬学的好处，使群众了解冬学意义。在走访过程中，同时开展文盲调查（凡看不懂简单文件、便条、书信的人都归为文盲），将即将入学的学员列好名单、做好登记。“村中武委会和救联会配合冬学做好开学前的工作，由村长、教育主任、武委会、各救会派出代表各 1 人及小学教员、义务教员共同组成冬学运动委员会，村长与教育主任为

① 《开展冬学运动》，《抗敌报》1938 年 12 月 6 日，第 1 版。

② 《晋豫区 1943 年上半年宣教工作总结（节录）》（1943 年 8 月 14 日），太岳革命根据地教育史编写组编：《太岳革命根据地教育文献选编》，太原：山西省教育志编审委员会，1986 年，第 10 页。

正副主席，商讨冬学工作的相关内容。”①

冬学前的文盲调查登记工作，由教育主任负责，冬学运动委员会协同配合，将不识字与识字少的文盲进行分类登记。以分区负责制来调查文盲，由村教育委员会成员负责，最后开会商讨调查结果是否正确并对错误数字进行纠正。在调查登记过程中，“对文盲进行入学动员，要求 15—25 岁以下者每日必须上课，25 岁以上者每隔一天上一次课。”其是，在实际的冬学运动开展中，学生年龄并非完全局限于 15 岁之上的，如武乡寨坪村的冬学中便有 8 岁的学员，名叫张蛮则，他与 40 岁的父亲都在冬学进行学习，且张蛮则学习积极、成绩优秀，是冬学里的辅导生，帮助教员一同指导其他学员的学习。② 冬学的动员工作由政府主席总负责，各委员具体负责，各级党委、宣传部门、政府文教部门和人民武装部门，以及农民、妇女、青年各群众团体和各个组织相互协调配合，并且各单位要确保自己的会员入学。冬学经费开支由各村做预算，各县核对开支，但各村在做预算时，对分散的小冬学予以照顾。③ 冬学经费为每所每月 4 元，不足之数由俱乐部或民族革命室按每月 1 元的标准从公费中支出，亦可由各村冬学委员会募捐。④ 冬学所需的灯油供给，依据财政规定实行实物供给制度，学校上课达 60 人者每月供灯油 1 斤半，到校上课达 120 人者每月供灯油 2 斤，如因分班或

---

①《1942 年太行行署民教科关于如何办冬学问题的几点意见》，山西省档案馆藏，A52-4-38-3。

② 田村：《冬学中的父子俩》，《新华日报》（华北版）1942 年 12 月 22 日，第 4 版。

③《太行行署关于义务教员免差等问题的指示》，山西省档案馆藏，A52-4-41-10。

④《太行三专着手进行冬学的准备工作的指示》（1942 年 11 月 10），山西省档案馆藏，A67-4-4-1。

每班超过 60 人者可多设一个场所作为第二教室，每月供灯油 1 斤半。① 此外，原则上各县发给每所冬学毛笔 1 支、墨 1 锭、铅笔 1 支，麻纸 100 张、烧炭每天 10 斤、灯油每天 1—2 两，冬学识字课本由群众自行购买，贫穷无力购买者可免费发给，其他经费以自筹公助为原则，实在无力自筹时可作预算由行署批准。② 各村民大会从公产中抽出一部分作为补助经费，或组织群众捐助。除此之外，冬学运动前期准备工作还需公安局行政科、财政科、粮食科等行政部门共同协作努力。

预备师资亦是前期准备工作中的重要环节，冬学义务教员的任用由县级教育机构负责，“县政府从小学教员中抽选人员派到各村担任冬学教员；亦有部分教员由村里直接推荐；还有部分教员由群众自发选出‘心眼多的人’或‘谁积极谁有办法，谁当先生’”③担任冬学的教员大多经过一定的上岗培训，据统计，1940 年冀西、漳北、太南、一办、二办、太岳冬学义务教员中受过训练的教员比例为75.64%。④

前期准备工作中对各村庄至少应开设冬学数量做出如下规定，即一般情况下一个行政村应建立 1 所冬学；40—50 户村庄应建立 1 所冬学；自然村如属于过于分散的村庄，则应根据实际情况在较大自然村内建立冬学。⑤ 冬学的宣传与动员按照各系统逐级传达，如辽县将 12 月定为冬学月，在动员群众之前先召开村民及教

---

①《1940 年社教工作总结》，山西省档案馆藏，G3 - 244。

②《关于 1944 年冬学工作的指示》(1944 年 7 月 27 日)，山西省档案馆藏，A90 - 3 - 28 - 2。

③《太行区 1945 年教育工作概述》，山西省档案馆藏，G3 - 41。

④《1940 年社教工作总结》，山西省档案馆藏，G3 - 244。

⑤《关于太行区 1944 年度冬学运动的实施方案》，山西省档案馆藏，A - 52 - 4 - 38 - 6。

育委员大会，深入传达部署工作，这样层层递进的宣传方式取得了良好效果。除此之外，通过举行各种大会和竞赛等活动吸引并欢迎学员入学，具体方式有召开“冬学动员大会”“举行婆媳会”“文盲会”。如沁县某村的青年妇女团体在动员群众参加冬学时召开小组动员会，几个团体分站两行，比赛看哪个团体报名参加冬学的人数更多，宣传效果非常好，最后几乎全村都来报名。[①] 冬学宣传亦实行连环动员的办法，要求一人入学的同时也要发动周边人一起入学，并且发动在校儿童进行家属动员，鼓励家长进入冬学接受教育。剧团通过演出与冬学相关的戏剧进行动员，以群众喜闻乐见的形式进行冬学宣传。冬学开学时举办开学庆典，搭起彩台，敲锣打鼓非常热闹，专门的欢庆仪式起到很好的动员和激发作用。在开学典礼中，邀请乡村民政干部、冬学义务教员、校长、县区级干部进行训话，亦有很多村庄邀请当地军政民负责人和有声望的士绅进行讲话，并在会上进行点名，宣读请假制度、冬学校规等内容。

冬学运动准备工作是在十分困难的条件下进行的，山西抗日根据地饱受战争摧残，群众物质文化和精神文化水平落后，冬学教育物资匮乏、财政紧缺、义务教员数量较少、经验缺乏，林林总总的困难决定着冬学开展是一项艰难的任务。但在中共领导下，山西抗日根据地人民群策群力，一切教具尽量从简，将可利用的物品利用起来，以简陋适用为原则共同努力克服困难，如没有教学场地，群众就“利用乡村小学校址、救亡室、庙宇等公共场所，或借用大的民房等”。[②] 冬学运动在中共与根据地群众的共同努力下红红火火

①《1940 年社教工作总结》，山西省档案馆藏，G3－244。

②《抗战初期晋察冀边区开展冬学运动的指示》(1938—1939 年)，王谦主编:《晋察冀边区教育资料选编:社会教育分册》，石家庄:河北教育出版社，1990 年，第 6 页。

地开展了起来。

二、行政机构

山西抗日根据地教育组织机构是在中共领导下以民主集中制原则建立起来的。其分为三级管理系统，以行署为最高级，即行政委员会教育处、行署教育处(厅)；以县为第二级，即县教育科；以村为第三级，即村教育委员会，其中各行署下设专员公署，县以下设区，也设有教育科和教育助理员，属于行署和县的派出机构。① 各级教育行政部门在当地党政机关领导下工作，并受上一级教育机构管理，可谓横向与纵向相结合、行政管理与业务管理相协作。根据地行政委员会对社会教育的组织领导机构进行规范，在冬学的组织领导方面，逐渐总结冬学具体开展过程中的工作经验，形成了一元化领导体制，即遵循冬学与冬季工作相结合的原则，将民政领导与民众教育进行一体化，使战斗、生产、教育一体化。在具体的冬学指示中体现为：区以上不设领导机关，由各级政府负行政领导责任，并密切结合群众工作，统一步调，共同进行，使社会教育工作向群众运动方向有序发展。根据地所辖各县行政委员会领导冬学的开展，要求凡边区公民均须入学，由县政府教育科负责推动督促和检查，区、村行政委员会则根据上级机关指示，详细讨论具体执行办法。② 县团级以上党政军民机关部队和教育训练机关负有指导并参加其所驻地的冬学的职责，承担一定的民众教育的工作。此外，各机关、部队亦需派干部参加该驻村的冬学运动委员会，出任为该会的委员之一，负起指导与教育之责任。

---

①《1940 年社教工作总结》，山西省档案馆藏，G3－244。

②《开展冬学运动》，《抗敌报》1938 年 12 月 6 日，第 1 版。

冬学运动委员会是具体掌管冬学开展的主要行政机构，其分为“宣传动员、辅助检查和编审三股，上设主任委员。冬学委员会由行政人员、民教委员、群众团体宣传部负责人、武委会、小学教员、民众学校校长、知识分子以及热心教育的士绅组成。”冬学委员会采取一揽子形式，具体的就是“将冬学、冬季生产（纺织、编筐、打柴、担碳、生产合作社等）、军事训练（石雷运动、熬硝等）、整理差务等工作统一步调去进行，做什么工作就在冬学里宣传什么。”这样就可以使冬学和根据地整个工作统一起来，进行“一揽子”领导。冬学运动委员会是脱离各系统的中心工作委员会，其任务主要是根据群众需要统一工作步调，求得各系统的密切配合，因而亦是领导冬学的一个组织。①

县文化教育委员会统一领导本县冬学工作，县长任主任委员，并由县民教科正副科长、救联会、武委会及社会热心教育人士组成“一揽子”管理体系。② 村一级教育委员会由村长、民教主任、各救联会（青救会、妇救会）和武委会成员、校长、小学教员、义务教员与劳动英雄模范各 1 人组成，其中规定民教主任为主任委员，武委会指导员为副主任，共同管理本村冬学工作。③ 冬学检查由各级冬学委员会进行督导和指导，各级文教委员会具体负责，干部下乡时对冬学开展情况进行督查，联合校长必须把检查辅助冬学作为中心工作，小学教员、民教主任协助帮助冬学工作。④ 专署、县及时收集

---

①《太岳行署关于冬学运动的指示》，《新华日报》（太岳版）1945 年 11 月 15 日，第 1 版。

②《关于太行区 1944 年度冬学运动的实施方案》，山西档案馆藏，A52－4－38－6。

③《关于太行区 1944 年度冬学运动的实施方案》，山西档案馆藏，A52－4－38－6。

④《关于太行区 1944 年度冬学运动的实施方案》，山西档案馆藏，A52－4－38－6。

各地冬学新创造和经验，及时向行署反应，并通过报刊进行经验宣传。[1] 冬学巡回视察组是为加强对冬学运动的督促检查所设立的，各县依据规定以县为单位组织冬学巡回视察组，由县一级的民教科选派得力的干部领导，并调区教育助理员数人，此外亦从民众团体中吸纳一些干部，人数范围大致在3—5人，巡回视察组的其任务即为："集体的、有计划地到各大基点村检查冬学工作，总结交流经验，并解答冬学教育中的疑难问题。"[2]此外，"各县设冬学督导员1—2人（多由教员中抽调）由民教科领导负责督促检查冬学工作，并责成各级政府工作人员到村必须切实帮助冬学工作之进行，定于1月上半月为突击检查时期，由各县政府与群众团体配合进行普遍检查冬学一次，并举行测验。"[3]在冬学运动开展过程当中，亦组织突击队对冬学分阶段进行检查，具体检查内容包括各村学员的数量、学员识字情况、学员政治认识如何、教学方法和效果如何等。同时也有其他多种多样的冬学检查方法，如有的采取甲村与乙村对考的方式进行检查，谁输了就要向对方村子赠送锦旗一面；或是在个人之间进行对考，举办测验竞赛，优胜者获得奖品日记本、铅笔等。除此之外，冬学还强调树立模范的榜样，如设立模范冬学村、评选模范冬学学员，对此进行榜样的宣传，号召其他村的冬学向其学习经验。具体的做法为各县委首先选择群众工作基础

---

①《关于1944年冬学工作的指示》（1944年7月27日），山西省档案馆藏，A90-3-28-2。

②《中共太岳区党委宣传部关于开展冬学运动的通知》（1943年9月7日），太岳革命根据地教育史编写组编：《太岳革命根据地教育文献选编》，太原：山西省教育志编审委员会，1986年，第233页。

③《太行第一专属教工材料及教育工作材料》（1942年7月20日），山西省档案馆藏，A65-1-17-1。

较好、领导力量较强的基点村，在每个行政区内，有计划、有组织地树立 1—2 个模范冬学运动村，给予模范冬学村、模范冬学学员适当的物质奖励。号召和组织村与村、人与人之间进行学习竞争，以此形成良性循环，促进各村冬学发展，并在可能的条件下，选择各村冬学中的积极分子组成参观团，访问、观摩模范冬学运动村，在参观学习的过程中，相互交流经验，促进冬学更好地发展。

三、目标任务

山西抗日根据地在其发展历程中，形成了一系列的社会教育方针政策。在根据地不同的发展阶段，方针政策随着根据地的具体实际进行着调整，并以此指引着当地社会教育的发展。冬学是山西抗日根据地社会教育的主要教育形式，自山西抗日根据地成立以来，中共就设定了冬学的方针、制定了冬学的任务，冬学教育目的与任务亦随着根据地的发展而调整。

1938 年冬学运动的任务要求将冬学当作政治动员工作的中心任务之一，“使之真正担负起战争动员的组织任务，并推动这一运动深入到群众中，成为一种广泛的群众运动，使每名群众都积极地参加到冬学运动当中。”1939 年冬学运动的任务“为提高广大群众政治和民族警惕性、提高广大群众文化水平和抗战知识等。”1940 年《抗敌报》专门刊发社论《加强冬学运动，造成反投降热潮》，其中讲到：“冬学运动是我们目前最重要的工作，特别是动摇、投降、妥协成为目前时局最大的危机，并且部分投降已成为事实的今天。冬学运动的有力开展可提高群众政治认识水平及文化水平，造成群众反投降的政治斗争热潮，坚定群众抗战必胜的决心与信心。”①

①《加强冬学运动，造成反投降热潮》，《抗敌报》1940 年 1 月 25 日，第 4 版。

1941年,日本加强了对华北地区的控制,开始对华北抗日根据地进行扫荡,并实施了5次强化治安运动,此时的山西抗日根据地处于非常艰难的境地,在中共的领导下,根据地积极开展反蚕食、反扫荡斗争,在教育上实行重质不重量、紧缩提高的方针,具体到冬学中心内容就是要生动地、深入地进行双十纲领的解释与教育。1941年冬学运动的教育方针要求贯彻下列的几个内容:“对于坚持敌后游击战争有更具体深入的认识,高度的发扬民族气节,广泛的开展公民节约运动。加强大众的民主团结的教育与锄奸教育,动员教育民兵,广泛开展武装自卫战争,确实实行志愿的义务兵役制,并发扬爱护部队的精神。增强国际反法西斯统一战线,发动广泛的援苏运动。以上这几点教育内容需有机联系起来,彻底贯彻到整个冬学运动中。”①1941年10月19日中共中央北方局宣传部发布的《关于冬学运动的通知》中指出:“根据目前国内外环境及敌寇对我根据地进行空前残酷扫荡的情形,本年度冬学运动主要内容为开展广泛的锄奸教育、动员与教育全体人民举行国民誓约运动、号召与动员广大人民参军,这三个内容在冬学教育中紧密联系、相互配合,将锄奸、国民誓约和参军造成一个广泛的群众运动。”②1942年,中共对冬学的指导为集中于政治教育,“围绕反扫荡、反蚕食、反特务奸细、反五次治安强化运动开展冬学工作。”1943年的冬学运动不但是从思想上深入群众的民主教育,贯彻村选工作的重要环节,亦是“提高群众生产情绪,向灾荒作斗争,以推进生产救灾工作的组成部分,要求党政军民的各级领导同志与全

---

①《广泛开展冬运动公布冬学运动实施大纲》,《晋察冀日报》1941年11月19日,第4版。

②《关于冬学运动的通知》,《新华日报》(华北版)1941年10月19日,第1版。

体干部，重视本年度冬学运动，负责起指导和教育人民的责任。”[①]同时，注重开展时事教育与生产教育，打破“变天思想”。1944 年，冬学运动的基本方针是提高人民生产和战斗热情，冬学运动的任务在于从思想上准备明年更大规模的生产运动与迎接战略反攻，在广大群众已有的生产和战斗经验基础上进一步提高，首先发扬群众在大生产运动中“组织起来”的力量，积极备战和开展对敌斗争，反对轻敌自满的错误心理。本年度冬学政治教育偏重点在于时事教育，要求教育绝不松懈，不可产生依赖心理，不能看到希特勒即将灭亡而只坐等盟国反攻，同时要着手准备来年更大的生产运动和紧张的练兵活动；政治上教育群众认识形势的发展、采取群众路线、掌握群众观点、学用一致，使群众认清国民党政府已不能担当起抗日救国、解放民族的重任；军事教育主要进行了充分的作战准备，要求掌握敌后根据地的正确战斗方式，鼓励入伍，争取做到“人人有抗敌能力”，加强拥军工作和练兵运动，使群众不仅能充分应付敌人之扫荡，且有本领、有技术迎接反攻；生产教育方面做好了来年深耕细作、丰衣足食的准备，聚集大反攻时期的物资，不断提高群众文化知识水平。[②] 太行三专 1944 年冬学时事教育重点为帮助民众消除思想上的“糊涂观点”，并组织大规模生产，巩固和促进根据地发展，本年度大批干部投入到整风学习运动中，因而对冬学运动的检查力度较往年薄弱，为此联合校长组成 2—3 人小组进行分区检查，督促冬学工作。[③] 晋绥边区 1944 年的冬学是在抗

①《中共太岳区党委宣传部关于开展冬学运动的通知(1943 年 9 月 7 日)》，太岳革命根据地教育史编写组编:《太岳革命根据地教育文献选编》，太原:山西省教育志编审委员会，1986 年，第 232 页。

②《关于太行区 1944 年度冬学运动的实施方案》，山西省档案馆藏，A52－4－38－6。

③《为组织冬学检查的指示》(1944 年 1 月 12 日)，山西省档案馆藏，A67－4－4－1。

日战争急剧发展、教育改革方针确定后的形势下展开的。当年 8 月，晋绥行政公署对本年度冬学工作进行了部署，行署发布《冬学实施纲要》与《冬学工作计划》，确定冬学课程设公民课与文化课。公民课主要教新民主主义的公民常识，并联系边区对敌斗争，减租、生产、防奸自卫三大任务，文化课授是以实用为主的识字教育。[①] 1945 年冬学任务为翻身战争教育，并结合年关娱乐活动掀起群众拥军高潮，同时配合根据地其他工作，特别是在冬学控诉运动中进行申诉与评论教育。[②] 每名干部在思想上高度认识到这是政治斗争的具体工作，县区干部均主动配合，调查委员会结合冬学教育内容与群众运动开展及时准确地对所需材料进行归纳整理，冬学结束后各专署县政府统一上报汇总。如 1945 年太行行署辖区内的冬学配合中国解放区临时救济委员会延安总会收集敌祸天灾资料，包括敌伪暴行、群众损失、重要战犯名单、天灾损失、善后需要等。[③] 太岳行署 1945 年冬学运动的任务与教育内容是：进行时事教育，在战争到和平的过渡时期中，对国共两党本质的认识更为重要，把时事教育工作做好，不仅能为群众保卫解放区做思想准备，而且还能打破“变天思想”，克服减租减息中的各种顾虑。注重思想教育，和冬季工作结合起来。[④] 本年度冬季主要工作是减租减息，在冬学中，除进行政策法令的宣传教育外，亦启发群众诉说自

---

①《晋绥行署指示各级政府努力开展今年冬学》，中央教育科学研究所编：《老解放区教育资料(二)》下册，北京：教育科学出版社，1986 年，第 162 页。

②《太行行署冬学运动的指示》(1946 年 9 月 17 日)，山西省档案馆藏，A52－4－40－2。

③《依托冬学配合救济委员会调查收集敌祸天灾材料的指示》(1945 年 12 月 13 日)，山西省档案馆藏，A52－4－39－1。

④《太岳行署关于冬学运动的指示(1945 年 11 月 15 日)》，太岳革命根据地教育史编写组编：《太岳革命根据地教育文献选编》，太原：山西省教育志编审委员会，1986 年，第 238 页。

己受剥削的痛苦事实，打破迷信命运的束缚，地主通过接受教育，使其自身清楚认识到执行政策法令对于改善人民生活的作用。文化教育和时事教育、冬季工作以及群众日常生活需要相结合。如学珠算时，即学算减租减息的帐，识字则即选用时事和减租减租减息等工作中主要和常用的字、特别是多选取日常生活必须用的字运用于冬学教学内容中。晋察冀边区本年度的冬学运动以政治为主，进行时事教育，反蒋敌伪合流，保卫人民的利益，争取和平民主的实现。在大反攻后，把新解放区群众从敌伪奴役、欺骗的统治之下解放出来。政治教育的中心是与群众翻身运动相结合，深入民主民生的政策教育，社会教育过程紧密结合群众斗争，教育为群众的利益服务。①

四、具体实施

冬学是一个艰苦的组织任务、季节性的突击任务、同时又是一个群众性的文化活动。② 冬学运动起止时间一般为"11 月 15 日至次年 3 月 15 日，11 月 15 日前为准备时期，成立县文教委员会，主要工作是对义务教员进行集中培训，并吸收初级小学教员联合村长参加旁听，县印刷机构则印制冬学教材和补充教材。11 月 16 日至次年 3 月 15 日为集中上课时间。"③但从具体开课时间来看，依据所在区域的客观实际情况不同，有些地区能保证准时开课，亦有部分区域的冬学因战争等因素影响，开课时间会有推迟，但绝大多数的冬学最晚于每年 12 中旬(最晚亦有到下旬的)尽数开学，如

---

①《1945 年冬运总结》，《晋察冀日报》1947 年 1 月 1 日，第 4 版。
②《1940 年社教工作总结》，山西省档案馆藏，G3－244。
③《1940 年社教工作总结》，山西省档案馆藏，G3－244。

1942年北岳区于1942年12月1日—12日之间80%的冬学已正式开课;灵邱冬学于1942年12月8日—20日之间初步统计,全县97%的冬学已开学上课。①

(1) 班级设置

冬学学员按照文化程度、年龄、性别划分为不同班级,男子多为夜间上课,妇女为白天上课,妇女亦可依地区或有无小孩子进行分班。② 除了大冬学以外,有的地方还组织起"诉苦小组""佃户小冬学"。③ 冬学分为中心冬学(主要由村干部、积极分子组成)和一般冬学(即群众冬学,主要由普通群众组成)④,中心冬学的主要教育对象为村干部,尤其是党员村干部,侧重于对其进行政治教育和工作指导。1943年10月9日颁布的《中共太岳区党委对于冬学运动的通知》中指出:"各村支部党员干部应完全参加到冬学运动中,除了关系党内的问题,须在支部进行教育外,其他关于时事、政治、文化、教育等,凡属可以公开的教材,可以在冬学进行,党员应成为冬学运动中的学习模范,教育和团结广大群众的骨干,应对根据地乡村民众起示范和帮助作用。"⑤中心冬学担负着对一般冬学的推动和指导之责。村级冬学班级人数按村大小和人数多少具体规定,一般分为小组和班级,并选出组长和班长。冬学小组以生产小组为基础,从该小组成员中选举组长1名,如果是生产小组不太起

---

①《冬学运动在敌后》,《新华日报》(华北版)1943年2月19日,第2版。

②《给抗日根据地关于冬学运动的一封公开信》,《抗战日报》1944年10月7日。

③《太行区1945年教育工作概述》,山西省档案馆藏,G3-41。

④《八分区交二区营立冬学工作经验点滴总结》(1946年1月8日),山西省档案馆藏,A103-1-10-4。

⑤《中共太岳区党委对于冬学运动的通知》,山西省教育科学研究所、教育史编纂研究室编:《山西省教育史资料·太岳革命根据地教育资料专辑》,1986年,第37页。

作用的村，以民兵自卫队或备战小组为基础划分冬学小组，若干小组合成一班，每班选2个学习积极者为正副班长。① 每个冬学分为男子青年班、男子普通班、妇女青年班和妇女普通班，并设置模范冬学作为榜样。上课时间的安排有早学、午学、夜校，夜校里多为男性学员，女性学员普遍选择白天上课。

冬学一般按照青年班和普通班授课，太行区规定："凡15—25岁学员编入青年班，25岁以上学员编入普通班，上课时两班可利用同一教室，但60人以上班须另设一教室。青年班注重识字教育，普通班以政治课为主，青年班课时为80小时，普通班须上满30小时，如遇战争或其他影响需在战争结束后补足规定上课时间。"②普通班规定每隔一天上课一次，如普通班学员想参加青年班学习识字者一律欢迎。亦有按照性别和年龄两个因素综合考虑进行分班分组的模式，如晋察冀边区将男性青年班年龄定为14—23岁，24—45岁为成年班；女性则是15—30岁为青年班，31—40岁为成年班。每班以9—12人进行小组划分，各选班长和组长1人。

亦有部分冬学开展较好的地区，冬学中设置了更为细致的分类，以太行区常乐村冬学为例，常乐村的冬学依据学员年龄、性别，以及所属群众团体等不同因素，又分为："农民夜校，主要学员为农救会的会员，但不属于农救会的成员亦可参加。工人夜校，针对农村中从事手艺、窑工生产的人员开办。青年夜校，面向对象为青救会会员、青年抗日先锋队队员、农村青年剧团的团员、25岁以下的青救会兼农救会会员，以及没有参加任何群众团体组织的青年。"③

---

①《关于太行区1944年度冬学运动的实施方案》，山西省档案馆藏，A52-4-38-6。
②《关于太行区1944年度冬学运动的实施方案》，山西省档案馆藏，A52-4-38-6。
③《常乐村的冬学组织》，《新华日报》(太行版)1943年12月1日，第2版。

按照性别不同专门为女性设置了妇女学校。此外还考虑到乡村中年龄较大的群众不能像年轻人一样坚持每日来校学习，因而专门为其设立了新政策学习会，其主要教育内容为宣传普及中共的政策法令，重点侧重政治教育，学习会由学员选举正副会长，教学方式以教员和村干部主持、引导下的自由讨论为主。同时还可教学相长，因年龄大的群众往往具有丰富的生产经验，则教员可以向年长的学员学习相关的生产知识，以此来充实冬学中生产教育相关的内容。

此外，有的地区还设置了冬学高级班和普通班两种分类模式，这主要是针对经济文化发展相对较好的一些地区，当地知识分子较为集中时，为乡村知识分子群体设立了高级班，该班的学员主要从事一些学术问题的研究和研讨，同时承担帮助冬学普通班的学员工作。如太行区原曲村1942年冬学召集了该村近50位乡村知识分子组成了冬学高级班，这是太行区自1939年开展冬学以来的一项创举。① 冬学不仅关注文化水平低的乡村普通民众，亦将乡村知识分子团结起来，组成具有学术研究性质的班级，一方面使乡村知识分子接受中共领导下的全方位教育，另一方面组织乡村知识分子对冬学进行深入的研究，提出更好的建议，促进冬学更好的发展。

冬学的课程以1944年太行区冬学实施方案为例，课程具体安排如下：11月16日至12月15日为第一阶段，总结当年生产经验并进行民主教育；12月16日至次年1月31日为第二阶段，以时事教育为主，并动员练兵，练兵开始的前10天，民兵大部分离开本村集中训练，村内所剩冬学学员则以文化课为主，10天之后，按照课

---

①《把冬学运动更提高一步调》，《新华日报》（华北版）1942年12月31日，第1版。

程表继续进行教育，时事教育在此阶段完成，主要讲授政治课；2月1日至2月底为第三阶段，以拥军教育为主，配以自省讨论以及年关文化娱乐活动开展；第四阶段为3月1日至15日，为冬学测试结束时期，主要进行春耕生产教育、完成冬学结束测验、发动群众检讨上一年度冬学优缺点。① 冬学测评以测验形式进行考核，测验成绩以在60分以上的学员数达到总人数的80%为达标。识字课以学会150个生字为标准，过去已学会50个字以上者要争取认字到300个，太行第七、八分区冬学识字标准可降低为100字，普通群众则以认识30—50字为标准。②

（2）教学方法

山西抗日根据地社会教育教学方法实行民主原则，提倡群众自己管理自己，发扬团结友爱精神，提倡干部教群众、群众教群众，形成即知即传的教学方法。同时，培养"小先生"和"十字先生"作为教育助手。学习上注重知识启蒙，实行自由讨论、总结经验、示范结合反省等群众运动方式，使群众在宽松愉快的环境中学习。冬学所授课程主要为政治课与识字课，教材一般由边区政府印发，县政府教育科发放课本并补充报纸和其他宣传资料等。冬学教材编写无统一要求，多由县组织训练干部编写，政府所印发冬学教材以外亦搜集小学中的算术、常识课本、报纸等作为补充。③ 各县结合自身辖区实际情况编印补充教材，特别是政治课，义务教员授课以县里所发冬学政治教材为主，以本地区补充教材为辅。太行区冬学政治课本第一册分三个单元，平均每个单元教学时间为10

①《关于太行区1944年度冬学运动的实施方案》，山西省档案馆藏，A52-4-38-6。

②《关于太行区1944年度冬学运动的实施方案》，山西省档案馆藏，A52-4-38-6。

③《写给冬学老师的一封信》(1942)，山西省档案馆藏，A52-4-38-3。

天，一个月教完内容，除教材规定内容外还要总结当年生产运动，这部分内容以当年生产运动具体事例作为活教材进行讲授，如互助合作、消灭蝗虫、深耕细作等经验及减租减息、民主选举等。

教学方法由浅入深、由近及远，学习内容不脱离实际，这样学员学起来易于接受。冬学义务教员认真备课，教授内容多联系本村实际，善举群众身边例子。如有的教员会课前调查走访村干部、受敌迫害最严重村民以及在根据地政府帮助下翻身做主的村民等，通过走访提炼出最为百姓感念的事迹，这样的素材运用到教学课堂上起到了非常好的效果。① 冬学教学要求反复讲解、多打比喻、多说情况、注重联系实际，先教会一整句，然后逐字记背。所教内容与实际生活相联系，在授课过程中注重趣味性，将有趣的素材添加进来，积极、充分调动学员学习积极性，生动的授课方式比填鸭式教学更能取得良好的教学效果。② 以"教学做合一""做甚学甚教甚"为原则进行教学，授课时不拘泥于课文次序，结合根据地实际工作进行相关内容的讲授，如配合交公粮工作时，就教公粮二字和粮食的计量方法。注重实物教学法，如在铁锹上贴"锹"字、锄头上贴"锄"字等，供民众在劳动时学习。运输队学员将所学之字贴在担子上或驮鞍上，这样在工作时亦不耽误学习。

集体讨论是冬学教学方法的特色之一。教学时不生硬地注入相关知识，而是通过冬学教员启发群众，激发其讨论和研究的热情。教员依据每课所授内容积极调动学员讨论，使所教知识真正为学员所掌握，在讨论完之后，义务教员对讨论结果进行点评与总结。教员在讲授课本内容时结合具体根据地实际组织集体讨论，

① 《写给冬学老师的一封信》(1942)，山西省档案馆藏，A52－4－38－3。
② 《写给冬学老师的一封信》(1942)，山西省档案馆藏，A52－4－38－3。

如先由教员讲授所需传授的知识，然后结合当前实际提出可供学员思考的问题，让其分组讨论，再由小组代表论述，最后由教员进行总结。这样的方式可充分调动群众学习的积极性，将知识与群众关心的问题结合起来，使学员易于理解，讨论时不仅彼此交流了思想，更将民主理念通过集体讨论融入课堂之中，课堂教学变得生动有趣。大家踊跃发言，积极交流，即使讨论时面对的是领导干部，也照样会将自己的观点陈述出来，这亦体现了冬学教学的民主性，这样的教学方式深受群众喜欢。① 冬学进行时事教育时亦充分结合当地实际，如阎军抢了救济粮，课堂上便讨论老百姓靠谁活，接着讨论如何生产自救，很好地调动起根据地群众进行劳动生产的积极性。②

冬学教学方法灵活多样，充分考虑到受教育者的实际情况，教学方式不拘泥、不呆板，并在发展过程中不断创新。如冬学中进行军事政治教育或生产教育时，采取"比一比"的方式，将"共产党与国民党"进行对比；将"根据地与大后方"相比；"抗日民主政府与一党专政"相比；"群众过去的生活和现在的生活"相比；以及"组织起来的生产与没有组织起来的生产"对比等。这种教学方式将教学内容具体化，教育内容更加生动、形象，更利于根据地民众理解和内化相关的知识。在根据地居民分散的情况下，冬学义务教员采取轮流分散的教学方式，挑选学习好的学员进行强化教育，采取随学随教的培训方式使其成为教学助手。教员在甲教室授课时，乙和丙教室可选出学习好的学员对其他学员进行辅导，以此提高教

① 《冬学通讯报道》(1944 年 2 月 18 日)，山西省档案馆藏，A67－4－4－2。

② 《太行区 1945 年教育工作概述》，山西省档案馆藏，G3－41。

学效率。[1] 冬学上课前通常会组织学员学唱抗日救亡革命歌曲，活跃课堂气氛，通过学习唱歌使学员接受思想政治教育，另一方面丰富了冬学活动。“冬学要求上课应点名，不到要请假，缺课要补习，住娘家需转学，定期要测验，毕业要挂榜。”[2]其中缺课补习是非常必要的，学员本身文化基础就较差，如果缺课不补的话，极容易造成后面的课程跟不上进度，这样就会使学员产生挫败感，不再愿意继续学习。辽县冬学创造了按照不同颜色的榜单进行张榜公布冬学名次，考试结束后将成绩按照红、黄、白三种颜色张榜公布，人人怕“爬”白榜，这在很大程度上激发了学员积极上进的学习热情。如赞皇刘家沟运输队和冬学结合起来，队长是村长，每次出发前冬学义务教员先给队长进行课程教授，队长在运输队行路休息时组织队员学习讨论。[3] 在冬学运动中，群众创造了许多冬学的新形式，如黎城、昔阳创造了识字合作社，社里有经理、会计、跑账，谁需要学什么字，到社里领，定期结账。[4] 离石九条根村的一户人家，儿子在外村担任冬学义务教员，回家后教其父学习，父亲又教媳妇，媳妇接着教村里其他妇女，连锁反应的教学法使更多的群众接受了教育。冬学还创造了同行自由结合的方式，如组成卖布组、摊贩组、钉鞋组、编簸箕工人组等，将生意和学习紧密结合起来。除了上课形式之外，亦采用多种多样的为群众喜闻乐见的教育形式，如

---

①《太行区 1945 年教育工作概述》，山西省档案馆藏，G3－41。

②《1940 年社教工作总结》，山西省档案馆藏，G3－244。

③《王家坪冬学拥军教育的情形》，山西省档案馆藏，A52－4－38－4。

④《太行区 1945 年教育工作概述》，山西省档案馆藏，G3－41。

秧歌、小调、大鼓、快板等①,将农村的文化娱乐与教育内容结合起来,这样的方式更为民众所喜好,寓教于乐于一体,取得了很好的教育效果。

此外冬学还采取突击竞赛方法来调动学员的学习积极性,并可检验社会教育之效果。竞赛形式较为多样,方式也较为灵活,通过竞赛的方式,提高了群众学习的兴趣,树立了许多模范典型。在冬学中,学员可以通过竞赛获得"学习英雄""文化战士"等荣誉称号。在家庭中可以举办父亲和儿子,妻子和丈夫,以及兄弟姊妹间进行的竞赛,还可以家庭为单位,进行模范家庭的比赛。太岳区采取的竞赛方式有各组之间竞赛、同性学员之间竞赛、异性学员之间竞赛、不同年龄组之间竞赛,以及各村与各村相互竞赛。竞赛激起了群众的学习热情,男女老少都积极投入到其中来,平山县一位 70 多岁的老婆婆和孙女进行了冬学竞赛。又如 1944 年 12 月 10 日《晋察冀日报》刊登的《冬学简讯》中描述:"韩家峪村民办冬学于 1942 年 11 月 5 日开学,开学典礼上鼓励学员进行竞赛。抗联副主任张五福和治安员张宗秀进行比赛,其挑战条件是张五福计划到来年的 5 月 16 日,识 500 生字,保证做到四会,要是学不会,情愿输给张宗秀 10 张蘑菇纸,两支铅笔。张宗秀接受挑战,并提出除了学习 500 生字外,还要学会珠算的加减法,否则就输给张五福日记本 1 本,钢笔 1 支。一时间'你输''我赢''铅笔''蘑菇纸'等词引起冬学的竞赛热潮,激发了学员的学习热情。"②武乡树辛冬学创立了功劳榜的竞赛办法。首先学员订好学习计划,每十天进行一次检

① 《太岳行署关于冬学运动的指示》(1944 年 11 月 15 日),太岳革命根据地教育史编写组编:《太岳革命根据地教育文献选编》,太原:山西省教育志编审委员会,1986 年,第 237 页。

② 《冬学简讯》,《晋察冀日报》1944 年 12 月 10 日,第 2 版。

查，如果超过计划则记功一次、帮助其他学员学习者亦记功一次，学习认真态度端正者经评定后记功一次，一定周期后开检讨会，讨论记功情况，记功亦分大小功两个等级，这样的记功竞赛模式得到了学员的积极响应，60 位男学员中就有 15 人记了大功、31 人记小功。41 位女学员中，记大功者 3 人、记小功者 30 人。①

（3）教育内容

1939 年 9 月 11 日颁布的《关于晋察冀边区社会教育实施办法的通知》（教社字第二号）指出社会教育内容主要包括以下三方面：文化教育，使民众获得吸收知识、发表意见的初步工具；政治教育，使民众了解政治、运用政治，并提高一般民众的民族自尊心与抗战自信心；生活教育，使民众了解一般自然现象、自然与人生关系、社会性质、个人与社会关系以及关于生产技术方面的一些普通知识。② 冬学作为社会教育中重要的一环，其工作的开展亦主要围绕上述三方面内容。

冬学文化教育以识字教育为主，教材多为千字课，教授内容为群众日常生产生活所息息相关的文字，此外亦教授民众应用文写作、科学知识、卫生常识、珠算技能等。教材编订好后由各县负责印刷。据统计 1940 年太行区共印千字课课本34 015册、补充教材5 198册、特殊课本（如战争、民兵、生产）400 册。③ 当时为了降低生产成本，内邱、赞皇、临城组织小学教员用木板进行刻印。冬学课

① 《树辛冬学办法高，功劳榜起了大作用》，《新华日报》（太行版）1944 年 12 月 6 日，第 2 版。

② 《关于晋察冀边区社会教育实施办法的通知》（教社字第二号）（1939 年 9 月 11 日），王谦主编：《晋察冀边区教育资料选编》教育方针政策分册（上），石家庄：河北教育出版社，1990 年，第 2 页。

③ 《1940 年社教工作总结》，山西省档案馆藏，G3－244。

本的印制数量有限，因而在分发课本时一般以一家一本或一组一本为原则，尽量做到物尽其用，发挥最大效能。

冬学政治教育内容包括思想教育、中共政策教育、时事教育等。依据根据地不同时段、不同区域所面临的不同战争形势对政治课比重做相应调整。如晋察冀边区 1944 年 10 月 2 日颁布的《边委会关于开展冬学运动的指示》，对课程比例安排如下："巩固区及基础较好的游击根据地，以文化课占 60%，政治、生产课占 40%为原则；游击区或新开辟地区则以文化课占 40%，政治课占 60%为原则。根据此种精神，各县按当地与群众需要，自行具体规定。"①政治课主要是对民众进行政治宣传，使民众了解中共方针政策，动员民众拥军优抗，鼓励民众抗日斗志。② 政治课教材一般由政府印发，此外各县可根据本地情况将教材的内容予以具体化，必要时编印补充教材，各地补充教材配合根据地教材进行教学。政治课的教授根据本村实际，注重理论联系实际。政治课内容与根据地斗争实际相结合，教学方式采取宣讲、讨论、读报、论争、漫谈等方式灵活进行。冬学政治教育要求和政治工作相结合，如 1942 年冬学运动就是在拥军反省基础上开展坦白运动，在冬学群众思想检讨会上有 12 名曾经当过特务的人主动深刻检讨与反省；同时开展拥军座谈会，每村冬学设拥军小组和农村戏剧团共同排练拥军剧，配合冬学拥军工作。③ 1944 年太行区的冬学侧重于政治教育，1944 年《关于冬学运动的问题准备》中对 1944 年的冬学教学内容和时间段做出规划："11 月中旬至 12 月中旬，教育内容为结合本年度生

---

①《边委会关于开展冬学运动的指示》，《晋察冀日报》1944 年 10 月 7 日，第 1 版。

②《1941 年民众学校政治教材》，山西省档案馆藏，G3－322。

③《王家坪冬学拥军教育的实施效果》，山西省档案馆藏，A52－4－38－4。

产运动、减租检查及民主（迎接 12 月参议员改选）；12 月中旬至来年 1 月底教育内容为时事教育；来年 2 月 1 日至 2 月底，教育内容为拥军爱民教育，3 月 1 日开始动员大生产运动。”①

生活教育内容尤以生产教育为主，即将生产相关内容与教育相结合，实施过程中往往考虑季节因素。太行区冬学结合冬季生产，灵活利用生产组织形式普遍开展小型冬学，最大程度给山庄小村以便利，服务和推动冬季生产。教学中采用照顾流动生产的教学办法，如黎城仁庄运输队员在接受冬学生产教育时运用“随来随教”“学了就走”的形式组织教学，运输队出发前领取题目，住店后讨论，回来后总结，这样就兼顾了生产与学习。关于教学内容的选择普遍以“做甚学甚，学甚教甚”为原则，生产开始时讨论“为甚生产？”“为何大后方人民的生活是由富变穷，穷的更穷？”，通过分析得出这是由于“两条路线造成的两个不同世界”“冬季生产是为了打下来年更大生产的根子，巩固根据地，做全国的榜样”。② 冬学生产教育推动了山西抗日根据地生产的发展。

冬学生产教育有多种组织形式，如将妇女纺棉花与冬学结合，变地窨子为课堂，妇女一边纺棉、一边练习识字，做到生产与学习两不误。又如 1944 年太行区冬学运动考虑到开春后的农耕事宜，在冬学时做好深耕细作准备，积极开展生产教育活动，以此聚集起了大反攻所需物资。③ 1945 年辉县西沙岗村冬学生产教育讨论变工互助办法：“帮工 1 天可得 3 斤玉茭、耕地 1 亩可得 10 斤玉茭；妇女绣花四两或织一丈五尺的布顶一男工；泥水匠、木匠帮工 1 天得

---

①《关于冬学运动的准备问题》，《新华日报》（太行版）1944 年 10 月 7 日，第 1 版。

②《太行区 1945 年教育工作概述》，山西省档案馆藏，G3－41。

③《关于太行区 1944 年冬学运动的实施方案》，山西省档案馆藏，A52－4－38－6。

玉茭6斤；石匠帮工1天，小青石工得玉茭6斤，大石匠得7斤，红石工8斤。”①随着中共抗战事业的发展，抗日根据地所辖区域越来越大，冬学运动融入了更多内容，如反奸反恶霸、减租清债群众运动和生产运动等，并将调整土地关系、改造二流子、改造懒汉、调节家庭纠纷等与生产教育结合起来。②

冬学是各系统工作的活动中心，村里的工作是什么，则冬学里便教什么。此外，冬学在一定程度上成了百姓自己的“议事厅”，围绕中心工作相关的一些事宜，在冬学当中都会有比较好的解决方案。如在1945年冬学中讲授优抗的教育内容时，就对其进行热烈的讨论，从思想上起到了动员作用，理论指导实践，因此取得了很好的实际效果。如沁源阳泉村村民讲到：“政府来个公事叫优抗，我们在冬学里展开讨论……互助组给抗属种了卅一亩地，送了二十几担粪，优待碳二千斤，会了四次餐，抽出六亩地给难民种。”③阳城南宜固村群众分享他们上冬学的经验：“知道些法令就敢说话，发生了支差站岗的纠纷和租息问题就冬学上解决，把冬学变成了议事厅。”1944年太行区东王庄冬学政治课教授减租减息的法令，学员魏银成是个佃户，种着本村地主张凤岐的2亩地已有5年时间，一直未给他减过租，在冬学中学习了减租减息内容后，他便提出这个问题，学员一致要求把地主叫到冬学进行商议，经过冬学的讨论，地主张凤岐给予退租。之后学员韩留保、魏四等均将自己在减租减息中遇到的问题提出，把地主叫到冬学进行说理解决。经

---

①《1945年辉县西沙岗村冬学总结》，山西省档案馆藏，A52－4－41－16。

②《1944年2月18日冬学通讯报道》，山西省档案馆藏，A67－4－4－2。

③《太岳行署关于今年冬学工作给各专员、县长的一封信》，太岳革命根据地教育史编写组编：《太岳革命根据地教育文献选编》，太原：山西省教育志编审委员会，1986年，第241页。

过冬学的讨论和参与，两天时间内共解决了租佃典当问题 26 件。①

（4）创新模式——儿童冬学

山西抗日根据地冬学主要的教育对象为成年人，但在冬学发展历程中存在着一种特殊的形式，其教育对象为儿童，即山西抗日根据地冬学的创新模式——儿童冬学。1945 年太行行署所辖涉县政府要求 95%的学龄儿童接受教育，当时台村学龄儿童有 520 人，进入公立初小和民办小学学习的只有 80 多人，其余的学龄儿童因为家庭贫困等原因未能入学。② 高小分校校长赵占元召开儿童团大会，组织高小的学生利用课余时间对校外的儿童进行教育。高小学生宋乃庭在饭市上听到邻居老汉说“这伙孩子真乱，今天折这家的树枝，明天拿那个人家的柴，成天让老的骂，真是没办法。”宋对老汉说“让孩子上学，识个字就好了。”老汉回答道“还得闹柴，上学顾不得。”于是宋说自己愿意教这些孩子们，但是老汉说孩子们有家务忙不过来，宋说那就晚上教。于是 30 人规模的儿童冬学就此成立起来。校长赵占元认为这个办法非常可行，遂将此经验在学生中推广，在高小师生共同努力下，儿童冬学红红火火的办了起来。

儿童冬学按照 30 人的识字水平进行分组，识字 50 个以上的 7 人编为第一组；识得几个字的 7 名 12—13 岁儿童编为第二组；不识字的 8—9 岁儿童共 16 名，编为第三组。教学内容主要以识字课为主，因无课本，所教内容遵循“学生想学什么，小先生就教什么”的原则，一般教与日常生活相关的字。

① 刘维：《魏银成的学习小组》，《新华日报》（太行版）1944 年 12 月 6 日，第 4 版。

②《太行行署关于介绍涉县台村儿童冬学并予奖励的通报》，山西省档案馆藏，A52-4-40-3。

1945年11月中旬到1946年1月中旬为期2个月的学习时间，30位儿童中有20人除学会40个字外，还学会认路条，10人会写、会认路条，7人学会算盘的“二归”法，13人学会了“九九”乘法表，但仍有10人未学算术，儿童冬学不仅教会了儿童文化知识，而且培养了儿童好的品质、生活习惯等，深受乡村老百姓和儿童家长的欢迎。如李锡太原先是一个娇生惯养的孩子，不知节俭，自从参加了儿童冬学，其母向宋乃庭表示感谢说道：“俺锡太早先做个稠饭他不行，要吃焖饭，就得给焖饭，现在做什么吃什么，还和我说要节约呢。”鲁小狗爹说：“小狗过去我说东，他偏向西的牛脾气，现在的脾气比原先好多了。”儿童冬学推广开后，很快发展到8所，共计学生250多名，占到了当地学龄儿童的半数之多，其中男性学龄儿童基本全部入学。①

儿童的学习积极性被充分调动起来，1945年12月召开儿童团大会，对儿童冬学的5位模范儿童进行了表彰，并授予了儿童冬学模范称号。学生的热情更加高涨，有的儿童在村东姥姥家住，为了进冬学学习，每天跑回村西上冬学。不少学生在儿童冬学接受教育后随即进入初小学习，很多学生白天上小学，晚上上冬学。有些成年冬学中16—19岁青年也想晚上在儿童冬学进行学习，于是又成立了两处青年冬学，共招收学生30余人，其中一部分学员随后进入高小学习。② 儿童冬学作为根据地冬学的一种创新形式，对根据地失学儿童进行文化、政治、教养等多方面教育，取得了一定的成绩。但儿童冬学在实际工作开展中，亦存在着一些不足，如儿童

---

①《太行行署关于介绍涉县台村儿童冬学并予奖励的通报》，山西省档案馆藏，A52-4-40-3。

②《太行行署关于介绍涉县台村儿童冬学并予奖励的通报》，山西省档案馆藏，A52-4-40-3。

冬学授课时间大多安排在晚上，学员以男童居多，女童较少。这是由于女童晚上外出家人不放心，且需承担比男童更多的家务等原因。之后儿童冬学工作加强对女童的关注，在授课时间上充分考虑到男女生的不同，尽量将授课时间安排在白天。

五、实践效果

群众参加根据地冬学非常积极，义务教员全心全意投入到冬学教育工作中，学员尊师重道，整个山西抗日根据地冬学运动红红火火地开展起来，并取得了很好的成绩。如临城一个村子里午饭后街上三三两两的妇女就拿着千字课本往学校走，不到 20 分钟学员就可以全部到齐，组长清点人数后就互相挑战唱歌，等着教员到来。① “运输队老汉，将识字牌挂在驴尾巴上进行学习。村里的新婚夫妇结婚都要互相测验庄稼杂字。”②武乡凤台坪、洞上村家家挂着识字黑板，家具上件件写着相应的字，造成识字的环境。③ 冬学在根据地乡村形成了全民学习的好风气，“原先都是‘小先生’上门找大人进行冬学”，随着冬学逐步在根据地深入开展，这样的状况发生改变，成为大人找“小先生”要求学习。如偏城东戌妇女冬学 12 组的妇女们留板凳，炒豆儿，款待 24 位小先生。④ 学员学习热情高涨，辽县一民校学生每天早早就赶到学校来学习，无人迟到，有天义务教员因生病未能来上课，学生请代理人上完课后，大家一起去慰问义务教员，教员非常感动，之后教授课程更加干劲十足。⑤

①《1940 年社教工作总结》，山西省档案馆藏，G3－244。

②《太行区 1945 年教育工作概述》，山西省档案馆藏，G3－41。

③《1941 年冬学运动总结》，山西省档案馆藏，A52－4－38－1。

④《太行区 1945 年教育工作概述》，山西省档案馆藏，G3－41。

⑤《1940 年社教工作总结》，山西省档案馆藏，G3－244。

虽然根据地义务教员的文化水平普遍偏低，但教员的思想觉悟都非常高，如东土岭的一位五十多岁的老先生每天按时上课，不但挨家挨户的进行劝学，而且给学校捐助所需物资。冀西的一位冬学义务教员说：“做冬学教员是我这一生最快活的事。”

五台是晋察冀边区中冬学运动开展较早的地区，1939 年 11 月 15 日—1939 年 12 月 15 日仅一个月的时间就开办冬学 155 所，其中男性冬学 117 所、女性冬学 38 所。冬学学员数为5 463人，男性学员为4 191人、女性学员为1 272人。[①] 冬学开展具体情况如表4. 4所示。

表 4. 4　1939 年 11—12 月五台各区冬学开展情况表

区别		一区	二区	三区	四区	五区	七区	八区	九区	十二区	十四区	总计
冬学数目	男	21	24	7	5	4	5	19	10	12	4	117
	女		11					14	8	5		38
冬学人数	男	536	1 104	178	161	300	150	860	400	198	120	4 191
	女		224					710	300	48		1 272

资料来源：张范五：《冬学运动在五台》，《抗敌报》1940 年 1 月 11 日，第 1 版。

以 1939 年北岳区和冀中区为例冬学发展迅速，从无至有，一分区、二分区、三分区、四分区，以及边妇会所举办的冬学就达到了3 966所，入学人数为171 955人。具体数字统计如表 4. 5 所示。

表 4. 5　冬学发展情况表

分区	冬学数目	学生数目
一分区	336	23 820
二分区	220	2 800
三分区	1 188	84 902

① 张范五：《冬学运动在五台》，《抗敌报》1940 年 1 月 11 日，第 1 版。

续表

分区	冬学数目	学生数目
四分区	1 161	25 568
边妇救	1 061	34 865
总计	3 966	171 955

资料来源:《1941 年北岳区冬运概况》,《晋察冀日报》1942 年 9 月 20 日,第 4 版。

据不完全的统计,晋察冀边区 1939 年的冬学运动中有 20 几万的学员进入冬学,其中妇女约占 4/10 的比例,学习期限约为四个月,平均每个学员能认得 150—160 个字,青年妇女识字的积极性很高,识字成绩也普遍高出男性学员,女性平均识字 150—250 个。该年度冬学学员数为:平山59 487人、新乐15 963人、行唐18 207人、阜平24 113人、完县16 621人、灵寿29 451人、望都16 000人、满城4 200人、徐水2 500人、灵寿29 451人、五台5 463人、定县10 251人、正定3 125人。① 太行区 1940 年冬学运动因是在本区实施的第一次冬学,经验欠缺只取得了局部成功,究其原因在于计划制定时脱离实际,目标制定偏高,未充分考虑到战争的频繁以及冬季中心工作较为繁重,且由于冬学初次开展,领导未真正认识到冬学的重要地位,因而缺乏积极深入的干部和群众动员。② 冬学运动开展的具体实施情况为,第一专署开办冬学(包括一般冬学和小型冬学)共1 325所、二专署共1 863所、三专署1 416所、六专署1 055所。冬学义务教员分为同时兼职政治文化的教员、政治义务教员、文化义务教员三类。其中太行第一专署共有义务教员为1 189人、第二专署

① 《晋察冀边区的识字运动》,王谦主编:《晋察冀边区教育资料选编》社会教育分册,石家庄:河北教育出版社 1990 年,第 384 页。

② 《1940 年社教工作总结》,山西省档案馆藏,G3 - 244。

共有义务教员为1 688人、第三专署共有义务教员为1 636人、第六专署共有义务教员为1 584人。具体统计数据如表4.6所示。

表 4.6 太行区基本材料(1940 年)

		第一专署	第二专署	第三专署	第六专署
冬学	一般冬学	1 111	1 205	1 064	
	小型冬学	214	658	352	
	合计	1 325	1 863	1 416	1 055
青年补习班	班数	3 611	1 862	1 293	496
	人数 男	2 731	14 055	5 271	4 544
	人数 女	1964	16 536	5 526	1 665
	合计	4 695	30 591	10 997	6 209
其他文虎学习组织	班数	161	444	72	73
	人数 男	942	9 380	273	596
	人数 女	910	7 475	388	175
	合计	1 852	14 855	661	771
义务教员	政治文化兼	862	906	656	569
	政治义教	251	215	560	442
	文化义教	76	567	420	573
	合计	1 189	1 688	1 636	1 584

资料来源:《太行区基本材料》(1940 年),山西档案馆藏,A52-1-60-15。

1940 年冬季,晋西北开展了大规模的冬学运动,据晋西北 19 县统计,共建立冬学3 116所,平均每个行政村 2 所,学员178 182人。① 1941 年北岳区平定、阜平、广灵、平山、灵寿、行唐、新乐、井陉等县共有文盲130 653人,入冬学学习人数达 80%,北岳六专区

① 《晋西北的文化教育建设》,中央教育科学研究所编:《老解放区教育资料(二)》上册,北京:教育科学出版社,1986 年,第 174 页。

60%的文盲进入冬学。本年度冬学结束后，阜平、盂县、广灵、平定、灵寿、行唐、井陉、平山、应县冬学学员中学会1 000以上字的有569人；学会500—900字以下的有3 763人；100—500字的有36 308人；识100字以下者69 601人。① 1941年春，冬学结束时晋察冀边区八专区（缺新乐县的数据）冬学学员的识字测验成绩为：男性学员认识0—100字的为109 372人；认识101—200字的30 482人、认识201—400字的22 742人；认识401—600字的为16 033人；认识601—1 000字的14 667人，合计193 296人。女性学员认识0—100字的为155 954人；认识101—200字的19 279人；认识201—400字的8 945人；认识401—600字的为5 105人；认识601—1 000字的3 146人，合计192 429人。合计认识0—100字的为265 326人；认识101—200字的49 761人；认识201—400字的31 687人；认识401—600字的为21 138人；认识601—1 000字的17 813人，合计385 725人。②

1942年黎城冬学与群众运动运紧密结合者，取得了很好的教学成果，学员在测试中普遍取得了较为优异的成绩。本年度第一次冬学测试，二区陈村的冬学学员中有90%以上参与了测验，共计二百余人，在文化课和政治课方面都取得了很好的教育效果。董壁村对184名冬学学员进行了测验，大部分的学员都能识字，能写且会解释相关含义。③ 1942年太行区注重拥军优抗的教育宣传，仅太行一专区为例，平均各村户数的百分之60%—70%参与了捐赠慰劳品活动，午安

---

①《1941年北岳区冬运概况》，《晋察冀日报》1942年9月20日，第4版。

②《冀中五年教育工作的总结》，王谦主编：《晋察冀边区教育资料选编》教育方针政策分册（上），石家庄：河北教育出版社，1990年，第384页。

③《黎城冬学首次测验与群运结合者成绩最好》，《新华日报》（华北版）1942年12月25日，第1版。

两区共慰劳抗属 285 户，粮食8 505斤。内邱、临城、赞皇、涉县、武乡等县共捐给军队菜品5 851斤、慰劳信 725 封。① 由这组数据不难看出本年度太行区拥军优抗教育工作开展的效果。

1942 年以后结合群众切身问题，开展了减租减息运动，左权上庄解决租佃问题 86 件、债务问题 84 件、退还土地 626 亩、退还粮食2 693石、退出欠款11 590元，全村 128 户 512 人，按照得到利益四分之三的群众进行计算，每户增加了土地6.4亩，分到粮食2.8石。② 群众生活水平得到了明显的提升，中共得到了人民群众的极高拥护。原先上庄的冬学学费需要学员缴纳，这在一定程度上打击了经济条件差的大多数学员，后来改为群众献金的办法，受到了群众的热烈响应，入学人数很快增加。教育为生产服务，上庄冬学转变形式结合互助组生产以后，连村中的老人都说："这可像回事啦，又能识字又不耽误生产。"冬学受到了群众的自觉拥护，上庄的冬学学员积极主动的制定了请假制度、补课制度、测验制度以及冬学公约等，全部学员无一人违背制度。③ 冬学委员会做到了集体领导、分工负责，注重发挥积极分子的作用，由小组长和模范学员组成模范学习组织。在山西抗日根据地物质生活逐步提升的同时，群众对文化水平的提高有了强烈需求，在此背景下，冬学又快又好的发展了起来。冬学运动的成功开展与干部动员、群众动员工作密不可分，真心投入到工作中的文化干部和有教学经验的教员是其牢

---

①《各县优抗经常化　抗属地位大大提高　临城代耕队自动给抗属刨地》，《新华日报》(华北版)1942 年 12 月 31 日，第 4 版。

②《太行行署关于从左权上庄冬学发展报告中看出几个问题的指示》，山西省档案馆藏，A52－4－39－2。

③《太行行署关于从左权上庄冬学发展报告中看出几个问题的指示》，山西省档案馆藏，A52－4－39－2。

固的基石，同时加以周密的教学计划、及时的检查、适当的指示，各部门协同努力，以此达到配合战争与冬季中心工作共同有序开展。

1942—1944 年太行区冬学教育开展效果显著，冬学数量每年累增，入学人数不断增加，从下表中可以看出 1942—1944 年间，太行区十县的冬学数量三年之内从 875 个增加到了2 069个，增长了 2.4倍；入学人数由56 104人增长到了154 622人，人数增长了2.8倍。由表 4.7 中的数据可以具体看出冬学三年间的发展态势。

表 4.7 太行区十县冬学历年的比较表(1945.7.7)[①]

年代	1942		1943		1944	
项目	冬学	人数	冬学	人数	冬学	人数
一专七县	267	26 327	466	38 530	795	77 667
三专	235	16 348	305	29 616	410	35 335
五专二县	373	13 429	271	23 529	864	41 620
合计	875	56 104	1 042	91 675	2 069	154 622
历年比较	100%	100%	119.08%	163.5%	236.4%	275.6%

资料来源：《太行区教育概况》，山西省档案馆藏，G3 - 40。
注：1. 一专七县：赞皇、临城、内邱、井陉、平东、昔东、和东
2. 五专二县：涉县、磁武
3. 三专：武东

1944 年太行区第一专区到第七专区 28 个县共计开办正规冬学3 038个，这 28 县为：元氏、井陉、赞皇、内邱、临城、和东、昔东、平东、辽西、平西、太谷、昔西、武西、武乡、榆社、襄垣、黎北、左权、黎城、邢西、偏城、武北、沙河、武安、林县、辉县、辉嘉、汲淇。小组冬学按 24 县进行统计，共计1 152个。24 县包括元氏、井陉、赞皇、内

① 《太行区教育概况》，山西省档案馆藏，G3 - 40。

邱、临城、和东、昔东、平东、辽西、平西、太古、昔西、武西、武乡、榆社、襄垣、左权、偏城、武北、沙河、武安、林县、辉嘉、汲淇。具体数据如表4.8所示。

表 4.8 1944 年太行区冬学概况统计表

	一专区	二专区	三专区	四专区	五专区	六专区	七专区	合计
正规冬学	624	233	1 087	163	（原始资料此处为空）	425	506	3 038
小组冬学	314	380	249	134	（原始资料此处为空）	406	145	1 152
冬学总数	938	563	1 336	297	1 174	831	651	5 790
义务教员	728	483	1 317	489	806	474	747	5 044
入学文盲	76 537	13 233	111 939	78 221	68 117	69 892	62 757	480 696

资料来源：《太行区教育概况》，山西省档案馆藏，G3－40。

1943 年晋豫区普遍建立冬学，大约每个行政村都建立 1 所。翼城三区、阳南四五区共有冬学 120 所，入学学员7 714人，占全区民众数的 70%，男子平均可识字 175 个，学员最少识字 50，最高识字数 400 个，女性普遍识字 50—150 个，[①]冬学收到了很好的教学效果。太行区 30 户以上的村庄都开办了冬学，且已于十一月中旬正式开课。下表4.9从宏观层面对 1944 年太行区 17 县冬学开展情况进行统计，其中正规冬学所占比例为 60%，小组冬学所占比例为 40%。从入学男女性别比例来看，冬学中男性比女性所占比例略高，太行区男性参加冬学比例占 54%，女性所占比例为 46%。太行

① 《晋豫区一九四三年上半年宣教工作总结（节录）》（1943 年 8 月 14 日），太岳革命根据地教育史编写组编：《太岳革命根据地教育文献选编》，太原：山西省教育志编审委员会，1986 年，第 5 页。

区林县和武乡的冬学最多，林县 424 个，武乡 410 个。而左权冬学最为普及，该县有 249 个自然村，共有冬学 275 个。太行区人口总数为990 284人，文盲人数为432 682人，文盲约占总人口的 44%。入冬学学习的文盲数为271 506人，入学率占文盲数的 62%。[①] 对左权全县 15—45 岁的人口进行统计，文盲占其总数的 82%，男性入学文盲占男性文盲总数的74.5%，女性入学文盲占女性文盲总数的89.7%，[②]女性文盲比男性文盲入学人数多。

表 4.9 太行区 17 县 1944 年的冬学概况

项目	行政村数	冬学			入学人数		
		总数	正规冬学	小组冬学	总数	男	女
数目	1 739	2 720	1 657	1 063	214 181	115 456	98 725
百分比			60%	40%		54%	46%
说明	17 个县为：一专八县(赞皇、内邱、井陉、元氏、昔东、平东、和东、获鹿)、七专四县(林县、辉县、汲淇、辉嘉)、其他的县有：武西、邢西、武安、偏城、辽西						

资料来源：《太行区教育概况》，山西省档案馆藏，G3－40。

据不完全统计，1944 年晋绥边区共开办冬学1 810所、冬学性质的学习小组 471 个。其中晋绥一分区开办冬学 345 所、冬学性的学习小组 234 个；二分区开办冬学 497 所、冬学性的学习小组 54 个；三分区开办冬学 379 所、冬学性的学习小组 42 个；塞北区开办冬学 141 所、冬学性的学习小组 55；六分区开办冬学 151 所；八分区开办冬学 297 所、冬学性的学习小组 471 个。[③] 1944 年太岳一专

① 《太行区教育概况》，山西省档案馆藏，G3－40

② 《太行区教育概况》，山西省档案馆藏，G3－40

③ 《晋绥行署 1944 年冬学工作计划、附：冬学工作报告提纲》(1944 年 7 月 28 日)，山西省档案馆藏，A90－3－27－1。

区开办冬学1 314所、二专区冬学633所，义务教员为387人，冬学学员为34 222人、三专区冬学577所，义务教员为561人，冬学学员为28 059人、四专区冬学607所，义务教员为685人，冬学学员为38 465人。①

1945年冬学的主要工作是紧密结合群众运动，冬学数量上，左权1944年时为235所，1945年增加到470所；内邱1944年冬学为130所，1945年为65所；武乡1944年时为410所，1945年时为483所，入学人数1944年时为29 616人，1945年时发展为41 745人。②1944年时，太行区商人冬学只有阳邑和洪水两所，1945年时所有大的集镇都设立了商人冬学，改变了以往必须与农民一起去学习的情况。1945年根据地普遍发展小型冬学，向着普及和深入的方向迈进，冬学与生产运动结合，并在教学内容上配合拥军优抗工作，积极开展文娱运动。

冬学是山西抗日根据地社会教育的重要施教形式，通过其在根据地乡村广泛开展，改变了农村民众的政治精神面貌，提升了民众的知识文化水平，其为推进中共在根据地各项建设工作做出了重要贡献。冬学从宏观上来看数量发展迅猛，入学人数众多，取得了极好的社会教育效果，完成了各时期冬学教育目标。但在具体施教过程中亦存在着一定问题，如山西抗日根据地不同区域冬学发展水平不平衡，局部地区冬学工作开展效果一般。在抗战初期刚开始兴办冬学时，工作的开展并不是一帆风顺的，也是经历了群众“不了解、不熟悉冬学——帮助群众认识冬学——群

①《太岳区一九四五年文教卫生工作总结》，太岳革命根据地教育史编写组编：《太岳革命根据地教育文献选编》，太原：山西省教育志编审委员会，1986年，第191页。

②《太行区1945年教育工作概述》，山西省档案馆藏，G3-40。

众接受冬学"这样的一个过程，在这个过程中存在着各式各样的问题与困难，针对此亦采取了相应的举措予以改进。如太岳的条山区颁布了冬学运动开展的政策后，群众的反应较为冷淡。冬学领导干部分析原因找出症结为地政权尚未改造，解决方案为组织民运干部进行宣传，并选择了20多个基点村创办冬学，因此推动了当地冬学的发展。此外由于村庄中存在一些顽固分子，他们对群众思想进行扰乱，如在冬学中讲授女性解放的相关内容时，就会有人说"妇女越解放越不干净""提高女权，提得高摔得重""她们像野马一样，成天外边跑"①类似这样的言论来阻挠妇女参加冬学。对于有些群众不积极来学习的情况，有些冬学采取了强迫的方式，甚至还采取了一些处罚的举措，如有的地方因学员不来上课，罚四两油，还有会在全村大会上通报批评等。

在冬学刚开展之初时，群众因对冬学认识不够，出现不愿上冬学的情况，通过对这部分人进行调查分析，究其原因主要包括以下几个方面。这部分群众主要是觉得冬学运动之于他们来说是种负担，将这些人进行大致分类，可归纳为三类：第一类是在群众中思想较为落后者，习惯于旧式生活的"惯性"，他们不能正确理解冬学是为了解放和教育他们，反而觉得冬学运动是支差，耽误了他们晒太阳、烤火等休闲时间，他们不仅自己不参加冬学，还阻拦家中其他女性参加学习，认为女性不该在外跑头露面；第二类是生活在政府的帮助下，生活各方面已得到很好改善者，他们享受到了中共在根据地推行政策为他们带来的益处，但是要求其上冬学，他们又会

---

①《中共太岳区党委宣教工作报告(节录)》(1943年8月20日)，太岳革命根据地教育史编写组编：《太岳革命根据地教育文献选编》，太原：山西省教育志编审委员会，1986年，第21页。

觉得这与自身的利益和生活不相干，所以不愿参与学习；第三种则是已经发动起来的一部分群众，虽然他们有一定的政治觉悟，但是却缺乏提高自身追求的强烈愿望。

此外，还有一部分原因是部分冬学因外力的影响而造成师资缺乏，或是村中开展群众性活动的时间与冬学教学时间冲突，进而影响本年度冬学的发展，如有村中工作繁忙之际，会从冬学中抽调大量的人力，因冬学本身规模不大，师资力量有限，这样往往会对当地冬学产生一定影响。有时村中一些需要群众配合的工作确实会和冬学时间冲突，这样也会造成学员缺课的情况。如1943年太行区武安柏林村冬学12月中旬时还未全面正式开课，经分析，原因一方面是由于负责冬学的大部分知识分子和村干部参与到村中的其他工作中，造成冬学中教员稀缺；另一方面则是由于村公所召开合理负担评议会的时间与冬学上课时间冲突而造成停课。此外村中还在开展戒严藏粮活动，群众分身乏术，因此造成缺课的情况。

还有一些原因是有些群众团体的负责人忙于各种工作而忽视了对群众本年度冬学的动员。如晋绥一分区在领导层面上忽视了冬学工作，将冬学与中心工作并行，或是分期进行，未能使两者相互结合起来（土地改革与公粮实验未能与冬学教育内容相配合），有些村庄还从宣教干部中抽调出人员做其他工作，致使当年的冬学无专人负责，有的村庄虽然建起冬学，但是因干部被抽走无人负责，致使冬学出现了放任自流的状况。①

亦有部分冬学干部对冬学工作认识不足，未能真正认识到冬学是群众思想和文化翻身的有力武器，因此产生了“工作重于学

① 《关于本年冬学工作的补充指示》，山西省档案馆藏，A90－3－28－8。

习”“工作忙顾不上学习”“工作与冬学两分家”的思想，认为冬学是与中心工作对立的，冬学会耽误中心工作的开展，甚至觉得工作能力不行才被分配去管没什么用的教育，认为教育工作不重要，不重视冬学，如有干部说：“上级让我做冬学工作，见了其他干部都害羞，咱是做不了重要工作的。”①

有干部在工作中存在思想僵化、生搬硬套的机械主义作风，如雁北社教工作开展过程中，有部分干部对“少而精”“自觉自愿”政策理解偏差，造成社会教育工作出现放任自流的状态。此外，在1944年抗日根据地推行民办公助的社会教育模式时，有的教育干部因对民办公助方针认识不明确，造成了部分村庄大肆兴办私塾、私书房，造成了将旧式教育的形式等同于根据地所需民办公助教育的误解。亦有教育干部和教员因其对生产教育理解存在偏差，造成在冬学中强制学员劳动，教学中运用体罚惩罚等方式，这样便使得民众对社教工作产生了一定的不满情绪。

冬学教育的效果亦受师资教学物资缺乏的影响，如根据地普遍存在缺乏社会教育教材的状况，且部分教材是由乡村基层群众、冬学、民校义务教员等编写的补充教材，因其文化水平普遍偏低，且教材编撰专业知识缺乏，难免会造成编写的教材总体水平较低，教材质量的高低在一定程度上影响了教学效果。

同理，教学中师资力量亦是影响冬学教学质量的重要因素之一，由于部分义务教员自身水平有限，未能做到将教育内容与群众生活实际需要联系，授课时照本宣科读教材，这便不能很好地调动学员的学习兴趣。此外，冬学所处的根据地的整个大环境与冬学

---

①《晋绥行署1944年冬学工作计划、附：冬学工作报告提纲》(1944年7月28日)，山西省档案馆藏，A90－3－27－1。

教学呈正相关的关系，如在敌特分子不断地对根据地冬学运动进行破坏时，在敌特势力较强的村庄，教育干部和群众中难免存在着“畏首畏尾，不敢放开手脚干”的状况。有些村汉奸、国特、地主、富农势力较大，开展冬学课堂讨论时，部分教员和学员往往顾虑较多，不敢也不愿发言。敌特分子对冬学进行破坏，扰乱视听，如破坏分子“张利学”散布谣言说：“冬学是八路军的杂院，夜间男女在一起能有正经事吗？上冬学就是接受八路军训，中央军要是再过来了就遭殃了。”①还有一些群众不了解当前时局，盲目害怕“变天”，加之敌特分子造谣扰乱民心，使一部分群众对冬学提不起兴趣。②

以上这些情况的出现就需要社会教育干部在冬学开始前做好动员工作，使群众真正了解冬学的意义，即其是政府赋予群众的权利，是政府对于人民应尽的义务，是要教授给群众以政治、文化、军事、生产、生活等多方面的知识。“冬学是一种群众斗争和运动，同改善人民大众的生活和地位具有同等重要的价值。”干部对于群众的动员以群众的观点出发，结合中共在抗日根据地开展各种运动，如减租减息、清债、负担等民众参与其中的斗争运动，使民众发自内心地感觉到这些和自己利益息息相关的事宜都是需要掌握一定的知识，从客观实际出发，从群众亲身经历的经验和现实生活的需要出发，引导他们逐渐认识到参加冬学是极其必要的，这样发自内心的接受和认同，激发起群众强烈的学习欲望。此外，亦加强对教育干部、义务教员等教育工作人员的培训，从师资方面给予更多的

①《从临城管等冬学报告中看出来的几个问题》，山西省档案馆藏，A71－4－1－5。

②《太行第一专署关于半年来教育工作简单情况的材料》，山西省档案馆藏，A65－1－17－7。

支持。冬学在山西抗日根据地的发展是一个循序渐进、逐步发展的过程,在这个过程中难免出现一些问题,针对这些出现的问题,冬学主管教育机构和具体参与冬学工作的基层教育工作者对其进行相应的调整和改变,冬学运动在山西抗日根据地取得了很好的社会教育效果。

第三节　民众教育机构的设立

一、民众学校

民众学校是在冬学基础上建立的,冬学转民校时以不影响群众学习和生产为原则,时间上为3月底至4月初全部转为经常性民校。冬学即将结束之时便开始筹备民众学校开学事宜。1943年4月颁布的《晋冀鲁豫边区民众学校暂行规程》规定:民众学校根据边区教育的总方针和目标,以提高人民政治觉悟与文化水平,培养民主科学思想,从长期着眼来扫除文盲;民众学校的学生,一律不脱离生产。① 民众学校依据社会教育方针和目标开展教学,以提高群众思想政治觉悟与文化水平为目的,培养乡村民众的民主科学思想养成。民众学校的学员,学习一律不脱离生产,凡识字不满1 000个,年龄在15岁以上之男女皆可入学,识字满1 000字之男女必须上政治课。② 1944年3月1日太行区颁布了《关于开展民校的指示》,"要求各村建立民校,人数要求必须要达到学员不低于30

---

①《晋冀鲁豫边区民众学校暂行规程》,中央教育科学研究所编:《老解放区教育资料(二)》下册,北京:教育科学出版社,1986年,第191页。

②《晋冀鲁豫边区民众学校暂行规程》(1943年4月15日),山西省档案馆藏,G3－240。

人”,并要求民校经费问题一定要解决好,要配备教学水平较好的义务教员,民众学校的学习以不影响群众生产为原则,利用农闲时间开展社会教育,课程方面文化课与政治课并重,注重教授给学员与抗战相关的歌曲和小调。由县区负责领导民众学校教育相关工作,此外,亦注重加强联合校长领导之责。“在村一级由文教委员会负责,小学教员需帮助民校工作,且此项工作已纳入小学教员考核标准之一。民众学校之经费由村款开支,其开支手续及数目由边区行政委员会另定之。”①民校经费以实物粮食的方式发放,解决民众学校经费可依靠群众,可通过组织群众集体生产、募捐、取材于合作社等途径,亦由地区将部分民众学校民经费开支归于行政费用内。此外,民众学校教材不做统一的要求,各专区可按照本区的实际情况进行编写。学员入民众学校学习一律免收学费,课本和文具均由学生自备,但学员家境确实贫寒者,上报情况查实后,可由村公所发给、亦或由村教育经费或村公产中补助或供给之。

冬学转民校的具体过程为:冬学教育工作结束后,通常转为民校(条件不具备者可转为识字班和大众辅导班),其设置以行政村为单位,校名普遍与村名相同,一村设有两校以上者,以数字列序之,如“××村第×民众学校”。民众学校由联合校长及村教育委员会负责领导,各群众团体协助之,其开办与停止,均需呈报县政府备案。民众学校设校长1人、义务教员若干人,校长和教员均担任课程教授之责。在村公所领导下,组织校务会议、计划与开展全校教导事宜。校务会议闭幕后,校长主持校务。校长由村教育委员会推荐至县政府聘任之,教员由村教育委员会聘任,一般由小学

① 《边区民众学校暂行规程》(1942年5月8日),王谦主编:《晋察冀边区教育资料选编》社会教育分册,石家庄:河北教育出版社,1990年,第237页。

教员兼任或各团体推荐临时教员担任。① 民众学校分为三种类型，即实验民众学校、模范民众学校、中心民众学校。实验民众学校由县教育科直接指导，地点一般选择与实验小学同在一村，其主要为建立教育实验工作所设；模范民众学校，以区为单位设立，一般每区建立一所，由区助理员直接领导，其具备先进性，是具有模范推广性质的民众学校，模范民众学校于每年 5 月竞赛月时评选出；中心民众学校则为每个行政村设立一所，具备基础普及性。② 这三种类型的民校均执行民众学校规程制度。每年 6 月为检查辅导月，县教育科对民众学校进行检查。从民众学校的规模来看，其按照大小规模可分为小民校和大民校，小民校多为农忙时所普遍形式，对其的领导检查力度较强，这是为了防止自流和避免为破坏分子所掌握，小民校与大民校进行配合，共同推动着山西抗日根据地民众学校工作的顺利开展。

民众学校按照学生年龄、性别、识字程度进行班级分编。“以 40—60 人为限编成一班，男女分班，如人数不足时可合并编之。”由本班学员推选出班长、副班长协助教员领导本班学习生活。“班级实行小组划分，以 5—7 人为一组，设组长，负责本组学习、讨论、检查与督促到校之责，组长由本组学生推选出。”无民校的村庄招生时以青年男女为主，课程尽量简单化，有的只开设识字课与政治课，上课时间不超过 1 个半小时至 2 个小时，学制以半年为期。③ 1942 年 4 月，晋冀鲁豫边区政府教育厅召开教育会议，要求民众学校分识字班与政治班，识字班以 15—25 岁青年为主要对象，政治

---

①《边区民众学校暂行规程》，《晋察冀日报》1942 年 5 月 6 日，第 4 版。

②《太行三专 1941 年教育工作计划》(1940 年)，山西省档案馆藏，A67 - 4 - 1 - 1。

③《1940 年社教工作总结》，山西省档案馆藏，G3 - 244。

班以全体公民为对象；民众学校设识字、国民常识、珠算三科目；除年假（20 天）、麦假（半个月）、秋假（1 个月）外，男性学员隔日或三日上课一次，女性学员每日或隔日上课一次。① 民众学校修业年限一般为 4 年，初、高级各 2 年。每学年分两个学段，第一个学段为 3—10 月，第二个学段为 11 月至来年 2 月。每学段结束时举行一次测试，成绩优良者升级，不及格者留级。修业期满考试及格者准予毕业，由村公所报请县政府发给毕业证书。学校校长及教员积极负责且成绩优越者，由政府给予物质和精神的奖励。

民校的教师来源包括冬学的义务教员、小学的教员（如有小学的村庄，则可由小学教师兼任民众学校教员），民校教员亦由村聘请，或群众选举而出。在没有小学的村庄则挑选有一定文化的村干部或是英雄模范兼任教员一职，并且其往往担任的是政治教员，这是因为民校政治教员需有广泛的群众基础、在群众中有很好的威信，这样的人担任政治教员，才能为群众所信服，尤其对群众进行教育能收到更好的教育效果，而村中一心为民的村干部和优秀的英雄模范正是满足这些条件的人选，他们对村民有着极强的感召力和信服力。中共在根据地开展社会教育，一贯提倡好干部和英雄劳模都应承担起对民众进行教育的职责。民众学校校长和教员均为义务职，经县政府批准可免服抗战勤务之一部分或全部。判断依据一般是以民校教员任课量作为衡量标准，依照具体情况可斟酌减免抗战勤务。如教员家境贫寒，教学和日常做工的时间相冲突，可采用变工的办法予以解决，如需其他待遇者由村中按具

① 陈桂生：《中国革命根据地史》（中），上海：华东师范大学出版社，2016 年，第 234 页。

体情况自行决定之。[①] 民校教员因公不能进行生产者，“得援村级干部优待条例定之，且民校教员连任两年以上且教学成绩优良者，可面试入边中及师资训练班学习，其子女升学可享受免费的优待。”[②]

如上所述抗日根据地小学的教员不仅承担着兼任民校教员的职责，而且小学教员亦承担了对民众学校义务教员教学等各方面予以帮助、培训之工作。太行区将各县小学教员帮助民众学校和义务教员的工作量作为评定小学教员的审核标准之一，小学教员承担着培训民众学校教员之任，教员在小学教员的帮助下，不论从文化知识、教学水平，或是工作情绪都有了极大提升，提升了民校的师资教学水平。[③] 此外，根据地各群众团体对本村民众学校均有协助推动及担任授课（尤其是政治课的教授）之义务。[④] 群众团体的领导干部兼任民众学校教员，教授其在群众团体内所领导之工作相关的民众教育内容，因其熟悉所教之内容，讲起课来更能贴近群众之实际需求，能将教学内容与鲜活的发生于群众身边具体事例相结合，深入浅出地对群众开展相关教育。

民众学校开学前由县教育科开办民校教师训练班以统一或是分区的形式对教员进行培训，以提高政治文化水平、改进领导及教学方法为主。训练期间，教师生活费由村款开支，公杂费用预备费开支，办公费开支为地方教育款支出，其余开支由村款支出，教师

①《关于1944年冬学工作的指示》（1944年7月27日），山西省档案馆藏，A90－3－28－2。

②《晋察冀边区文化教育会议文化教育决议案》，《边区教育》1940年第2卷9—11合刊。

③《建立民众学校的一点要求》，《教育生活》1943年第2卷第2期，山西省档案馆藏，G3－217。

④《1940年社教工作总结》，山西省档案馆藏，G3－244。

待遇按之前的规定，由群众讨论决定。① 民众学校教员的培训方式普遍分为两种模式，具体是选择分散还是集中的培训方式则由各县依据具体情形而定，“每村选派1—3人受训，最基本的要求是要保证每一行政村派出一个主任教员(兼政治课)接受培训，训练的时间为每期7—10天，需在民校开学前完成培训等相关事宜，本项工作各县普遍在民众学校开学前1周至2周的时间内进行，具体日期上来看，一般不晚于10月底完成。培训的课程大致分为政治课、业务课、组织课三种，政治课的培训内容以政治教育为主，在课程中所占比重为45%，业务课包括教学方法、常识、实习三部分，所占比重为40%，组织课则是由各团体负责培训的课程，所占比重为15%。”②三大分类的培训课程具体训练内容包括时事内容、中共在根据地推行的政策、之前民校的办学经验总结、学习模范民校，由模范教师汇报经验，并经过讨论探寻新的教学方法等。培训结束时，个别县还会举行示范实习的训练。如安平县民校教师训练班对16个模范典型民校进行了经验总结与汇报。民校的师资培训既提高了教师的工作积极性，也推动了民众学校教学管理的改进。

民众学校课程包括政治、识字、常识、算术等(亦加入一些与群众生活息息相关的课程，如卫生教育课、防疫医疗常识课、农业技术课、工具改造课、家畜喂养课等)。旨在提升群众文化水平，学会读、写、算等基本技能。除了行署编印的民众教材外，各县亦发动小学、民校教员及群众依据当地实际情况进行补充教材自编，如盂

①《冀晋行署关于全面深入开展冬学运动的指示》(1945年10月1日)，王谦主编：《晋察冀边区教育资料选编》社会教育分册，石家庄：河北教育出版社，1990年，第90页。

②《建立民众学校的一点要求》，《教育生活》1943年第2卷第2期，山西省档案馆藏，G3-217。

县王村的教员结合本地农业实际现状编写《农情三字经》。① 亦可借助报刊如《新华日报》《人民日报》《日用杂志》所刊登的文章作为文化课与政治课教材等。课程内容以颁布的民众学校课程纲要为标准,课程比重为政治与识字课配合上课,共占70%,常识占15%,算术占15%。学校授课时间为每次2小时,冬季每日1次,春夏秋三季多采取夜晚上课,平时每星期不可少于两次,全年授课时间数以360小时为准。②

民众学校政治课所占比重最大,政治教育给予民众以政治宣传,使民众了解中共政策,进行拥军优抗、增强爱国主义教育、鼓励全民抗日斗争的决心和斗志。通过学习政治课教会民众如何具体地帮助中共军队进行抗战、如何更好地参加爱国自卫战争,以及如何更好地参与到根据地建设当中。政治课的内容按照根据地的战争形势进行相应的辅助宣传。如以1940年《民众学校的政治教材》为例,全书共12课,即为“我们来宣誓、汉奸真可耻、宁死也不当汉奸、宁死也不给敌人办事、大汉奸和小汉奸、铲除暗藏的汉奸、战争到来时的汉奸、老百姓怎样除汉奸、军队是恩人、我们不要怨恨军队、当战士是光荣的义务、怎样爱护军队。”③

课文内容编排以通俗易懂为原则,如第一课《我们来宣誓》“我们誓死不做汉奸,不给敌人办事,我们要爱护军队,帮助军队,保护伤病员安全,我们要保护储藏的资产,誓死不告诉敌人。”通过简单的话语,明确地告诉根据地的群众什么是该做的事,什么是绝对不可以做的事。誓约不只是嘴上说的,而是要实实在在地把宣誓的

---

①《1945年冬运总结》,《晋察冀日报》1947年1月1日,第4版。

②《晋察冀边区民众学校暂行规程》,山西省档案馆藏,G3-240。

③《民众学校政治教材》(1941年11月),山西省档案馆藏,G3-322。

每一条内容落实到具体的工作、生活实践当中来。第二课《汉奸真可耻》从"日本鬼子是我们的仇敌"和"汉奸是敌人的帮手,也是老百姓的仇敌"两方面对做汉奸的人进行批判,教育群众宁死也不能当汉奸、不能给敌人办事,绝对不可以给敌人送情报做侦探、不能给敌人当民夫、不给送给养、不给敌人引路、不参加敌人召开的会议、不能替敌人搜抢东西等。汉奸的种类分为"大汉奸"和"小汉奸","大汉奸"是死心塌地为敌人做事的,所以必须坚决地消灭他们。"小汉奸"是为了生计,不得已不情愿地去做汉奸,这部分人是可以争取过来与根据地民众一同抗日的。伪军的士兵、警察、下层军官大多属于"小汉奸",应该将他们争取过来。针对根据地潜藏的汉奸,《铲除暗藏的汉奸》一课教育群众如何辨别出身边的汉奸,识破他们破坏根据地的伎俩。清除汉奸是公民的职责,根据地民众要通过清查户口,不让汉奸有藏身之所;盘查行人,不放过一个汉奸;积极参加锄奸组织进行锄奸。老百姓要爱护军队、保护军队,年轻人要积极参军为抗战胜利尽自己的一份力。

民众学校教学形式灵活,不拘泥于教室授课这一单一形式。其密切结合各种生产组织、以符合群众生活习惯的方式,利用一切可以利用的场地进行教学。如互助组、打柴组、放牛组、纺织组等,尽量利用一切可利用之资源,创造性的发展新的教学形式,采用分散灵活教学。① 教员在教课时将课本知识与本地区的实际事例、模范事迹灵活结合,如讲授有关时事政策和形势时,结合报纸新闻将当时的新闻社论加入进来,按照通俗易懂的方式讲给学员们听。民众学校的教育内容以革命新区和老区两种类型进行安排,新区应当以时事教育为主,老区则应以生产教育和时事教育并重。生产教育包

① 《关于冬学转民校评选义务教员的指示信》,山西省档案馆藏,A65-1-17-5。

括减租减息和生产教育两方面，此外还进行卫生、科学知识等教育。

民众学校是在山西抗日根据地冬学运动结束后的另一种社会教育施教形式，其在冬学的基础上转变而来。在具体工作开展中，因不同地区状况不同，民众学校工作侧重点也有所不同。在未曾开办过民校的地区，结合中共在乡村的中心工作进行有力宣传，夯实群众基础。如未开办过民校的地区正在进行翻身运动的，民校开办之初便首先发动群众进行斗争活动，在斗争中进行“翻心”与“翻身”教育，积极团结群众，加强政策与民主教育，当群众在经济上、政治上翻身后，自然会产生强烈的学习欲望，这时就可以趁热打铁的建立民众学校了。① 又如平西专署民众学校在制定民校方针与任务时，充分考虑到“新区”与“老区”教育侧重不同之实际，在“新区”与边沿区以政治教育为主，重点为提高群众的思想政治觉悟。“老区”则是在文化与政治教育并重的基础上，提升群众政治觉悟。民众学校工作由村教委会统一领导，其帮助民校干部与教员，加强日常工作和教育工作的组织性，指导其教学工作的有序开展，进而促进根据地民众的全方位发展。

二、民族革命室

民族革命室即民革室，其是根据地民众的参政机构、是民众救亡活动的领导机关、是民众的传习学校和娱乐场所，②亦是根据地社会教育的基本阵地，其功能为“动员一切力量到抗战中来”，民族革命室接受乡村教育委员会的领导。晋察冀边区于 1938 年 9 月

①《1945 年冬运总结》，《晋察冀日报》1947 年 1 月 1 日，第 4 版。

②《怎样建立民族革命室》，王谦主编：《晋察冀边区教育资料选编》社会教育分册，石家庄：河北教育出版社，1990 年，第 21 页。

15 日颁布了《怎样建立民族革命室》中指出其担负的工作为："1. 提倡高尚的娱乐，如音乐、美术、戏剧等，肃清鸦片、赌博等不良嗜好，以陶冶国民高尚的人格，铲除堕落浪荡的恶习。2. 利用谈话讲故事或演讲的方式，推行识字运动，输送政治常识，分析抗战形势，或张贴新闻战报，以激发国民抗战情绪，提高国民文化程度。3. 提倡适当的运动，如作战游戏、体操、国术等，以锻炼国民健全体魄。并奖励清洁卫生的俗尚，以增进国民幸福感。4. 探讨村民生活，增加农村生产，繁荣农村经济，监察财政收支，发扬真正民意，推动村政工作，以养成村民政治兴趣。5. 调节诉讼，评议是非，造成正确舆论，养成明理负责的习性。"①

由其工作涵盖范围看出，民族革命室具有政教合一的特点。自《怎样建立民族革命室》文件颁布后，山西抗日根据地民族革命室普遍建立起来。"民族革命室构成为主任委员 1 名，设讲解股、壁报股、娱乐股和生产股，各股设股委员 1 人，干事多人，主任委员、股委员皆由群众民主选举得出，政府为村民族革命室聘任义务教员 1 名，负责讲解识字课，民族革命室的经费一般为 5 元。"②民族革命室活动的设置和群众生活密切联系，其开展"识字班""读书""法令讲解"等。其行政人员通过参加各种工作会议，深入调查了解民众相关的各类问题，了解基层民众实际情况，以此更好地开展服务于民众的社会教育。民族革命室将乡村知识分子团结起来，开办"民众夜校""村民训练班""妇女识字班""民主教育"等，并负责组织村一级的各种会议。

---

①《怎样建立民族革命室》，王谦主编：《晋察冀边区教育资料选编》教育方针政策分册(上)，石家庄：河北教育出版社，1990 年，第 21 页。

②《晋冀豫教育工作会议文集》，山西省档案馆藏，G3－245。

民族革命室的工作由主任负主责，教员协助进行各种宣传和讲解工作，使乡村民众了解中共的各项政策，“凡遇到纪念日或宣传周，当县宣传品到达民族革命室时，召集村民对其进行讲解”，或组织学生分组分户挨门挨户地宣传，“具体的工作由教员担任，主任辅助之”；民革室担负着乡村文艺娱乐活动的开展，利用各种科学游戏用具等，组织“武术会”“音乐会”“歌咏会”“农村剧团”等，此项工作由“青救干部负责，民族革命室主任协助；定期出版壁报和画报，壁报的题材反映村民生活、农村消息、民族革命室活动、本村劳动英雄的事迹、或是各种活动的突出成果，壁报配合中共乡村中心工作开展。”此外，民族革命室鼓励农村知识分子和农民谈材料、写稿子，努力使其发展为老百姓在根据地的“喉舌”，这项工作由主任负责，教员和村知识分子辅助之；民族革命室经常对工作人员进行培训，训练内容包括民族革命室的领导、政治常识、怎样领导娱乐、如何进行宣传讲解、如何召开各种会议、怎样编辑壁报等科目。① 民革室工作的不断完善依赖于建立健全的会议制度、注重民革室之间的交流活动、加强对民革室干部和工作人员的培训。②

抗日战争开始后，民族革命室陆续在抗日根据地建立起来。“1940 年 9 月，晋东南 42 个县，共有民族革命室2 566个，其中，内容充实的有 846 个，占总数的 32%，”③其发展规模和速度都呈现出高涨的态势。但民族革命室在实际具体工作开展过程中曾一度出现

①《晋冀豫教育工作会议文集》，山西省档案馆藏，G3－245。

②《太行三专三区教育扩大会议记录》（1941 年 2 月 21 日），山西省档案馆藏，A67－4－1－2。

③《抗战三年来的晋东南文化运动——晋东南文化界第二次代表大会上的报告提纲》（1940 年 9 月），太行革命根据地史总编委会编：《太行革命根据地史料丛书之 8 文化事业》，太原：山西人民出版社，1989 年，第 105 页。

“垮台”的情况，其原因是1940—1941年民族革命室与冬学紧密结合，但在权责划分上却存在模糊、混乱的情况，两者未将任务明确区分，且有的工作人员自身思想存在“一团麻”的状况，因而造成了冬学时民革室工作随之活跃，冬学结束后民革室随之“垮台”的局面，尤以1941年这种情况更加严重，以至于在武南和磁县竟无一个较为充实的民族革命室建立。① 社会教育主管机构针对这种情况的出现进行研究并寻求对策，随后其进行了及时地调整。

三、村救亡室

村救亡室是山西抗日根据地重要的社会教育组织之一，其是乡村中群众文化活动的中心，面向宣教的对象是村中的全体抗日民众，是村一级的社会教育组织的最高形式，作用为领导全村与文化教育相关的所有活动，推动抗日根据地社会教育的发展。其从作用和性质上讲“类似我国旧社会教育的乡约组织形式，但是它在内容上完全注入了抗日战争时期的民族革命精神，反映了新时代中国农民追求文明进步和革命真理的求知愿望与要求。”②

村救亡室所领导的社教工作涵盖面非常之广，不论是村中的社会教育识字班，还是民校等社教机构均接受其领导。同时还负有推动中共在乡村开展各项运动及承担辅助村中行政事务开展之责。此外，村中一切的文化活动的组织与开展，如读报组、戏剧团、歌咏队、秧歌队、图书馆等也由其负责。村救亡室的最高权力机关是全体大会，其具有选举、罢免委员会和各委员之权利。各级党

---

① 《关于漳北区一年来(1940—1941年8月)教育工作总结报告》(1941年)，山西省档案馆藏，A69-1-8-11。

② 崔相录:《东方教育的崛起——毛泽东教育思想与中国教育70年》，郑州:河南教育出版社，1993年，第208页。

委、政府、部队、学校、民众团体与所在地群众一同创办救亡室，各机关团体均指定专人负责相关工作。村救亡室常务委员会主持救亡室的全部工作，是最高的领导者与执行者，村救亡室常务委员会遵循民主集中制，由全村大会选举而出，反映了村中全体民众的意愿。“委员的任期为半年，在下届选举中若再次当选的可连任。委员会之下设置正副主任各1名。主任下设民众教育、艺术宣传、体育卫生三股”。民众教育股的主要工作是领导民众学校，领导和推行文化政治等宣教工作，具体包括了民众学校教育所涉及的方方面面。此外识字班、座谈会、图书馆、读报组等民众教育亦由民众教育股负责。艺术宣传股，顾名思义，其主要任务是负责村中各种文艺活动的开展，承担文艺宣教工作。体育卫生股则是针对乡村中民众的卫生健康教育等。“每股设有股长1名，由常委兼任，负责领导本股及执行本股的工作，及召开本股股务会议。”各股根据本股之具体工作实际聘用干事参与相关工作。常务会和股务会议围绕工作的布置与工作执行情况等内容大致每周召开一次会议。村救亡室的经费以自主解决为主，也接受其他团体或是个人捐助，此外，各村政权亦可决定是否要资助村救亡室之经费。

四、人民文化馆

人民文化馆是新民主主义社会文化的领导核心，是大众进行活动的集中场所。其教育任务是在县市政府直接领导下组织举办一切文化活动，服务于新民主主义政治宣传、文化建设和生产建设。人民文化馆分馆内和馆外两种类型的工作，馆内工作主要根据群众文化需求而建立的书报阅读、各项展览、座谈、讲演、定期演出幻灯片、游戏活动，以及代写书信，问事回答处等。馆外工作主要为领导各行各业的俱乐部、开办文化补习学校、组织政治宣传，还担负着团结改造民间旧艺人的工作，负责编写各种宣传材料，供应于盲宣鼓词队、剧团等。此外还举办各类社会活动。武乡是人民文化馆工作开展成绩较为突出的地区。

五、民众教育馆

民众教育馆一般建在各县或是重要的镇市里，民众教育馆以示范性的模范作用推动乡村社会教育工作。1941 年晋绥行署颁布了《民教馆组织章程》，其中规定："民教馆设馆长 1 名，受县教育科领导，下设宣传教育股、图书供应股、娱乐保健股。职责与三股所承担的工作相呼应，为举办识字教育、冬学、夜校，并进行民主运动的动员与宣传，图书流通与保管、社会调查、民众娱乐与卫生运动。"①1938 年 8 月 18 日涞源县民教馆召开会议，为发展抗战教育民教馆开办城关模范民众夜校，教员聘请各机关热心教育人士担任，校址借乡公所或城关各小学以用，民教馆开办模范夜校推动了社会教育的普及化发展。②

山西抗日根据地各民教馆在其发展过程中结合其区域实际情况，对《民教馆组织章程》中所设 3 股进行相应的调整，如"武安民教馆下设 4 股：图书、宣讲、社会活动、游艺四股。武安民教馆组织机构：设馆长，共分为 4 个部门：图书、宣讲、社会活动、游艺四股，其中宣讲、社会活动、游艺三股属同一性质。"③磁县民教馆设图书阅览、秘书、总务三股，特殊情况下秘书和总务股可合并。④

民教馆根据实际需要开展社会教育活动。如有民教馆专门设

---

①《民教馆组织章程》，《抗战日报》1941 年 11 月 27 日，第 3 版。

②《涞源民教馆设立民众夜校》，《抗敌报》1938 年 8 月 31 日，第 4 版。

③《太行五专教育科社会教育部分材料总结》，山西省档案馆藏，A69－1－8－3。

④《太行五专教育科社会教育部分材料总结》，山西省档案馆藏，A69－1－8－3。

立部门对旧式鼓书、拉洋片、叫街、京剧等旧式艺术和民间艺人进行改造，结合中共中心工作创作大量唱本、审查农村剧团的剧本、发动群众编写剧本的工作。[①] 并配合年关时的文娱活动进行有力宣传。临县、兴县民教馆专门设立大众黑板报，宣传中共各项政策法令，进行时事教育，反映农民生产情况，并配合其他社教工作同步开展。此外开设报刊室供群众阅览，成立民众代笔处，义务为民众写信、契约、公文等。[②]

六、俱乐部

俱乐部是社会教育的组织机构，是乡村大众文化活动的中心，统一集中领导农村群众的文化活动，并与其他的社会教育机构共同配合开展社教工作。俱乐部亦是乡村大众文化教育的集中领导机关、是大众文化教育的集中场所，其在乡村工作的一元化领导下，为中共在乡村中心工作开辟道路，对群众开展了系统的思想教育。俱乐部亦负责村中文化教育活动开展所需的一切大众文化工具。

俱乐部设“俱乐部委员会，内设主任委员，负责经常性的活动组织，委员会由村政府的教育主任、义教、小学教师、热爱文化娱乐者以及聘请的若干热心的社会教育工作者组成”。委员会根据需要下设三部门，“政治教育部，负责思想教育、时事宣传、并组织广播台、大众黑板报，进行群众政治教育；文化教育部，进行识字教育、继续提高粗通文化者的学习、定期组织生产技术、医药卫生等座谈展览教育，组织形式可采用识字组、青年辅导班、读报组、展览

---

①《关于冬学社教工作意见的指示》，山西省档案馆藏，A66－4－23－1。

②《晋绥行署两年半的文化教育建设报告》(1942 年)，山西省档案馆藏，A90－3－1－1。

座谈会等；文化娱乐部则是通过娱乐形式，巩固加深政治文化教育、鼓动群众情绪。其组织形式可根据村中基础，组织剧团、秧歌队、八音会、鼓书、武术等。”①此外亦有俱乐部设立了男女青年学习的青补班、通讯组，青壮老年的读报组，俱乐部多利用冬学教室，对其稍加修补，作为活动场所，其主要工作是组织群众性的活动，经费为每月三至五元，从所在村公所临时费用中开支。

俱乐部亦采取军政民等机构联合创办的方式，如晋察冀军区政治部为使军政民互相紧密结合，激发群众抗日热情，成立了军政民联合抗敌俱乐部，于 1938 年 7 月 13 日正式召开成立大会。俱乐部设有墙报、体育、文化、娱乐、晚会、保管等委员会，每两个星期举办一次晚会。② 俱乐部在根据地的社会教育工作开展中取得了极好的教育效果。

七、大众黑板报

大众黑板报是反映村工作开展状况之“窗口”；是贯彻中共各项政策的工具；是教育群众的有力武器。黑板报设置于大小村镇，是社会教育施教的重要形式之一。其主办机关大致可分为三种类型：第一种类型是由村农救会、妇救会、青救会等群众团体主办；第二种类型是由村宣传干部、小学教员、义务教员主办；第三种类型是由区、村党政负责干部、完小或者初小主办。③ 三种类型的黑板报都有专门的负责人对其进行管理。太岳行署规定凡 20 户以上的村庄建立黑板 1 块、50 户以上者必须建立 2 块、100 户以上的村

---

①《太行行署关于试办俱乐部加强贯彻群众思想教育与文化教育的训令》，山西省档案馆藏，A52－4－110－1。

②《晋察冀边区军政民联合抗敌俱乐部成立》，《抗敌报》1938 年 7 月 16 日，第 3 版。

③《沁源县抗日战争和解放战争时期的教育》，《山西教育史志资料》1986 年第 4 期。

庄必须建立3块，内容书写需简明扼要，贴近群众实际生活，结合中心工作进宣传，如在山西抗日根据地普遍每区有几块或几十块黑板报被评为典型，将模范的黑板报经验向其他地区进行推广，进行经验交流和宣传。①

黑板报的设置场地选择在群众日常喜好集合的地方，针对乡村中农民文化水平低、文盲比重大的客观实际，黑板报所刊内容尽量做到文字简单易懂，篇幅短小精干，运用群众易于接受的创作形式撰写板报内容，在黑板报刊出后，部分村庄的黑板报主管机构会组织发动三、四年级的小学生，为群众朗读黑板报的内容，这样可有效扩大宣传效果。

大众黑板报最初是为了公布战争消息而创，其设置起来方便简单易操作，只需一块黑板或将墙刷黑一块即可。物资匮乏的地区可借助废旧物品，如旧材料制成，或利用铺板门刷黑当黑板，粉笔缺乏时可用白干子土块和红黄土块代替。② 黑板报一般三至五天更换一次内容。乡村黑板报旁边通常绘制着中国与世界地图，以便群众在看黑板报时顺便学习时事政治。黑板报的宣传内容范畴广，可以宣传工作经验、工作总结、干部群众典型事迹，既可鼓励也可批评。一般来说看了黑板报基本会对这个村的工作有大致了解。另外群众还创新了黑红板的报道形式，好事写在红板，缺点写在黑板。黑板报配合中共在根据地中心工作的开展，如在土地改革运动中，黑板报成为农民斗争的有力武器，以柏子村为例，农民开展分配土地、没收地主财产工作时，地主分子暗中偷偷将财务转

①《太岳行署一九四六年文教卫生工作计划》，太岳革命根据地教育史编写组编：《太岳革命根据地教育文献选编》，太原：山西省教育志编审委员会，1986年，第193页。

②《关于各县文教工作的经验和指示》，山西省档案馆藏，A101-1-18-2。

移，有的准备逃跑，经农会发现后在黑板报上予以揭发报道，用醒目大字标出“严防地主暗藏财物”、“严密注意地主逃亡”等，民众的警惕性得以提高，地主分子躲避斗争的企图就此“破产”。①

黑板报的要求之一为标题要吸引人，如大标题不能完全表达出意思时可增加副标题进行补充，版面活泼、美观，采用直写、横写及题目位置的变化来吸引群众的注意力。② 黑板报的内容来源主要有三种方式：第一种为编委会自己写稿；第二种为通讯员写稿（通讯员由写稿积极分子发展而来，编委会组织其经常写稿，并对其进行培训）；第三种为群众和学校教员及学生投稿。在群众和机关学校共同推动下，黑板报在群众中产生了很大的影响。群众反映说看黑板报有益处，能知道很多事情，能多学些字。黑板报激发了群众“人人争做先进”的决心，被表扬的人感到十分光荣，更加积极起来，被批评的人感到丢脸，下决心改正自己。③ 如 1944 年秋大生产运动开展，乡村民众生活水平均得以提升，韩洪村只有杨二旦依然穿着破棉袄，村中黑板报以《懒汉杨二旦》为题刊登了一则消息，“二旦二旦你再懒，到了秋天瞪了眼，秋报生产打满囤，你的粮食不多点，你再好吃不干活，叫你饿着没人管。”这则黑板报内容在村中广泛流传，男女老少都前来观看，杨二旦思想上发生转变，不愿继续落后，开始积极参加大生产。于是之后的黑板报专门再次刊登了表彰杨二旦的内容，“二旦二旦你真勤，今年收成超过人，玉米串起十大杆，谷子打了两大囤，今冬若把媳妇问，再不用当光棍。”④批评懒汉丁甫时，黑板报内容为：“丁汉甫今年 33 岁，正在中

① 《沁源县抗日战争和解放战争时期的教育》，《山西教育史志资料》1986 年第 4 期。

② 申玮：《黑板报》，《晋察冀日报》1946 年 1 月 1 日，第 4 版。

③ 申玮：《黑板报》，《晋察冀日报》1946 年 1 月 1 日，第 4 版。

④ 《沁源县抗日战争和解放战争时期的教育》，《山西教育史志资料》，1986 年第 4 期。

年，好吃懒做不生产，带着手镏子妈妈门子串，偷偷摸摸他也干，希望大家别学他，他是一个无赖汉。”板报内容一经刊出，丁甫感到非常不好意，于是积极改变起来。批评落后“懒婆”时，黑板报写道“卢俊英，真不沾，吃饱饭，没事干，撩胭脂抹粉挨门串，请大家看一看，你们说此人讨厌不讨厌。”黑板报刊出，“卢俊英非常着急，着劲生产起来，想要尽快改变，甚至于在割蒿的生产劳动中将手指割破了一个大口子。”①龙华葛存区小忠儿，他之前比较懒，早上起得很晚，表现较差，之后他通过接受教育，且制定了改变计划，努力争取上进，每天清晨他坚持拾两筐粪。针对小忠儿的积极表现，黑板报对其进行了表扬：“好儿童小忠儿，开了家庭会议起得早，一天两筐粪，拾了1 000多斤了。儿童们快来学，读书生产才算好。”黑板报在群众中树立了很高的威信，群众对于“上黑板报”这个事情看得很重，群众一致公认“黑板报可是作用大啦”，村干部对于黑板报的宣教效果非常肯定，认为黑板报为推动村中工作的开展起到了很好的作用，此外针对村民个人的教育也比村干部区直接去进行教育宣传效果好得多，龙华葛存区村干部在谈到黑板报工作经验时，讲道：“谁有个缺点，我们要去批评，他不认识，就记恨上干部了，有了黑板报，给他上报是大家伙的意见，他就赶紧要克服了”②

黑板报刊登的内容包括配合与推动政府各时期的中心工作的报道，这些材料来自本区的各乡，是“黑板报最主要的内容，占群众稿件量的40%以上”。黑板报开设专栏刊登新闻材料、重要时事新闻总结、时事常识等，篇章短小精干易理解，深受群众的欢迎，此外

---

①《龙华葛存区的歌谣黑板报》，《教育阵地》，1944年第5卷第6期。

②《龙华葛存区的歌谣黑板报》，《教育阵地》，1944年第5卷第6期。

还刊登英雄模范事迹，偏重于对儿童模范和儿童故事的报道。[1] 黑板报在内容编辑时的一项要求就是要认真听取群众的意见，与群众积极交流，这使得群众发自内心地感到黑板报刊登的内容真正代表他们自己的心声，在这样的过程中，群众逐渐形成自觉、主动办报的习惯。如葛存村黑板报所选的每份材料都是经过宣教委员会讨论，并充分听取群众意见而决定的，群众主动参与到黑板报的编辑工作中，“这样黑板报就真正代表了群众的意见，成为群众的舆论机关”，才能起到更好的社会教育效果。葛存村的很多工作都是配以黑板报的宣传，以此更好更快地推进相关工作的开展，如在号召全村召开家庭会议时，黑板报便会配合此项工作对何为家庭会议进行介绍。

黑板报的内容亦注重采用歌谣的形式，创作素材多选用村中的鲜活事例，歌谣的形式朗朗上口易于传诵、内容通俗易懂，更易于被群众理解。在村中推行举办家庭会议的工作时，黑板报刊登歌谣予以宣教配合，“家庭会议真是好，孩子大人生产劲头高又高，嫂嫂刘景香，妹妹张玉莲；每人1 500蒿，完成了计划，一人得奖袜一双。开荒地，撒种子，每人保证一斗一，超过了计划，一人一件新衣裳。老奶奶，年纪大，摘豆角，拔根大，生产功劳一样大。妈妈更勤俭，大小活儿连上连，作饭缝衣裳，保管作模范，哥哥张国之，领着全家朝前走，刻苦耐劳养种地，开荒修渠刨菜地。还有小忠儿，生产不落后，每天粪一筐，还要念书去，捡到大秋里，奖他鞋一双。家庭会议真是好，一家子，又和气，又勤劳，你追我，我追你，追到大秋里，粮食打的满满的，全家笑嘻嘻！谁要光景过得好，快把家庭会

① 申玮：《黑板报》，《晋察冀日报》1945年1月1日，第4版。

议来开了。”①

从这个黑板报的内容很容易看出其特点，即歌谣依据村中真实事例改编，内容贴近民众日常生活，文中人物是群众所熟悉的人，有很强的亲切感。篇幅短小、文字选用简单易懂，歌谣的编写方式又极易朗诵和记忆，通过对一个家庭会议的模范典型做以黑板报的宣传，起到了很好的社教效果，“群众都说这可比大白话还容易记在心上”。

大众黑板报在发展过程中结合根据地实际进行了许多有益的创新与尝试。如晋察冀边区十一专区在黑板报的工作中大胆创新，选择在集市中设置黑板报，报道的内容不仅有政治、时事（重要的根据地时事与国际消息）、文化方面的内容，且专门将附近市场的行情进行了刊登，对行情变化的原因与趋势等进行分析，对重要敌伪经济变动予以报道，刊登政府和商店重要启示，这样的方式充分考虑到黑板报所设区域的群众需要，在吸引群众关注经济消息的同时，接受政治、文化等教育。② 黑板报在发展过程中，注重对人才的培养，积极吸纳有文艺才干的群众，扩充黑板报工作人员。如张永安是一位美术爱好者，黑板报编委会吸纳其加入，对其进行培训，张永安为黑板报的插画工作做出了很多贡献。“编委会将乡村美术人才召集起来，成立了画报组，定期出版画刊，内容以本地的典型事例为蓝本进行创作，创作出的作品贴在黑板报上进行宣传。画刊的形式丰富了黑板报的内容，协助政府对群众进行讲解与宣传，取得了很好的效果。”群众普遍更喜欢画报的形式，看起来省力、易懂。通讯员张全景“念过三四年书，爱好艺术，能编写秧歌，

---

①《龙华葛存区的歌谣黑板报》，《教育阵地》，1944年5卷6期。

② 申玮：《黑板报》，《晋察冀日报》1946年1月1日，第4版。

对黑板报很关心，自被发展为通讯员以后，更加积极了，他白天在店铺做工，一边记账，一边写稿，后来大家选举他进入编辑委员会。”①

此外，山西抗日根据地还充分考虑到天气变化等外界自然因素，及时创新变革黑板报的宣传形式，如晋察冀边区部分地区在冬天时，考虑到冬季华北地区温度过低，寒冷的天气里很多群众便不愿外出聚集，那么这时设置在群众聚集场所的黑板报的宣传效果则自然变弱，针对这样的情况，对黑板报的创作方式进行了创新，在“黑板报要走”的指导方针下，由社教工作人员带上小块的黑板走进乡村民众家中，黑板报则得以入户进行教育宣传。

八、其他社教形式

新洋片。农村中兴起的新洋片与旧式洋片不一样，其经过改造，是具有政治性、革命性、教育性的一种社会教育施教方式。其以连环画加说唱，将美术与文学、音乐相结合，其无须凸透镜装置，舞台由四块布景片搭成，利于拆卸。“画片在制成舞台式的镜箱中经过演员推拉进行表演，画片通常长度为三尺二、宽二尺半，这样可以容纳较多的观众。由一人进行画片表演，两人在后台进行伴奏和换片子。”②

山头广播。此为根据地民众自发创造的一种自我教育方式。乡村文盲数量较大，这部分民众因不识字无法看懂黑板报的宣传内容，于是民众依据根据地所辖区域多山庄小村的地理实际，发明了山头广播的办法。山头广播一般有两名宣传人员，选择村庄之

① 申玮：《黑板报》，《晋察冀日报》1946 年 1 月 1 日，第 4 版。

②《新洋片在农村》，《晋察冀日报》1945 年 10 月 28 日，第 4 版。

前或之后的一处置高点，一人拿大喇叭筒念内容，另外一人进行重复，较大一些的村庄广播时，如达不到通知全村的效果，便在村中间最高处设置中心广播台，周围分设分台，中心广播播报一句，分台接着重复播报一次，这样便可使三四百户规模的村庄家家户户收听到，这样的形式亦被称为联合广播。①　山头广播播报内容简短，消息传播直接迅速，如遇敌情时是最有效、快捷的通知方式。广播播报时间一般为早晨、中午、晚上，利用民众闲暇时间进行播报。山头广播可看作为黑板报的一种辅助和补充，其功能与黑板报类似。

五台山喇嘛训练班。山西抗日根据地社会教育注重团结一切可团结的乡村民众，五台山藏蒙同乡会为巩固和扩大抗日民族统一战线，增强抗战力量，于 1938 年 4 月 27 日在五台山创办了喇嘛训练班，②以此增强喇嘛的抗战情绪、提升其政治觉悟。教育内容以政治教育为主，训练科目为《日本对华政策》《抗日民族统一战线》《民族自卫战》《9 月来中国抗战形势与中国的前途》《汉、满、蒙、回、藏的关系》《亡省后的东北》《宣传方法》等七种。③　文字以蒙文、藏文、汉文并用，教员由边区行政委员会、各群众团体、佛教救国同盟会的负责人中选出，承担对五台山喇嘛授课之责，训练班课程结束后，学员随即进入藏蒙各地进行抗日宣传。

所有的这些根据地社会教育机构共同构成了山西抗日根据地社会教育的一个有机整体，整个系统从纵向上来看，是一个从上而下，自下而上整体贯通的工作系统，横向看，包含了承担社会教育

---

①《沁源县抗日战争和解放战争时期的教育》,《山西教育史志资料》,1986 年第 4 期。

②《五台山蒙藏同乡会成立喇嘛训练班》,《抗敌报》1938 年 5 月 7 日,第 4 版。

③《五台山蒙藏同乡会成立喇嘛训练班》,《抗敌报》1938 年 5 月 7 日,第 4 版。

各个方面工作的教育部门，这样的一个完整系统在中共社会教育相关政令的指导下，统一计划、统一执行、统一工作，共同推进抗日根据地社会教育的深入开展。

第四节　学校兼办社会教育

社会教育的开展不仅有专门的社教机构负责实施，也需要学校教育与之配合。在山西抗日根据地的一些地区，初小和高小的教学活动与冬学进行结合，通过带动学生一起参加，使社会教育更为广泛地在根据地开展起来，并取得了很好的教育效果。

一、学校教育与生产相结合，配合社会教育工作

学校教育中加入了有关生产教育的课程，使学生参与到鲜活的实际劳动当中，在“做中学”，培养学生的劳动观念和劳动习惯。其具体到山西抗日根据地的各个辖区，又结合着区域内的不同情况，进行着符合群众实际需求的创造。如由小学组成领导机构，由全校学生民主选举出生产委员会，学生自愿结成生产小组，并适当地运用公私两利的办法，进行集体劳作，采取统一管理。如小组管理蔬菜种植，所获得之劳动成果，作为全年蔬菜补充伙食之用，不仅在一定程度上减轻了学校经费问题，亦减轻了学生家庭的负担，生产与教育结合方式灵活多样、因地制宜。初级中学亦配合社会教育任务，将学校教育与生产相结合，1944 年 1 月 1 日，北方局开展大生产指示，指出：“要认识唯有生产才能团结人民，保障军饷民食。”当时社会教育的主要内容便是普及注重生产劳动的重要性，太岳区第二中学配合此项工作的开展，于 1944 年 3 月 20 日在太皇峪进行开荒，由学校组织生产委员会配合学生之生产计划，同日太

岳行署发出指示“要求各地开展生产竞赛，保证开荒”。同年 12 月又配合行署劳模英雄大会，以此推动生产运动的更好开展。太岳第二中学开垦太皇峪两座大山，“前后共开垦荒山二十余亩，年收获粮食达几百斤”，在生产过程中，将生产知识传授给学生，将教育与生产相结合、与中共社会教育主要内容相结合，取得了很好的效果。

学校配合中共在乡村的中心工作，开展社会教育活动，对相关政策进行宣传，在全区教育科长会议及训练班上进行如何配合中心工作开展了讨论。太岳区岳北各县教育科参加教育工作后，制定了各系统该如何配合中心工作开展的具体举措，如“平遥规定村级宣传由小学教员负责，有的县则由中心校长担任组长，于每六个村庄内设立一个宣传分组，负责向民众进行宣传等事宜。这个分组里的成员是当地的教员。宣传分组之下设立宣传小组，由教员担任小组长之职。”通过这样的组织形式，将教员安排在宣传机构的基层从事社会教育的工作。“沁源、沁县、绵上一带的初小儿童团、高小的学生会都有关于中心工作的讨论及布置。”另外，在“沁源、绵上、沁县，及其他县进步的学校建立了一天一次的教学讲话制，教员把需要的宣传材料讲给儿童，儿童回家去向家庭宣传，这在宣传工作上起了很大作用”。①

二、小学教育与冬学、读报组、夜校结合，促进彼此工作

左权县的模范小学在与冬学运动的结合中起到了表率作用。具体结合方式为：小学生利用课余闲暇时间教授家长冬学识字课所授文字，如十里店的识字牌所教文字与冬学识字课所教文字相

---

①《太岳区一九四二年学校教育工作总结》太岳革命根据地教育史编写组编：《太岳革命根据地教育文献选编》，太原：山西省教育志编审委员会，1986 年，174 页。

同,学生放学回家后教大人识字,义务教员上课时对学员进行检查;有的小学在春忙时把小学生组织起来,帮助村里的村民送信、给抗属抬水、代参战人员下种。在小学与冬学工作结合的过程中,冬学与小学互相促进,冬学取得较好效果的同时,小学也得到群众的拥护,如“左权县某地区群众就主动给学校制作了16套桌凳”。

涿鹿六区界牌樑村中心小学在办学方面取得了很好的成绩。其中有一条重要经验就是与社会教育结合,小学负责办夜校、识字班、黑板报、识字牌等。夜校学员分为甲乙两组,教材选用《日常杂字》和《庄农便览》,在50天中,乙组学生学会700多个字。[①] 该小学还设立消费合作社一处,专门代卖文具用品及日常用品,物价均低于市价,这样的举措很受学生家长拥护,小学给村里提供帮助,村干部邀请小学教员参加村务会议,参与村务工作,由此村干部亦可对学校有更深的了解并给予指导,在这样的相互促进帮助之中,小学入学人数与日俱增,全村106个学龄儿童入学者达到92人。[②] 在工作的相互配合中,小学教员发展了读报组,并培养了一批通讯骨干。凡有报纸的村庄必须组织读报组,报纸为民校的经常性一般读物,小学教员通过读报组有目的地培养通讯员,并将通讯员中参加过区文教大会的模范培养为通讯员骨干,通过其团结全区通讯员,进行工作交流。[③]

小学教员帮助冬学工作是其工作的一部分,亦是其应尽的义务,对冬学的发展起到促进作用。《晋察冀边区小学教员服务条例》第一条中就明确了小学教员应推行社会教育,进行扫除文盲及

---

①《涿鹿界牌樑村用新方法办小学》,《晋察冀日报》1946年2月26日,第2版。

②《涿鹿界牌樑村用新方法办小学》,《晋察冀日报》1946年2月26日,第2版。

③《一九四五年文教工作计划》(1945年5月5日),山西省档案馆藏,A67-4-7-3。

一般宣传工作。且小学教员享受政府褒奖的标准中,“努力协助社会教育及担任宣传工作确有成绩者”是其中的一项充分条件。1940年太行区冬学运动开展后,边府教育厅增强检查督促之工作,并从中抽选抗院高师学生二十人、太中教员学生若干人分赴各地冬学进行指导,并规定除各县第一科长负起监督检查之责外,各村小学教师亦应切实负起冬学教育辅导任务。[①] 小学教员的文化水平普遍高于义务教员的文化水平,如1943年太岳区小学教员文化程度为初小毕业者占15%,高小毕业者占65%,师范中学毕业者18.5%,大学专科毕业者占1.5%。沁源教员初小毕业7人、高小毕业51人,简师10人、中学师范生12人、大学专科生2人。[②] 不论是从整体看,抑或是从具体的某一个县的情况看,普遍是小学教师中高小毕业文化程度占绝大多数,中学文化程度的次之,大学专科程度的最少。这比起义务教员的文化程度要高出许多,在之后的第五章中,笔者对义务教员的文化学历进行了分析,义务教员文化程度普遍偏低,很多只念过初小,甚至有些教员只有粗通文字的水平,所以小学教员对其进行指导与帮助是极其必要的。学校教员帮助冬学义务教员,主要是要帮助其提升教学水平,可通过到冬学旁听等方式,提出改进教学之意见,亦可召开冬学教员座谈会对其进行帮助。韩洪乡王冀人赵中一1940年时在松耳沟小学教书,他在回忆当年的教育工作时讲到:“教师除从事正常的学校教学工作外,也进行社会教育。村村办有农民夜校和妇女识字班,冬天晚上上冬学,夏天地头读书报,街上挂小黑板,村村办有民革室,教师既

---

① 《全区冬学开始太行一中增设左权分校》《新华日报》(华北版)1942年12月8日,第1版。

② 《中共太岳区党委宣教工作报告》(1943年8月20日),太岳革命根据地教育史编写组编:《太岳革命根据地教育文献选编》,太原:山西省教育志编审委员会,1986年,第16页。

是教员，又是抗日宣传员、民校教员。这对宣传抗日道理、唤醒民众、扫除文盲、解放妇女等起了巨大的作用。同时，敌人扫荡时，教员教师一律不回家，在村支部的领导下，参加战时指挥，配合民兵游击小组帮助群众抢收抢种，空室清野，保护人民财产，掩护村民撤退。”①由此可以看出，教员不仅担负着一定的社会教育职责，亦还承担着战时组织群众之责。

小学教员一般都参加了本村的冬学委员会，并承担了冬学委员会的相关工作，“对冬学的设备而言，就像找了好教官”。小学教员帮助村干部置办黑板、粉笔、桌椅、凳子等，并对学员的座次进行合理安排。在冬学工作开展之前进行文盲调查，统计入学男女的学习成绩，并积极动员村中男女老少踊跃参加冬学。小学教员主要从教学方法上帮助义务教员，因在教学法上有改进，才能激发群众学习的热情，才能在上完冬学之后，继续维持和巩固群众在冬学中培养的学习情绪，为冬学转民校后，群众在民众学校的学习打好基础。此外，“亦从提高义务教员的文化知识和工作情绪上，进行日常的辅导，培养他们的工作兴趣和工作积极性。”②根据地教育主管部门将小学教员帮助义务教员作为对小学教员进行鉴定工作时的标准之一，如太行区各县将小学教员帮助冬学运动的情形作为假期鉴定小学教员的考量标准。

当冬学开始后，小学教员参与到冬学的教学工作中，主要承担政治课的教学。在开学之初，小学教员帮助义务教员对入学学员进行编班，建立各种制度，如请假制度、转学制度等，并且帮助冬学

①《沁源县抗日战争和解放战争时期的教育》，山西省教育科学研究所、教育史编纂研究室编：《山西省教育史资料·太岳革命根据地教育资料专辑》，1986年，第71—72页。

② 于述胜：《中国教育通史》（下），北京：北京师范大学出版社，2013年，第289页。

义务教员编制必要的表册，如点名册、成绩考核薄等。最主要的是对义务教员进行教学方法的培训，热心帮助义务教员研究如何上课，帮助其研究分析课文内容，使其能够融会贯通。此外，亦通过运用比赛、奖励等办法帮助义务教员提高群众的学习热情。在群众中树立良好的威信，这对于义务教员是非常必要的，威信越高其在社会教育的实际工作开展中则更易号召群众，能收到更好的教育效果，因此小学教员帮助冬学义务教员如何提升在群众中的威信是一件必要的事情。小学教员与义务教员的关系越融洽，则越能起到更好的帮助义务教员的作用，不仅从教学方法上给予其帮助，更从情感上建立了两者的帮扶关系。

但小学教员不能包办义务教员的工作，否则容易损害义务教员的积极性，破坏两者关系，工作也会受到影响。小学教员在冬学结束后，帮助冬学委员会和义务教员总结冬学运动工作，将表现突出的义务教员的事迹反映给上级教育部门，对义务教员进行奖励，并在冬学结束之后，帮助冬学转入民校。如武安常社小学教员李培元对冬学工作积极负责，热心帮助义务教员，并且承担了冬学青年班的教学任务，及其他各班政治课的教学工作。由于他教学负责，使得学员们的学习热情高涨，由小组长组织学员每晚轮流带自家的油灯到学校自觉学习。① 此外，北岳四专区小学教员创造了师范制，即星期六时由小学教员代冬学教员上课一次，供义务教员学习。②

此外还有一种学校教育与冬学教育相结合的形式，即有些地区的冬学中会依据所教授的课程组织参与冬学教育的村级领导

---

①《小学教员怎样来帮助冬学工作》,《教育生活》第二卷第三期，山西省档案馆藏，G3－218。

②《1941 年北岳区冬运概况》,《晋察冀日报》1942 年 9 月 20 日，第 4 版。

干部、群众团体领导、义务教员以及承担冬学教育之责的小学教员组成各类学习小组，目的在于不断总结教育经验，促进冬学更好地发展。村级领导干部主要是由村长、副村长、农救会副主任组成，村长担任学习会的小组长，主要任务为学习时事、讲授时事。各类群众团体的主任组成的小组主要是教政策、汇报各项工作总结，并向冬学传达当前各团体的主要宣教任务。义务教员和小学中承担义务教育工作的教员主要是进行文化课的经验交流。这几种学习小组共同组成了一个有机的系统，领导干部了解具体的工作可更好地指导冬学相关教育工作的开展，学员基本来自群众团体，有群众团体的领导参与到冬学运动中，可更好地对学员进行动员，并且将冬学的教育内容与各群众团体紧密结合，相互配合，彼此工作。此外，小学教员和义务教员一起进行交流，小学教员从文化知识、教学经验等方面帮助义务教员；义务教员亦可将其与群众广泛接触的教学经验与小学教员交流，彼此教学相长。

三、学校教育与群众运动、大生产运动结合，开展社会教育宣传

学校开展的社会教育宣传中最重要的一方面就是要与中共在抗日根据地开展的工作相结合，与之配合进行广泛的群众宣传，进而发动群众参与其中。如创建于抗日根据地沁水县的一个山沟小西庄圪陀村的沁水县中学，当八路军在前线打了胜仗、粉碎了敌人扫荡、根据地建设取得了成绩时，抑或是中共新政策颁布时、村里的中心工作开展时，学校都会组织师生深入农村向群众进行相关的宣传。具体的宣传方式为学生进行讲解，或是通过学校组织剧团，以群众喜欢的娱乐形式进行相关内容的宣传。翟安是在《关于晋豫中学的一段回忆》中讲到，学校会派学生参加社会实践活动，

1944年他与同学杜韶、王廷标三人参加了太岳四专署秘书孙裕领导的调查组，在沁水县蒲泓村进行了为期一个多月的农村生产调查和阶级调查。他们回校后对学校学生进行了汇报。亦有同学参与了征粮活动，在亲身参与中共在根据地的各项工作后，学生将理论知识与实践活动相结合，对相关的知识理解得更加透彻，随后学校组织学生到沁水县部分区、乡进行的宣讲活动，通过写标语、开展群众集会，向根据地群众普及中共的各项政策，推进中共在根据地中心工作的开展，而这些均是社会教育本身所含之意。① 学校组织教员、学生配合中心工作，参加驻地活动，这是学校教育应承担之责，通过参与社会实践，教员与学生不仅帮助了社会教育工作开展，亦在此过程中得到很好的锻炼，提升了自我。

学校配合大生产运动等群众性运动，亦是学校帮助根据地社会教育工作开展的一项重要内容。大生产运动的宣传教育工作于三四月份先后展开，根据地依据各辖区情况之不同分别做以指示。以太行区为例，第一专区召开分区宣联会，二专区召开社教会议，三和五专区结合教育科长会议，其余专区和县大多是结合生产的扩干会，逐级进行布置。② 学校方面积极配合社会教育工作，结合大生产运动，增加生产课，教授学生生产知识，编写生产宣传教材，演出生产剧。

学校教员、学生纷纷投入到大生产运动中，并积极号召群众一同参加、一起行动，在运动中结合本地实际进行社会教育。井陉塔寺的教员高文俊在参加大生产运动后，主动了解农民的困苦经历，

---

①《回忆老区沁县中学》，山西省教育科学研究所、教育史编纂研究室编：《山西省教育史资料·太岳革命根据地教育资料专辑》，1986年，第45页。

②《太行区社教工作总结报告》，山西省档案馆藏，A52-4-18-4。

并将采访的事例带进小组讲述，进而从一个小组到另一个小组巡回宣传，带动了群众的诉苦热情，在此基础上举办大会，组织儿童呼喊口号，给贫苦群众撑腰；项庄14岁的王拴拴在诉苦大会上讲述王六狗逼死了他爹，将他娘的眼睛气瞎的事情，引起了群众的愤恨；赞皇北潘组织学生在街上唱翻身歌，说快板，如“地主吃喝不动弹，都是压榨穷人的血和汗”；内邱教员们除参与群众大会，还组织学生进行翻身教育，使儿童深刻认识到封建社会的罪恶。但在具体的活动开展中，也存在着一些矫枉过正的情况，如沙河有学校出现了群众斗家长，学校斗儿童的现象，并有个别学校完全将工作重点偏移，只注重参与群众运动而忽视了教育本身。①

四、学校配合农村娱乐活动的开展

娱乐活动是山西抗日根据地民众生活不可或缺的一部分，1941年太行三专至少每周都有一次娱乐活动。学校积极配合农村娱乐活动的开展，组织教员编排娱乐节目或发动民众合编节目，娱乐内容以编排本地小调为主，配合本地方言、当地真实事例、社会教育材料等内容。② 每年准备旧历新年文化娱乐活动时，小学教员便成为中心骨干，在一定程度上来说“小学教员是发动社会教育工作的先锋，只有学校教育办得好，才能推动社会教育工作向前突飞猛进，完成社会教育工作任务。”③学校也通过举办学校剧团来开展社会教育活动，一般是由校长为指导，组织挑选宣传能力强、文艺有专长的教员和学生一同组成。剧团规模大约在三十人，剧团的

①《教育通报》第一号，山西省档案馆藏，A65-1-17-12。

②《太行三专1941年教育工作计划》(1940年)，山西省档案馆藏，A67-4-1-1。

③《太行第一专属教工材料及教育工作材料》(1942年7月20日)，山西省档案馆藏，A65-1-17-1。

表演形式主要有：秧歌、话剧、活报剧、快板、舞蹈等，绝大部分剧本是教员和学生们根据抗日的真实事例进行编写的，还有些是直接学习当时流行的、深受群众喜爱的剧目进行演出。如沁水县中学剧团就是活跃在沁水县的一股有力的宣传力量，剧团的教员和学生不畏艰难险阻深入到沁县的许多村庄，共计达六十余处，所到之处受到群众的热烈欢迎，每次演出都是人山人海的盛况，尤其是其表演的秧歌剧和歌剧得到了群众极高的评价，甚至被认为演出水平完全不次于漳河剧团这样的专业团体。[①]通过剧团的演出，既发动了群众，又支援了战争，推动了中共各项政策的普及，促进了根据地各项工作的开展，取得了极好的社会教育效果。与此同时，在参与社会教育宣传活动中，学生和教员也得到了更好的锻炼、提升了他们的思想觉悟，亦增强了自身的宣传活动能力。

学校加强对旧式艺术的改造，改造步骤由量的普及到质的提升，娱乐的形式由旧形式、旧内容，转变为旧形式、新内容，再到新形式、新内容。如学校教员组织儿童进行街头话剧表演，很多村民看后都说“这些孩子们演的又好看，又好听”[②]通过话剧等娱乐形式进行宣传更易于群众理解和接受。学校经常开展积极向上的文娱活动，邀请民众参加学校娱乐，并积极投入到民众娱乐中，起到良好的带头和宣传作用。如年关将近，各区小学就组织秧歌、歌咏、话剧等到本村或外村进行演出宣传。

---

①《回忆老区沁县中》，山西省教育科学研究所、教育史编纂研究室编：《山西省教育史资料·太岳革命根据地教育资料专辑》，1986年，第46页。

②《教育通报》第一号，山西省档案馆藏，A65-1-17-12。

第五节　中共在敌占区的社会教育

日伪在沦陷区对我国民众实施奴化教育，主要内容为教授伪三民主义、提倡中日亲善、宣传中日民族同文同种，利用封建主义旧文化、旧道德，强迫尊礼谈经。奴化教育企图以封建、复古、买办、反科学、亲日的殖民地文化思想控制中国民众。① 日伪的社会教育机构为“新民小学”“新民图书馆”“中心小学”“观光团”“少年团”“少女团”等。在日军不断进行“扫荡”“蚕食”根据地的过程中，战争空隙可被利用起来对敌占区民众进行社会教育，为抵抗日伪的奴化教育，山西抗日根据地在中共领导下有力地开展了游击区和沦陷区的社会教育。

一、中共社会教育在游击区和沦陷区的开展

晋察冀边区于 1939 年 7 月 31 日颁布的《编委会制定‘敌区教育实施计划纲要’》中指出：“敌占区的学校教育工作是要使一般青年、成人、妇女、儿童都正确地理解抗战的意义，抗战与他们切身的关系和他们在抗战中所应负的责任——经常把抗战形势，建国工作，胜利消息用口头或文字(报纸小册、漫画、标语、传单等)传播给他们，解释给他们，并让他们讨论。”②针对敌伪的欺骗，麻醉的宣传教育予以无情的打击，揭破其欺骗阴谋，使民众晓然于这种奴化教

①《打开晋中区宣教工作会议的严重局面报道》(1941 年 7 月)，山西省档案馆藏，A67－4－1－3。

②《编委会制定‘敌区教育实施计划纲要’(1939 年 7 月 31 日)》，王谦主编：《晋察冀边区教育资料选编：教育方针政策分册》(上)，石家庄：河北教育出版社，1990 年，第 53 页。

育的危险,愈益提高民族自尊自信的意识,把精神总动员的内容渗透到每个国民心坎里。

在做好充足准备的前提下争取主动教育,注重保密性,并借助合法组织进行有效伪装。“抗日区公所配备文化助理员,负责领导推动沦陷区教育工作,县教育科配合各方教宣联合会召开会议,专题研究沦陷区社会教育工作”。社会教育开展的具体对策为:“建立健全教育宣传联合会对敌宣战。建立沦陷区文化统一战线,团结一切可以团结的爱国人士,主要团结知识分子,从各方面对其进行关心,对其进行思想上、政治上的教育,帮助其解决精神上的苦闷、解决他们的苦难,运用灵活的形式与其交朋友,进行团结。争取沦陷区教员,对其进行培训等。”①团结一切抗日的知识分子、爱国人士、各团体组织,有组织地与各团体配合进行工作,使得广大知识分子与抗日民众运动结合,形成抗日文化统一战线。

在社会教育工作开展中,利用一切可以利用的形式向沦陷区群众介绍根据地情况和对战争形势的分析,使沦陷区群众了解中共各项政策,争取更大的群众基础。并针对抗战知识进行普及,发放给沦陷区群众的宣传品编写原则为简单、明了、通俗化、地方化,形式短小、便于携带、字迹清楚。沦陷区的社教工作注重隐蔽性,宜口头宣传,不适合开大会、写标语等脱离沦陷区实际的方法。教学时多以分散的小型组织进行,组成学习小组,这样分散的学习方式适合在敌占区开展斗争工作,组内由党员起模范带头作用。“在接近蒋占区的地区,工作基础较好者采取分散、隐蔽、伪装的方式进行学习,工作薄弱的地区,则使群众教育与武装斗争相结合,政

① 《太行三专三区教育扩大会议记录》(1941 年 2 月 21 日),山西省档案馆藏,A67-4-1-2。

治攻势是有力的教育内容。”①寿阳距离炮楼不远的村庄中，社会教育注重时事教育的开展，义务教员率领群众在敌人据点中打圈，当敌人骚扰停歇时，便抓紧时间开展政治教育，讲解中共各项政策、法令等；或是深入敌占区，指导群众巧妙地开展不合作运动，教授群众对敌斗争的方法。此外还采取“串门”的方法，通过这样隐蔽的方式，挨家挨户进行教育宣传。在工作中特别注意对村干部与民兵的教育，其原因是在沦陷区和游击区进行社会教育工作时，一些干部对沦陷区的教育重视不够，有的人认为沦陷区教育归武工队管；甚至有个别干部存在着殖民地观念，认为沦陷区的人非打不可，产生了脱离群众的思想；还有的民兵去了沦陷区要吃要喝。因此，在沦陷区和游击区开展社会教育时，党政民团体均加强了对其成员的思想教育。

在游击区和离敌人据点一华里以内的村庄，大部分都建立了冬学。1939 年“新乐县响应冬学号召，教宣会分组赴各区督导识字班，深入沦陷区建立冬学，凡是 14 岁—45 岁之男女文盲一律入学，开展每人每日识一字运动。”甚至离沦陷区二三华里之外的村庄，“每村都成立了识字班，小村 1 所，大村 4—5 所不等”。教育内容注重对奴化教育之教材内容予以反驳，多采用集体讨论的方式授课。每于午后、夜晚，男女民众便入学诵读，学校每个角落里都挤满了人，远近村庄识字班的朗读声、口号声与村外自卫队夜操声融成了一片，游击区与沦陷区的识字热潮广泛开展起来。②“洪洞县在敌据点内办冬学，××村共 86 个学员，分 4 个地址，夜间常常转换地

① 张范五：《冬学运动在五台》，《抗敌报》1940 年 1 月 11 日，第 1 版。

②《一片学习之声冬学运动广泛深入，敌占区亦照常成立识字班》，《抗敌报》1939 年 12 月 19 日，第 1 版。

址，派人跑到炮楼根底监视敌人，能经常学习，组织讨论，常常孤立，所以这个村里的一般工作都做的好且快。”[①]孟平白殿，距离敌据点仅有二里，游击小组亦是学习小组，游击小组岗哨严密，将岗哨布置到敌人炮台根儿，监视敌人的行动，保卫大家安全，使大家得以安心学习。游击小组担任警戒任务的成员，将战斗和学习相结合，不松懈学习，带着生字本进行军事动作练习（如利用地形地物等）[②]。该村亦根据当地情形，创办流动报，反映减租斗争，警惕敌人的暴行。新乐60%的人口都参加了冬学，正定过去没有冬学，1940年时已有75所，望都伪县长对游击区冬学的神秘表示无法理解和苦闷。[③] 在游击区冬学采取集体授课、分散居住、伪装冬学、轮回上课等方式，并经常举办冬学晚会、娱乐晚会、冬学大会、工作团、突击队、讲演队、读报组。[④] 1943年洪洞敌占区灵活利用隐蔽和伪装方式，如在同乐会中开展冬学、利用邻里串门、香房作香之际开展学习，冬学经常性地转换场所，并派人到炮楼根监视敌人，为了安全起见，一旦有敌情立刻通知转移。[⑤] 游击区教学方式注重培养“小先生”，采取“零散批发”的教学方式。召集小先生上准备课，然后由“小先生”对民众进行教授。教学方式采用游击的方式，

---

①《牛主任三月六日在太岳参议会上关于政府工作报告（节录）》载于《1945年4月〈太岳政报〉第三期》，山西省教育科学研究所、教育史编纂研究室编：《山西省教育史资料·太岳革命根据地教育资料专辑》，1986年，第9页。

②《边委会1944年冬学运动简要总结》，《教育阵地》，1946年第6卷第2期。

③《中国共产党晋察冀边区党委关于边区冬学运动总结摘要》，《抗敌报》1940年5月16日，第4版。

④《中国共产党晋察冀边区党委关于边区冬学运动总结摘要》，《抗敌报》1940年5月16日，第4版。

⑤《洪洞敌占区冬学运动的经验》，太岳革命根据地教育史编写组编：《太岳革命根据地教育文献选编》，太原：山西省教育志编审委员会，1986年，第22页。

以提高对敌的警觉性，课堂隐蔽，敌人来村就能迅速转移，避免损失。①

对敌占区进行社会教育的方式除了上述之外，还有一些其他的辅助方式，如由武装工作队参与敌占区宣传时创造的新方法——“夜打窗”。这便是武工队夜晚来到村子中，此时老百姓大多已休息，他们便在靠街的窗前叫醒老百姓，以简短的方式告知其宣传内容。此外，对于敌占区的士绅，武工队工作人员避免“填鸭式”的宣传方式，在准确了解士绅情绪和需求的基础上，对其进行引导，在互动的过程中将教育的内容传递出去。社会教育的其他形式还有组织难民宣传队，主要成员为从敌占区逃出来的民众。难民宣传队每到一村进行演出时，召集该村难民组织讨论，对其进行教育，进行社会教育宣传。1943 年沁源的城关难民宣传队巡演过 12 个村庄，演出了 18 次，累计观看群众人次达一万二千余人，仅在和川演出的时候观看人次就达四五千人，②他们演出的戏剧内容主要有《抢粮》《三幕剧》《山沟生活》《出城》等，以他们的切身经历改编的剧目非常受群众的欢迎，起到很好的社会教育效果。

二、学习站的设立

学习站是中共在沦陷区、游击区设置的秘密教育组织，主要是配合中共社会教育的开展。1939 年晋察冀边区制定的《学习站办理通则》中指出“学习站为推进敌区教育的基本组织，由县政府斟

---

①《编委会 1944 年冬学运动简要总结》(1945 年 11 月 27 日)，王谦主编:《晋察冀边区教育资料选编:社会教育分册》，石家庄:河北教育出版社 1990 年版，205 页。

②《中共太岳区党委宣传教育工作报告(节录)》(1943 年 8 月 20 日)，太岳革命根据地教育史编写组编:《太岳革命根据地教育文献选编》，太原:山西省教育志编审委员会，1986 年，第 23 页。

酌地方情形，在不能设立学校的村庄，依照旧日学校范围设立学习站。”抗战转入相持阶段后，敌人加紧政治上的进攻，实施诱降活动，并在沦陷区实施毒化教育，中共针对敌人的阴谋，建立了学习站，以此作为有力的抗击手段。学习站通常选取群众工作开展较好的，且军政民工作有一定基础的村庄设置。“设立学习站时，村长、教育委员共同讨论，总站设于区公所，由区长和教育助理员分别担任正副站长，分站设立于村一级，由教育委员任站长、教员任教育工作员。”而后遵照学习站办理通则，逐步健全、完善，先从儿童组开始，然后推及青年组、成年组、妇女组。“儿童组为 7 岁以上至 15 岁者，男女兼收。青年组、成人组年龄为 16 岁—45 岁者，专收男生。妇女组年龄为 16 岁—45 岁。此外，修业年限规定为，儿童组 2 年，青年组、成人组、妇女组 6 个月。将一年以季节分为四个学段，每学段结束时可休假十日。学习站要求所辖每组学生人数至少须在 10 人以上，如人数不足时可并入他组。”①

学习站不收学费，书籍由县发给，纸笔自备。学习站设办公处，严守秘密，各组学习地点，随时变换。依组织系统，县教宣联席会为最高监督和统辖机关，在执行工作时，以县令行之。每村学习站成立之后，呈报总站，禀呈县政府（或县佐公署）备案。学习站的建立和取消均经县政府（或县佐公署）核准行之。② 游击区和沦陷区也积极响应建立学习站，仅五台县在 1939 年 11 月 15 日—1939 年 12 月 15 日一个月时间内“共建立总站 6 个，分站 28 个。具体建立情况为：一区建立总站 1 个，分站 4 个；七区建立总站 1 个，分站

---

①《学习站办理通则》，太岳革命根据地教育史编写组编：《太岳革命根据地教育文献选编》，太原：山西省教育志编审委员会，1986 年，第 59 页。

②《学习站办理通则》，太岳革命根据地教育史编写组编：《太岳革命根据地教育文献选编》，太原：山西省教育志编审委员会，1986 年，第 59 页。

4个;八区建立总站1个,分站3个;九区建立总站1个,分站9个;十二区建立总站1个,分站5个;十三区建立总站1个,分站3个。”①

学习站所辖各组每日学习的科目及时间分配为:“儿童组每日所学科目时间为120分钟,所学科目包括集合、生活指导、国语、算术、常识,其中集合的学习时间为10分钟,生活指导所占时长为10分钟,国语为50分钟,算数20分钟,常识为30分钟。青年组、成人组以及妇女组学习时间各为90分钟,所学科目包含集合、生活指导、识字、算术、常识,其中集合的学习时长为10分钟,生活指导所占时长10分钟,识字30分钟,算数20分钟,常识20分钟。”②学习站的办公费和教育工作员的生活费在该村原有教育经费项下列支,如不足或原来就没有教育经费的村庄,运用合理负担起摊,但须由村公所统筹。教育工作员的生活费,应依以往成例,相当于初小教师的待遇。距敌过近,或被敌占之村教育经费一时无法筹措者,可先由县款垫支,以后归还。

---

① 张范五:《冬学运动在五台》,《抗敌报》1940年1月11日,第1版。

②《学习站办理通则》,太岳革命根据地教育史编写组编:《太岳革命根据地教育文献选编》,太原:山西省教育志编审委员会,1986年,第61页。

第五章　山西抗日根据地社会教育的教学装备

在山西抗日根据地社会教育的开展中，教师和教材是最为根本的教育要素。根据地社会教育的教师被称为义务教员，是教师在根据地时期的一种特殊形式，是政府和群众之间的桥梁。山西抗日根据地义务教员的选拔培训、学历水平、阶级成分等方面都具备着鲜明的时代特点。

第一节　义务教员

一、选拔培训

山西抗日根据地社会教育团结了一批文化领域的“先锋战士”，他们为大众教育不懈努力，这些人就是存在于社会教育领域的义务教员。由于义务教员长期脱离工作，且文化程度普遍较低，故对于义务教员的培训方法与根据地学校教育的教员培训方法有所不同。义务教员接受培训时所授课本内容是以冬学或民众学校的千字课课本为蓝本的。冬学教员的任用由县级教育机构负责，义务教员的来源主要有以下几方面：村长推荐、小学教员代聘、团体推荐、乡村知识分子、村民民主选举，在接受培训后由政府下聘书。

1938年《抗战初期晋察冀边区开展冬学运动的指示》指出“冬学教师应由小学教员、进步的村长及各群众团体负责人共同担负。可能时，应由县政府抽调小学教员与进步的知识分子，开办冬学教师训练班，给以短期训练后，分派各村担任冬学义务教师。政府对这些工作人员，应规定奖励办法。成绩优良者，予以奖励。成绩不佳者，应进行撤换。”1939年时，对于冬学教员的规定为：“一般可由小学教员、民众和学生担任，驻军及各级民政机关，在不妨害工作的条件下应尽量帮助。此外，亦注重对进步青年的动员，鼓励进步知识青年回到乡村、回到教育界，担任教育儿童、教育乡村民众的革命的神圣任务。”①“有的村庄没有适当的人选时，县或区的冬学运动委员会应照顾全盘，适当调剂”②，同时强调应积极培养与提拔学员担任冬学教员，且要求妇女班尽量配备女教员进行授课。1941年，晋绥边区第二游击区行署在《关于冬学的指示信》中明确指出：“在冬学运动中，一切村干部应成为民众的模范，识字的应担任冬学教员，并热心教学……以推动其他民众。”③政治义务教员从区支委及村干部中选拔，抑或从复原的军人、小学教员中进行选择。区委进行选拔，通过代表会同意后任用之。所应具备的条件为：为人正派、与群众密切联系，具备群众观点、有一定的文化及政治水平。选拔好义务教员后由县委宣传部和文教科员负责培训，

---

①《创立正规的教育制度》，《新华日报》（华北版）1940年4月19日，第1版。

②《1938年抗战初期晋察冀边区开展冬学运动的指示》，王谦主编：《晋察冀边区教育资料选编：社会教育分册》，石家庄：河北教育出版社，1990年，第5页。

③ 山西省教育史晋绥边区编写组、内蒙古自治区教育史志办公室编：《晋绥革命根据地教育史资料选编》，内部发行，1986年，第41页。

培训通常为期一周，所需经费按照普通训练班开支。① 另外县区干部帮助村一级冬学工作的开展，可担任临时教员，以加强冬学的政治教育。

客观来说，这些干部都参加过思想政治培训，在工作上具有很强的责任心，文化素质也高于普通民众，尽管大多数干部公务繁忙确有一些不便之处，但其责任心和文化水平足以充当冬学教员。1944 年《太岳行署关于冬学运动的指示》中明确指出应注意通过村干部（村阁组长、民众团体委员、小组长、民兵队长、自卫队长、指导员、合作社主任等）、劳动英雄、战斗英雄及有组织的群众团体（工会、农会、青救会、妇救会、合作社）的模范干部教育群众，推动冬学发展。"②本年度冬学运动内容包含练兵的内容，因此担任民兵自卫队训练的指导干部须参加到冬学中，承担起冬学政治课的教学任务。太岳区冬学规定各级党政军首长亦应担任冬学的部分课程讲授，并在冬学计划当中作以规定，在李圪塔、横河镇等村还执行了考试制度。义务教员的选择也可从各村工作、生产的积极分子中选拔，如变工组长、读报组长、识字组长，群众剧团和秧歌队的负责人等，中心冬学教员的选拔须各方面较强之干部，如完小教职员、劳动英雄等担任。③

在巩固区冬学的义务教员是对已有的民校教师加以整顿，将不称职者予以解除另行聘请，补充至足额的。并由县统一集中或分区加以普遍训练，保证每一行政村训练一个主任教员（兼政治

①《关于冬学工作布置的总结》，山西省档案馆藏，A90－3－30－6。

②《太岳行署关于冬学运动的指示》，中央教育科学研究所：《老解放区教育资料（二）》上册，北京：教育科学出版社，1986 年，第 205 页。

③《关于冬学工作补充的指示信》（1945 年 10 月 5 日），山西省档案馆藏，A90－3－28－5。

课)。训练时间以一星期至十天为准,赶在冬学开学前一律训练完毕。训练教师的课程规定为政治课、业务课、组织课三种。如北岳区的业务课包括教学法、常识、实习,占培训课程比重的 40%;政治课,以政治教育内容为主,占比为 45%;组织课是由各团体派人讲授,占比为 15%,训练经费由北岳区教育科长会议决定。① 在游击区内,因环境和条件的限制,主要通过号召知识分子,选聘其中适当人选任教员。对于教员的培训则主要通过座谈的方式,研究冬学的意义及具体教学方法,同时结合政治工作,随时随地对教员进行政治培训。冬学的教员选拔是社会教育中非常重要的一项工作,其选择是否确当,对冬学运动的开展有很大影响。1943 年,太岳区对于冬学教员的挑选,重点关注不能让反动分子混进来,这和根据地当时的形势直接相关,关于冬学教员的选拔标准、训练方法,各地除依照行署指示执行外,支部需保证不让"坏人"混进来,并防止另外一种倾向,即无根据随便怀疑人,把一般的中间知识分子和反动知识分子从本质上区别开来,争取大多数可以争取且能为中共工作的中间分子。②

1944 年,宁武二区 14 处的中心冬学的义务教员,由部队、县政府、区公所、合作社分担,各抽选 1 名工作人员担任义务教员一职,另有 10 名义务教员是从劳动英雄、民兵英雄、积极分子以及村中选文化较高的人中挑选出来的。文化程度较高的担任文化教员,

---

①《中共太岳区党委关于冬学运动的通知》(1943 年 10 月 9 日),山西省教育科学研究所、教育史编纂研究室编:《山西省教育史资料·太岳革命根据地教育资料专辑》,1986 年,第 37 页。

②《中共太岳区党委关于冬学运动的通知》,太岳革命根据地教育史编写组编:《太岳革命根据地教育文献选编》,太原:山西省教育志编审委员会,1986 年,第 234 页。

劳动英雄、民兵英雄、积极分子则主要担任政治教员。①

义务教员分为文化教员和公民教员，公民教员由各村群众威信高的干部担任。教员除了应有相当的文化水平外，更重要的是需要积极热情、与群众有密切联系且有威信。即使有的教员文化水平偏低，但能随学随教，加之由于他们经验丰富，熟悉群众，与群众平时的沟通与交往多，其讲的内容和说话的方式更为群众所欢迎，因此公民教员则多由威信高的村干部担任。对公民教员的训练主要通过县区的冬季扩干会进行"冬季工作与冬学的一揽子教育"，与其他干部一起共同研究学习，除讨论冬学的相关问题外，亦学习中心工作相关问题，如土地政策、减租减息、清算、公粮等政策。文化课教员由各村读报识字组长、识字的干部、积极分子担任，或吸收农村知识分子、"动员大批进步青年回到乡村，担任教师一职"，此外，亦"挑选出本村小学教员或具备小学教员水平者担任之，接受过训练的小学教员不必再接受训练，其对其他的文化教员进行教学帮助"。②

在提高义务教员文化水平方面，首先是巩固其工作情绪，在具体方法上多给指示建议，小学教员按照规定时间给义务教员补习功课，村长重视义务教员并帮其解决困难，对工作好的义务教员会通报政府给予嘉奖。"各村冬学的义务教员在冬学期间免差"，如1942年对于义务教员免差的具体内容为："为提高义教工作积极性，安心全力进行工作，在教学期间，战争未到来之前，应享受如下待遇：一、不站岗放哨；二、不侦查情报不送信件；三、不支差；四、不

① 刘淑珍：《晋西北抗日根据地教育简史》，成都：四川教育出版社，2000年，第47页。

②《创立正规的教育制度(1940年6月23日)》，太岳革命根据地教育史编写组编：《太岳革命根据地教育文献选编》，太原：山西省教育志编审委员会，1986年，第3页。

参加民兵训练。”[①]1943 年时的具体待遇为:“可不担任侦查之职、不走情报、不送信、不参加民兵集训、不支差,各县应具体情况具体对待,如由村干部担任的义务教员或文化政治教员由一人分任者,按其具体情况,免其差务,对劳力单薄的义务教员可由村中组织劳力对其进行互助。”[②]

义务教员的待遇主要是依据当地群众生活条件来制定,需达到给予教员本人生活外以养活一口到一口半人的标准,要求所给待遇能够使教员可以吃得饱、穿得暖。按照 1945 年太岳行署“六六”教师座谈会上对提升教员待遇的要求“要逐步达到维持教员本人外,还能解决一个到一个半人的生活问题”,太岳区 1945 年《国民教育任务与方针》中对于小学教员的要求为“应照顾一个半人的生活,目前因为物价关系,应按干部待遇,以实物为标准,由各专区、县按当地当时物价折合粮款发给”。[③] 由此可以分析出,当时文件中要求所达到的小学教师的待遇并未付诸实践。虽然文件中要求义务教员和小学教员都应达到这一标准,但因根据地生活条件的实际困境,往往是达不到标准的。而当时小学教员普遍的工资待遇要高于义务教员,太岳行署当年学校教员的待遇标准是按照政、民干部实物供给制待遇的标准进行发放的,即“每人每天小米一斤六两、油三钱、盐五钱、每人每年单衣一套,棉衣一套,鞋四双、

---

①《太行三专着手进行冬学的准备工作的指示》(1942 年 11 月 10 日),山西省档案馆藏,A67-4-4-12。

②《偏城冬学工作报道》,《教育生活》,1943 年第 2 卷第 2 期,山西省档案馆藏,G3-217。

③《国民教育任务与方针》(1945 年 6 月 28 日),山西省教育科学研究所、教育史编纂研究室编:《山西省教育史资料·太岳革命根据地教育资料专辑》,1986 年,第 41 页。

袜一双，学习费五元、医药费十元，女教员可发给生理费。”[1]，这样的标准并未能达到“维持教员本人外，还能解决一个到一个半人的生活问题”的要求，据此分析当时，义务教员待遇的实际情况应是享受不到文件中要求的标准，且比当时小学教员所享受到的待遇要低。

“小先生制”是由小学教员选择三年级以上的学生给予“即知即传”的培训。“小先生制”的教学方法即为：识字多的教少的，识字少的教不识字的，会唱的教不会唱的，会算的教不会算的，发挥大家教的办法，教员则必须经常地、有计划地对其进行引导和检查。[2] 此种制度以“即知即传”为宗旨，同时教授“小先生”成立传习处的方法、教学过程及实施要点等。传习处是对小先生教授知识的机构的一种称谓，实际上亦为“工学团”，传习处是中华平民教育促进会所应用的一个名词，因其在小学国语课本上经常地引用，所以根据地教育人员便沿用“传习处”一词。小学三年级以上的学生在教师的指导下开办传习处，由小学生本人负责招收学员，招生人数为最少不低于3人，至多不超过15人，主要对象为农民和不识字的民众；凡加入传习处的学生，以无受教者为限，男女兼收；传习处地点由小学生与所招收之学生共同商议、决定后，报告学校，排定次第；传习时间为每日下午一点半到三点，传习处配备小黑板（马粪纸作）一块、板擦（或布）一个；传习科目为识字，暂定抗战时期小学国语课本、唱歌、国难讲话等；观察与实验：每日由教师进行抽

① 李易书：《忆太岳行署1945年“六六”教师节座谈会》山西省教育科学研究所、教育史编纂研究室编：《山西省教育史资料·太岳革命根据地教育资料专辑》，1986年，第58页。

②《阳曲、交城冬学教员训练班总结报告》（1945年12月22日），山西省档案藏馆，A103-1-10-2。

查，每月底，由教师总和各处学生，进行学业成绩测验。①

“小先生”普遍分为校内、校外两种。校内“小先生”采取三种方式进行教学：第一种方式是选取对某门功课成绩优良同学担任“小先生”，如某位学生算术学的好，就任命他为算术“小先生”。在教员讲授之后，他首先要去了解学生所理解程度，并拟题让其他学生来做，之后请教员打分数，做错的题则要进行集体研讨，这便培养了学生之间的竞争上进心，此外能较好地帮助理解力较差的学生。第二种方式为轮流担任小先生，先由一个同学提出问题，大家进行解答，然后由另一个同学再提问题，互相提问、激发大家学习热情。第三种方式则是高级班到低级班实习教学，由教员具体帮助和指导，以此培养高级班学生教学能力。校外“小先生”则是由“小先生”帮助未能继续求学的学生进行学习，如偏关完小的“小先生”白濬利用教唱歌团结了八个儿童，他把歌词抄给他们识字，于是就在白濬家里组织了一个识字组，一个来月就学会了五十多个字。② 此外，“小先生”的模式还动员了未上学的儿童们入学，继续接受教育。

“小先生”和传习处在边区社会教育的实施中起到了重要作用。“小先生”是普及识字教育的一支有力队伍，“小先生”在传习处教授群众知识的同时亦加深了自身对知识的掌握。通过“小先生制”的推广，抗日根据地社会教育的施教者数量得到了充实和扩大，使教育资源得到充分的利用，为社会教育在山西抗日根据地的迅速扩展做出了极大的贡献。“小先生制”实际是受陶行知所倡导

---

①《小先生制度教育实施方法》，王谦主编：《晋察冀边区教育资料选编：教育方针政策分册》（上），石家庄：河北教育出版社，1990 年，第 30 页。

②《偏关完小组织各种小先生推动校内外学习活动》，《晋绥日报》1946 年 7 月 2 日，第 2 版。

的“小先生制”教育的启示，吸取了其中符合抗日根据地社会教育工作的部分。在抗日根据地社会教育中，“小先生制”就是以乡村学校为中心，以学生为“小先生”，依托“小先生”组织传习处，教授没有接受过教育的广大群众以基本知识的方法。“小先生”进行识字教育的对象是非常广泛的，其主要教育对象是未入识字班的壮年文盲和失学的学龄儿童。另外有的青年因其学习情绪较高，识字班已不能满足他们的学习要求时，也可由“小先生”进行补充教育。当识字班因故不能继续开办时，这类青年也成为“小先生”的教学对象。还有一些山沟小村，因其地处偏远，山路难走，群众不能到主村上民众学校时，亦需借助“小先生”的力量进行识字教育。①

此外，所有的冬学学员均为冬学助教，“每个学员须在村里找1—2位村民作为教学对象，将自己在冬学所学的字和知识传授之，冬学义务教员每日对学员教育工作开展情况进行指导和检查，通过表彰积极分子、鼓励中间分子、帮助落后分子，使更多人参与到推广根据地社会教育的活动中。”②

按照有关教育条例，义务教员上岗前须进行培训，如晋冀豫区1940年年冬学共有教员2 939人，受过训练的2 223人，占师资总数的75%。③ 由表5.1中所统计的数据可知1940年时冀西、漳北、太南、一办、二办、太岳的义务教员共2 939人，接受过培的义务教员为2 223人，实际上仍有716名义务教员没有经过岗前培训，接受过培

①《把教育送到忙人家庭，工作岗位和偏远的山沟小村去》，《教育阵地》，1944年第2卷第5期。

②《关于1944年冬学工作的指示》（1944年7月27日），山西省档案馆藏，A90－3－28－2。

③《晋冀豫区1940年的冬学运动》，中央教育科学研究所编：《老解放区教育资料（二）》下册，石家庄：教育科学出版社，1986年，第184页。

训的义务教员占教员总数的75.64%。①

表 5.1 1940 年义务教员所受培训登记表

	受过训练的	未受训练的	共计
冀西	321	286	607
漳北	346	0	346
太南	137	42	179
一办	204	0	204
二办	386	388	774
太岳	829	0	829
总计	2 223	716	2 939
说明:	漳北是指磁县、武西、武北、林北、沙县、安阳、偏城 一办是指河西、和东、平西、平东、太谷、榆次、沁县 二办是指武乡、辽县、榆社、襄垣、祁县		

资料来源:《1940 年社教工作总结》,山西档案馆藏,G3-244。

北岳区 1942 年冬学运动开始前,各县首先以最大努力适当增强与培养师资,新望、行唐、灵寿、平山,平定、广灵、盂县、涞水等九县共有冬学教师2 270人,受训者达 61%。②

二、学历水平

山西抗日根据地义务教员学历普遍偏低,教员通常只念过私塾和四书,部分义务教员上过初级小学,上过抗高和高小层次的就更少了。有个别的义务教员甚至未上过学或只进行过自学。如下表5.2所示,在对 1942 年沙河县义务教员进行的调查表中可以看出:沙河县 1942 年共有义务教员 31 人,其中 15—20 岁的教员有 7 人,21—25

① 《1940 年社教工作总结》,山西档案馆藏,G3-244。

② 《北岳区冬运概况》,《晋察冀日报》1942 年 10 月 17 日,第 4 版。

岁的教员有9人,26—30岁的有11人,31—35岁的有4人,36岁以上的有2人。由此看出,义务教员的年龄主要集中在26—30岁之间。从学历上看,大多数(18位)教员的学历为只读过四书或上过私塾,学历最高者抗高一年半、其次为高小二年级、年龄均为19岁。初级小学学历的教员为9人。教员中自学和未上过学的有2人。由此看出根据地社会教育的义务教员文化水平普遍偏低,这是当时的社会现状所造成的,因而冬学的义务教员需要不断地提升自身文化水平,政府的社会教育管理机构也经常为教员举办培训班。

表5.2　1942年沙河县冬学义务教员登记表

姓名	性别	年龄	学历	简历
刘文丙	男	29	四书一年半	
王武旌	男	24	四书三年	1941年教冬学1年
李修身	男	20	四书一年	1941年教冬学1年
郝正堂	男	31	四书	两次义务教员、民兵政治干事
王增信	男	33	小学五年	自卫队小班长
崔立生	男	28	四书三年	1941年教冬学一年
刘文信	男	15	初级小学三年	儿童团团长
崔长	男	19	沙河县抗高读书一年半	
陈咸海	男	23	四书一年半	教育委员
周生歧	男	25	念过四书	当过教育委员
李兰瑞	男	28	念过私学	去年教过冬学
文占英	男	22	私塾	
李振才	男	21	私塾	
周生文	男	21	初小念过四年	过义务教员
胡生贵	男	26	私学念过四书	村庄担任正书记去年教过冬学

续表

姓名	性别	年龄	学历	简历
郝正旗	男	36	自学	
宋采英	男	31	私塾一年	教过两次冬学
张文	男	28	私塾	
马宾林	男	28	没上过学	
王君	男	25	初级小学三年	
王增喜	男	20	初级小学	青救会工作
张鱼	男	42	四书一年	
王可爱	男	17	初级小学三年	
张玉其	男	23	初小	
王聚亮	男	27	四书一年	
石立志	男	28	初小毕业	去年在区公所粮站
王聚芝	男	27	初级小学一年	
刘尚林	男	22	四书	
张明善	男	31	四书两年	去年义务教员
高仁杰	男	19	高小二年级	
张伏镇	男	20	四书一年	青年主席

资料来源：此表为笔者根据《1942年沙河县冬学教员登记册》，山西省档案馆档案藏，A52－4－38－2原始资料数据汇总统计得出。

义务教员文化程度较低，且缺乏教育经验，如安新小营民校村文联主任王春立出身贫农，26岁，他的文化程度为只上过两年小学，因深感不识字的痛苦，所以他个人学习情绪非常高。平时他常到小学里去学习，民校教员到县受训时，他主动抢着去参加，受训结束后当上了民校教员。① 由此可见当时义务教员的“门槛”是比较低的，王春立因其文化水平低，他每天坚持到小学教员那里学习一次，“现学现卖”，而这样的办法他坚持了许久。当时根据地的义务教员稀缺，入职门槛很低，很多只有上过几年初小的受教育水平，甚至有些教员只是粗通文字而已，很多教员则是在“一边学、一边教”，这样的状况下施教效果自然会受到一定影响。

笔者对1942年临城、赞皇两县义务教员的文化程度进行统计，如表5.3所示：

表5.3　1942年临城、赞皇两县义务教员文化程度统计表

	义务教员总数	初小学历及以下者	高小学历者
临城	29	24	5
赞皇	56	54	2
合计	85	78	7

资料来源：《太行第一专署教工材料及教育工作材料》(1942年7月20号)，山西省档案馆藏，A65-1-17-1。

由上表可知，临城有义务教员29人，其中初小学历及以下者24人，占临城义务教员总数的82.76%，高小学历者5人，仅占义务教员的17.24%；赞皇共有教员56人，其中初小学历及以下者为54人，占临城义务教员总数的96.43%，高小学历者2人，仅占义务教员的3.57%。两县共有义务教员85人，其中初小学历及以下者78人，占两县义务教员总数的91.76%，高小学历者仅为7名，占两县义务教员总数的8.24%。

①《安新小营民校为什么办得好》，王谦主编：《晋察冀边区教育资料选编：社会教育分册》，石家庄：河北教育出版社，1990年，第263页。

义务教员普遍学历水平偏低，因此直接造成的结果就是影响社会教育教学效果。如有些教员只会一句句的教，学生只会一句句地跟着念，单个字不认识，只会呆板的朗读。因其文化水平有限，大多不能胜任政治课的教学工作。且文化水平较低的义务教员往往教学上也无法激起学生的学习激情，难以调动学生的积极性。在年龄跨越度大、妇女和年龄大的学员较多的班级，教员往往很难去管理好课堂秩序，教学管理水平有待进一步提升。

从整体上来看，山西抗日根据地社会教育的师资力量教弱，义务教员的人数偏少，就以 1945 年浮山和士敏地区的冬学义务教员和冬学数量比来看，浮山冬学有 154 所，义务教员数为 144 人，士敏冬学有 316 所，义务教员数为 313，①可看出基本一所冬学平均下来甚至达不到 1∶1 的配比。这还是选择了 1945 年的数据，如果是抗战初期，那么义务教员人数则更为稀少。

三、阶级成分

山西抗日根据地义务教员的年龄分布随着时间的推移，呈现出由青年义务教员数量居多，中年义务教员数量次之，壮年与老年义务教员数量最少的状况，而逐渐转为中壮年义务教员占主体的状况。按阶级划分，义务教员的数量以中农、贫农、富农、地主及其他成分依次递减，中农所占比例最大。以 1942 年临城、赞皇和 1944 年太行区 20 县冬学教员的数据统计为例，1942 年临城、赞皇义务教员的年龄分布如表5.4所示：

---

①《太岳区一九四五年文教工作总结（节录）》，太岳革命根据地教育史编写组编：《太岳革命根据地教育文献选编》，太原：山西省教育志编审委员会，1986 年，第 191 页。

表 5.4　1942 年临城和赞皇义务教员年龄统计表

	共有数	青年	中年	壮年	老年
临城	29	15	6	8	0
赞皇	56	37	17	0	2
合计	85	52	23	8	2

资料来源:《太行第一专署教工材料及教育工作材料》(1942 年 7 月 20 号),山西省档案馆藏,A65-1-17-1。

由表 5.4 可知 1942 年临城和赞皇共有义务教员 85 人,其中临城 29 人,青年义务教员 15 人,占义务教员总数的51.72%;中年义务教员 6 人,占义务教员总数的20.69%;壮年义务教员 8 人,占义务教员总数的27.59%。赞皇有义务教员 56 人,青年义务教员 37 人,占义务教员总数的66.07%;中年义务教员 17 人,占义务教员总数的30.36%;老年义务教员 2 人,占义务教员总数的3.57%。两县合并统计,青年义务教员共有 52 人,占义务教员总数的61.18%;中年义务教员 23 人,占义务教员总数的27.06%;壮年义务教员 8 人,占义务教员总数的9.41%,老年义务教员 2 人,占义务教员总数的2.35%。

表 5.5　1942 年临城和赞皇义务教员阶级成分统计表

	共有数	贫农	中农	富农	地主
临城	29	17	8	4	0
赞皇	56	12	35	9	0
合计	85	29	43	13	0

资料来源:《太行第一专署教工材料及教育工作材料》(1942 年 7 月 20 号),山西省档案馆藏,A65-1-17-1。

由表5.5可知临城和赞皇两县 85 名义务教员中,中农 53 人,占义务教员总数的62.35%;贫农 29 人,占义务教员总数的34.12%;

富农13人，占义务教员总数的15.29%。中农出身的义务教员所占比重最大，其次为贫农出身的义务教员，而地主出身的义务教员数量最少。

接着对1944年底统计太行区二十县冬学教员情况进行研究，具体统计数据如表5.6所示。由此可以直观地看出，1944年冬学的教员年龄构成已转为以壮年为主，太行区20县的冬学教员中壮年教员人数为1 522人，占总教员人数的55%，超过半数；老龄教员人数最少，仅占教员总人数的5%。表中未列出左权县的数据，左权有冬学教员235人，18—25岁的青年教员112人，26—40岁中壮年教员人数为123人，学历划分为粗通文字、初小、高小、中学和其他。教员的阶级成分包括贫农、中农、富农、地主及其他，其中以中农成分的教员所占比例最高，为65%；地主出身的教员有18人，所占比例最低，仅占总数的0.5%。1944年临南县51个冬学教员中贫农成分有30人、中农20人、富农1人。兴县79个冬学教员中贫农成分的有39人、中农37人、富农2人、商人1人。1944年冬学受训的40个教员中有抗联主任11人、农会秘书8人、农会干事1人、村长3人、民兵中队长6人、小队长5人、其他6人。①

由此可知阶级成分对于是否可以成为冬学教员是极为重要的衡量指标。在教员选拔中，会较多的倾向贫农、中农、富农出身的教员，而极少选择地主出身的教员，在当时的政治环境下，这样的选择也在情理之中，以阶级成分作为选拔的重要标准在当时的工

①《1944年冬学干部与冬学教员的训练》，山西省档案馆藏，A90-3-29-3。

表 5.6　1944 年底统计太行区二十县冬学教员情况表

	总数	年龄			阶级成分					文化程度				其他
		青	壮	老	贫农	中农	富农	地主	其他	粗通文字	初小	高小	中学	
数目	2 724	1 064	1 522	138	564	1 782	312	18	48	1 099	1 220	320	39	46
百分比		40	55	5	20	65	10	0.5	4.5	40	45	12	1.4	1.6
说明	二十县为：一专八县(赞皇、临城、内邱、井陉、元获、平东、昔东、和东)； 七专四县(林县、辉县、汲淇、辉嘉)；其他的县有(武西、邢西、武乡、黎北、辽西、襄垣、武安、偏城)													

资料来源：《太行区教育概况》，山西省档案馆藏，G3－40。

表 5.7　1946 年太行五专义务教员集训情况表

县别 数字 类别	义务教员(人)	成　分				文化水平			年　龄		
		赤贫	贫农	中农	富农	识字	粗通文字	不识字	青年	壮年	老年
安阳	50	0	15	33	2	40	10	0	24	21	5
涉县	210	3	78	126	3	9	146	55	71	88	51
汲淇	84	4	31	48	1	2	36	46	25	35	24
合计	344	7	124	207	6	51	192	101	120	144	80
百分比		2%	36%	60%	1.6%	14.6%	56%	29.4%	34.9%	41.8%	23.3%

资料来源：《太行五专教育科一九四六年社会教育部分材料总结》(1947 年 2 月)，山西省档案馆藏，A69－1－8－3。

作中的确不可避免。因为当时的政治舆论宣传对于地主阶级是持否定观点的，因而地主成分出身的人即使文化程度较其他成分出身的教员高，也很难被录用为冬学教员。教员的文化程度以初小水平为主，其次为粗通文字、再次为高小，中学文化程度的教员所占比例最小。由此可以看出根据地冬学教员的文化水平普遍较低。粗通文字的冬学教员数量仅次于初小文化水平的教员数量，占教员总数的 40%，这部分教员多半之前接受过社会教育，且是成绩较为突出的“前学员”，这也从侧面反映出根据地社会教育取得了极好的教育效果。

由表5.7中可知 1946 年义务教员中贫农和中农成分的教员所占比例合计为 96%，数量占有绝对优势，这说明了社会教育中翻身运动教育取得了极好的成绩，农民的思想政治觉悟大幅度提升，农民掌握着自己的思想阵地。文化程度也反映出一个问题，即不识字和粗通文字的教员占了总数的85.4%。这里要有正确的认识，要和当时社会教育的任务结合起来看，并不是社会教育工作中提倡文化水平低的人担任义务教员。因为当时的教育目标是要实现领导群众翻身、解决群众思想问题，因而这时的教员构成中必然会强调政治素养，以翻身运动中的积极分子担任义务教员，如宁武训练冬学教员时吸收了一批群众英雄参加冬学，这对冬学开展起了很大作用。① 年龄构成上看则以青壮年教员为主，占据了教员总数的76.7%。

从义务教员的性别比例来看，女性教员数量鲜少，如对 1946 年涉县的义务教员进行统计，共有教员 312 人、林县 727 人、安阳

---

①《关于第六分区专员公署宣传会议的总结报告》(1945 年 4 月 2 日)，山西省档案馆藏，A102-1-20-1。

50人、辉县199人、汤阴28人，合计共有义务教员1 316人，然而在所统计的数据中竟无一女性教员，全部义务教员均为男性。① 而这不能说明中共不注重女性教员的培养，实际上中共很早就提出并鼓励知识妇女担任教员的工作。从1940年6月23日《新华日报华北版》所刊登的《知识妇女到教员职业中去》一文中讲到"华北敌后随着战争发展与需要，各方面正在突飞猛进着……共产党及其领导者对妇女工作的殷切指导，共产党员对妇女工作的关切与帮助，相当改变了一般人对妇女及妇女工作的态度……我们应当使妇女能参加到各方面工作，首先是到教育工作中去，以增加妇女知识能力，提高妇女社会地位。女干部担任小学教员必将以其细心耐心之特长取得群众之信任，而大有利于妇女工作。"②从抗战开始时，中共便注重鼓励知识妇女主要是担任小学教员的工作，小学教员本身就是肩负着参与、帮助社会教育工作之责。但是从笔者所查阅、搜集到的历史数据来看，确实是存在女性义务教员稀缺的状况，实际上当时的小学教员性别构成中，女性所占比重亦是很少的，这可能和知识女性本身数量就偏少，且知识女性大多参与到其他妇女工作中，而造成在义务教员领域数量鲜少的状况。

四、模范教员评选标准及奖励

山西抗日根据地社会教育中模范义务教员的评选标准及奖励方式有着一整套完备的制度。普通义务教员的待遇根据教育工作的效果来评定，采取"按时记工"(上八个小时的课顶一工，出外受

---

①《太行五专教育科一九四六年社会教育部分材料总结》，山西省档案馆藏，A69－1－8－3。

② 安修：《知识妇女到教员职业中去》，《新华日报》(华北版)1940年6月23日，第4版。

训，开会亦记工）、以工变勤（用一工变一勤工）的办法来统计每人的工作效果。① 因此义务教员除了自己应完成的任务外，还可以通过多劳而多得，这样的评定方法使义务教员能够安心工作，把冬学办好，克服了冬学中存在的“不管冬学办得怎么样，用工多少，一律享受免差对待”的不合理现象。

山西抗日根据地社会教育注重对模范义务教员的鼓励，并予以奖励。以1943年太行区选拔奖励模范义务教员为例，模范义务教员的选拔标准为：“1. 热心教学、品格端正，抗日意志坚决的；2. 能按期完成预定教育计划，克服困难坚持工作者；3. 能动员全村男女文盲50%以上入学，能保持经常到校数者；4. 教学法优良，学员检测成绩时政治课平均分在60分以上，识字平均在150字以上者；5. 能将冬学密切结合中心工作，协助群众运动确有成绩者；6. 冬学结束即能建立民众学校者；连任冬学义务教员两年以上者。”②1944年模范义务教员选拔标准在此基础上稍有变化，如第2条中细化了克服困难的具体条件，“能在严重灾区和战争环境中克服困难坚持工作者”。第3条中比上一年的全村男女文盲入学比例要求增加了10%，为“动员全村男女文盲60%以上入学”。第4条中则降低了对学员识字平均数的要求，降为“要求识字平均在100字以上者”。③ 此外学校的模范教员的评选标准亦包含了对教员之于社会服务之要求，如1945年晋绥六专关于文教会议中对学校模范教员的选拔标准为：“1. 领导群众学习，推动生产；2. 教育

---

①《六月份社教工作报告》，山西省档案馆藏，A52-4-18-2。

②《太行区模范义务教员选拔奖励办法》（1943年），晋冀鲁豫边区财政经济史编辑组等编：《抗日战争时期晋冀鲁豫边区财政经济史资料选编》第1辑，北京：中国财政经济出版社，1990年，1298页。

③《边府指示奖励模范义务教员》，《新华日报》（华北版）1944年3月9日，第2版。

儿童为社会为家庭服务；3. 虚心学习生产，积极帮助本村工作。”①

冬学教育工作成绩优良的教员，在冬季教育进行过程中，由县负责考核，随时奖励。对于教员模范事实条件的规定为：“1. 不缺席、不误课、能坚持教学，战斗时，能坚持岗位进行教育或宣传者；2. 动员学生和巩固学生的比例经常在80%以上者，学生测验成绩平均在七十分以上者；3. 教学上创造有新方式方法者；4. 在游击区能团结群众，进行宣教工作，热心不懈者。模范事实具备其中三个条件者，评为甲等奖；具备二个条件者，评为乙等奖；满足一个条件者，评为丙等奖。游击区因其所处环境比较不易，因此评选模范教员的标准相对低些，游击区和敌占区内对敌进行文化斗争表现特别英勇坚决者以及在灾区从事教育工作的义务教员，在选拔模范义务教员时，应适度降低一些标准，对其予以奖励。”②如在游击区内，同时满足以上模范义务教员评选条件中第三和四条的，为甲等；满足一项者为乙等；具备以上一个条件者，为丙等奖。③ 模范义务教员的评选结果公布后，由县经过专署呈报边府，整个评选工作不超过规定冬学结束后的两个月。

模范义务教员评定等级与标准按照县、专署、边府三级模式进行选拔。根据教育工作的成绩，由边区最终评定出甲、乙、丙三个等级进行表扬、奖励。1943年太行区本年度全区共评选出245名

①《晋绥六专关于文教会议的总结和冬学工作的总结报告》，山西省档案馆藏，A102-1-20-1。

②《太行区1943年度模范义务教员选拔奖励办法草案》，山西省档案馆藏，A52-4-38-5。

③《编委会关于冬学教育实施大纲令》(1942年10月20日)，王谦主编：《晋察冀边区教育资料选编：社会教育分册》，石家庄：河北教育出版社，1990年，第58页。

模范义务教员，由边区政府评选出甲等 50 名、乙等 60 名、丙等 85 名。① “太行区政府教育厅在冬学结束时拨款13 000元作为奖金”，奖励成绩优良的义务教员，并且充分考虑到游击区与敌占区社会教育工作开展环境的相对艰难的情况，对义务教员中进行反奴化教育斗争表现英勇者提高奖励。同年左权县在进行完师资训练班的培训后，“奖励了去年冬学中表现优异的义务教员，共计 12 名，其中甲等模范义务教员奖 40 元、乙等模范义务教员奖 30 元、丙等模范义务教员奖 20 元，并且分别颁发特等、优等、普通奖状各 1 张。”②1944 年太行区进行模范义务教员评选参加评奖的一共 18 个县，共计 155 人，韩敬中、郭书云等 37 人荣获特等奖，吕炳荣等 65 人荣获优等奖，普通奖获得者共 51 人。③ 1945 年“太行区甲等县有甲等义务教员 5 名、乙等 8 名、丙等 10 名；乙等县有甲等义务教员 3 名、乙等 6 名、丙等 8 名；丙等县有甲等义务教员 2 名、乙等 4 名、丙等 6 名。第一专署有甲等义务教员 15 名、乙等 20 名、丙等 25 名；第二专署有甲等义务教员 10 名、乙等 13 名、丙等 16 名；第三专署有甲等义务教员 15 名、乙等 20 名、丙等 25 名；第四专署有甲等义务教员 12 名、乙等 15 名、丙等 20 名；第五专署有甲等义务教员 12 名、乙等 15 名、丙等 20 名；第六专署有甲等义务教员 9 名、乙等 12 名、丙等 15 名；边府评选名额为有甲等义务教员 65 名、乙等 90 名、丙等 115 名，奖励以奖金、实物形式发放，甲等义务教员由专署奖励奖金 80 元，边府发给奖状一副；乙等由专署奖励奖金 60

---

① 《奖励模范义务教员，命令增加小学教员薪金》，《新华日报》(华北版)1943 年 3 月 1 日，第 4 版。

② 《左权奖励模范义务教员》，《新华日报》(太行版)1943 年 12 月 1 日，第 2 版。

③ 本年度模范义务教员统计数据不包括四、五专区的，因这两专区的评价书未能及时送达，因此本年度模范义务教员数量仅以一、二、三、六专区进行统计。

元，边府发给奖状一副；丙等由专署奖励奖金 40 元，边府发给奖状一副，甲等模范中的老义务教员应在颁发奖金外，专署亦颁发特别奖金，并登报表扬。”[①]同年 10 月，晋绥边区冬学运动中对模范义务教员除给予精神奖励外，由政府拨发13 000元作为物质奖励。[②] 以精神和物质双重奖励进行激励，可推进冬学运动更好、更快地发展。在激励制度下，义务教员全身心地投入到冬学的工作中，通过不断学习提升自身的政治文化和教学水平。

民校义务教员的评选标准分为甲、乙两个等级。甲等民校教员的评选标准为：“教学方式灵活，能因材施教，运用启发式教学，组织学生进行讨论者，且冬学成绩考核优秀、工作积极负责、全心全意为群众服务、受群众爱戴拥护者可评为民校甲等教员。”乙等民校教员的评选标准为：“具有积极上进的责任心，取得了一定成绩，且能按照群众之需要进行教学，且为群众所拥护者。”[③]具体评选方法为初选以学区为单位进行，由县区干部负责指导，村长、教委会、小学教员、学员代表参加评选工作，先由大家集体讨论，充分发挥民主精神，客观负责地对优点、缺点进行阐述，所述材料必须是实实在在的具体教学实践，防止评选中出现教条主义，生搬硬套的作风，对所有材料进行客观总结，认真填写到评选书中，然后根据大家集体讨论进行筛选，优秀的候选人进入复选环节，并最终集体研究评选之。除了精神和物质奖励之外，亦有晋升奖励，可从优秀义务教员之中选拔提升至小学教师。1941 年晋察冀边区颁布的《广泛开展冬学运动公布冬学运动实施大纲》中就专门指出其晋升

① 《太行区 1945 年教育工作概述》，山西省档案馆藏，G3 - 41。

② 《从义务教员奖励金说起》，《教育生活》，1943 年第 2 卷第 2 期，山西省档案馆藏，G3 - 217。

③ 《关于冬学转民校评选义务教员的指示信》，山西省档案馆藏，A65 - 1 - 17 - 5。

标准为“冬学教师每日坚持上课，一向不缺席，动员学生超过全村文盲70％以上，与学生毕业成绩及格占入学学生50％以上，而积极负责，勇于克服各种困难，坚持冬学者，由村逐级报县，于冬学结束时，予以奖励并得提升为小学教师。”①

此外还有包括所有文教工作者的模范文教工作者的评选，其所涵盖的范畴更大，包括了义务教员、小学教员、戏剧秧歌工作者、报刊通讯员等文教领域的所有文教参与者。1945 年 1 月太行区进行模范文教工作者评选工作，评选标准为：“在工作中有新的创造、成效卓著者；联系群众、服务群众、得到周围群众拥护者；执行政府政策法令，并能纠正别人违反政策法令行为者。具体评选以区为单位，由区公所召开会议，推选本区模范文教工作者。② 区县模范文教工作者，由区县政府酌情予以物质奖励，奖品为奖金、图书、文具等，并由区公所对区模范文教工作者的事迹进行表彰宣传，县模范文教工作者由县政府颁发奖金，并对其模范事迹进行宣传。太行区模范文教工作者则由边区政府颁发奖金、书籍、文具等物质奖励，亦对其模范事迹在全太行区予以宣传。

五、师资训练班

社会教育干部与义务教员的政治文化水平、领导水平、教学水平直接决定了社会教育工作开展的效果，因此山西抗日根据地教育管理部门十分重视对社会教育干部和义务教员的培训工作。《晋绥边区行政公署晋绥边区冬学委员会关于冬学运动的补充指

①《广泛开展冬学运动公布冬学运动实施大纲》，《晋察冀日报》1941 年 11 月 19 日，第 4 版。

②《关于模范文教工作者选举与奖励颁发》，《新华日报》(太行版)1945 年 1 月 21 日，第 6 版。

示信》中指出：冬学教员为冬学成败之关键，而冬学教员之集训就是为了培养、提高冬学师资的，各县冬学委员会应很好地组织这个工作。尤其是义务教员普遍文化教育程度偏低，虽然他们平时注意在工作中坚持学习，做到教学相长，但系统接受师资培训是极其必要的。义务教员的训练大都在十一月前半月开始，有的是以全县集中的，大部分是以区为单位集训的，参加的除义务教员外亦有小学教员、村长等村干部等。如 1945 年，晋绥边区行署的冬学工作安排中，充分考虑到小学教师对于社会教育工作开展的重要性，开办了三期小学师资训练班，训练与培养出新师资 204 人，其中包括男性 199 人，女性 5 人，取得了较好的培训效果。① 1945 年晋绥六分区接受培训的教员有 130 人，其中有 100 名教员都是兼任着冬学教员一职的。②

晋绥区 1944 年对冬学干部进行了调查，“冬学干部共计 66 名，其中科员、助理员 15 人、抗联干部 6 人、村长与民教馆馆长各 1 人、小学教员和小学生共 35 人。文化程度构成为，上过中等学校的 12 人、高小生 15 人、初小生 9 人。”③按照工作经验与政治水平进行分类，大致分为三种类型：“第一种类型实际经验较丰富、直接领导和参加过群众斗争，群众观念较深。这部分干部非常了解农村的实际情况。第二种类型为有一定工作经验、但对农村实际情况了解并不深刻、群众观念较为淡薄。第三种类型为基本没有实际工作经验，对农村情况不甚了解，存在一定的教条主义作风，这类干部

---

①《晋绥边区行署关于冬学工作布置的总结》(1945)，山西省档案馆藏，A90-3-30-6。

②《晋绥六分区关于冬学工作的总结》(1945 年 8 月 1 日)，山西省档案馆藏，A102-1-20-2。

③《1944 年冬学干部与冬学教员的训练》，山西省档案馆藏，A90-3-29-3。

以青年学生居多。”①

冬学工作开展中，亦有一些领导干部不以群众的需要出发，只将其看作为一个必须完成的任务来强制执行的，如临县白兰芳在反省工作时说道：“1942 年我当村长时对冬学采取应付的态度，不根据群众自愿原则，仅以自己的主观愿望为指导，不老老实实为群众服务，冬学没搞好，并且连变工队也垮了。”②有些义务教员存有“知足者常乐，能忍者自安”、“守分安命、顺时听天”、“天子重英豪，文章教尔曹，万般皆下品，唯有读书高”等与民主的、科学的、大众的新文化相左思想，受这种思想的影响，义务教员在具体教学中就会犯错，如某位教员给青年学员讲到：“甚高甚低？天子高来，为臣低。甚东甚西？文站东来武站西。”③这在无形中便宣传了统治阶级的尊严，这些主观有意或无意的做法是有害于根据地社会教育发展的。正是由于一些社会教育干部和教员思想中存在一定的问题和偏差，因此对其进行培训是极其必要和紧迫的。当时还有一些教员存在着对群众自命清高、摆架子的状况，对学员采取着“你来我就教，你不来我也不管”的敷衍态度。亦有的教员则抱着“打不了小米碗”的态度，认为教员比较缺乏，那么自己作为比较稀缺的一员便对教学工作不上心、不认真。有些教员认为做义务教员没前途，想改行、相当干部，对于本职工作不安心，一直想着要调动；还有些教员认为义教门槛低，自己如果胜任不了其他工作，那就做教员吧，存在这些认识的教员，工作时缺乏朝气，磨洋工等，因此师资训练班的开展是极其必要的，针对这部分教师的工作态度

① 《1944 年冬学干部与冬学教员的训练》，山西省档案馆藏，A90－3－29－3。

② 《1944 年冬学干部与冬学教员的训练》，山西省档案馆藏，A90－3－29－3。

③ 《关于群众与儿童思想教育—消灭含有毒素的“传统教育”》，《教育生活》，1943 年第 2 卷第 3 期，山西省档案馆藏，G3－218。

给以纠正，并通过系统的培训课程，提升其各相关方面的水平。

冬学训练委员会为师资训练班的领导机构，由参加过冬学的同志组成冬学训练委员会。依据工作性质进行划分为“组织股”“宣传股”“生活管理股”“事务股”，四个股分工开展具体工作。有计划、有步骤地帮助教员学习，以地区划分小组进行管理，师资训练班在授课之前召集学员开座谈会，以“从学员中来，到学员中去”的方法指导讨论，广泛征询大家的各种意见，如“觉得今年冬学如何办？群众希望在冬学中学到什么？去年的冬学有些什么成绩？缺陷？原因在哪里？干部应如何领导？”①等。师训班的培训原则为：“冬学以群众为主，师资训练班就以冬学教员为主。冬学里教什么，训练班就学什么。冬学里怎样教，训练班就怎样学”，训练进度为开始时先检讨反思去年冬学，再配合分析报告，讨论当年的冬学工作指示，并研究冬学课本。师训班同时要开办实验冬学，“使冬学教员就学就作”，以取得实际经验，这也是很有效的训练方法。为适应根据地的形势需要积极广泛开展冬学，并从各中等学校中抽选若干学生派往各地协同办理冬学。② 并将“新根据地”与“老根据地”的教员进行混合编组，这样可以在讨论时互相汲取经验，且“老根据地”教员可对“新根据地”教员进行帮助。除平时的学习时间外，培训班利用午饭与夜间时间进行戏剧、通讯、识字及自然常识等座谈会。③ 义务教员集训期间，每人发铅笔1只、麻纸10张，凡是原享有米津的村干部、小学教员以及各中等学校学生，集训时

①《阳曲、交城冬学教员训练班总结报告》（1945年12月22日），山西省档案馆藏，A103-1-10-2。

②《晋绥边区关于1945年冬学工作的指示信》，山西省档案馆藏，A90-3-28-4。

③《阳曲、交城冬学教员训练班总结报告》（1945年12月22日），山西省档案馆藏，A103-1-10-2。

需自带粮食及伙食费，而如果是经地方动员来参加的培训者，则按财政制度供给其伙食，此项开支及冬学教员集训办公费，均由地方经费项下报销(地方开支将另有规定)，冬学经费一律由群众民主讨论自觉自愿的自求解决。①

师资训练班的培训时间一般期限为10天—15天，也有个别的训练班时间稍长或稍短一些。如太行行署1945年时各县便未开展集中培训义务教员的训练班，而是在县教育主管机构的指导下，以区为单位举办最长5天、最少3天的座谈会。各县根据自己的具体情况，选择座谈会开办时间，或是冬学开始前，或是冬学运动的中期，时间上相对自由，但会后必须要向行署汇报总结经验。师资训练班以县为单位进行，由县教育干部和优秀冬学教员共同负责组织培训，如确实存在困难的县可由专署统一训练，或是在当地分散训练，专属派干部协助之。② 1940年晋察冀边区一、三、四分区和阜平冬学共培训义务教员59 888人，其中有一部分之后被提拔为小学的教员，还有部分义务教员被提拔为边区的文化教育工作者。③ 1940年晋西北冬学运动开始前，对冬学义务教员进行了多方面内容的训练。训练课程有：政治常识、群众工作、论持久战、新民主主义论、统一战线、新政权的性质、目前形势和民主村选、送公粮、减租减息、三大中心、八项主要政策，以及冬学实施办法。据9县统计，共动员兼任冬学教员397人，专任冬学教员849人，合计

---

①《关于1944年冬学工作的指示》(1944年7月27日)，山西省档案馆藏，A90－3－28－2。

②《关于1945年冬学工作的指示信》(1945年9月1日)，山西省档案馆藏，A90－3－28－4。

③《中国共产党晋察冀边区党委关于边区冬学运动总结摘要》，《抗敌报》1940年5月16日，第4版。

1 246人。[①] 1940年1月唐县开设冬学师资训练班，分四期举办。第一期为八、九、十区，共计培训学员80多人；第二期为五、六、七区，共计培训学员90多人；第三期为四区，共计培训学员40多人；第四期为一、二区，共计培训学员50多人。[②] 1941年漳北区“共培训社会教育工作人员309人，其中磁县67人、涉县98人、武北49人、武南22人、偏西33人、林县40人。”[③]

据不完全统计1944年晋绥边区共培训义务教员1 610人。[④] “1945年交城县培训义务教员共255人，来自80个行政村、137个自然村，其中45人为义务教员、30人为小学教员、戏剧团干部有6人、村干部有36人、农会干部为12名、民兵干部(中队长等)21人、自卫队干部12人、群众39人。”文化程度分布为：“中学程度的4人、高小程度的31人、初小程度的60人、粗通文字的100人、稍识字的56人、文盲4人，平均年龄在40岁以下。成分构成为富农6人、中农127人、贫农122人、雇农2人、手工业者8人、商人12人、学生30人。”[⑤]1945年晋绥六分区宁武县参加培训的冬学教员有“34人(其中有13人是小学的教师，兼任冬学教员)，这34人的家庭成分为富农1人、中农6人、贫农27人。包含着获英雄称号的13人，还有8名村干部。静宁县受训教员有16人(其中有7是小

① 庄光：《1940年晋西北地区冬学工作概况》，《山西教育史志资料》，1985年第2期。

②《边区冬学运动普遍展开，在文化战线上突击前进》，《抗敌报》1940年1月7日，第1版。

③《关于漳北区一年来(1940—1941年8月)教育工作总结报告》(1941年)，山西省档案馆藏，A69-1-8-11。

④《晋绥行署1944年冬学工作计划、附：冬学工作报告提纲》(1944年7月28日)，山西省档案馆藏，A90-3-27-1。

⑤《阳曲、交城冬学教员训练班总结报告》(1945年12月22日)，山西省档案馆藏，A103-1-10-2。

学的教师，兼任冬学教员），这16人中的家庭成分为富农4人、中农4人、贫农27人，包括村干部12人。”由此不难分析出接受培训的义务教员中，中农与贫农所占的比重最大，贫农出身的教员占了绝大多数，次之为中农，且教员选拔时充分考虑到村干部及获得“英雄”称号的模范人物加入。

1944年离石冬学教员从当时小学教员中抽选了25名、从民办教员中选取了20名，另外从村干部、劳动英雄、变工队长、民间知识分子中选取了86名，进行了为期半个月的训练。① 同年，兴县集训的冬学教员除了抽选的小学教员外，大部分都是农村富有实际经验的干部，温象栓村的民兵队长温国枝、高家村的农会秘书、裴家川的模范变工组长裴裕德等都来接受培训。岚县也是抽调精通文字、有工作能力的区村干部42人担任冬学教员接受培训，②培训结束后，由接受过训练的同志再对抽选出的农村知识分子进行经验之传授。

1943年义务教员师资训练班的主要课程是时事教育，这是针对当时根据地部分干部和群众对“时事”的认识不够完全，只认为国际、国内大事才算时事，而将根据地内的事情排除的情况而制定的课程，因为义务教员肩负教育和指引群众的职责，该年度中共中央将时事教育列为十大政策之一，时事教育在于“教育群众，提高抗战信心、生产热忱，明确自己的立场，认识自己的力量。”各大报刊配合时事教育陆续发表关于时事教育的社论，该年度社会教育的重要任务便是要聚焦于时事教育，而如何将时事教育工作很好的开展，则成为义务教员师资训练班年度重要的培训内容。在具

① 刘淑珍:《晋西北抗日根据地教育简史》，成都:四川教育出版社，2000年，第253页。
② 刘淑珍:《晋西北抗日根据地教育简史》，成都:四川教育出版社，2000年，第255页。

体的培训过程中,充分考虑到义务教员文化水平普遍不高,理解一些课程内容时会存在困难,便从讲授方法上给予指导,结合乡村义务教员切身的经验和根据地鲜活的相关事例进行分析与解释。为了使讲授的内容真正内化于教员的思想,训练班的培训方式注重授课、讨论、漫谈和个别访谈相结合,尤其是在一些存在模糊认识的问题上,仅靠授课传授知识是不足以讲清楚,配合自由讨论、漫谈等形式才能真正让学员有深刻的认识。此外,训练班亦注重组织义务教员进行自我检讨,通过不断反思、总结经验,不断提升。

1944 年离石冬学教员训练内容包括:翻身教育,包括减租(减租训练班的经验)、生产、公粮条例;对敌斗争,包括爆炸、反扫荡经验;前途教育,包括八路军与人民力量,训练主要采取讨论的方式。阳曲、交城冬学教员训练班于 1945 年 12 月 22 日开课,训练班的教学方式为"少讲课、多讨论、多研究、将讲授内容与实际工作结合。"组织以教员为核心的讨论会,训练班的教员在组织讨论会时引导学员正确思考,通过提出与中共乡村的中心工作相关的问题,以及群众对中心工作产生的疑虑、工作开展中群众产生的疑问等,帮助群众答疑解惑。如学员提出减租减息没有做好的原因之一是因为怕"阎奸"再来,这时教员就给学员讲解时事政治,分析中共政策的正确性,消除学员的担心。讨论时先分为小组讨论,之后大组讨论。教员在学员讨论结束后做总结,解答讨论中未解答的问题,结合教学目的对学员进行正确指导。师资训练班时间"为期 7 天,"利用"大概 2 天"的时间讨论为什么要办冬学,进而检讨个人学习态度,然后学习《抗战报》社论,从思想上重视冬学工作,以小组为单位进行讨论,检讨过去对冬学工作的认识,经过讨论学习,教员普遍提升了对冬学的认识。[①] 有部分教员检讨了自己的错误想法，如有学员将接受培训当作是“应付差事”，认为“当冬学教员耽误自己的事”，“文化低学不好，回去也教不好”。有的人为了逃避抗勤、逃避当兵才当的义务教员；有的为了当干部，在群众面前抖威风；还有的个别人说受训是“为了学习东西，不要别人骗，这里吃了饭还省下家里的粮”等。这些错误认识经过师训班培训后均予以纠正，教员们充分认识到了冬学的重要性。之后的 5 天时间对冬学如何与冬季工作结合、村干部上冬学、如何组织领导冬学等问题进行讨论。通过讨论使教员认识到教员要配合村中工作教育群众，“村里要做什么，冬学就要教什么”，发动积极分子进行宣传，及时反馈学员的需求，如对贫苦抗属子弟和农民设置早日班，照顾其生产，或设隔日班，随来随教。冀晋区进行了 5 次教师训练与座谈会，内容为“思想检查、时事学习、业务学习、工作检查与布置等”。师训班注重培养教员政治素养、提升其文化水平与教学方法。“师训班的任务为提升教员的学习自觉性，广泛发扬民主，解决教员的困难，根据教育工作及个人需要，激发教员的进取心，提高教员的情绪，发挥教员的力量。”[②]

师训班将假期的训练与日常学习结合起来。春季时强调教育行政干部参加，工作重心放在检查与总结全年教育工作上，研究新一年的教育方针、任务与具体计划步骤等，并根据春季生产特点，研究教育如何与生产结合，如何进行生产卫生教育。秋季时由县级领导部门同教联共同组织领导，根据教员的需要，组织广泛的集体学习运动，方式多样，如“讨论”“上课”“研

① 《冀晋师训班的经验》，《晋察冀日报》，1947 年 1 月 3 日，第 2 版。

② 《冀晋师训班的经验》，《晋察冀日报》，1947 年 1 月 3 日，第 2 版。

究会”等方式。对教员的培训结合当前形势与任务的明确指示，树立为群众服务的观点，在教学方法上给予帮助与启发，增强教员在工作中的自信心。晋绥边区师训班对冬学工作中的各种问题进行研究，训练时采用“做什么学什么”“怎样学就怎样做”“大家学大家教”的实际群众性学习方式。主要训练课目及培训时间如表5.8所示。

表 5.8　师训班训练的课目、方式所占比重分配表

课目	报告时间(小时)	讨论时间(小时)
冬学方针	3	32
冬学计划	3	21
生产	6	24
减租	4	24
劳武结合	3	9
政治报告	4	18
防奸自卫	3	9
公粮	5	18
总计时间	31	155

资料来源：《关于冬学工作布置的总结》，山西省档案馆藏，A90－3－30－6。

“师训班共开设八门培训课程，学习时间为 186 小时。报告时间总共为 31 小时，占总学习时间的16.7%，讨论时间为 155 小时，占总学习时间的83.3%。除此之外，学员亦进行思想总结和其他具体规定的工作之讨论，时间分配比例各为 12 小时。冬学方针与冬学计划的学习时间为 59 小时，占据总学习时间的31.7%；公粮、生产等课程的学习共计 127 小时，占总学习时间的68.3%。时间分配上以讨论的形式为主。内容比例上以冬学方针、冬学计划为主。”①师训班的特点之一就是与群英会相结合，这给予冬学教员很大的启示与激励，如保德群英大会上劳动英雄袁谦报告生产情况，冬学教员全部参加，提出“袁谦为什么生产的好”的问题，经大家讨论，好些人都说：“袁谦生产的好，这因为他能替群众办事（群众观念），会依靠群众解决问题，我们今年办冬学，应该向袁谦学习。”又如在任昌报告减租就提出“为什么减租？减谁的租？今后应该如何减租？”等问题。讨论中很多人都反省过去没有发动群众、教育群众认识减租的重要性，进而更加认识了冬学的重要性。② 又如临县的师训班讨论劳动英雄赵应元的先进模范事迹和刘成仁创造的冬学新办法。每位学员在课堂上以此材料进行讨论，并个人对照着模范事迹进行反省，许多人反省了自己过去为何对群众不关心等问题。岚县组织冬学教员参加群英会，听取各种模范英雄事迹。兴县群英会上专门举办了由各英雄和冬学教员参加的“办冬学”座谈会，扩大了冬学影响力。

开办实验冬学是师资培训的重要途径之一，通过开办实验冬学，干部和教员从实验中总结教育经验，并回到本村后加以推广，如晋绥边区各冬学教员训练班必须办 1 所实验冬学，亦要求各冬学委员会必须在其驻地办 1 所实验冬学。③ 临县在训练冬学教员时，在龟岭村举办了实验冬学，首先对该村情况进行了解，对存在的土地、贪污问题进行研究，完成了公粮条例及征集办法。冬学教员通过讨论、总结等方法进行学习，村干部对教员进行帮助和指

---

①《关于冬学工作布置的总结》，山西省档案馆藏，A90－3－30－6。

②《1944 年冬学干部与冬学教员的训练》，山西省档案馆藏，A90－3－29－3。

③《晋绥行署两年半的文化教育建设报告》（1942 年），山西省档案馆藏，A90－3－1－1。

导。又如临南县训练完冬学教员后，在各区选出工作较好的刘家山、中等水平的许家峪、较差的渠家坡三种类型的村庄，由民教馆助理员带领一部分冬学教员进行实习，使冬学教员了解各村的具体情况，创造适合各种村庄的冬学经验。① 实验冬学因环境条件所限，并不能开设大型的训练班，只能集合个别的冬学义务教员在某村办冬学。在实验中训练冬学教员，冬学教员回到本村后采用师傅带徒弟的办法，对其他的教员进行训练。除了各地冬学教员训练班要办一个实验冬学进行教学经验总结外，各级冬学委员会亦在所驻地创办一个实验冬学，区级冬学委员会在冬学开始时，即开办模范冬学或中心冬学，取得经验以推动或督导其他冬学，并随时将新的创造与经验向上级报告，或通过《大众报》与《冬学小报》进行报道。② 上述区的中心冬学教员，同时也兼任所在区的冬学督学，帮助检查其他的冬学教学情况。

义务教员师资培训中强调义务教员要和知识分子、工农分子在学习中相互配合、帮助，如兴县冬学训练班采取工农分子多讲具体问题、知识分子帮助分析和总结经验之方法，互帮互助、提高教员们的学习积极性。如保德县师资训练班考虑到村干部与参加培训的二中学生的不同情况，在分组时实行混合编制，将两者编制在一起，一方面可由二中学生帮助村干部从实际工作中提升理论的认识，另一方面村干部亦可从自身丰富的工作经验出发，帮助二中学生，结合实际，克服教条主义现象。③

在师资训练班教学过程中也存在着一定的错误倾向，如偏重

---

①《1944年冬学干部与冬学教员的训练》，山西省档案馆藏，A90－3－29－3。

②《1944年冬学干部与冬学教员的训练》，山西省档案馆藏，A90－3－29－3。

③《1944年冬学干部与冬学教员的训练》，山西省档案馆藏，A90－3－29－3。

解决实际工作中出现的问题，以至于造成一些教员认为冬学是一个机关或是组织，有校长说："有问题都要到冬学中来解决，立刻上冬学吧。"如龟岭实验冬学的群众大会中，干部领导讨论冬学与解决土地问题时，行政村长、抗联主任，中队长都未出席参加，这和有些村庄中，冬学存在着代替包办村务的偏向有很大关系。此外还存在有些师资训练班忽视文化课教学的研究，如临县在训练冬学教员的二十九天中，文化课只讲了15分钟，讨论了3个小时，并未对文化课的教学法进行研究。① 有些地区根据当时的实际，采取了3—5天座谈会的形式，而未开设师资训练班。1945年阳曲和交城冬学教员训练班文化课的学习主要是利用课外时间，以通讯工作座谈会的形式举行，开设了1次破除迷信座谈会，此外关于应用文，如路条、租约的写作学习共3次。②

义务教员受训结束回到本村后，其与本村干部一同出席冬学座谈会，进行冬学相关问题的讨论，为本年度冬学的顺利开展做好准备工作。义务教员除在专门的师训班学习外，其每10—15天需抽出1天时间去周边村庄的冬学进行教学观摩，以此互通有无、吸收彼此的优秀教学经验，同时互相竞争、不断提升教学热情和工作效率，且义务教员的工作经常接受上级检查，优异的教员由工作人员记录在案，呈请上级教育部门奖励。③

配合着师资训练班的培训开展，冬学通讯，以及各根据地

---

①《关于冬学工作布置的总结》，山西省档案馆藏，A90-3-30-6。

②《阳曲、交城冬学教员训练班总结报告》(1945年12月22日)，山西省档案馆藏，A103-1-10-2。

③《偏城冬学工作报道》，《教育生活》，1943年第2卷第2期，山西省档案馆藏，G3-217。

的知名报刊设专栏报道相关工作，即从开学伊始，便开始跟踪报道训练班的进展，尤其是对新的创造进行特别报道，对经验及典型进行关注。此外，各地在接受培训的干部、教员中建立起了健全的通讯组织，并设专人负责。各级教育行政人员及冬学教员为当地通讯员，随时总结冬学工作，迅速准确报道。并且各县在此时亦创办《冬学小报》报道冬学及师资培训等相关工作。

除了开办最普遍的也是最易于开展培训工作的师资训练班之外，山西抗日根据地还创立了专门为抗日根据地培养师资力量的抗战建国学院。在根据地开展教育、动员民众踊跃参与到抗日战争的滚滚洪流之中，师资的培养是极其重要与必要的，根据地社会教育的对象是乡村广大民众，人数众多，那么培养尽可能多的师资也就成为根据地教育工作开展前迫在眉睫之事。晋冀豫区的抗战建国学院就是在这样的需求下所建立的，其是为抗日根据地补充源源不断的新人才，是带有师范性质的教育机构。抗战建国学院主要教育任务在于培养和训练师资，创办了附设的师范班，学制为 6 个月，课程主要包括政教育及自然科学常识，为抗日根据地培养担任教育儿童、教育乡村民众的教师。抗战建国学院亦为乡村中的大学生和高中学生专门开设了半年至一年学制的“特别班”训练，目的是为根据地中等学校培养师资。此外还有与之并行的更高级别的“教育研究室”和“自然科学研究室”，前者集合了大学生以及各地热心于教育事业的人士，主要目的是研究敌后新教育相关的方案和制度，后者则主要是针对根据地农业生产技术改进等，相当于大学里的农学系。抗战建国学院从最初级别的师范班、到特别班、再到两个研究院，这样的完备体系为抗日根据地培养了教育系统及教育管理系统所需的各类人才。

第二节 教材

山西抗日根据地社会教育教材是社会教育的主要施教载体，依据社会教育教学大纲、教学目的进行编撰，为全民抗战的现实服务。抗战时期中共根据地的社会教育教材“以启发群众抗战积极性、坚定抗战胜利的自信心，树立民族的自尊心等为教育中心。[①]”社会教育教材是抗战时期根据地社会教育目标及任务的文化展现，是根据地社会教育工作中重要的一环，其为抗日根据地民众知识之传授、精神文化面貌之改变、传统乡村社会权利结构之变革做出重要贡献。但目前学界对于山西抗日根据地社会教育教材相关研究阙如，究其原因为研究资料缺乏所致，由于战争等诸多因素，导致根据地社会教育教材未能很好地被保存和流传，因而造成了对此研究领域关注的先天不足。很幸运笔者在山西省档案馆查阅原始档案资料时，发现了 26 本保存完整的山西根据地社会教育教材。这些教材大致包括四类，即涵盖了社会教育中的政治教育、文化教育、补充教材、其他类教材。第一类为政治教材，如晋冀鲁豫边区政府编印的《冬学政治教材》[②]、太行行署教育处编印的《农民与共产党》[③]、《民众学校政治教材》[④]、晋冀鲁豫边区政府教育厅审定的《冬学政治课本》(第一分册)[⑤]、太行第二专署编印的《冬学政

① 《1938 年抗战初期晋察冀边区开展冬学运动的指示》，王谦主编：《晋察冀边区教育资料选编：社会教育分册》，石家庄：河北教育出版社，第 4 页。

② 《冬学政治教材》，山西省档案馆藏，G3－331。

③ 《农民与共产党》，山西省档案馆藏，G3－183。

④ 《民众学校政治教材》，山西省档案馆藏，G3－322

⑤ 《冬学政治课本》第一分册，山西省档案馆藏，G3－329。

治课本》①、太行行署教育处编印的《冬学时事读本》②、晋绥边区行政公署编印的《冬学公民课本》③。第二类为识字教材，如分别为《五百单字课》④、晋冀豫新华书店印的《冬学识字课本》(第一册)⑤、晋绥边区行政公署编印的《冬学识字课本》⑥和《冬学识字课本》(第二册)⑦、《工农识字课本》⑧、《民众千字课》⑨《抗日三字经》。第三类为补充教材，补充内容多与政治教育相关，"其是根据当地及群众的具体历史事实，群众斗争的'活材料'进行编辑的教材。"⑩如太行第二专署编印的《冬学政治补充教材》(第一册)⑪、《冬学政治补充教材》(第二册)⑫、晋中教联分会编印的《冬学拥军拥政补充教材》⑬、《冬学补充教材》⑭、太行三专署教育科编印的《冬学时事补充教材》⑮、《冬学教材之四　把公粮工作做好》⑯《团结互助》《坚壁东西》《做军鞋要结实》《送子参军》。最后一类教材为妇女、工农

---

①《冬学政治课本》，山西省档案馆藏，G3－187。

②《冬学时事读本》，山西档案馆藏，G3－182。

③《冬学公民课本》，山西省档案馆藏，G3－325。

④《五百单字课》，山西省档案馆藏，G3－328。

⑤《冬学识字课本》第一册，山西省档案馆藏，G3－189。

⑥《冬学识字课本》，山西省档案馆藏，G3－190。

⑦《冬学识字课本》第二册，山西省档案馆藏，G3－324。

⑧《工农识字课本》，山西省档案馆藏，G3－200。

⑨《民众千字课》，山西省档案馆藏，G3－201。

⑩ 罗青：《答复今年冬学运动几个问题》，《新华日报》(华北版)1942年12月21日，第6版。

⑪《冬学政治补充教材》第一册，山西省档案馆藏，G－184。

⑫《冬学政治补充教材》第二册，山西省档案馆藏，G3－185。

⑬《冬学拥军拥政补充教材》，山西档案馆藏，G3－186。

⑭《冬学补充教材》，山西省档案馆藏，G3－323。

⑮《冬学时事补充教材》，山西省档案馆藏，G3－55。

⑯《冬学教材之四　把公粮工作做好》，山西省档案馆藏，G3－193。

专用教材，分别为晋西北妇联编印的《妇女冬学教材》①、农民抗日救国会编印的《工农读本》(第一册)②。因所查到的档案有限，不能穷举所有教材，但这四大类的社会教育教材基本包含了山西抗日根据地社会教育的各方面内容，通过对查到的些社会教育教材进行分析，可窥抗战时期山西根据地社会教育教材之一般面貌。对社会教育教材进行研究有助于我们了解山西抗日根据地社会教育教材编撰的实际，并在此基础上探究山西抗日根据地社会教育教材编撰的原则和特点等。

一、山西抗日根据地社会教育教材的特点

第一，内容通俗易懂，贴近乡村民众日常生活。社会教育的政治教材、识字教材、补充教材，以及其他教材都以通俗易懂为其编写原则，这主要是和受教育者的实际情况有关。社会教育主要是对乡村成年文盲的一种普及教育，因此教学内容的选择、篇章安排、课后习题设置均与乡村民众的日常生活、生产密切相关。如识字课教材，不论是《冬学识字课本》，或是《民众千字课》《抗日三字经》《村情三字经》，抑或是《工农识字课本》等所选文字均为群众平日经常用到的字，或是乡村工作中用到的字等。根据地识字课教材普遍以1000个生字为标准，如《工农识字课本》共1 312个生字，晋绥边区的《冬学识字课本》第一册和第二册教材分别为每本500字左右的生字，通过两册的学习即可达到学会1000字的教学目标。《民众千字课》的生字也以1000字作为编写字数的标准，《抗日三字经》的字数最少，为588个生字，内容涵盖了根据地民众抗

① 《妇女冬学教材》，山西省档案馆藏，G3－327。

② 《工农读本》第一册，山西省档案馆藏，G3－199。

战、生活各方面的内容。根据地民众通过对识字课教材的学习，掌握一千字后可写出简单的应用文、会看报和读报。识字课本主要用于冬学教学，当冬学结束后也可供识字班、民众学校等社会教育机构继续使用。

识字课教材注重实用性的编写原则，教材内容贴近民众生活，其内容涵盖根据地民众日常生活中衣、食、住、用、政治、文化、卫生、农业知识、自然常识等诸多方面。如《工农识字课本》共九课，分别为：个人、家庭和社会；食—粮食、蔬菜、调料、瓜果、饭食；衣—衣料、衣裳、缝衣用具；住—建筑、材料、室内用物；用—生产工具、饮食用具；卫生—人畜卫生、破除迷信；文化—读、写、计算、待人处事；政治—会议、宣传、自卫、拥政、拥军；自然—四季、气候、动植物。①，所有文字均是与乡村民众生活、生产直接相关的。又如《民众千字课》共 50 课，分别为：农民、抗日主力、姓名年岁、我的家、耕种、春耕委员会、互助组、儿童妇女、代耕队、借贷所、开荒、开渠、担水下种、喂鸡喂猪、栽树、收割、选村长、民众团体、村政委员会、村代表会、贪污村长、合作打日本、县政府、区公所、学校、民革室、娱乐晚会、识字好、民众学校、读报组、点将台、合作社、会记账、银行、军民合作、站岗放哨、路条、破坏道路、子弟兵、游击小组、一封家信、优待抗属、借约、公平负担、一张收条、造纸工厂、太行山、漳河、华北的铁路、五大城市，内容涵盖了抗日根据地民众的日常生活、抗战、生产的各方面内容。再如 1945 年晋绥边区行署编印的《冬学识字课本》第二册，篇章安排为 41 课，主要涵盖了与民众日常生活、根据地战斗、生产、自然科学知识、教育宣传和乡村工作、卫生医疗所相关的六大方面的内容，这些内容均为根据地民众所需之

① 《工农识字课本》，山西省档案馆藏，G3－200。

文字。笔者对《冬学识字课本》第二册内容进行分析，如表5.9所示，由此可以看出此教材侧重点在于教授民众与生产相关的文字。

表5.9 1945年晋绥边区行政公署编印的《冬学识字课本》第二册篇章安排分析表

日常生活相关	共有3课 第一课 有备无患 第二课 开门七件事 第三课 日用家具
战斗相关	共有3课 第四课 开展爆炸运动 第五课 熬硝 第六课 锄奸自卫
生产相关	共有15课 第七课 变工合作社 第八课 积肥 第九课 防旱备荒 第十课 精耕细作 第十九课 栽树好 第二十课 防旱备荒 第二十一课 秋翻地 第二十八课 准备春耕 第二十九课 工票 第三十一课 种棉利益大 第三十二课 怎样种棉花 第三十三课 防害虫 第三十四课 选种 第三十五课 防治五谷病 第四十一课 斤与两的算法
自然科学知识相关	共4课 第十五课 破除迷信歌 第十六课 水的变化 第十七课 空气和风 第十八课 云和电
教育宣传和工作相关	共有8课 第十一课 关于团结的俗话 第二十二课 工作日记 第二十三课 工作报告 第二十六课 民办学校 第三十课 冬学的转变 第二十四课 办黑板报 第二十五课 给报社写稿 第二十七课 闹秧歌
卫生医疗相关	共有8课 第十二课 讲卫生(一) 第十三课 讲卫生(二) 第十四课 防止传染病 第三十六课 妇女卫生 第三十七课 怎样养娃娃(一) 第三十八课 怎样养娃娃(二) 第三十九课 怎样养娃娃(三) 第四十课 娃娃卫生

资料来源：笔者对1945年晋绥边区行政公署编印的《冬学识字课本》第二册进行分析后所统计之。

识字教材以扫除文盲为目标，内容简单易懂，涵盖范围包括根据地生活的方方面面，并将中共在根据地开展的工作内容融入其中，通过识字教育巩固政治教育效果。识字教材有极强的实用性，一旦学会生字就可应用于生活之中，这样的教材内容符合根据地民众的需要，因此可以调动民众学习的积极性。“除了边区统一编印的识字课本外，各县可根据当地情况和学生文化程度，自行编选教材内容予以补充。”①孟平四区对王村发挥群众集体力量，依据本村发生的鲜活具体事例编写而成的课本《村情三字经》，不但包括了日常用字，而且总结了该村大生产运动，表扬了生产、学习方面的英雄模范，内容生动、具体又切实际。群众读起来津津有味，不但识了字，还大大激发了全村生产和学习的热情。其课本内容为“说咱村，是典型，作模范，出英雄；梁文耀，是青年，现担任，指导员；学习组，搞得猛，各组员，都加紧，六七人，三个月，三百字，认下啦，简单信，都能写”，“参政模，梁春莲，当抗属，成英雄，优待粮，她不收，给代耕，她不用，英雄言，自更生，力虽弱，却耐心，从黎明，到黄昏，伙变工，打先锋，创计工，真公平，女工半，男一工。”

第二，篇章安排逐级递进，符合认知规律，且采用“白话”方式编写，易于学员理解。山西抗日根据地社会教育教材篇章安排逐级递进，符合受教育者学习规律。如 1942《民众学校政治教材》②的篇章结构为：《我们来宣誓》、《汉奸真可恨》《宁死也不当汉奸》《宁死也不能给敌人办事》《大汉奸和小汉奸》《铲除暗藏的汉奸》《战争来时的汉奸》《老百姓怎样锄汉奸》《军队是恩人》《我们不要

① 《边委会关于开展冬学运动的指示》(1944 年 10 月 2 日)，王谦主编：《晋察冀边区教育资料选编：社会教育分册》，石家庄：河北教育出版社，1990 年，第 77 页。

② 《民众学校政治教材》，山西省档案馆藏，G3－322

怨恨军队》《当战士是光荣的义务》《怎样爱护军队(一)》《怎样爱护军队(二)》《怎样爱护军队(三)》,这样的篇章编写顺序符合学员的学习认知规律。教材首先对《公民誓约》进行了解释,告诉根据地民众宣誓的内容、为何要进行宣誓、如何宣誓。接着指出抗日根据地存在着汉奸的状况,汉奸为何是可憎的,汉奸在根据地做了哪些坏事,因此根据地的老百姓都要做“光荣的抗日公民,都是堂堂正正,有骨气有天良的中国人,所以都该有宁死不做汉奸的决心。”①接着讲“我们不但要宁死不当汉奸,保守中国人的气节人格,而且要绝对不给敌人做事,这样才是一个抗日的好公民。”这部分从六方面展开,给民众具体讲解了哪些事项是绝对不可以做的。然后对汉奸进行了分类,“一种是大汉奸,这种汉奸是真心情愿替敌人做事的。一种是小汉奸,这种汉奸是被生活所迫,为了找事做找饭吃,才不得已来替敌人做事的。”进而教导民众如何发现、铲除暗藏在根据地的汉奸,教材最后几章的内容对民众为何要热爱中共的军队,以及如何爱护军队进行了阐述,整个教材的编撰体系层层递进,易于学员理解。

又如1943年太行行署编印的《冬学政治补充教材》第二册内容围绕锄奸反特教育展开,②第一课为《根据地有没有特务汉奸》,以太谷政府破获设置于根据地的特务组织新民会这一事例作为本课的讲授内容,使群众从身边真实发生的事件中认识到根据地特务存在的形式。第二、三、四课为《看看汉奸怎样残害我们》,罗列了太谷二区、三区、五区汉奸欺压群众、迫害群众的事例。第五课为《新民会是个什么组织》,对特务汉奸组织新民会进行了分析和

---

①《民众学校政治教材》,山西省档案馆藏,G3-322

②《冬学政治补充教材》第二册,山西省档案馆藏,G3-185。

揭露，使群众认清此组织的实质。第六课为《忠奸不两立》，教育民众如亲朋好友中有特务人员，决不可姑息养奸。第七课为《上了汉奸特务的当》，对汉奸特务欺骗群众的卑鄙手段进行了分析，教导群众认清汉奸特务的实质。第八课为《镇压死心塌地汉奸》，挽救上当分子，教育群众对死心塌地为敌人干活的汉奸、特务必须坚决予以镇压，决不手软。对于上当受骗的且还来得及挽救之群众，应以教育为主，将其争取过来。第九课为《日本人不烧不杀吗》，对新民会欺骗群众的言论进行揭露，揭露日军奴化教育的伪装性。第十课为《天变呀不变?》以根据地群众拥护中共，中共军队一心为老百姓的事例对特务所宣扬的变天论调以及欺骗言论进行了有力地回击。第十一课为《算算账》，对汉奸特务的下场进行举例说明，当汉奸是没有好结局的。教材内容的编排是逐层递进的，像剥洋葱一般，一层一层地直达核心。

此外，山西抗日根据地社会教育的对象为乡村民众，他们文化水平偏低，文盲比例较高，所以教材编写的语言多采用根据地民众日常所用的“白话”，贴近民众生活，利于民众理解。我们以《农民与共产党》这本教材为例，该教材绝大部分内容是以抗日根据地时期的事例为素材的，且这本教材的编撰语言具有很鲜明的特点，反映了中共指导下根据地社会教育教材一以贯之的“贴近民众、逐级递进、易于理解”的编撰原则。《农民与共产党》以“农民苦熬了几千年”“光农民造反造不成”“共产党赛朋友赛爹娘”“当翻身英雄好汉”“完成共产党的主张这五课对农民与共产党”的编排次序，对农民与共产党的关系进行了介绍。教材每课内容均运用贴近农民日常生活的“白话”进行编写，从农民一直以来所受的苦难谈起，包括农民吃、穿、住等方面的切身实例。如“早上吃的是糠渣渣；晌午是手拿拿(糠疙瘩)；晚上是

‘张飞赶他妈’(菜汤);过年过节还是它。”“千针连,万针补,露了肩膀露屁股,夏换不了棉来,冬换不了单。地主说咱‘耐热不耐寒’!”“睡的不是枕木头、就枕砖;盖烂套,铺席片;一条破被全家攒;地主说:‘傻小子睡凉炕,越睡越体壮。’”“住的是高楼下边的土房,透风透雨没院墙。破席烂草堵门窗,地主说咱‘睡的差,贼不想!’吃穿住坏点吧,能发了家也算;谁知道起三更夜的死受活受,结果还是:拆东墙,补西墙,好坏年景都饥荒。”①这种语言风格更加有效地使受教育民众产生共鸣。

在此基础上讲述自秦朝以来农民造反的故事,指出“几千年农民革命,不知流了多少血,可不是被人利用就是被阶级叛徒独吞了果实,再就是被卖国贼勾外国兵镇压下去,结果都是失败,其主要原因就是没有一个好政党来组织咱们领导咱们帮咱们出主意,定政策,闹翻身,闹武装,闹生产过时光……将来还要引导咱们过共产主义社会的好时光。”接着对共产党进行了介绍,包括中共的发展历史和在太行区为根据地建设做出的贡献(领导群众进行抗日、帮助民众渡灾荒、实行减租减息、打蝗虫、组织大生产运动、带领农民翻身,实行耕者有其田政策等)。“回想起来,哪件事也离不开共产党的领导,并且和农民在一起,过着同生死共患难的日子。不是共产党领导抗日,咱们早当了亡国奴,不是领导咱们翻身,咱们要万辈子给人当牛马。”②在此基础上,进而号召农民积极参与翻身运动,当翻身英雄好汉。“从前咱认为土地是地主的,力气属咱地主伢,不受穷苦不由咱。现在明白了:土地原来是生块块,农民把荒开,万物土中生,锄

①《农民与共产党》,山西省档案馆藏,G3－183。

②《农民与共产党》,山西省档案馆藏,G3－183。

头刨出世界来。从前认为：万般皆在命，半点不由人。现在明白了：都是封建地主坑穷人。从前咱们是：低声下气，挨打受气。现在是：扬眉吐气。这才算：冤找了头，债找到了主，咱的土地回咱家，咱盖的房子咱来住，咱就仗着共产党，比赛翻身拍胸脯，翻不透身不算英雄；我翻了不管你翻，不算好汉。”最后的篇章安排讲述共产党的主张是继续在根据地进行翻身运动、组织大生产运动，针对可能出现的旱情，加紧生产防荒工作，号召农民积极配合其工作。

第三，运用唱词、插图等形式丰富教材内容。山西抗日根据地社会教育的施教对象绝大多数为文盲，因而在教材编写时，编者结合教育内容和根据地的模范事例配以深受群众喜爱的唱词、插图等，这既丰富了教材内容，更以灵活多样的形式调动了民众更高的学习兴趣，且唱词的方式更利于传唱和宣传，课文配合插图，直观地将所教内容用最简单、明了的形式予以展现，可获得比纯文字教学更好的效果。在前文第三章的识字教育部分已进行了相关的论述，如晋绥边区 1944 年的《冬学识字课本》中的第三十一课“便条”和三十三课“开路条”，教材中在这课就配以插图，如图 5.1所示。

教材中融入唱词的形式，利于对教材内容的普及和宣传。晋冀鲁豫边区政府编印的《冬学政治教材》中第三课《两个古人的故事》、第四课《王小毛》、第十一课《自卫队长张可全》均是以唱词的形式进行编写，唱词以当地流行的腔调吟唱。在此教材最后所附的“送夫抗战小调”和“反特务歌”以冀西最流行的鸡叫调编写，只要教会词，大家基本都会唱。唱词的编排朗朗上口、句子短小精炼、可传唱度高，如第十一课《自卫队长张可全》的唱词为：“自卫队长张可全，为人精明有能力，敌人距离二十里，他亲自前去探消息，

图 5.1 《冬学识字课本》插图

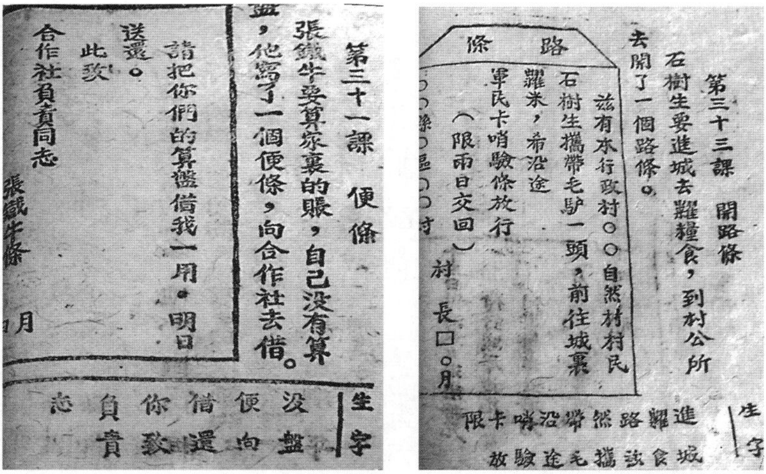
第三十一課 便條
張鐵牛要算家裏的賬，自己沒有算盤，他寫了一個便條，向合作社去借。
請把你們的算盤借我一用。明日送還。
此致
合作社負責同志
張鐵牛條
月
生字
沒 便 借 你 負 志
盤 向 還 致 責

第三十三課 開路條
石樹生要進城去糶糧食，到村公所去開了一個路條。
路條
茲有本行政村〇〇自然村村民石樹生攜帶毛驢一頭，前往城裏糶米，希沿途軍民卡哨驗條放行
（限兩日交回）
〇〇縣〇區〇〇村 村長口 〇月
生字
進 糶 路 條 帶 沿 哨 卡 限
城 食 茲 攜 毛 途 驗 放

图片来源：《冬学识字课本》，山西省档案馆藏，G3－190。

恰巧敌人正出发，他暗自躲在玉茭地，把敌人兵力看清楚，忙抄近路回村里，动员群众快隐蔽，集合民兵做准备，当夜敌人住进村，他带民兵去袭击，虽然没有杀伤多少鬼子兵，也扰得它整夜惊慌不敢睡，次日敌人来搜山，他把民兵埋伏起，敌人走进埋伏圈，枪声弹声一起起，三个鬼子倒在地，其余的鬼子赶紧退，张可全见敌人在村还不走，猜想必然还有鬼把戏，一面提高警惕性，一面警戒不稍懈，果然抓住一个人，自己说是逃难的，身上搜出日本钱，盘问确实是奸细，敌人派他进山里，探着道路与地理，敌人一切不熟悉，搜山必然靠奸细，奸细既然被抓住，鬼子自然受打击，果然过了不多久，鬼子自动都撤退。”①又如上文提到的《送夫抗战小调》，依据抗日根据地最流行的鸡叫调进行编写，内容为“亲哥哥来仔细听，下定决心打日本。你出外抗战奴在家，抗战胜利都快乐。门达达开花不来

① 《冬学政治教材》，山西省档案馆藏，G3－331。

来，送出哥哥大门外。叫声妹妹你也听，后方工作你担承。”①政治教材加入唱词课，以群众喜好的故事形式，对根据地群众的先进事迹内容进行唱词改编，以身边人和事对群众进行教育，鼓励民众向模范人物学习，这样的形式更利于政治宣传。

第四，政治宣传主旨明确，服务保障抗日根据根据地中心工作。山西抗日根据地社会教育教材配合根据地中心工作的开展，这是根据地社会教育教材的一个显著特征。教材编写时根据所辖区域内的实际情况安排其相关教育内容。具体到各村的教学中，依据本村的现状选择性进行教学，村里做了怎样的工作，就结合相关的课文进行授课，授课时结合本村具体事例引导学员进行讨论，这样既利于学员深入理解教材内容，也促进了本村工作的有序开展。教材中普遍运用山西抗日根据地大量的真实事例编写，教授起来学员易于接受，并且容易成为在乡村间流传的故事，能起到很好的宣传作用。

1943 年《太岳区党委关于冬学运动的通知》中指出在当年的冬学教材中应配合根据地所面临的实际工作，添加生产救灾与锄奸二项，材料由文委会统一编印，并要充分考虑到各地之具体情况，进行相关内容的临时教材编写，由县编印。② 1944 年晋冀鲁豫边区政府教育厅编印的《冬学政治课本》（第一分册）围绕大生产运动、减租工作和民主选举进行编写政治教育内容。全书按照本年度中共的这三项重要中心工作设置为三个单元，第一单元“为生产部分”、第二单元为“减租部分”、第三单元为“民主选举部分”。第

① 《冬学政治教材》，山西省档案馆藏，G3－331。

② 《中共太岳区党委宣传部关于开展冬学运动的通知》（1943 年 9 月 7 日），太岳革命根据地教育史编写组编：《太岳革命根据地教育文献选编》，太原：山西省教育志编审委员会，1986 年，第 232 页。

一单元“生产部分”不设具体课文内容，主要是在教员指引下通过集体讨论的方式对当年本村大生产运动进行经验总结，讨论内容包括深耕细作、副业和手工业发展、村合作社工作的开展，吸取好的经验，对出现的错误反省并予以改正。第二单元“减租部分”的内容包括五部分，即“减过租了吗？”“没有减租应当如何？”“减租彻底了吗？不彻底应该怎么办？”“土地法令对人民的好处。”“学会算租。”“减租会开美了。”第三单元“民主选举部分”内容包括：我们需要民主、和官僚主义做斗争、三三制包括哪些人们、如何进行选举。① 教材内容围绕每单元主题编写，所选内容均为根据地农民身边的事例，内容生动鲜活，课文中的人和事是实实在在的，农民平日都能接触到的，因此比“干巴巴”的文字更易于被农民学员所理解。教材在每课后均设有两道讨论题，由教员进行指导和总结，学员分组讨论，以此加深对所学内容的理解。1942—1945年，沁源人民广泛开展地雷战，社会教育教材便注重撰写相关的技术训练内容，由县区武装干部当教员，教群众制造石雷、制造土炸药、如何埋地雷等知识。如爆炸运动普遍开展时，太岳行署冬学便讲授、讨论爆发管、拉雷、踏雷等内容，配合战争需要。社会教育讲授相关知识，使群众可迅速更快掌握战争所需的知识技能。1945年，太行区的《冬学政治课本》结合中心工作即减租、生产、拥军爱民等内容进行编写。此外，各县还根据自身实际情况，编写了一些教材一同供给各村冬学，在具体授课时，要求根据村实际工作进行情况选择教授哪课，村里做什么工作，就教什么，学员想先学哪一课，就讲哪一课。

---

①《冬学政治课本》第一分册，山西省档案馆藏，G3－329。

第五，补充教材因势利导，方法灵活注重实效。山西抗日根据地社会教育补充教材的编撰与中共颁布的政策和施政形式变化密切相关，补充教材多为各县结合当地群众对当前时事产生的一些想法而编写的政治教材，其教育目标在于加强政治教育、强化思想引领，主要教育内容是对中共方针政策的深入解读，以及对最新时事变化加以分析。如1943年《冬学政治补充教材》（第一册）①便是针对国际战争形势的变化而专门编写的冬学时事教育教科书，从“苏联的胜利”谈起；接着讲“同盟国更加团结”；然后是“维持战争长期合作”“维护国际和平安全”“消灭法西斯势力”“审判杀人凶犯”“被侵略的国家要重建自由”；最后一课为“大家努力迎接胜利”。1944年《冬学拥军拥政补充教材》在抗战即将胜利时发起拥军拥政教育，教材分为三课，第一课《拥军》，包括五方面的教育内容，即“八路军是谁的”“八路军是咱们的命”“谁见过军队生产”“今年扫荡更厉害”“反对不爱护自家军队”。第二课《拥军公约》，向根据地民众详细讲解拥军公约。第三课《拥政》，包括“政府是谁的？”“抗日政府领导我们团结抗战”“想想过去，看看现在”四个方面的内容。《冬学补充教材》②则是针对大生产中出现的问题进行编写的，共13课，分别为《大生产的果实是谁给我们的》《今年大生产我们还存在着哪些缺点和毛病》《今年大生产运动的几点经验》《劳动英雄陈梦治》《赵富科变工组》《学习赵岗夫妇》《我们需要民主》《参议员是干什么的》《我们要选什么样的参议员》《土地法令对咱们有什么好处》《不了解法令吃了什么亏》《地主用什么办法夺回了土地》《了解法令学会法令不吃亏》。教材对大生产中出现的问题进

① 《冬学政治补充教材》第一册，山西省档案馆藏。G3－184。

② 《冬学补充教材》，山西省档案馆藏，G3－323。

行了分析，帮助根据地民众总结经验，对存在的问题进行纠正，并继续巩固对中共方针政策的宣传，不断提升民众的思想政治觉悟。

当根据地面临敌人的“扫荡”与“清剿”时，社会教育补充教材在编撰过程中加入如何应对敌人的内容。为了帮助群众避免战争所带来的损失，为了将损失最小化，为了更好地去应对敌人的“扫荡”“清剿”活动，社会教育补充教材编写了《团结互助》《坚壁东西》《不告诉敌人一句实话》等内容。“敌情紧急，坚壁东西，离村要远，还要秘密，许多东西不要坚壁在一起”，这是《坚壁东西》课本里的语句，显而易见这是针对敌人来袭时，教导群众如何去做，因此具有很强的实用性。“敌情紧急，大家要互助，先把病人抬出村，再帮老弱和抗属，互相来帮助，大家有好处。”和《坚壁西东》的课文内容一样，《团结互助》亦简单易于理解，向民众说明了为何要团结互助、如何团结互助，以及在团结互助的过程中，哪些举措先，哪些行动后都有明确的说明，课本内容简单明了，一学就会，便于实施，社会教育的收效很好。

山西抗日根据地社会教育补充教材除专门进行编写外，也有多种形式，如中共的报刊、政策法令以及新颁布的各种指示、会议总结报告等均可作为补充教材之用。1944 年 10 月 7 日发表于《新华日报》(太行版)的《关于冬学运动的准备问题》中对社会教育教材的编辑工作指出：“为了适应各地具体情况，除边府发的教材外，还需要各专区各县自己编写补充教材……各地除成立专门编审委员会外，最后必须由专区领导机关负责审查。”1944 年冬学委员会决定以《晋西大众报》为冬学补充教材。[1] 1945 年晋绥区冬学委确

① 《关于冬学工作的补充指示信》(1944 年 11 月 24 日)，山西省档案馆藏，A90 - 3 - 28 - 1。

定《今年的三大任务》《第四届群英会总结报告》《拥军优抗决定》《新颁布的村选条例》《村选指示》《扩大会指示》等为冬学《公民课本》的补充教材。[①] 各县还可结合当地民众对当前时事产生的一些问题，自编时事补充教材。[②]

此外，山西抗日根据地社会教材亦根据女性受教育者的特点，量身为其"打造"学习内容。如冬学和民众学校中就专门为女性学员编写了妇女冬学教材，其涵盖内容一般包括女性解放、女性自由、妇女卫生常识、养护儿童常识等。女性社会教育教材的编写充分考虑到所选知识均为根据地乡村妇女最为关切的内容。

二、社会教育教材的教法

山西抗日根据地社会教育的教员文化水平普遍偏低，为使其真正掌握教材内容，达到教材的最优施教效果，教材编撰者专门对教材配套的教学法进行了编写。教学法的内容呈现为两种形式，一种为专门编写《教学法》与教材相配合；另一种为不独立编撰成书，而是在教材中（书前或书后）对教材的教法进行详细指导。

政治教材、识字教材、补充教材等教学法的编撰均侧重于教员应如何更好地向民众教授教材的内容。以识字教材为例，为使教学灵活不呆板，教学法要求教员授课时，首先让学员了解所学字词含义，在讲解过程中融入故事进行讲授，以此加深对生字的印象；其次对生字的字形进行描述，如象形字"日""月""山""水"等字联系实物讲解字形。有的字以谜语形式进行讲授，如"八"字可做谜

---

① 《关于在以后的冬运中教材增加问题的通知》（1945 年 1 月 27 日），山西省档案馆藏，A90－3－30－2。

② 《太行第五专署关于开展冬学运动问题的指示》，山西省档案馆藏，A69－1－8－7。

语“两双雁，一起飞，一只瘦、一只肥、一个月来三次，一年来一回。”“骚”字做谜语“一个大、一个小、一个跳、一个跑、一个吃人、一个吃草。”①并通过在课堂上对优秀学员进行奖励、举办竞赛等教学方法，激励学习热情。同时，要求教员结合教材课后练习题，如“填空白”“改错误”等，布置课后复习作业，以此巩固教学效果。因识字课所教文字与学员生活息息相关，是日常使用最频繁的字，所以要在生活中时刻进行学习，看到各种事物就结合所学文字进行温习。教员经常对学员进行相关文字的提问，并鼓励学员互相提问。

义务教员在授课前认真备课，明确教学目的，仔细揣摩思考运用何种讲解方式更易为学员所接受。教学法内容中尤为强调教材讲授应结合根据地的具体实际，如教材内容不以具体实例为主的，要思考本村或是附近其他地方是否有与之相关的实例，将其引入到课堂教学中，这样课文内容便不空泛，更易使学员产生共鸣。如教材是以实例为主的，则结合本村具体实际，对其进行扩充讲解。将所讲的教材内容与群众的对敌斗争、生产运动，以及其他在群众运动中总结和经验相结合。以在各种各样的群众斗争过程中涌现出的为群众所歌颂和爱戴的英雄事迹来教育群众，更能使群众切身去体悟所讲授的教育内容，会收到比只讲授课本知识更好的教育效果。如讲课时，适逢扩军政策的推行，那么在课堂上就讲授课本中敌人烧杀奸淫残暴的罪行，战斗英雄的光荣事迹，以及村庄中英雄抗敌的事例，以激发青年群众的参军热情。开展拥军优抗运动时，则讲授冬季拥军的相关教材，为配合教材，在讲课时结合群众身边“拥军优抗”的模范事例，让群众进行讨论如何能够更好地参与到拥军优抗活动中。

---

①《怎样教冬学识字课》，《教育生活》，1943 年第 2 期。

授课时避免采取呆板朗读课文等填鸭式方法，依据教材内容加入有趣的问题，在提问时充分考量学员的政治觉悟与亲身体验，启发学员思考。通过提问的方式，先指定个别学员进行发言，而后再组织学员集体讨论并加以引导，最后将结论归结到本课内容中加以总结。以《冬学政治教材》的教学法为例，其要求在第一课《中国人爱中国人》的授课中，义务教员须提问“咱们是哪一国人？祖先、父母是哪一国人？你的家住在什么地方？这个地方是属于哪一国？你舍得自己的家乡受日本鬼子的践踏吗？你舍得自己的父母、妻子受到鬼子的侮辱杀害吗？你舍得让鬼子掠夺与烧毁你的家财房屋吗？顺从日本鬼子是个办法吗？怎样才是我们的活路？”之后组织讨论“怎样才是一个光荣的中国人？为什么要爱国？怎样就叫爱国？鬼子来了怎么办？”①通过教员的引导，学员展开热烈讨论，充分激发学员的爱国热情和坚定抗战到底之决心。

当讲授到与学员现有认知水平有较大的差距的较难的内容时，义务教员采用变通的方式进行教学，从而避免采取填鸭式的办法一股脑儿地“念完大吉”。如 1943 年社会教育中的重点内容是时事教育，在讲为何蒋介石要发表《评中国之命运》中的国共关系这一内容时，因涉及的历史背景知识与理论问题较多，加之义务教员普遍文化水平偏低，讲授起来较为费劲，学员接受起来也较为吃劲儿，因此改变讲授方法，从“九一八到七七”以及抗战以来国民党对外政策讲起，这便引起了学员的兴趣。从熟悉的事例切入，与学员的切身经验紧密联系，从具体的事例中使学员更通俗易懂地了解到谁是真心实意且具有能力领导人民走上自由幸福的道路。在具体事例的讲授中注重对学员理解的引导，在理解的基础上再做

① 《冬学政治教材》，山西省档案馆藏，G3－331。

系统地分析与解释，这样的方法是符合学员认知规律的。在对这些具体事例运用时，教员对其进行系统分类归纳，避免东一榔头西一棒子地想到哪里讲哪里。

教学法的编撰也关注教员授课时肢体语言的表达，要求教员配合教材具体内容，在讲授时注重肢体语言的运用，配合相应动作，视觉上更加吸引学员的注意力，但肢体语言的幅度不可夸张，以防“出洋相”从而有损于教材内容的真实性和宣传效果。[①] 同时，义务教员在社会教育教学的一线岗位实际教学过程中，结合自己的经验与学员的需求，也思考总结出了许多灵活多样的教学方法。此外，教学法也强调在教材教授过程中不必拘泥于已有的次序，要联系村中具体工作，“当下做什么教什么”，以《冬学识字课本》第二册为例，如上课时恰遇雷雨天气，那么就即刻讲第十八课“云和电”；村里要办合作社时，就教第七课“变工合作社”；如要成立民办学校，就讲第二十六课“民办学校”。将教学与乡村实际工作紧密联系，不仅达到识字目的，加深学员对生字的理解程度，也通过一边识字，一边进行“做中学”，将所学知识应用于具体实践中，如掌握“熬硝”“精耕细作”“栽树”“种棉花”“锄奸自卫术”等技能。

中共通过社会教育传授知识于根据地民众、改变民众之精神文化面貌，进而推动传统乡村社会权利结构之变革。教材是根据地社会教育顺利开展的核心施教载体，山西抗日根据地社会教育教材的编撰以根据地社会教育大纲和教育目标为根本依据，通过教材的教授，充分激发群众的学习积极性，树立强烈的民族自尊心和抗战必胜的决心与自信心。其编写内容涵盖根据地政治、军事、经济、文化、生活等诸多方面，教材普遍是依据当时中共在根据地

① 《冬学政治教材教学法》，山西省档案馆藏，G3－330。

所开展的中心工作所进行编写的，充分体现出鲜明的战时性、政治性、工具性、地方性、灵活性等特征。根据地社会教育教材的编撰工作由边区政府、各行政公署、各行署教育处、各县教育科领导。由于战争时期教育资源匮乏，教育专业人员缺失，教材的编写并无专门的编辑部门和专业人士负责，大多是由边区、专署、县、区、村五级行政系统的教育部门抽选工作人员进行编写，教材撰写时所需相关资料的搜集，注重选择与中共在抗日根据地推行的中心工作相关，教材中选用的事例从乡村中选取为群众身边熟悉的、鲜活的实例。一般情形下，根据地社会教育教材实行全区统一发放、统一编写，但是随着战争形势的发展，依据各根据地不同的具体状况，对社会教育教材的编写有时便不做统一编发的要求，只规定教育提纲做以参考，抑或是将抗日根据地各大报刊上的文章作为社会教育的教材。1943 年 10 月 9 日发布的《中共太岳区党委关于冬学运动的通知》中对教材做了以下规定："鉴于我区各地工作发展不平衡，与全区统一编教材很难适应各地不同情况的不同要求，以及过去统一编教材往往不能切合下情，因此，今年不再统一编发教材，只由太岳新华日报拟制宣传教育提纲作一般参考并编各种通俗读物，供给冬学。各地应依据提纲的精神，结合本县、区的具体情况由县冬学委员会编成教材或其他秧歌小调形式，县委对教材应当审查。收集群众生动的事实编成教材使其通俗易懂就很好。"①离石县自编了《农民识字课本》、岢岚县自编的《妇女会员须知》、保德县自编的《观音经》、河曲县自编的《杂文单》《减租减息》

①《中共太岳区党委关于冬学运动的通知》(1943 年 10 月 9 日)，山西省教育科学研究所、教育史编纂研究室编:《山西省教育史资料 · 太岳革命根据地教育资料专辑》，1986 年，第 37 页。

《三大中心八项要政》等教材。① 又如1944年太行行署在对本年度冬学运动的指示中指出："过去全区统一发教材，往往不能切合下情，因此今年不统一编发教材，关于时事及民主教育内容，将拟写教育提纲，供各地参考，各地可依据提纲精神，结合本县区的具体情况，编成教材或其他秧歌小调形式。此外，新华日报上登载的国际国内时事材料，以及反映本区各种工作的新闻通讯，都可以作为各地冬学的教材，各地应充分利用之。"②本年度冬学在注重时事教育的同时，也注重开展拥军教育，讲授内容则是参考新华书店出版的《拥军与拥政爱民》的小册子。1945年时太岳行署颁布的《太岳行署关于冬学运动的指示》中也对本年度教材的编撰工作作出指示："全区教材不准备统一编印，村里编的许多教材往往更适合实际，经县政府审查批准后，即可应用。各县还可斟酌实际情形，依据指示自己编印一些教材。"③太行行署要求教材采取分散编、集中审查与印刷的方针，编写提纲由边府教育厅制，编写人也可以主动写出提纲，递交教育厅参考，经采用，每册给以三千元至一万元的酬金，除各校已有具体分工外，鼓励动员有编写能力的人(包括教员、知识分子、群众等)及时地、踊跃地参加这一工作，期于三两月内解决这一问题。④ 此外初级小学中有符合群众教育的教材亦可作为社会教育之教材，如太岳区冬学所用识字课本《抗日三字经》即为此种。

因为山西抗日根据地社会教育教材面向的受教育者绝大多数为乡村文盲，因此教材编写充分考虑到受教育者的接受程度，内容

① 申国昌:《抗战时期区域教育研究》，北京:社会科学文献出版社，2014年，第199页。
②《太岳行署关于冬学运动的指示》，《新华日报》(太岳版)1944年11月13日，第1版。
③《太岳行署关于冬学运动的指示》，《新华日报》(太行版)1945年11月15日，第1版。
④《太行行署关于教育原则、方针及具体问题的决定》，山西省档案馆藏，A52-4-10-3。

之选取以通俗易懂，贴近乡村民众日常生活为原则。教材以“白话”方式编写，篇章安排逐级递进，易于民众接受。教材注重编纂技巧，适时、恰当地运用插图、唱词等形式丰富教材内容，以此充分调动根据地民众的学习积极性。社会教育教材除达到扫除文盲任务外，更重要的是宣传中共方针政策、提升民众政治觉悟、改变根据地民众的精神文化面貌，为中共在根据地的各项工作服务。在教材中体现为对中共各时期方针政策的阐释，内容编排上紧密配合根据地中心工作。为使社会教育教材更好地达到预期施教效果，教材编撰者专门对其教学法进行了研究，配合教材进行了相应的教学法内容编写。社会教育对山西抗日根据地的发展与建设做出了重要贡献，教材作为社会教育工作中的重要一环，对其进行研究有助于我们从教材编撰角度考察根据地政治建设和社会建设的全景，也可为当代社会教育教材的编撰提供有益借鉴。

第六章　山西抗日根据地社会教育的特色

第一节　农村戏剧团的主体作用

1939年7月17日《抗敌报》头版专论《开展边区的戏剧运动》中指出:“在我们晋察冀边区戏剧曾以最活跃的姿态,在文化教育与宣传工作方面起了很伟大的作用。边区广大的人民往日以政治文化的落后,无缘与现代的进步的艺术接近,但是由于边区在抗战中的大众的斗争的戏剧出现,使广大乡村人民耳目为之一新,他们这一年来对戏剧的热烈的赞赏与欢迎,表示了他们是最能接受戏剧这一种宣传的艺术形式的。”①至此农村戏剧团在山西抗日根据地开始活跃起来。农村戏剧团在抗战时期主要被赋予社会教育中政治动员的职责,看戏剧是乡村民众非常喜爱的一种娱乐方式,在这个历史时期,中共通过改造旧式戏剧,使其成为社会教育工作开展的重要一环,“演剧是为了宣传,把戏剧作为武器来看待”。“开展农村戏剧运动,使农民自己来演自己的戏,服务于革命战争。”农

---

①《开展边区的戏剧运动》,《抗敌报》1939年6月17日,第1版。

村戏剧团是通俗化、大众化的重要社教机构。农村戏剧团是建立在不影响农民日常生产基础上的农村基层文娱组织，其主要作用之一在于配合中共在乡村开展的各项群众运动，通过戏剧的形式，达到社会教育效果。戏剧是群众教育的一种重要形式，通过戏剧不但可以对群众进行教育，通过群众喜爱的戏剧节目，易于改造群众的思想意识和生活习惯。尤其在反对旧的思想意识上，在反对封建的传统习惯上，其教育作用非常大，对群众的影响作用也最深。农村发展戏剧团，用群众喜闻乐见的大众娱乐艺术形式进行宣传。

抗战初期，民间旧的戏班子，不仅无法组织，也无人敢组织。① 为了动员群众、坚持抗战，边区党政军民等部门先后组建了许多剧社。② 此后，开展戏剧运动成为边区文化建设中最主要的内容之一。其中戏剧团又分为专业戏剧团和农村戏剧团两种类型。农村戏剧团成员来自乡村群众，他们彼此熟识，且对乡村演出环境最为熟悉，受到当地群众的喜爱。农村戏剧团的建立标准较为简单，没有过多繁杂的要求，易于在抗日根据地大量创办、推广开来。如晋豫区农村戏剧团建立的标准是为："内部不要复杂，设团长、指导员、事务员三个人即好。戏剧团所用剧本则各县可成立编委会编辑，改造旧剧，改造的办法依照区党委指示进行之。"③

1940 年时农村剧团以"偏城和磁县发展的最好，武北和涉县的

---

① 赵黎：《活跃在火线上的一支文艺新军》，晋察冀文艺研究会编：《文艺战士话当年》（二），北京：文化艺术出版社，1989 年，第 60 页。

② 张伟良：《晋察冀边区文化史稿》，北京：解放军出版社，2005 年，第 38 页。

③《晋豫区 1943 年上半年宣教工作总结（节录）》（1943 年 8 月 14 日），太岳革命根据地教育史编写组编：《太岳革命根据地教育文献选编》，太原：山西省教育志编审委员会，1986 年，第 12 页。

个别村也建立起了戏剧团，但是开始时只在春耕及村选等大型运动中有活跃的表现，此后的发展速度较为缓慢。”[①]农村戏剧团发展初期，干部缺少领导经验，新剧本缺乏，发展方向不甚明确，“无计划、不正规、不平衡、游击主义、狭隘功利主义以及偏好旧剧的思想存在于大多数人思想中”，农村戏剧团的发展是一个逐步步入正轨的过程。

从农村戏剧团的发展历程来看，自 1940 年后，随着农村戏剧运动的深入开展，农村戏剧社的发展呈现出蓬勃之势，普遍要求设立民众学校的村庄要组织不脱产的小型农村剧团。各地区亦成立了专门的戏剧协会，如太行区成立了农村戏剧协会；晋察冀边区成立了专门领导农村文化工作的文救会和“剧协”等机构。从沙可夫的《华北农村戏剧运动和民间艺术改造》一文中我们可以看到农村戏剧运动当时的发展盛况，各种节日来临时(如“三八”“四四”“五四”“七一”“七七”等)、乡村中心工作开展时，农村戏剧团积极活跃配合演出，受到乡村群众的高度欢迎，“农民们普遍认为村里不闹剧团，没有文化娱乐是很丢人的事。”“到 1942 年，不仅大道集镇，就是山沟小道的村店，即便没人指导，也都有文娱活动。”[②]农村戏剧团在旧年和麦收后的一个时期最为活跃，旧年且农闲之时，各县大部分村庄主动组织起村剧团准备新年娱乐及教育活动。

---

① 《关于漳北区一年来(1940—1941 年 8 月)教育工作总结报告》(1941 年)，山西省档案馆藏，A69-1-8-11。

② 沙可夫：《华北农村戏剧运动和民间艺术改造工作——在中华全国文学艺术工作者代表大会上的讲话》，中华全国文学艺术工作者代表大会宣传处编：《中华全国文学艺术工作者代表大会纪念文集》，北京：新华书店，1950 年，第 349 页。

一、号召群众，积极参加

根据地文艺工作开展初期大都是“从无人中找人，把一些土生土长的优秀青年与小学生培养成为文艺骨干。”①农村戏剧团起步之初遇到了诸多困难，如绝大多数干部是外行，协助剧团开展工作的成员从四面八方调来，彼此之间互不熟悉，缺乏文艺工作经验，专业知识相对欠缺，缺少符合革命要求的剧本，戏剧演出所需的舞台道具更是寥寥无几。虽然根据地农村戏剧团起步阶段面临着林林总总的困难，但在中共的领导和根据地乡村民众积极响应和支持下，农村戏剧团克服了困难，逐渐发展壮大起来，并最终成为根据地最受民众欢迎的社会教育施教形式。

伴随着山西抗日根据各地项建设工作的开展，农民生活质量得到改善，物质生活水平得以提升，战争必胜的信念使农民备受鼓舞，其对乡村文化娱乐有了更高的追求，大量的民众积极参与到农村戏剧的排演与创作中，并主动要求参加戏剧演出，农村戏剧团在根据地逐渐发展壮大起来。社会教育工作将农村戏剧作为一项重要的教育内容进行宣传，如有部分地区的冬学要求学员跟着农村戏剧团学习“新歌子”，学员积极响应，有时为了学习一首歌，专门跑到数里外正在进行戏剧演出的村庄进行学习，即使是小戏班的演出也会吸引数百名观众前去观看。②

农村戏剧团的发展得到了文艺工作者和乡村知识分子的鼎力支持，如后庄教员焦光北为了组织和排练年关娱乐活动过年也没空回家。青年知识分子张步洹坚持带病指导村秧歌队参加县群英

---

①《一年以来教育工作建设》(1942 年 12 月)，山西省档案馆藏，A71－1－17－2。

②《一年以来教育工作建设》(1942 年 12 月)，山西省档案馆藏，A71－1－17－2。

大会。农村戏剧团的团员成分构成以翻身农民为主，贫雇农成分的为骨干力量，因为农民大多文化政治水平较低，剧团在平日的工作中对团员注重加强教育并组织其学习。农民们不仅自己热心于农村戏剧团的演出，并积极主动送自家子女参加演出。此外，乡村民众对戏剧剧本创做贡献了自己的力量，剧本创作多采用集体创作的形式，鼓励根据地民众写发生在自己身边的事。“襄垣、武乡、涉县、和顺、林县有80%以上的剧目为农民自编自演，林县农村剧团十余天的时间就创作了45个剧本，和顺县一个月收到各种类型的戏剧作品39件，涵盖了57个内容，”①主要为乡村民众围绕生产、减租减息、拥军、时事政治等中共在根据地开展的中心工作进行创作的。

深县九区大屯村青年、妇女、民兵联合演出关于参军和翻身内容的四个剧目。护驾池村排演了《万年穷翻身》，其他村庄如大寺村、李村也进行了新剧的编排，陈庄村剧团结合农民大翻身和参军内容编成快板《老来红抓俘虏》。南刘路村剧团依据本村保田参军的事迹进行了戏剧的编排。农村老人们亦纷纷积极参与到演出中，如安平寨子村3位老太太一天之内就排成了一个短剧，并在本村和外村进行演出宣传。② 崇水峪村农村戏剧团以杨老汉送子参军创作了《教子从军》，配合减租减息运动创作了《社会恨》等剧目。太行区依据1944年时“拥军优抗”“减租减息”“组织互助”“打蝗护苗”“改造二流子”等工作开展中的鲜活事例，号召文艺工作者和乡村群众一同进行戏剧、秧歌、鼓词、小调、快板等创作，并号召群众

① 《一年以来教育工作建设》(1942年12月)，山西省档案馆藏，A71-1-17-2。

② 《男女老幼纷纷闹秧歌，乡村之新剧团达数十种》，《晋察冀日报》1945年1月27日，第2版。

积极参演。同时，还组织了秧歌大竞赛，由各县收集各村秧歌小调的曲和词，评选出优秀作品送到边府进行竞赛，评判的角度主要关注剧本内容、编写技巧、演出形式、对旧式表演形式的改造等，"最终选出 15 种给予奖金奖励。"

此外对盲人鼓书加以改造，坚定其为革命服务的决心，充分发扬"遇啥、编啥、唱啥的天赋"，培养其成为农村有力的宣传力量。农村戏剧团与冬学紧密结合，尤到年关，冬学担负起农村戏剧团的组织、号召工作，进行群众性的春节文娱宣传。农村戏剧团吸收、团结、关心各种民间艺人，向他们学习民间艺术的技巧。宣传内容围绕时事政治进行编排，融入村民选举、如何改组国民政府、拥军优抗等。① 如胡家楼农村戏剧团在冬学的配合下，学员积极报名参加剧团演出，且依据冬学政治课的教材中《需要民主》《二满的家中情形》这两课创作了新式剧本。

二、政治宣传，剧目丰富

农村戏剧团快速发展起来，凡根据地内的村庄，几乎村村有剧团，并且有的村剧团还配备了汽灯和幕布，1942 年山西抗日根据地农村戏剧团几乎全部深入游击区以及敌占区进行宣传演出，团员们不畏艰难困苦，勇敢地对敌进行文艺斗争，将抗日民主歌声传遍敌占区和游击区，极大鼓舞了游击区和敌占区的人民，打击了敌伪汉奸的嚣张气焰。剧团在部队的护送下，在敌据点附近演出，伪军们在岗楼上望到灯光闪烁，听到锣鼓喧天，便互相解嘲说："八路军又演戏呢！可惜咱们么法看"，有的伪军被剧团演出吸引，专门换上便

---

①《关于在以后的冬运中教材增加问题的通知》(1945 年 1 月 27 日)，山西省档案馆藏，A90－3－30－2。

服叫其“内线关系”领着去看戏。以1942年太行三分区为例，从8月15日至9月底的一个半月时间里，农村戏剧团进行了“20多次演出，巡演了83个村庄，观众累计多达9 000余人，期间在文联会领导和帮助下进行集体创作，共写出剧本10部、歌曲14支、大鼓词6套。”①

1943年3月11日—13日武乡举办了拥军拥政及全县社火、剧团（包括敌占区的农村戏剧团）竞赛大会。各剧团以竞赛的方式进行演出，与会农村剧团23个、文武社火40余个，全县万余群众前来观看。② 敌占区剧团远道而来，受到了群众热烈欢迎，其演出剧目《敌占区人民的生活》依据敌占区民众切身生活进行创作，极为感人。太行区郝家村群众在义务教员及农会主任的指导下集体创作了新剧目《放脚》《空室清野》等剧目，以及《劝夫当兵》《打倒希特勒》等小调，城里村群众集体创作了《自由结婚》、茂林底群众创作了《抢粮》等话剧。各种新式剧目陆续上演，群众给予很高的评价。

在襄垣、和顺、黎城三县中，几乎各村村民都参加了秧歌队，“襄垣仅妇女秧歌队就有10余个，和顺有341位妇女参加秧歌队和广场剧。”黎城在年关拥军优抗娱乐大会时，烟子村七八十人的秧歌队出演了集体创作的《两个革命在烟子》；农会演出了《聂广金翻身》；民兵演出了根据上党战役中县民兵模范事迹创作的《参战模范》；妇救会演出了《纺织能手李先花》；儿童们演出了由识字合作社模范事迹创作的《模范小先生》；村干部演出了《帮助荣退军人建立革命家务》，所有剧目均由参演剧团自编、自导、自演。董壁的50多岁老太太申菊，在一万余人面前，一手提篮一手拿鸡子，从容不

① 《一年以来教育工作建设》（1942年12月），山西省档案馆藏，A71-1-17-2。

② 《大众文化活跃太行　武乡举行社火演剧竞赛　涉县群众集体创作剧本　平顺妇女自动组织游艺》，《新华日报》（华北版）1943年3月21日，第1版。

迫地说拥军快板，“千里送鹅毛，礼轻人意重……瞧着东西‘瘦是瘦’（黎城土话是微小的意思）表现我老婆子认识够”。[①] 1940 年晋察冀边区中，阜平有农村戏剧团 55 个、歌咏队 108 个；完县和定县各农村戏剧团有 19 个。[②] 1942 年晋绥行署有专区级别的七月剧社、战斗剧社、第二、第三、第八专区剧社，各中等学校、完小亦开设学生剧社进行民众宣传。晋绥二专区剧团在 1943 年春季下乡公演 30 天，共演出 130 场，观众多达5 000余人。[③]

1943 年旧历年节的时候，农村戏剧运动蓬勃开展，各地农村戏剧团在边区政府“不耽误生产和学习”的指示下，积极参与各村新年娱乐演出。演出的剧目内容以抗日根据地民众日常相关的生产、生活、战争等鲜活事例为蓝本进行创作，包括拥军优抗、生产劳动、民主选举、反特务、村中心工作等相关内容，创作的指导原则为要反映与人民群众切身利益相关的内容，要能激发和动员群众积极参与群众运动的热情，培养群众民族自尊心和抗战必胜的信念。演出的形式除了易演、易懂的话剧、歌剧、戏剧形式外，还要充分结合乡村群众喜爱的文娱形式，如秧歌、踩高跷、社火、旱船、打花鼓等。本年度林县各村在农会主任教员领导下，集体创作了《劝夫当兵》《打倒希特勒》《空舍清野》等话剧，峪里村群众集体创作了《自由结婚》、苗林底村创作了《抢粮活报》。[④] 1942 年—1943 年间，晋绥行署二中剧社创作的剧本有《好票子》《捉住他》《战时乡村》《往哪里跑》《战时乡村》《两口子》《反内战歌舞》，其中，除了《展示乡

---

①《太行区 1945 年教育工作概述》，山西省档案馆藏，G3－41。

②《中国共产党晋察冀边区党委关于边区冬学运动总结摘要》，《抗敌报》1940 年 5 月 16 日，第 4 版。

③《晋绥行署两年半的文化教育建设报告》（1942 年），山西省档案馆藏，A90－3－1－1。

④《建立乡村文化俱乐部》，《晋察冀日报》1943 年 1 月 19 日，第 1 版。

村》未演出，其他的均进行了演出宣传。1944年演出的剧目有《新村风云》《一把菜刀》《破镜重圆》《娘与儿》《里应外合》《十五条任务》，广场秧歌有《选英雄》《唱事大政策》等。1944年，武安一区农村戏剧团演出的剧目有《小二黑结婚》《快乐的根据地》等，其中尤以管陶村戏剧团发展最好，演员大多是18岁以下的青年，创作和表演极具热情。同年，太行区群英大会闭幕后，各区戏剧团如联合剧团、实验剧团、襄垣剧团、光明剧团、左权剧团、柏林剧团等均进行了演出，演出剧目有《小二黑结婚》《大拥军》《动员起来》《女状元》《炮打起灯山》《李马保》《士林肯》等①，同时，邀请了剧目中的人物原型一同观看，如邀请到了劳动英雄李马保、杀敌英雄胡胜才等。1945年排练了新剧《血泪仇》《王德清减租》《动员起来》《大家好》《查路条》《牛勇贵受伤》《新村风云》《牛勇贵受伤》等。对旧剧目《风波亭》《千古恨》《陆文龙》《黄鹤楼》《大会中原》等进行了改造，创作的秧歌有《选英雄》《十绣金匾》《十劝相亲》《劳军》《小放牛》《新观灯》等。此剧团共计在36个村庄进行演出，边缘区5处与新解放区5处共演出228天。②

二中剧社1942年—1945年演出活动的具体情况如表6.1所示。

对1942年—1945年二中剧社演出的曲目及演出次数进行统计，所得数据如表6.2所示。

---

①《群英会上歌剧团连日演出名剧》，《新华日报》(华北版)1944年12月7日，第2版。

②《二中剧社一年来的总结工作报告》(1945年8月15日)，山西省档案馆藏，A90-3-82-1。

表 6.1　1942 至 1945 年演剧活动统计表

年份	地点	观众	天数	合计
1942 年	保德	1 000	7	共演 9 天
	神池	750	2	
1943 年	保德	2 500	29	共演 83 天
	河曲	2 300	36	
	偏关	1 600	11	
	岢岚	2 820	5	
	五寨	650	2	
1944 年	保德	3 900	54	共演 83 天
	河曲	2 800	12	
	偏关	220	7	
	岢岚	3 000	6	
	神池	400	4	
1945 年	保德	3 800	9	共演 53 天
	河曲	2 900	12	
	偏关	2 700	2	
	岢岚	500	4	
	神池	1 250	5	
	五寨	3 400	21	

资料来源:《二中剧社一年来的总结工作报告》(1945 年 8 月 15 日),山西省档案馆藏,A90-3-82-1。

表 6.2　1942 至 1945 年部分曲目名称及出演次数统计

1942 年		1943 年		1944 年		1945 年	
曲目名称	次数	曲目名称	次数	曲目名称	次数	曲目名称	次数
糊涂虫	1	十二把镰刀	16	十二把镰刀	2	血泪仇	6
十二把镰刀	1	两口子	12	两口子	4	破铁重用	13
两口子	1	好	3	放牛	4	新村风云	11
		劳英会	2	查路条	2	牛永贵养伤	4
		二流子转变	4	十劝乡亲	2	大家好	1
		兄妹放哨	5	观灯	2	张老汉劳军	1
		胜利归来	3	血泪仇	21	龙凤配	1
		放下鞭子	1	钟万才气家	5	选英雄	4
		往那里跑	6	动员起来	5	改组统帅部	1
		放牛	4	劳军	4	对敌斗争	4
				卖布	2	十大政策	7
				劳动归公家	1	战斗	2
				赵纪铁	2	说对了	1
				破铁重用	1	里应外合	1
				新村风云	1		
				牛永贵养伤	4		

资料来源：《二中剧社一年来的总结工作报告》(1945 年 8 月 15 日)，山西省档案馆藏，A90－3－82－1。

对二中剧社演员出身与戏龄技术角色情况进行统计，所得结果如表6.3所示。

表 6.3　剧社演员出身戏龄技术角色统计

演员家庭出身比较		参加剧团时间比较		演员技术比较		演员化妆角色比较	
家庭成分	人数	参加时间	人数	演员技术	人数	饰演角色	人数
地主	14	四年	8	梆子	14	老生	7
富农	3	三年	9	郿鄠	7	花脸	6
中农	5	二年	3	丝弦	5	生角	3
贫农	10	一年	8	乐器	3	旦角	2
佃农	1	半年	18			三花脸	2
商人	2	初来	4				

资料来源：《二中剧社一年来的总结工作报告》(1945 年 8 月 15 日)，山西省档案馆藏，A90－3－82－1。

1945 年农历正月十七日，武东全县召开拥军大会，之后举办了农村剧团大竞赛。其中有 12 个为职业剧团、11 个为村剧团，均为经过层层选拔的优秀剧团。① 竞赛剧目有《锄奸》《拥军》《春耕》《肖成元自首》《战争中的他们》《父母拥军》《小两口拥军》《人民大拥军》《春桃》等，除《春桃》外都是新编剧目，拥军题材的戏剧数量占绝对优势。

农村戏剧团演出的剧目贴近民众乡村生活，很能引起群众的共鸣，剧目的选择往往配合中共当时当地的中心工作，如在开展减租减息活动时，演出剧目《谁养活谁》，通过看演出群众明白了为何要减租减息，应该如何减租减息，很多群众之后都争先恐后地去找地主

①《为组织冬学检查的指示》(1944 年 1 月 12 日)，山西省档案馆藏，A67－4－4－1。

讲理要求减租减息。剧目《明减暗不减》则是针对地主为了躲避在减租减息而采取的“花招和手段”而创作的。通过看此剧，群众发现了有些地主“明减暗不减”的“猫腻”。戏剧的社会教育作用收效快、效果好，指导群众更加积极地推动减租减息活动在根据地深入开展。

三、群众喜爱，剧团激增

农村戏剧团在根据地迅速发展，太行区间邑、冶头、阳邑、柏林、小店、管陶、六渠等村陆续成立了农村戏剧团，积极创作剧目进行义务公演。对 1940 年太行区农村剧团、盲人宣教队、鼓词队的数量和团员数等类目进行统计，可直观展现出其蓬勃的发展态势，具体数据如下：

“农村剧团第一专区有 227 个，团员数为5 828人，其中男性5 077人，女性 751 人；第二专区有 221 个，团员数为5 544人，其中男性4 395人，女性1 143人；第三专区有 108 个，团员数为2 672人，其中男性2 377人，女性 295 人；第六专区有 176 个，团员数为4 620人，其中男性4 589人，女性 31 人。[①]

“盲人宣教队第一专区有 1 个，团员数为 28 人，其中男性 26 人，女性 2 人；第二专区有 9 个，团员数为 134 人，其中男性 129 人，女性 5 人；第三专区有 5 个，团员数为 32 人，全部为男性；第六专区有 3 个，团员数为 122 人，其中男性 94 人，女性 28 人。[①]

“鼓词队第一专区有 3 个，团员数为 22 人，其中男性 14 人，女性 8 人；第二专区有 2 个，团员数为 15 人，全部为男性；第三专区有 2 个，团员数为 9 人，全部为男性；第六专区有 4 个，团员数为 18 人，全部为男性。”[①]

---

① 《1940 年太行区基本材料》，山西省档案馆藏，A52－1－60－15。

1942年时仅北岳区已有农村戏剧团一千四百多个。太行区的戏剧与文娱活动在1944年和1945年得到了极大发展。1945年文教大会上提出普及和提高戏剧运动，运用民族和民间相结合的形式，面向大众与工农兵进行社会宣传。1944年，太行区全区有农村戏剧团605个，仅林县和平东两县就有101个农村戏剧团，[①]林县老百姓说："戏剧，开脑筋比冬学还开的快呀。"辽县的农村戏剧团工作开展得最好，团员由根据地老人、儿童、青年人等村民组成，演出群众喜爱的剧目和歌曲，组织演出新剧和抗日小调。农村剧团没有经费，全靠群众自己募捐来钱款购置所需物品，故大多就地取材，简单朴素。动员青年参加剧团，小学教员协助编写剧本，专业剧团也经常给予农村戏剧团以帮助，剧团之间的交流沟通也十分频繁。

农村戏剧团配合小学或民校每半个月或一个月组织一次晚会。以本村的具体事例为蓝本进行编排，反映村中模范人物、模范事迹等。节目形式以简单明快为主，如扭秧歌、花棍、广场剧等。用群众喜闻乐见的形式丰富群众生活，将中共的方针政策以及中心工作通过各种形式的文娱节目对大众进行宣传。对于剧本的创作，鼓励群策群力，每村都应有"3—5个群众创作的剧本"。各县注重农村戏剧团工作的开展，"召集农村戏剧团干部开会，并进行短期培训"，主要为帮助其整理本村材料，研究如何在大生产运动中坚持文娱活动，以及如何领导剧团、提高戏剧团员的思想政治水平和业务水平。[②]

1945年后太行地区新增的解放区亦新建了许多农村戏剧团，

---

①《太行区1945年教育工作概述》，山西省档案馆藏，G3－41。

②《一九四五年文教工作计划》(1945年5月5日)，山西省档案馆藏，A67－4－7－3。

如临城、沙河、赞皇等县，共有 86 个戏剧团，团员共2 011人，其中男性1 647人，女性 364 人。① 有些戏剧团是由旧式蒲剧戏班改造而来，有的是青年男女一起新建起来的，而大部分是在年关时的娱乐活动中发展起来的，剧目形式采用新形式新内容或旧形式新内容，有歌剧表演和话剧演出，大部分剧本是由戏剧团团员或根据地群众依据本村实际情况进行集体创作而成，如高邑、南岩、临城、南白、鸽井等村，通常在演出后组织村民进行讨论，根据群众提出的建议进行修改和加工，内容多与当时的热点时事相结合，创作剧目多反映减租、反恶霸、反特务、生产、揭露敌人暴行、群众所承受的折磨、拥军优抗等内容。在剧本的选择上，许多农村戏剧团对旧剧目加以改造，其中经常演出的剧目有《劝荣花》《范小丑参军》《血泪仇》等。戏剧团的演出受到当地村民的热烈欢迎，群众说“辛庄剧团真是好，人家演的就和真的一样”，“老百姓也能演出像点样的剧来”。②

四、改造旧剧，增加新剧

第一，旧式剧团改造过程出现的问题与改造原则。山西抗日根据地大多数的戏剧团是由旧式剧团改造而来的，要消除旧式封建剧团的残余毒害，使其转变为为革命服务的新民主主义新式剧团就必须要对其进行改造。1941 年太行三专三区教育扩大会议中对农村剧团运动的发展做出指示：“统一全区剧团运动，协力发动农村剧团。农村剧团不拘泥形式、团员不脱离生产。设立专门剧

---

①《太行第一专署关于半年来教育工作简单情况的材料》，山西省档案馆藏，A65－1－17－7。

②《太行第一专署关于半年来教育工作简单情况的材料》(1946 年 9 月 25 日)，山西省档案馆藏，A65－1－17－7。

艺人才训练班。培养基层剧团组织，围绕其不断发展创新，编制大批短戏。”[①]乡村中的旧式戏剧团陆续接受改造，左权芹泉村经过改造，重新组织后的农村旧剧团包括团长、指导员、演员组长、保管股长、后台主任各1名，演员包括妇女6人、儿童10人，以及青年十几人，此外对旧式剧本《三娘教子》《春桃》《劝荣花》进行了改编并在教员刘宝瑗的帮助下创作了《新对花》。[②] 中共中央宣传部关于执行文艺政策的决议中明确指出“戏剧工作者的主要精力，即应放在指导地方与部队的群众剧团或群众戏剧活动”，戏剧工作者要以极大的努力和热情投入到帮助群众性的文化娱乐工作中。中共中央对于文化娱乐工作的指导原则为：“一、充分利用民间现有形式，但是充实以新内容，具有积极的教育意义。二、和战争生产无关的东西要坚决停止演出，要从群众的实际生活中，去找新鲜活泼的材料。三、把演出的好剧本、歌曲、秧歌，迅速介绍给各地，普遍采用。四、坚决实行中共中央宣传部关于执行文艺政策的决定。”[③]

各县设立文娱工作协会，负责推动全县文娱工作，加强对农村剧团的领导，研究改进各种内容与形式，改造和提升旧戏班，介绍新剧本、审查旧剧本，对于专门宣传封建迷信淫乱的旧剧坚决予以禁演。专业戏剧团肩负起帮助农村戏剧团的任务，如，太行山剧团创办了农村剧团干部训练班，对其进行培训，此外诸多专业戏剧团和各文艺团体均纷纷创办培训班，如抗敌剧协、新世纪剧社、联大文工团、西北战地服务团、冀中火线剧社等都开办了训练班。这些

---

①《太行三专三区教育扩大会议记录》(1941年2月21日)，山西省档案馆藏，A67-4-1-2。

②《各地准备旧年娱乐　整顿农村剧团》，《新华日报》(太行版)1944年1月9日，第2版。

③《对新年文化娱乐活动的观感》，《新华日报》(太行版)1944年1月15日，第4版。

训练班给予农村戏剧团很大的帮助与专业性的指导，推动了乡村戏剧更好地发展。因为乡村戏剧团承担着中共在乡村开展社会教育的职责，所以来自这些专业团体的帮助和指导能够更好地推动社会教育在乡村开展。

此外，抗日根据地还注重对于模范村剧团的培养，选出模范的戏剧团，将其成功经验进行推广。如 1941 年晋察冀共有几十个模范村剧团，由剧团专门组织人力编印各种文娱材料及成功经验，发到各村剧团，给予其他村剧团以指导。① 农村戏剧团由村文救会具体负责。文娱工作协会至少每三个月开会一次，专署不另设专门组织，但在一年之内必须召开两次以上各县剧团及其他模范娱乐工作人员会议。旧剧团的改造工作首先是对老行规进行整改，对旧式师徒关系进行改变，逐渐把科班制改为研究制，建立生活学习制度，形成民主组织，由组织推动尊师运动，自下而上地推动改造，在具体工作中善于团结旧剧艺人，在生活上给予其照顾，使其政治地位得以提高，培养其为革命、为人民服务的先进思想。

对旧剧目的改造不可能一蹴而就，在对旧式戏班改造的初期，因沿袭过去旧剧形式，如起腔、叫板、开门等老一套做派等，所以并未受群众欢迎。在对剧本审查过程中存在审查不严格的情况，造成了一些笑话和疏漏。有些旧剧团从演员化妆到布景设置不符合大众的审美，比如在演劳动英雄时，演员却穿着旧式戏服，带着旧式戏帽，这样便显得不伦不类。1943 年晋绥行署二中剧社为了配合政治教育进行宣传，演出了《十二把镰刀》《两口子》等新剧，但仍

① 沙可夫：《华北农村戏剧运动和民间艺术改造工作——在中华全国文学艺术工作者代表大会上的讲话》，全国文学艺术工作者代表大会宣传处编：《中华全国文学艺术工作者代表大会纪念文集》，北京：新华书店，1950 年，第 349 页。

然存在演出封建旧剧目《翠屏山》等现象。[①] 临县某剧团借了20多万元用来购买一整套旧戏箱，请客师分，并给其分配土地、房产，帮其找老婆，所用开销均为村里开支，这必然引起了政府、群众，及演员家庭成员的极大不满。这说明戏剧在发展过程中，存在着方向不明的状况，需对旧剧目的政治导向加强引导，要对旧剧进行改造。剧目应以宣传中共的方针政策为主，创作的新剧目须与根据地人民的生活实际相结合，使群众一看就懂。

1945年翻身运动后农村旧剧呈现出“死灰复燃的迹象”，究其原因为群众在翻身之后，生活水平相对提高，因此其对文化娱乐的需求随之增加，很多剧团靠演出剧目挣钱，于是很多剧团聘请客师，外出演出挣钱。[②] 旧艺人对新剧抵触主要是思想上存在问题，他们对新剧的重要意义认识不够。对旧戏班旧艺人的改造工作最首要的是注重团结，以团结的方式进行改造，接近旧艺人，了解其内心所思所想，对旧艺人的封建迷信思想进行改造，向旧艺人介绍新剧，使其充分认识到旧剧的缺点。在改造旧艺人的过程中曾出现过两种极端现象：一种为喜好旧剧，对改造事宜敷衍了事，一旦有机会就给予旧剧死灰复燃的机会；另一种是对旧剧和旧艺人瞧不起，不愿理睬。磁县1946年6月召开了剧团竞赛，要求剧团充分掌握新方向，表彰新剧。林县剧团会议要求全县“160多个剧团”的发展方向必须正确，要全心全意为群众服务。同时加大对新剧目创作的指导，在剧本创作中加强政治引领作用。

第二，旧剧改造与新剧创作的方法。注重以访谈的形式搜集

---

①《二中剧社一年来的总结工作报告》(1945年8月15日)，山西省档案馆藏，A90-3-82-1。

②《太行五专教育科一九四六年社会教育部分材料总结》(1947年2月)，山西省档案馆藏，A69-1-8-3。

创作素材，请村干部介绍村里的先进事迹，如生产、参战、立功、变工、劳武结合、改造二流子等事迹，戏剧创作者依据这些生动的素材进行富有教育性的新剧剧本创作。创作剧目《里应外合》的过程时，不仅对驻地的老乡进行访谈，还与反正伪军谈话，收集两方面的材料，利用新军演出和学习的闲暇时间进行创作。① 剧团团员随时以发现新材料的眼光看待身边的事物，于生活学习中发现可供剧本创作用的素材，如《新村风云》的创作即为剧团团员王小前往群英会时路过分巨，搜集了两天的材料，并结合报纸的报道进行创作的。② 黎城北流村将生产与文化结合，以生产互助组提出竞赛，在生产过程中以互助组为单位，以各组生产英雄模范等事例编成快板、街头剧等，等竞赛结束后将各组编写的模范材料集中起来进行整理，并经讨论后编写为剧本予以演出。③

新剧的创作属于“摸着石头过河”，没有一个现成可供借鉴的模式，因而集体讨论、群策群力的方法是非常必要的。搜集到了材料后，剧团组织讨论，确定剧本主题、出场人物，并对其他要素进行分析讨论。创作剧本的过程为先厘清大致的写作提纲，材料的选择必须充分考虑到其具备大众性、易于理解，所选的素材富有极强的戏剧性，有极强的可观性，主要是要反映中共在根据地推行的政策、法规等，与群众日常的工作、生活直接相关，这样才能起到很好的宣传效果。戏剧曲调的创作与剧情紧密配合，如在故事情节变

① 《二中剧社一年来的总结工作报告》(1945 年 8 月 15 日)，山西省档案馆藏，A90－3－82－1。

② 《二中剧社一年来的总结工作报告》(1945 年 8 月 15 日)，山西省档案馆藏，A90－3－82－1。

③ 《太行第五专署全专区农村剧团代表会议讨论总结》，山西省档案馆藏，A69－1－8－9。

化和人物性格展现时要配合恰当的曲调。剧团同时注重学习与业务的结合，如二中剧社排练《闹对了》新剧时，将剧本和《抗战日报》刊登的《闹对了》两篇文章进行对比，认真研究了如何将剧本和任务更好地结合，逐字逐句对台词和动作进行设计。

改造方法中亦强调将新旧形式结合，但要求旧剧形式不可妨碍新剧内容，在提倡小型剧的原则下，唱剧、话剧、歌舞剧、快板等均可演出，特别将多种形式集中起来演出效果更好。传统唱剧调子吸取其好的方面，对不能表达新内容的调子进行舍弃。如襄垣秧歌剧为改变单一曲调专门创造了一些新式调子（多选择曲调雄壮、气势磅礴的调子），以及插入一些其他秧歌小调。此外，新戏剧亦打破以往旧剧目依靠生旦净末丑等角色表达人物个性的方法，在动作表达方面结合演出情况编入新动作以更好地展现戏剧人物的性格。戏剧动作与新内容相称，不拘泥于旧剧中的条条框框。“对戏台的布景设置以简单、省事为原则，表演形式中去掉了以往旧剧中陈旧冗长的自我介绍，在化妆等方面结合新剧的实际内容进行设计，更加符合剧中人物身份。幕与幕的中间穿插快板、鼓书等表演形式。”①依据剧目情节将唱剧与话剧结合，以此吸引观众。剧团学习延安秧歌舞，并学习创作歌舞剧，改造旧有剧目，如对《小花鼓》的改编，去除旧形式中男女调情的舞蹈动作，改编为秧歌舞的形式，台上台下均可演出。秧歌舞取消了旧式的化妆方式，综合快板、唱歌、讲演等艺术形式，以此展现根据地鲜活的模范事例，对群众进行宣传。此外，亦将快板改造成多人合说的形式，如快板《武乡大拥军》就是改造后的新表演形式。剧本内容和演出形式按照农民喜闻乐见的形式对旧式戏剧加以改造，如把旧剧中的“板和

---

①《文艺总结》(1945年1月19日)，山西省档案馆藏，A67－4－7－1。

道白”改为根据地农村常用语言和声调，在唱剧的表现形式上，根据剧情的变化“该唱就唱，该说就说，该配以音乐时就配合之”，如《拥军故事》采用快板形式配合以音乐，使观众看后感同身受，达到了极好的宣传效果。随着翻身运动在根据地农村的深入发展，群众文化要求逐步提高，对剧团形式有了更高的要求。如林县道朋巷剧团自编、自唱、自导、自演，创造出斗争剧，除在本村演出外，亦自带干粮去周边村庄进行演出。涉县偏城剧团发展为全村的群众俱乐部，群众都可以参与演出。

演出剧目的选择充分考虑到观众群体的特征，针对不同类别的观众，演出具有不同教育目的的剧目，如史家庄欢迎“反正”伪军的晚会中，演出《牛勇贵受伤》剧目时加入了伪军反正后的积极改变，这样的改变很受欢迎。在五寨、神池边缘区与新解放区演出时，选择演出《血泪仇》剧目，因贴合根据地民众的切身感受，受到群众的热烈欢迎，在乡村小路上经常可听闻群众哼着《血泪仇》里王桂花纺线时所唱的曲调，戏剧宣传了中共的政治主张，推动了根据地中心工作开展。

1945 年为改造旧剧目使其为群众服务，晋察冀边区成立了旧剧研究会，在定忻、维县、安新等县纷纷召开旧艺人、民间艺人座谈会，有地区亦对皮影戏与庙戏进行改造，在创作效果上取得了可喜的成绩。所演出剧目与工作和斗争相结合，是群众喜闻乐见的，以“建屏、王家岸、西黄峪、刘家坪等 8 村进行统计，一年演出中，观众共达362 600人”。完县在春节文娱大赛比赛时，“每天有4 000多观众。村剧团与学习相结合，如灵寿陈庄戏剧团在冬学测验时，平均在 90 分以上。”[1]随着农村戏剧团蓬勃发展，数量和规模逐步增长，

---

① 《1945 年冬运总结》，《晋察冀日报》1947 年 1 月 1 日，第 4 版。

乡村文艺人才匮乏的现象更加突出，一些专业的文艺团体创办了乡村艺术干部训练班，亦称作“乡艺干部训练班”，运用此训练班突击培养不脱产的乡村艺术干部。① 如1943年晋察冀边区有重点地开办了乡村艺术干部训练班，本年度12月23日平山文救会于北岳区某区②开办短期乡艺训练班，包括14个村的乡艺人才接受了3天（后又延长1天）的培训，教学成果显著，教会歌曲5首、快板1个、新年街头秧歌舞1个，培训了发音、化妆、指挥等艺术技能。③

第二节　女性社会教育的广泛开展

一、女性解放，地位提升

在抗战之前的山西农村，女性社会地位较低，想要进入学堂学习基本是不可能的事。旧社会的舆论对进步女性要求学习的热情与渴望进行了无情地打压，认为“谁家女子上学学风流呀”“上了学就跟人家跑了”。农村家庭里妇女担负着繁重的家务和农活，没有时间也没有经济基础去接受教育，且近代以来，山西一直盛行“溺女之风”。据清末民政部统计，宣统年间全国22个行政省有男性198,911,382人，女性163,415,760人，平均性别比为121.7%，而山西却高出全国百分比13.8%，④由此可见山西由于“溺女”陋习造

① 张志永、张勇：《晋察冀边区文化史稿》，北京：解放军出版社，2005年，第100页。

② 《建立乡村文化俱乐部》，《晋察冀日报》1943年1月19日，第1版。晋察冀日报此篇报道中并未写出短期乡艺班具体举办地点。

③ 《建立乡村文化俱乐部》，《晋察冀日报》1943年1月19日，第1版。

④ 数据依据实业部中国经济年间编纂委员会1938年所编的《中国经济年鉴》（上）第四章计算所得。

成了男女数量上的严重不均。从“娶到的老婆买到的马，由我骑来由我打”“女子是墙上的泥皮，落了一层再抹上一层”“养儿千张纸，养女千条线”等旧时山西农村俚语中即可反映出妇女饱受压迫、没有社会地位的状况。

农村妇女一直受封建主义、资本主义、宗法社会的多重传统重压，经受了几千年的压迫生活。琐碎而繁重的家庭劳动、小孩的纠缠、公婆与丈夫的难以应对，以及舆论中“女性无才便是德”的欺骗，无情地摧残着每个家庭妇女的身心，造成她们胆小、愚笨、眼光狭小，以及无自尊和自信心的状况。[①] 山西抗日根据地建立之后，在中共的领导下，根据地妇女经过翻身教育和革命工作的锻炼，学习热情逐渐高涨，思想上得到了充分的解放。除夏收、秋收等最忙的时节外，女性可支配的自由时间较为充裕，要求进步的女性数量超过了男性。加之根据地社会教育积极鼓励女性入学，于是大量的妇女文盲进入识字班、冬学、民校等社会教育机构进行学习。“从根本着手，首先要提高妇女的政治文化水平，使她们从几千年的黑暗生活中，睁开眼睛，认识时代，从而勇敢地负起谋解放事业的伟大使命来，因此成立妇女识字班或学校，同时督促育龄妇女入校，使每一个妇女都能普遍地认字，这实在是一件最迫切需要的工作”[②]。妇女冬学的教学内容除了与普通冬学相一致外，亦开设妇女卫生常识、纺织生产等课程。1938 年 11 月中旬至 1939 年 2 月，共成立妇女冬学 65 个，按年龄分班，25 岁以下的女性学员约 590 人，每天上课 2 小时，共学会 300 多字；26—45 岁的女性学员约 200 人，每天上 1 节课，共学会生字 200 个；45 以上的女性按照自愿原

① 《边区妇女见面几句话》，《抗敌报》1939 年 6 月 29 日，第 4 版。
② 《妇女识字运动的重要性》，《边区教育》，1939 年第 1 卷第 2 期。

则,不强迫入学,接受教育的女性学员学会约 50 个字。[①] 晋察冀边区一专区(山西五台榆次等 11 县)在 1938 年时,妇女读书的只占 9.6%,到 1940 年时妇女读书的比例已达到 48%,大部分的地区比起 1938 年时妇女读书的人数都增加了十几倍。[②] 同年,曲阳已有几千名女性在冬学中接受教育,完县亦开办了 80 多个妇女冬学,有5 077位女性学员入学。[③] 在未成立妇女冬学的小村庄则"普遍设立识字组""普遍采用小先生制"进行简单教学。"很多入冬学和识字组学习的年轻女性随后转入小学继续学习。"1940 年晋西北七区陈家山 19 岁的一位女性学员,积极学习识字,只要一有时间就请学校教师教她识字或讲解问题,一个月内认识了 300 个字,后来就能看懂小册子了。[④] 模范冬学女学员赵玉琴 23 岁,家中有 4 口人,丈夫不在家,上有老母,下有 12 岁小妹。虽然她家庭事务比较多,但在冬学中仍然每天坚持早到,学习时非常用心,学不会不走。她还帮助邻家的一个妇女学习,并且带动村中其他妇女参加冬学。晋察冀边区有位婆婆,家里只有她和媳妇两人,因此她们不能一同去上课,于是她们轮流去,上课的人回到家将冬学中老师所教的内容转教给对方,婆媳两人在兼顾家务的同时做到了不耽误学习,等到冬学结束,婆媳两人的成绩很好,都得了奖,受到了表彰。[⑤]

在冬学中学习,女性学员还将学习到的知识与自己的生活实

---

① 《三月涞源县妇女冬校工作情形》,《抗敌报》1939 年 3 月 18 日,第 4 版。

② 司徒斯丽:《新民主主义下的妇女教育:妇女冬学运动——一个女村副谈学习》,《新华日报》1944 年 2 月 13 日,第 4 版。

③ 《冬学与妇女》(1940 年 1 月 7 日),《抗敌报》1940 年 1 月 7 日,第 4 版。

④ 《离石妇女加紧识字、学习政治》,《抗战日报》1940 年 12 月 25 日,第 2 版。

⑤ 司徒斯丽:《新民主主义下的妇女教育:妇女冬学运动——一个女村副谈学习》,《新华日报》1944 年 2 月 13 日,第 4 版。

际结合，进行文艺创作，如平顺县妇女在冬学中学习了妇女婚姻自由的内容后，自发组织创办了妇女剧团，以身边买卖婚姻的悲惨事例创作了话剧《买卖婚姻》。许多妇女因为感同身受，在看演出时流下眼泪。妇女在冬学中接受教育，并将所学知识以艺术创作的形式推广给更多的群众，起到了很好的社会教育效果。

据1945年太行区25县的数据统计，民校中妇女入学人数一般比男性多，学习时间也较男性长，尤其是作为干部家属的妇女，其要求学习的人数更多，所占比例更大。① 太行三分区的妇女工读班和学校就是妇女们主动要求建立的，"左权第三高小吸收了一批妇女，成立了长期的妇女补习班，招收15—25岁的青年女性"，课程包括文化、政治、劳作，教育目的在于提高青年女性的文化知识水平、提高政治觉悟、促进生产劳作积极性。"1945年榆社统计妇青班学员共1 418人。武北石洞在1945年4月成立了妇女自愿结合的学习小组，由一个发展到3个，从3天上一次课改为每两天上一次，学习效果也显著提升，妇女杜春仙不久就学会了400多字。妇女不仅学识字，还解决了思想问题，推动家庭卫生工作，加强农田辅助劳动，参加做军鞋竞赛等。"②武东冬学妇女魏仙说："现在的年月真正好，男女平等，政府教咱们认字学道理，女的也可以开会，连县政府咱们也敢去啦。""有一妇女在讲她以前受虐待的事情时就哭了出来，其他感同身受的妇女也哭了，最后说毛主席和八路军就是我们的亲人。现在可得好好的对待八路军啦。"③长治妇女陈爱香，不仅土改中分得了土地，当上村里的干部，还进入了冬学学习，

---

①《太行区1945年教育工作概述》，山西省档案馆藏，G3-41。

②《太行区1945年教育工作概述》，山西省档案馆藏，G3-41。

③《太行区1945年教育工作概述》，山西省档案馆藏，G3-41。

并且在她的带动下,“有23名妇女相继参加了识字组,10个女生上了村办初级小学”,发挥了极好的带头作用。“陈爱香本人在50天的学习时间内就掌握了200个生字。”岳南的女性冬学普遍办得好,其中发展较好的有“冀式兰村的女冬学,有学生42人”。在冬学里,妇女言论自由,很多妇女将遇到的问题带到冬学进行讨论。她们从实际问题出发,对群众进行教育,如王君川打骂妇女事件等。在冬学中根据群众的要求进行教学,主要采取讨论的方式,妇女们对冬学非常拥护,认为谁不入冬学谁就是落后,是比住自己的娘家还要紧事儿。①

山西抗日根据地实施的妇女冬学最主要的教育目的为解放妇女、提升妇女社会地位,保证妇女在政治上、经济上、社会生活中与男子享有平等的权利。这是中共在根据地帮助女性解放的重要方法之一,通过妇女冬学,使女性社会地位得到显著提升,女性真正认识到其在抗战中所起到的重要作用,改变了以往农村轻视妇女的陋习,女性应与男性享有同样的权利与社会地位,男性掌握的本领女性一样可以学习掌握,男性参与的工作女性照样可以做到,甚至做得更好。1940年襄垣县妇女举行代表大会,会议决定任何农家都不准收童养媳,17岁以下的妇女不准结婚,丈夫不准虐待妻子。女性享有充分自由,“自己是自己的主人”。妇联会是女性自己的组织,女性逐渐开始参加管理党政机关事务,许多女性当选了代表、委员、村主席,有的女性还当了区长、村公所委员等。1939年涞源民选活动中,据统计妇女被选为村副、委员和代表的一共309

---

①《牛主任三月六日在太岳参议会上关于政府工作报告(节录)》载于《1945年4月〈太岳政报〉第三期》:山西省教育科学研究所、教育史编纂研究室编:《山西省教育史资料　太岳革命根据地教育资料专辑》,1986年,第9页。

人。[①] 同年1—5月晋察冀边区村选中，平山女公民参加选举的占比61%，新乐占比57%。[②] 在晋察冀边区，一位六十岁的妇女对参加选举的妇女们说："树老根不老，人老心不老，抖抖我的老精神给你们这年轻妇女说句话，你们要想自由，不像从前那样挨打受骂，这要自己整齐，不要自己看不起自己，参加政权是我们争取自由的道路，不当奴隶丫头的好办法。"[③]这是1940年的农村老太的心声，由此不难看出当时中共在根据地实行社会教育的政治教育宣传所达到的教育效果。1940年襄垣一区秦爱香被选为原庄编村的村长，李引子当选为水碾村副，宋焕棠、崔润花分别担任了村副闾长、小学教员之职。三区强计村的村参政会议的议员中，妇女所占比重为30%。据统计，1940年时受训过的襄垣妇女干部已达1 200余人，这些妇女干部被分配至各村开展工作，在她们的带领下，各村组织起妇女战时服务队（洗衣、缝纫、慰劳队）。[④] 女性生活一天天地改善，妇女的地位在逐步提升。妇女为根据地建设做出了重大贡献，"只要把妇女从封建束缚下解放出来，只要提高妇女的社会政治地位，妇女就一定能和男人一样，什么事情都可以做。"[⑤]

1939年—1940年，"晋察冀冬学共5 379所（比1939年增加了一倍）、女性冬学学校3 500所。冬学学生有390 495人，比1939年时的180 000人增加了一倍多，三、四分区与阜平一个行政村一座冬学的计划已经完成，新乐超过了两倍半，仅四分区扫盲人数为120 000人。"妇女进入冬学的学习情况为："三、四分区超过1939年

---

① 《活跃中的涞源妇女》，《抗敌报》1939年6月29日，第4版。

② 《晋察冀边区第一次村选》，《新华日报》（华北版）1940年4月27日，第1版。

③ 袁勃：《晋察冀边区的村选举》，《新华日报》（华北版）1940年4月19日，第2版。

④ 健秋：《襄垣妇女进步了》，《新华日报》（华北版）1940年3月7日，第1版。

⑤ 《活跃中的涞源妇女》，《抗敌报》1939年6月29日，第4版。

的3—4倍，阜平1939年时只有300人，而1940年时已有7 998人，达到了上一年的16倍之多。”[①]从表6.4中可直观地看出到1946年时，女性社会教育发展的情况，此表为对临城、武乡、潞城、和顺、长治、平顺、榆社、黎城、井陉的女性参加社会教育情况的统计。

妇女社会教育在山西抗日根据地的蓬勃发展亦与村干部广泛的宣传动员密不可分。他们用黑板报、屋顶广播、戏剧等，向抗日根据地女性普及接受教育的重要性。此外，女性社会教育与中共在根据地开展的妇女运动相结合，促进了彼此的发展。妇女运动普遍包含的工作内容有动员广大妇女参政、动员妇女参加生产、鼓励女性接受文化教育。[②] 而这些内容亦是山西抗日根据地女性社会教育应有之意，在社会教育的内容中包括了相关的课程，如政治教育中会讲授妇女参政的内容，结合妇女参加宪政座谈会和宪政促进会等工作，教育效果更加明显。社会教育的课程关注生产知识的传授，且以不妨碍生产为前提开展教育。文化知识的教育是社会教育的基本内容，通过社会教育提升乡村中的女性的知识水平。妇女社会教育配合着妇运的深入开展，在女性社会教育教学内容中与教学方式上借鉴妇运中涌现出的模范事迹进行生动地教育宣传，所授内容和相关知识更易于学员所理解与接受。

---

①《中国共产党晋察冀边区党委关于边区冬学运动总结摘要》，《抗敌报》1940年5月16日，第4版。

②《华北妇女的当前任务》，《新华日报》(华北版)1940年3月1日，第1版。

表 6.4 1946 年九县市社会教育与调查表

<table>
<tr><th colspan="2">区村数</th><th colspan="2">人口数</th><th colspan="2">文盲数</th><th colspan="2">入学
文盲数</th><th colspan="2">扫除
文盲数</th><th colspan="2">冬学</th><th colspan="2">民校</th><th colspan="2">青年
补习班</th></tr>
<tr><td>行政区</td><td>55</td><td>男</td><td>486 784</td><td>男</td><td>181 031</td><td>男</td><td>119 517</td><td>男</td><td>16 029</td><td>一般冬学</td><td>2 375</td><td>座数</td><td>2 022</td><td>班数</td><td>922</td></tr>
<tr><td rowspan="2">行政村</td><td rowspan="2">1 736</td><td rowspan="2">女</td><td rowspan="2">400 926</td><td rowspan="2">女</td><td rowspan="2">134 072</td><td rowspan="2">女</td><td rowspan="2">115 234</td><td rowspan="2">女</td><td rowspan="2">10 684</td><td rowspan="2">小组冬学</td><td rowspan="2">973</td><td>男</td><td>138 824</td><td>男</td><td>3 874</td></tr>
<tr><td>女</td><td>113 936</td><td>女</td><td>4 214</td></tr>
<tr><td>自然村</td><td>3 232</td><td>合计</td><td>887 710</td><td>合计</td><td>315 103</td><td>合计</td><td>234 751</td><td>合计</td><td>26 713</td><td>合计</td><td>3 348</td><td>合计</td><td>253 760</td><td>合计</td><td>8 088</td></tr>
<tr><td>备注</td><td colspan="15">九县市包括临城、武乡、潞城、和顺、长治、平顺、榆社、黎城、井陉(此表统计文盲与入学文盲数的数据缺平顺县、扫除文盲数统计数字缺武乡、平顺、井陉,冬学数统计时缺武乡。)</td></tr>
</table>

资料来源:《1946 年九县市社会教育与调查表》,山西省档案馆藏,A52-1-52-1。

二、妇女教育，因材施教

（一）妇女卫生保健教育

女性因其长期在旧社会中遭受压迫，更容易被封建迷信思想所蛊惑，缺乏对自身生理健康的关注，根据地冬学专门开设妇女冬学课程对乡村女性进行教育指导。如1945年刘家城、高庙两个村庄的妇女冬学规定："8岁到15岁的女娃娃，以识字为主，卫生为副；16岁到35岁的妇女，则以卫生为主，识字为副；再年纪大些，就专讲卫生。"①妇女冬学的教学内容不仅注重思想层面的提升，亦关注现实存在的问题，所选内容均为乡村女性最为关心的问题，由于与女性利益息息相关，妇女冬学很好地调动了根据地女性的学习热情，学习起来积极主动、劲头十足。如在旧社会，女性的身体健康极少被关注，女性对自身的生理构造和特点不甚了解，更谈不上对自身健康的重视了。女性冬学针对此类特点，重点加强女性卫生及养护幼儿知识的讲授，将女性生理卫生知识专门作为一章写进冬学教材，在妇女冬学中专门为其编写了符合女性身心发展的妇女教材。妇女生理卫生等课程由妇女干部讲授，通过教育给女性以生理知识的科普，教会其健康养护常识。同时，针对乡村中妇女存在小产的问题，从其可能发生的原因进行分析，提出预防对策，并对如何治疗和调理小产病症进行专门教授。针对旧时农村存在的高出生率、高死亡率的生育现状，冬学为妇女普及了科学生养的观念，从生产前的准备（包括生产环境和生产所需器材），到生产后应该如何处理（如脐带的处理方法等）均做了细致地讲解。针对农村婴幼儿经常出现的病症，如百日咳、拉脓血、蛔虫病，冬学也专门进行了

---

①《卫生冬学》，《教育阵地》1946年第6卷第3期。

知识讲授，教给妇女如何判断婴幼儿所得之病症，并给出治疗药方以便对症下药，及时治疗。

（二）妇女工读学校

山西抗日根据地大多数干部是与农村妇女结婚的，因而对干部家属进行教育是极其必要的，妇女工读学校就是在这样的大背景下设立的。妇女在工读学校接受教育，可提升自身的政治觉悟和文化知识水平，亦可为妇女干部的人才培养提供源源不断的新鲜血液。工读学校主要培养脱离生产的干部家属，对入学文化程度无具体要求。一般青年妇女（15—25 岁，大小脚亦可）则是根据其年龄、家庭，及本人发展前途酌情、酌量吸收的，妇女入学时不可携带婴儿。[①] 妇女工读学校中以襄垣和黎城两地办得最好。

“妇女工读学校设校长 1 名、教员 2 名、兼管生产和日常事务之工作人员 1 名、炊事员 1 名。如学校入学学员不足 40 人者则减少教员与炊事员各 1 名。学校开学时，各县从地方粮中支出 100 石作为基金，至此后除学校工作人员、办公杂费按期报销外，其余开支如生产用具购买、学校建设、贫寒家境学员补助等，全部由学校自行解决。”[②]学生费用一般由自己支付，如家庭苦难需补助者应本人提出请求，经县政府审核后，依据具体情况从学校经费中予以补助，补助标准高于高小公费生。学习期限为 1 年，如襄垣开办第一期妇女工读学校招生为 50 名，并且妇女学员须抽出 1/4—1/3 的课余时间进行生产，生产成果公私两分，这样既可解决个人费用问题，亦可为学校基金的累计做出贡献。[③]

---

①《关于办妇女工读学校的初步意见》，山西省档案馆藏，A67－4－7－24。

②《关于办妇女工读学校的初步意见》，山西省档案馆藏，A67－4－7－24。

③《关于办妇女工读学校的初步意见》，山西省档案馆藏，A67－4－7－24。

课程设置方面，文化课主要为《国语》和《算术》，教授内容为识字、信件书写、计算账目；政治课的教授内容为中共的各项方针、时事教育，并结合当前中心工作进行相关政策讲解；生产课注重纺织技能、毛织技能等生产技能的传授。同时，还开设妇婴卫生课程、妇女工作课程。经过学习，学员毕业后能担任县、区级妇救干部，未来经过短期的专门培训后，可胜任会计员工作，或进入纺织工厂从事生产劳动。

（三）妇女纺织学校

妇女社会教育的形式多种多样，为了满足妇女因家务、生产等的劳动需求，妇女社会教育的另一种形式即为开办妇女纺织学校，这种类型的学校、冬学或民校的运行方式不一样，其充分考虑到妇女做家务需要占据的时间，先让妇女们在家做完所有家务后，带上纺车来学校，把当天要纺的棉花纺完，然后再开始当天课程的教授，识字课主要教妇女日常生活中能用到的字，政治课给妇女教时事方面的内容，另外会专门教婚姻法、妇女解放等与妇女切身利益直接相关的知识。这样的教学方式深受妇女们的喜欢，为了尽早来学校学习，她们会尽早把家务做好，来了学校后大家在一起加快纺线、织布速度，学习也更加努力。

三、女性婚姻，自己做主

在漫长的封建历史发展中，山西社会形成了一套有着区域特色的婚姻礼仪和嫁娶传统。民国政府制定《民法》规定："男未满 18 岁、女未满 16 岁者，不得结婚。"①但近代农村中由于封建思想、旧风陋俗、风土人情、生活贫困等原因，早婚比比皆是。山西盂县"男

① 杨与龄编：《民法概要》，北京：中国政法大学出版社，2013 年，第 411 页。

女婚嫁太早,或不及十四五岁”。兴县男孩子往往 12 岁就娶妻,女孩子 13 岁或 14 岁就嫁作人妇了。永和的婚嫁年龄比其他地方稍大一些,“男子 17—22 岁娶亲,女子 16—19 岁出嫁”。也有一些地方的嫁娶年龄比当地原先流传下来的嫁娶年龄要小了许多,如虞乡“古有三十而娶,二十而嫁,今俗迫不及待,竟有十三四岁行嫁娶”。① 华北女性结婚的平均年龄为16.8岁,而全国平均女性结婚年龄为17.7岁,山西平均年龄低于全国平均水平0.9岁。14 岁以下结婚者,华南男子仅为1.6%,女子为2.8%,而华北男子占10.9%,女子占 9.4%;15—19 岁结婚者,华南男子占44.3%,女子占30.1%,而华北男子占41.3%,女子占70.2%。② 封建社会女性的婚姻不能自己做主,全凭父母之命,媒妁之言。婚姻大事本应由女性自己掌握,可在旧社会却不能自己做主。地主恶霸、乡里豪绅凭借着自己的权利和财富欺负穷苦百姓,纳年轻女子为妾,这样的事情在旧社会是十分常见的。他们认为“富人靠财势,大小老婆有的是。”有些女性常被丈夫斥责或是鞭打。然而女性并不是物品,婚姻本不可被包办、不可被买卖、更不可早婚、坚决反对童婚。总之,婚姻应完全由女性自己做主。“华北农村中的婚姻制度主要是买卖包办婚姻,这是一种野蛮的不合人性的制度。”女性社会教育的内容中专门针对旧式农村婚姻陋习对妇女进行教育,如 1942 年太行区女性社会教育的重要内容即为扫盲和普及“反对买卖婚姻”政策等。通过教育使妇女了解到抗日根据地的民主政权是保护妇女利益的政权、亦有保护妇女的法令制度作为妇女强有力的后盾,还

① 徐永志:《中国近现代政治社会史论》,北京:中央民族大学出版社,2009 年,第 50 页。

② 乔启明:《中国农村人口之结构及其消长》,《东方杂志》,1935 年第 32 卷第 1 期。

有专门的组织可以对妇女的权益进行保障。①

妇女冬学课本中专门以模范夫妻的事迹作为范例进行婚姻自由的宣传。张家庄妇女代表赵玉华和民兵分队长王富贵两人是自由恋爱结婚的好榜样，两人年龄相仿，且都是积极上进之人，工作上互相帮助，共同进步，但是当富贵向玉华爹提亲时，却遭到玉华家人的坚决反对，只因嫌弃富贵家穷。玉华开导自己的家人，她说穷不怕，只要爱劳动，通过劳动肯定可以过上好光景。长辈觉得玉华说的有道理，但是在彩礼问题上产生了分歧，玉华爹要求彩礼，玉华用新婚姻法对其父亲进行教育，最终玉华的父亲同意了这门亲事，婚礼采用了新式婚姻的典礼。② 榆社冬学在讨论八路军给了我们什么利益时，青年班的学生说："建立的人民武装，给了青年们学习和工作的机会，提升了青年的社会地位。"普通班的学生说："八路军给了我们土地，减轻了我们的负担，我们的生活水平提高了，有饭吃，穷人们都有了办法，这都是八路军给我们的。"妇女班的学生说："八路军的到来，使自己的地位提升了，并且改变了过去女性婚姻中的买卖制度，自己可以真正做婚姻自由的主。"在根据地进行新婚姻法的宣传后，民事案件中离婚案件的数量占案件总数的绝大多数，如表6.5所示，1942—1945年民事案件中，离婚案的数量所占比例较大，这在一定程度上反映出女性接受教育后，思想认识水平得以提升，女性更加注重自己的合法权益，向旧式包办婚姻陋俗宣战，通过申请解除旧式包办婚姻关系。

---

① 涵静：《关于反对买卖包办婚姻》，《新华日报》（华北版）1942年8月12日，第1版。

②《妇女冬学教材（晋西北妇联联）》，山西省档案馆藏，G3－327。

表 6.5　1942—1945 年民事结案统计

类型　数量 \ 年份	1942 年	1943 年	1944 年	1945 年
土地	971	775	477	765
婚姻	885	1 331	587	733
债务	382	299	275	749
物权	34	131	79	193
继承	188	161	111	175
其他	179	227	140	134

资料来源:《1942 年—1945 年民事结案统计》,山西省档案馆藏,A52-1-52-1。

四、组织生产,拥军优抗

山西抗日根据地的妇女冬学鼓励女性积极参加生产劳动,并指出女性要想获得真正的解放、社会地位的真正平等、获得真正的自由,生产劳动是必要条件。在根据地成立之前的传统乡村中,山西某些地区的女性参与生产并不普遍,不少人存有"妇女劳动是败兴"的观点。① 抗日根据地成立之后通过接受社会教育、妇救会的引领及群众运动的带动,妇女们积极参加各项生产劳动。妇女参加生产不仅促进了家庭生产,亦同时提升了妇女自身的地位。在根据地的许多村庄里,女性因积极参加劳动生产,成为家里的"顶梁柱",家庭中的经济地位也得到提升,在村里成为被表彰的模范。冬学鼓励妇女组织参加变工组,采取集体劳作,互相帮扶的方式。在抗日根据地建设中,女性能顶半边天,土改以后,根据地农民土地增多,劳动量增大,女性作为家庭的主人主动承担起生产劳作的

① 《我所见到的左权妇女》,《新华日报》(华北版)1943 年 3 月 21 日,第 4 版。

重任。山西抗日根据地妇女踊跃参加拥军优抗活动，她们动员自己的丈夫和儿子参军，以实际行动绘制出“母送子、妻送夫、兄弟争相上战场”的可歌可泣的壮美画卷。冬学中邀请部队干部做时事报告，坚定了群众胜利的信心。部队亦请村长和农会报告政府的拥军优抗法令，鼓舞士气。通过拥军优抗教育，根据地妇女投入到帮助抗属的工作中，除了日常的慰问之外，在每年春耕、秋收时，妇女组织起代耕团、秋收队等，以此解决了抗属耕收时期的人力困难，这在坚定和鼓舞前方将士的战斗意志上起了极大的作用。[①] 在生产教育方面，妇女积极参加生产劳动，1940 年春耕时，晋察冀边区村妇女干部积极响应边区号召，马上召集全村妇女开会，会后立刻进南山开荒，即使手上磨起了泡，浑身都是汗，但无一妇女休息，共计开荒 18 亩。[②] 1941 年晋东的襄垣、武乡，由妇女组成的纺织小组达到 23 个，通过教育宣传各小组以妇女纺织训练班毕业学员为基干，共计 94 人，训练班毕业学员积极扩大纺织小组，改进纺织机器、提高生产效率，比之前旧式纺织产量增加了 70%。[③]

1942 年武乡的妇女积极踊跃开展纺织生产，外界对其称赞道“好妇女，勤织布，一个女人能顶两个汉”，基本 1 位女性 6 天可纺织完 1 斤棉花，每天大约纺花 3 两至 5 两，1 斤棉花可纺 14 两线。[④] 妇女教育注重纺织生产技术的竞赛，通过竞赛，不仅增产创收，而且在比赛的过程中，带动生产教育更深入发展。“1943 年太行区沙洺村组织了纺织竞赛，原先当地妇女一天只能纺织 3—4 两棉花，通过竞赛后，妇女们的纺织水平和效率都大大提升，每天可纺 12

---

① 川峙：《晋西北妇女是怎样帮助军队的》，《新华日报》(华北版)1940 年 3 月 7 日，第 2 版。

②《行唐妇女高举春耕旗帜，号召男女有组织的垦荒》，《抗敌报》1940 年 3 月 7 日，第1 版。

③《襄武纺娘努力生产，有一小组每日出布三百尺》，《新华日报》1941 年 12 月 14 日，第 1 版。

④《武乡妇女纺织热》，《新华日报》(华北版)1942 年 8 月 20 日，第 4 版。

两棉花，效率提高了近3—4倍。”此外，妇女积极地入股合作社，“1945年晋察冀一区集股10多元，二区集股50元，在植树方面，涞源县妇救会员平均每人植树3株，二区妇女除造纪念林以外，又响应5人养一只猪，1人养一只鸡的号召。慰劳军队方面，妇女参加抗战的热情一天天的热烈起来，她们每天东奔西走，发动对前线军队的慰劳，据统计这个时期内，共计慰劳鞋565双、袜子587双、鸡2 000多只、油条66件、糖10斤、大洋40元、猪3头、大米6斗、毛巾肥皂98块、被子198床、帽子125顶。二区妇女会自觉发动会员，购买棺材，埋葬牺牲的战士们。阜平二区贾葬沟妇女们5天时间将全部军鞋完成，全区28个村庄15天完成军鞋1 000双，每双军鞋都是新里新面新棉花。该区亦开展了1个鸡蛋、1筐山药、1把枣子的劳军运动，每位妇女都争先响应，共捐献山药1 000斤、红枣2大石、鸡蛋320个、柿子核桃一大批、公鸡5只、边币2 000元，交给战委会转送到前方。”①凡是军队所经村庄，妇女们帮助军队烧水做饭腾房子。前庄子村的某妇女将自己陪嫁的花洋布被子和绣花枕头拿出来给伤员用，连俘虏们也感动地说：“军民一家人真不假，子弟兵怎么能不打胜仗呢。”定县九区百余名青年妇女儿童把慰劳品送到了前线。妇女们带着针线到各处为战士们缝衣服做饭，军队到了村庄后，妇女们就主动帮部队干起活来，据行唐县六区统计，“妇女一个月之内做裤子5 729件、棉衣548件、袜子3 441双、洗衣服1 929件。”五台耿镇石咀等处建立了核心救慰小组，按时完成军衣军鞋。“据统计边区妇女在半年时间内给军队做鞋达2 400万双，其他棉鞋、袜子、棉衣等共计16万余件。”②

---

①《阜平二区妇女展开劳军热潮》，《晋察冀日报》1945年11月18日，第2版。

②《自卫战线上的边区妇女》，《晋察冀日报》1945年3月8日，第2版。

图片来源：八路军太行纪念馆

晋察冀边区妇女张二嫂在妇救会里接受教育，明白了妇女不能干“拖尾巴”的事儿，改变了之前舍不得让丈夫去当兵的思想。张二嫂回到家中刚好遇到丈夫从农会回来。丈夫说农会会长叫他参加阜平营，张二嫂听后立刻表示支持，说：“哎呀！参加阜平营吗？那才好呢，让我也来当抗日军人的家属吧！”丈夫怕家中没人管，张二嫂说：“不要紧，我来管！抗日军人家属受优待啦！你在前线，我在后方，打倒日本鬼子咱们夫妻再团圆！”[①]边区子弟兵的母亲戎冠秀在“七一”纪念大会上号召母亲送儿子上战场、妻子送郎保家乡。饶阳等县半月内参军人数达到2 500名，其中不少是妇女动员的。容城五六村60多岁的老太太欢送自己3个儿子参军，临走时还和秧歌队的一起扭秧歌为部队送行。[②] 1943年太行区社会教育工作中深入开展参军动员宣传，在乡村中妻子送丈夫、母亲送儿子参军的先进事迹不胜枚举，二区石圪塔村妇女苟伴主动跑到妇救会秘书处，说：“我儿子才八岁不能当兵，我一定动员我家那个人（指丈夫）去！”其丈夫于当年2月24日报名参军。郑家庄妇女晚

①《张二嫂送夫投军》，《抗敌报》1939年7月15日，第4版。

②《自卫战线上的边区妇女》，《晋察冀日报》1947年3月8日，第2版。

荣于和丈夫感情非常好，但也毅然决定送夫参军，并动员弟媳，哥弟两个一同参军，村中群众称其为模范妯娌。[1] 敌占区的张老太太亲身经历了八路军帮助她在战争中转移，深受感动，主动为儿子报名参军。在保德三区冯家川一带，差不多每个妇救会会员家中都住有1—2名战斗伤员，妇女们对待他们如同自己的父子兄弟一般。亦有部分妇女积极踊跃参军，如武乡四区各村妇女，尤其是妇女自卫队的成员纷纷自愿参军，愿效木兰之勇，保家卫国，这种事迹在根据地并不少见。

妻子送郎报名参军

送子参军的母亲为儿子戴红花

图片来源：八路军总部旧址纪念馆。

生产劳动方面，二区妇女在春耕中开荒地16亩，六区开荒地5亩，其他如站岗放哨公差等，女性也绝不示弱，积极参加。[2] 面对灾荒之时，社会教育开展生产救灾的教育宣传，如1943年太行区五、六专区成立了20个纺织指导所，2万余名妇女参加纺织。冬学深

①《父母送儿妻子劝郎太行健儿纷起从戎》，《新华日报》（华北版）1943年3月5日，第4版。

②《活跃中的涞源妇女》，《抗敌报》1939年6月29日，第4版。

入研究变工互助办法，生产劳动中亦实行生产互助组织，如帮工一天得三斤玉茭，耕地一亩得10斤玉茭；妇女绣花四两或织一丈五尺的布可顶一男工；泥水匠木匠帮工一天得玉茭6斤；石匠帮工一天，小青石工得玉茭6斤，大石匠得7斤，红石工得8斤。大家一起为根据地的建设贡献力量。① 磁县霍王庄妇女冬学在妇女韩树荣的带领下组织起了11个青年妇女集体纺织，3斤棉花做本，45天之内除生产消耗外，每人净赚3斤布，共获利140 000元。13岁的霍天林在冬学中不仅学会了纺织技术，还学会了98个生字、19岁的王喜莲学会了160个生字。② 女性在生产活动中不逊于男性，她们是根据地生产建设的重要力量，对1946年太行区17个县的纺织妇女进行统计，所得数据如下表所示，由此可以清楚地看出女性在生产中的重要地位，为山西抗日根据地的生产发展做出了巨大贡献。

表6.6　1946年太行区17个县纺织妇女统计数

县别	妇女劳力	纺妇	纺妇占妇女劳力百分比%	织妇	织妇占纺妇百分比%
邢台	14 000	9 404	67.17	2 974	32.90
临城	19 595	16 864	80.06	4 872	28.89
元氏	27 000	24 410	90.40	4 643	19.02
井陉	15 913	10 125	63.63	1 220	12.05
和顺	19 760	6 502	32.90	1 792	27.56
昔阳	25 264	19 967	79.03	5 374	26.91
左权	10 827	7 583	70.03	1 499	19.77

①《1945年辉县西沙岗村冬学总结》，山西省档案馆藏，A52-4-41-16。

②《太行五专教育科一九四六年社会教育部分材料总结》，山西省档案馆藏，A69-1-8-3。

续表

县别	妇女劳力	纺妇	纺妇占妇女劳力百分比%	织妇	织妇占纺妇百分比%
榆社	12 886	11 098	86.12	6 736	60.70
武乡	31 986	25 817	80.71	11 160	43.23
平定	12 236	6 193	50.61	1 420	22.93
平顺	34 048	21 908	64.34	7 872	35.93
壶关	24 419	18 842	77.16	2 247	11.93
潞城	30 000	15 506	51.69	5 185	33.43
黎城	24 735	23 565	95.27	5 982	25.39
陵川	30 000	13 148	43.83	1 315	10
武安	24 047	23 675	98.45	9 314	39.34
涉县	41 159	29 806	72.42	5 415	18.17
合计	397 875	284 098	71.40	79 020	27.81

资料来源:《1946 年太行区 17 个县纺织妇女统计数》,山西省档案馆藏,A52－1－52－1。

第七章　山西抗日根据地社会教育的影响因素

第一节　战争形势的变化

山西抗日根据地战争形势的变化直接对社会教育工作的开展产生影响，总的看来抗日根据地社会教育发展状况与根据地不同发展阶段密切相关，山西抗日根据地经历了创始阶段、巩固发展阶段、艰苦斗争和恢复阶段、局部与全面反攻阶段、发展壮大阶段。社会教育的发展脉络基本与之类似，社会教育的场域为山西抗日根据地，根据地的发展与战争形势的变化直接相关，当根据地处于战争劣势时，社会教育发展必然受创。

山西抗日根据地抗战八年来农林水利损失和粮食、房屋、被服总损失如表7.1和7.2所示。

以清源县1937—1945年间被日军烧杀、抢夺、破坏损失的具体数据来看，其“烧毁及抢走粮食为153万石，损坏及抢走的农具价值为3 806万元，冰雹、水灾等灾害天气造成粮食损失为135万石。”徐沟县的损失为：“烧毁房屋202间，抢走牲畜1 213头，烧毁及

表 7.1　晋绥边区八年来农业损失初步统计

地区	项目／数目	耕畜（头）	家畜（只）	家禽（支）	农具家具（件）	牧草（斤）	皮草（张）	耕畜（斤）	树木（株）	牧场（座）	水渠（道）	水坝（道）	水车（架）
山西地区	一分区	26 015	260 150	630 405	891 678	1 630 000	150 000	60 000			14		
	二分区	35 175	451 720	952 059	1 668 224	7 540 000	880 000	130 000	80 000		32		47
	三分区	29 915	399 055	1 197 040	1 686 612	4 530 000	250 000	80 000	21 417		38		24
	五分区	37 831	478 300	1 157 801	1 903 932	6 820 000	540 000	120 000			46	8	78
	六分区	35 002	350 428	854 060	627 020	5 900 000	320 000	50 000	322 000	4	34		41
	七分区	29 855	398 550	1 096 054	777 364	5 400 000	120 000	40 000			40	8	58
	八分区	38 013	480 137	1 244 206	1 559 135	6 720 000	140 000	70 000	120 000	3	53	9	61
	九分区	21 761	228 620	430 630	288 620	3 600 000					15		
合　计		253 567	3 046 960	7 562 255	9 402 585	42 140 000	2 400 000	550 000	543 417	7	272	25	309
附　记		一、耕畜指牛驴骡马、家畜指猪羊，统计数字中羊约占 1/6、猪占 1/6，家禽指鸡鸭鹅。 二、水渠水坝系敌在战争中因修筑工事碉堡等而破坏，或因剥夺人民劳力过甚，而致多年无力修复荒废者，水车破坏者。 三、树木统计主要为砍伐夺取充作枕木电杆建筑碉堡工事或运走者，焚毁森林上不在此内。 四、农具家具指重要之用具工具而言，零星碎小未计入。											

资料来源：《八年来农业损失初步统计表》，山西省档案馆藏，A90－1－28－3。

表 7.2　晋绥边区八年来粮食房屋及被服财物损失统计

项目/地区/数量		粮食损失（市石）	被服损失（件）	房屋损失（间）	银　洋（元）	首　饰（两）
山西地区	一分区	1 976 940	305 840	90 451	125 000	27 000
	二分区	5 514 835	571 120	109 583	469 000	95 000
	三分区	4 575 304	533 060	138 664	730 000	128 000
	五分区	6 604 671	966 960	164 730	1 034 000	183 000
	六分区	3 577 210	569 630	109 501	710 000	145 000
	七分区	4 835 917	586 340	86 902	190 000	105 000
	八分区	6 319 270	785 620	96 015	950 000	198 000
	九分区	3 592 956	124 230	8 804	672 000	68 000
合　计		36 997 103	4 442 800	804 650	4 880 000	949 000
附　记		此为八年来直接抢夺损毁之损失，在沦陷区一般的苛杂勒索等均未及统计				

资料来源：《八年来农业损失初步统计表》，山西省档案馆藏，A90－1－28－3。

抢走粮食 53 万石，烧毁及抢走衣物农具价值3 741万元，自然灾害造成粮食损失为3.5万石。”阳曲县的损失为：“烧毁房屋4 363间，烧毁及抢走粮食16 764万斤，烧毁及抢走衣物农具价值14 376万元，自然灾害造成粮食损失为11.3万斤。”文水县的损失为：“抢夺金银首饰约1 900斤，毁坏学校 50 座，毁坏庙宇 150 座，毁坏教室45 座。”①

由表7.1和7.2以及日军对清源县侵略的相关数据可看出战争给山西抗日根据地造成了巨大的物质损失，给当地民众带来了极其深重的苦难，对根据地经济造成严重破坏。而经济基础决定上层建筑，文化教育水平与物质水平正相关，战争造成了根据地教育经费、物资、教育资料的普遍匮乏。1939 年晋察冀边区 14 县②遭遇水灾，共损失财产约 467 万元、房屋损失82 236间、田地损毁1 100 832亩、损失树木231 000棵、粮食损失855 410石、死亡人口4 500人。③ 除战争影响外，山西抗日根据地所遭遇的自然灾害亦对社会教育的发展产生了负面影响。

1941 年敌人加强了对晋中区根据地的进攻，教育环境恶化。“昔西在 1941 年之前有学校 41 所，1941 年后仅剩 1 所；和西之前有学校 76 所，1941 年只有 33 所；和东之前为 45 所，1941 年有 26 所；昔东原先有 66 所，1941 年剩 54 所。”晋中各县除太谷外，学校数量均呈现减少状况。随之而来的问题是教员的大量减少，如“昔西以前 40 名教员，1941 年时只剩 8 名教员；昔东从 76 名减少至 54 名，其他各县教员亦均大量减少。民革室有名无实，民众学校大多

①《晋绥八分区各县在反法西斯战争中被日寇烧杀抢劫破坏损失统计表(1937—1945)》(1946 年)，山西省档案馆藏，A103-1-12-2。

② 即平山、灵寿、行唐、浑源、灵邱、井陉、蔚县、曲阳、易县、唐县、完县、阜平、平定、盂县。

③《边区 14 县水灾及日寇趁机烧杀损失估计表》，《抗敌报》1939 年 8 月 14 日，第 4 版。

数不能正常开课。部分教育行政干部和教员产生右倾主义情绪，消极对待教育工作。”①从此例中可看出战争与教育的关系，当根据地处于稳固发展时期，社会教育工作发展迅速，总体向好，而处于战争相持或是劣势时，根据地社会教育发展缓慢，甚至会出现发展迟滞、缩减倒退的状况。太行五专的冬学受战争影响，有部分地区如安阳、辉县、林县，推迟了冬学开学时间，有的12月开学，有的则是来年1月开学。② 但在具体的社会教育教学中，亦有时会因配合战争需要而比平时更加注重社会教育工作的情形。

第二节　中心工作的转换

社会教育具体工作的开展与山西抗日根据地所实施的中心工作相关，正如《国民教育任务与方针》里指出的“社会教育的任务是扫除文盲，改进实际工作，交流生产经验。如果社教内容与形式离开生产与根据地建设工作之内容与形式，便根本不能开展，因为农民必须时时刻刻在生产在工作。”③因此社会教育的内容是与根据地建设工作直接相关的、与之配合的，其教育内容围绕中共在根据地乡村的中心工作展开，随着根据地不同时期中心工作的变化，社会教育的教学侧重点亦随之发生相应调整。社会教育的重要教育

---

① 《打开晋中区宣教工作会议的严重局面报道》（1941年7月），山西省档案馆藏，A67-4-1-3。

② 《太行五专教育科一九四六年社会教育部分材料总结》，山西省档案馆藏，A69-1-8-3。

③ 《国民教育任务与方针（行署副主任裴丽生在太岳区教育座谈会上的总结报告）》（1945年6月28日），太岳革命根据地教育史编写组编：《太岳革命根据地教育文献选编》，太原：山西省教育志编审委员会，1986年，第45页。

形式冬学，其与根据地工作紧密结合，在冬学教育中推动根据地相关工作的开展。根据地社会教育与中共在乡村中心工作结合得越紧密，则社会教育工作开展的效果就越好。社会教育具备的战时性、工具性的特征决定了其在根据地乡村建设工作中的教育宣传辅助地位，其教育政策、教育目标、教育内容等依据中共在根据地开展的中心工作变化而变化。中共在山西抗日根据地不同发展时期的中心工作有开展民主选举、减租减息、春耕运动、拥军优抗、英模运动、大生产运动、爱国自卫战、反奸复仇清算运动、翻身运动等，当中心工作侧重点发生改变时，社会教育的教育目标和教育内容也发生变化，两者之间密切相关。为了使冬学与中共乡村的具体工作更为紧密结合，为了促使这两者相互配合以达最高效能，昔东县把各级中心工作委员会和文教委员会统一起来，具体做法为县文教委员会与中心工作委员会合一，区中心工作指导组为这一时期的冬学指导组，村长兼冬学校长，各救主任及武委会指导员任副校长，区、村长在充分了解群众思想的基础上，认真指导冬学的工作开展。① 宁武张初元村组织了战斗、生产、学习指挥部，把冬学委员会和生产、战斗指挥部统一起来。兴县某村成立了冬学冬季生产委员会，统一领导生产与学习。② 这些举措均为社会教育与中共乡村中心工作结合的具体实践形式。

1938 年 2 月晋察冀边区发动了春耕运动，社会教育施教机构随之开展广泛的春耕教育宣传，与春耕运动相配合。社教机构组织了相当规模的宣传队，并印发大量宣传资料供乡村民众学习，有效地通过社教工作推动了春耕运动的深入开展。1940 年山西抗日

---

①《王家坪冬学拥军教育的情形》，山西省档案馆藏，A52－4－38－4。

②《关于冬学工作的第三次指示》，山西省档案馆藏，A90－3－28－3。

根据地的中心工作为“反扫荡”“反投降”，警惕民众中出现妥协投降的倾向。社会教育中随即加入了“如何应对日寇的诱降，如何防止地主资产阶级产生动摇”的教育内容。太行区 1940 年冬学开展拥军劳军教育，教育宣传动员深入到各个村庄，仅对赞皇、临城、黎城、内邱、武乡五县数据进行统计，群众自发自愿送给军队的慰劳包括：菜 15 258 斤、钱 15 448.5 元、核桃、枣栗等 3 166.5斤、慰问信 627 封，[①]此外，还有手巾、白面、猪羊等不胜枚举。敌占区虽然社会教育宣传工作不如根据地开展得深入，但依然有众多敌占区的民众挑着担子、越过封锁线给军队送来慰劳品、慰问信等。1942 年晋察冀边区结合中心工作，对本年度冬学教育目标做了规定，《编委会关于冬学教育实施大纲令》指出以政治教育为重心，“坚决的打击敌人的蚕食与扫荡”“坚定群众对于抗战胜利之决心”，与此同时，本年度的社会教育亦配合根据地开展减租减息运动，深入开展群众民主教育，以此推动、贯彻村选的落实。

1943 年为配合中共在根据地有效开展防奸反特工作，适时地组织了防奸反特教育，遇有敌特分子捣乱之情形，社教机构及时召集干部和积极分子以会议的形式，通过发言讨论等方式掌握群众思想动态，对敌特分子捏造之谣言进行揭露，对中共的政策法令进行讲解，消除群众的担忧。并结合公审大会的方式，开展防奸反特教育，获得了很好的教育效果。如召开公审汉奸张学曾的大会时，先发动群众进行讨论，破除汉奸所散布的“要变天”等谣言，会后将没收汉奸的物品低价卖给贫苦群众，解决了部分群众生活困难的

---

① 《本区人民热烈劳军敌占区同胞也远道送礼群众帮助抗属耕地刨坡》，《新华日报》(华北版)1942 年 12 月 3 日，第 4 版。

问题。教员将反奸斗争中群众揭露特务罪行的鲜活事例作为相关教育内容,通过理论联系实际的方式,直观、深刻地教育广大乡村民众,同时也教育了一些受敌人蒙蔽而误入歧途的人,各地出现了不少坦白自首者。

太岳区1943年的社会教育内容依据根据地中心工作制定,设锄奸和生产救灾两项内容,因当年灾荒情况较为严重,所以在社会教育中加入生产救灾的内容,以带动民众进行生产工作,推动灾荒救助工作。为了推行民主村选工作,1943年社会教育工作中加入村选相关内容对民众进行教育和宣传。1944年社会教育配合农村减租减息运动,发动群众进行灭蝗虫运动。1945年社会教育配合减租查租工作,旨在发动群众对群众进行教育,并通过此工作帮助社会教育的开展。具体到社会教育实践中,除作政策法令的教育外,亦注重启发群众诉说自己受剥削的事实,打破迷信命运的束缚。同时要求地主接受教育,使其深刻认识到认真贯彻执行政策、法令可改善人民生活的重要性。① 在查租工作中,社会教育施教机构成立小组研究土地政策,对村中问题进行具体的研究。如在晋察冀边区通过群众斗争,贯彻了中共的方针政策,以此巩固了社会教育的教育效果。六区大宋村充分发动群众,建立了11个学习组织,通过将时事政策教育与群众运动相结合,在具体的工作中激发群众学习热情。②

冬学作为根据地社会教育的重要施教机构,具备极强的政治性和工具性,其本质是为中共建设根据地开展各项中心工作服务,当中心工作发生变化时,冬学教育内容必随之发生改变。在与根

---

①《太岳行署关于冬学运动的指示》,《新华日报》(华北版)1945年11月15日,第1版。

②《1945年冬运总结》,《晋察冀日报》1947年1月1日,第4版。

据地中心工作进行结合的过程中，冬学教育也得到了巩固和健全，成为教育群众的政治指挥部。如果冬学适逢根据地进行减租减息工作，在教学中就相应地开展对于减租减息法令的学习和对具体办法的讨论，并组织农民进行减租运动。如果适逢根据地开展“反扫荡”运动，社会教育则注重民兵教育，义务教员这时的工作便侧重于战时的组织、具体实施、宣传等方面。如组织学员协同民兵进行“空室清野、开展爆破”等工作。这一方面是教给民众作战本领，另一方面也从情绪上给民众以激励和宣传。灵邱青年民兵英雄姬继海所领导的拨工组将生产战斗与文化工作进行结合，取得了很好的效果。他们经常一面战斗，一面生产，一面学习，在拨工生产中进行战斗演习九次，利用休息时间进行战斗教育，培养出两个射击手。[①] 群众通过对社会教育相关的武装知识的学习，掌握了很多抗日武装技能，当村里遭遇敌人袭击时，提前做了充分的战斗准备。冬学不仅不妨碍冬季生产工作，反而有效推动了中共根据地冬季各项工作的开展。为保证各系统干部参加冬学工作时能发挥统一领导的效能，有效地将冬学与中心工作结合，各级冬学委员则尽可能地吸纳党政民武相关部门主要干部参加，以此对冬学做

图片来源：八路军太行纪念馆。

①《编委会 1944 年冬学运动简要总结》(1945 年 11 月 27 日)，王谦主编：《晋察冀边区教育资料选编》社会教育分册，石家庄：河北教育出版社，1990 年，第 199 页。

出指导,使其更好地为中心工作顺利开展而服务。①

配合减租运动,冬学对封建社会、官僚地主欺压百姓的事例进行揭发,在冬学讨论中,张六麻子说:“政府真是咱肚子里的蛔虫,咱要求啥他给咱做啥”。张为小说:“咱村李振每到年跟前,拿着小鞭子要租要息,把穷人打的爹一声娘一声,这下可得好好闹闹他!”②红土山的一位青年佃农经过学习减租减息问题后,说道:“方才课本上讲教咱们自己挺起腰来,我觉得这是很要紧的,只有咱们挺起腰来,才不受人的欺负。”之后谈到具体进行减租的问题,决定大家分头去找自己的地主(远的可以请冬学教师代写信),并把记下来的名单交给农会干部,由他们慢慢解决。“五天后,只曹家台就有 3 家下了租,红土山 4 家,李家台 1 家,槐树庄 3 家。如曹家台安凤琴种法华村王德发一石五斗七升五合租的地,已减到了八斗,徐望种岭底村刘杰三的四斗租的地已减成两斗。”③冬学利用控诉复仇运动之机,加强对群众的政治教育,使其充分认识到斗争的意义和重要性,启发和提高乡村群众的斗争情绪。在运动中大力批判部分落后群众的“变天思想”与“良心”观念,繁峙、浑源、高阳等县设立了“说理大队”“清算队”等。

中心工作的转换直接指示着当年社会教育工作的重心所在,这是根据地社会教育的传统。冬学运动中,拥军教育是其中一项重点工作,下面以王家坪冬学拥军教育的实施效果为例进行相关考察。上课前教员对拥军教育进行调查,走访抗战时担任村干部的老人和战争时受到敌人迫害最严重的几户村民,以及在根据地

---

①《关于冬学工作的补充指示信》(1944 年 11 月 24 日),山西省档案馆藏,A90-3-28-1。

②《从临城管等冬学报告中看出来的几个问题》,山西省档案馆藏,A71-4-1-5。

③ 洛寒:《民校教育与减租斗争》,《教育阵地》1944 年第 2 卷第 6 期,《人民教育》社编:《老解放区教育工作经验片段》,上海:上海教育出版社,1979 年,第 82 页。

政府帮助下翻身做主的村民，通过对他们的采访，提炼中共军队最为老百姓所感念之事迹，这样的教育素材运用在教学课堂上，并采用分组讨论、个别发言，最后由教员归纳总结的教学方法，起到了非常好的教育效果。冬学动员参军，组织未上冬学的老年人召开拥军座谈会，每村的小学设置拥军小组，农村剧团排练拥军剧，配合冬学拥军工作。

图片来源：八路军太行纪念馆。

在冬学的群众思想检讨活动中就曾有当过特务的人主动发言，对自己过去的错误行为做出了深刻的检讨与反省。王家坪冬学的时事教育除了在课堂上讲授时事政策以外，义务教员课后对个别需要指导帮助的学生进行个别谈话。通过时事教育，村民们的思想变得更加先进，他们积极拥护和配合中共军队的工作。①

第三节　群众团体配合

山西抗日根据地社会教育工作开展的效果与根据地群众团体的配合度成正相关。1940 年 6 月 23 日《新华日报》（华北版）的社论《改进社会教育》中指出："社会教育工作首先是依靠各个民众团

① 《王家坪冬学拥军教育的实施效果》，山西省档案馆藏，A52－4－38－4。

体,各地工救会、农救会、妇救会等应该支持各地的社会教育机关,动员自己的会员接受社会教育,民众团体要与社会教育机关很好的配合,很好的联系。各个民众团体除了动员自己的会员积极参加一般的社会教育活动外,在这些团体当中也要把社会教育当作很重要的工作任务去完成。”①

根据地群众团体还包括青救会、文救会、民兵队、童子军等。群众团体对于社会教育的重要性,早在1939年3月13日《抗敌报》社论《怎样加强教育训练》中就有相关论述,其中明确指出:“开展群众教育工作首先要扫除文盲,增加或扩充群众教育馆,推广识字运动,普遍地发展识字班、夜校、救亡室、读报组等各个群众团体,如农会、自卫队、工救会、青救会、妇救会等应配合工作,受适当的教育训练,了解当前形式、学习理论、研究问题、以便使工作得到更大成效。”②社会教育的学员大部分是各团体的会员,教育群众学员就是教育各个团体的会员,社会教育需要军政民机关及群众团体的紧密配合,教宣联席会领导社教工作开展,各团体组织鼎力配合。③ 县(区)教宣联席会是社会教育的辅导机关,“县(区)教宣联席会之组织,县以教育科与各团体单位如工、农、妇,青、文救会、抗敌后援会之宣传部,自卫队总队部,政治指导员,各该地教育名流,及当地驻军、民运部共同组织之。区以教育助理员与各团体及自卫队大队部政治指导员,与热心教育之绅士共同组成之。”④

---

①《改进社会教育》,《新华日报》(华北版)1940年6月23日,第1版。

②《怎样加强教育训练》,《抗敌报》1939年3月13日,第1版。

③ 张范五:《冬学运动在五台》,《抗敌报》1940年1月11日,第1版。

④《晋察冀边区行政委员会县区‘教宣联席会’组建办法》王谦主编:《晋察冀边区教育资料选编》教育方针政策分册上,石家庄:河北教育出版社,1990年,第4页。

1938年万全县共有945个村成立了妇救会，会员人数约为5 200余人，妇救会配合社会教育工作组织慰劳军队、举办各种群众大会、站岗放哨、积极参加选举、举办识字运动、提升妇女文化水平。[①] 1940年晋西北的岢岚、五寨、临县、兴县、静乐、神池、方山、离石县均成立了妇救会，在偏关、保德、宁武、朔县、崞县、岚县、河曲、忻州、平鲁已成立了妇救筹委会，并且晋西北妇联也于同年8月成立。仅1940年，襄垣的妇救会，其会员已发展到20 600人，人数占全县妇女的2/3，[②]在县妇救会的领导下各村普遍设立了妇女识字班，襄垣在1940年时基本达到30岁以下的妇女扫盲成功，都能识字。如二区的丘兰卿原先是一个大字不识的妇女，经过学习不仅可以识字读报，且成长为区分会的领导。

晋察冀边区妇救会仅在1938年创办冬学1 061所，学员达到34 865人，其中青年学员占到了总人数的80%，妇女积极入学，认真学习，当时平山妇女中识字字数最多可达500字。[③] 在妇救会的推动下，部分地区的女性学员入学率高于男性学员，在某些县，女性的学习成绩要比男性更好，如蔚县。完县17个村庄在妇救会的配合下成立了妇女识字班。妇救会推动了晋西北抗日根据地民众运动的发展，社会教育以多方面对民众进行教育动员为目的，社会教育与妇救会的配合呈正相关，因此妇救会工作更好地开展，一定会推动社会教育工作更进一步的发展。妇救会是指引妇女参加抗战的组织，对根据地女性工作的开展起着领导作用，从人数上就很容易看出妇女会在推动社会教育工作开展中起到了很大的作用。

---

①《积极开展中的各县妇女工作》，《抗敌报》1938年5月23日，第3版。

② 健秋：《襄垣妇女进步了》，《解放日报》(华北版)1940年3月7日，第1版。

③《晋察冀边区1938年度冬学运动总结》王谦主编：《晋察冀边区教育资料选编》社会教育分册，石家庄：河北教育出版社，1990年，119页

在慰劳军队方面，妇救会组织发动慰问队，积极主动捐助部队物资，如土特产、胡桃、蜂蜜、玉米、鸡、鸭等。妇救会还举办各种群众大会，密切配合中共各项政治宣传，如1938年2月22日妇救会举办妇女救国运动比赛大会；3月8日举办国际劳动妇女节纪念大会。妇女们积极参加，连60多岁的老年妇女都发言到："别看我已是六十岁的老太婆了，但是我知道干救国打日本的事儿。乡亲们，齐心吧！大家伙儿帮助救国、多做活、多纺线、多织布，过几天咱们军队要打到保定去，咱们要给他们送东西！"①1940年冬季，襄垣县妇女在妇救会的带领下，为军队缝制棉衣3 000套以上，组织家庭副业小组，开展养鸡、鸭、猪、羊，还有纺花织布等。妇救会组织妇女会员站岗放哨，保卫根据地，共成立12个自卫队，检查行人，防止汉奸活动，各班轮流守卫，起到了模范带头作用。此外妇女积极响应中共政策，参与选举，在1938年完县各村选举中，共有20多位妇女同志当选了副村长。②"太岳妇女在妇救会的领导下，于沁县、屯留建立了5个女工厂，为部队战士做衣裳，妇女参加开荒人数为10 124人，共开荒550多亩，养鸡18 135只，种树11 000株。"③1943年结合社会教育中生产自给的内容，在妇救会的带领下，武乡改进生产技术，积极开展纺织运动，并且妇救会还为群众开办了3次手拉机织布训练班，培训学员30人，受训者中包括县（区）干部，学成之后她们成为组织者与指导者，进而对更多的乡村妇女进行培训。1944年晋察冀边区妇救会全力动员男女青年参加识字竞赛，要求其做到会念、会写、会讲、会用，树立识字模范，学习英雄。妇救会

---

①《积极开展中的各县妇女工作》，《抗敌报》1938年5月23日，第3版。

②《积极开展中的各县妇女工作》，《抗敌报》1938年5月23日，第3版。

③《太岳区的民众运动》，《抗敌报》1940年8月8日，第1版。

特别关注贫困的青少年的发展，积极动员校外儿童和少年，尤其是失学儿童进入民众学校学习。①

农会对会员进行识字教育，举办学习竞赛，如1939年8月底，完成晋察冀边区二次代表会的教育竞赛计划，在学习中争当模范。在会员大会、组长联席会上检查成绩，模范的会员予以表彰。农会建立日常生活批评制度，互相批评、互相鼓励、互相学习、共同进步。这样的模式在救亡室中亦然，教会员救亡歌曲、开办晚会配合宣传、教给会员讲卫生的习惯。② 1940年太岳区"农民在农会的领导下开荒1 170亩，浇灌田地4 765亩，在春耕运动中产量增加1/5，成立农民合作社36个。"

图片来源：八路军太行纪念馆。

1940年青救会组织青年儿童争做春耕模范，组成青年修滩队、互助组、代耕队，建立青年山、青年滩、青年田。儿童于"四四儿童节"时每人植树1棵，号召儿童每人养1只鸡，并组织儿童拾粪队进行生产。③ 1939年新乐县两百多位儿童在青救会的掩护和带领下

①《边抗联号召在冬学中发动青年识字竞赛》，《晋察冀日报》1944年10月7日，第1版。

②《关于会员教育问题》，《抗敌报》1939年8月10日，第4版。

③《冬学运动在五台》，《抗敌报》1940年1月11日，第1版。

在村南河边距离敌人据点四里路的地方终止了“儿童林”，这个造林活动配合了边区的春耕运动，此外他们还帮助村中群众开荒种地。[①] 1940 年，“儿童在春耕运动中拾粪300 000斤、养鸡9 945只、养猪 250 头。”

童子军也是群众团体中积极配合社会教育的组织。1940 年，晋察冀儿童团进行拥军优抗的教育宣传。在北岳区，乡村文化娱乐和优抗劳军普遍开展，童子军是其中一支不可或缺的力量。平山县 85%的童子军都开展了文化娱乐工作，儿童团在配合拥军优抗工作方面做出了贡献，很多儿童进行粮食的募集，据不完全统计，完县募得1 381斤干粮，阜平一区募得1 130斤。完县儿童帮助抗属打柴 426 斤、唐县2 849斤、灵寿一区3 870斤。[②]

此外各区、村宣教组织对根据地社会教育工作的开展亦起到极好的推动作用。村宣教委员会下设宣传、教育、文娱、体育、卫生、组织、动员等股。区宣教委员会领导村宣教委员会，区里定期布置工作，对冬学中的模范教员、学员予以表彰，并批评落后学员，并利用报纸、广播、剧团等形式进行广泛宣传。宣教委员会配合根据地中心工作推动冬学发展，如拥军运动，在冬学中推行拥军教育，根据群众的需求安排教学内容，引导冬学与村中各劳动组织结合起来，如识字班与纺织组结合、民校与运销组及民兵结合等。1943 年，太行全区社会教育进行了优抗拥军运动的宣传，各大群众团体积极配合，太南黎城六区各村邀请抗属们吃饭，并且发起了“蒸馍”运动，全区共收到“慰劳抗属和军队的蒸馍1 500多个”，武安一区的儿童团则组织团员帮助抗属担水拾柴，向抗属拜年。妇救

① 《活跃在晋察冀的儿童们》，《边区教育》，1939 年第 1 卷第 7 期。

② 《北岳童子军》，《晋察冀日报》1943 年 5 月 19 日，第 4 版。

会组织妇女给抗属缝制新衣。平顺县在1943年2月13日召开军民联欢大会，与会群众1 500多人，共计捐出慰劳品：猪3头、羊肉39斤、羊50只、白面300余斤、洋573元、毛巾18条、慰问信77封等。①

第四节　学员自身努力

社会教育最终要达到学员可自己教育自己的目的，从这个层面来看，学员自身的努力程度是影响社会教育施教效果的重要因素之一。学员自身努力程度主要体现为其接受社会教育后，思想政治觉悟和文化知识水平提升，进而自发地、主动地进行学习。

1939年12月19日刊发于《抗敌报》的《反扫荡的学习生活》一文中这样写道：

"炮声响了，摧毁的火焰伴着无数的生命财产，通红的腾向高空，在我们眼前卷起滚滚浓烟，不过十里多的路，我们还在上课呢！并不因为这样我们就放下钢笔、铅笔、和笔记本子，教员们仍在滔滔不绝的讲课。我们没有固定的课堂，但是随处都是我们的课堂……找不到房子了我们就在雪地上授课，暴风无情的吹打着……等回家里去后，都匍坐在炕上，写的写、看的看、讨论的讨论。"②

这段话似打开了一幅画卷，将根据地民众学习场景生动地展现于我们眼前，即使是在这般战乱的条件下，民众依然以极高的热

---

①《太行全区优抗拥军，襄垣民众夹道欢呼》，《新华日报》(华北版)1943年2月25日，第4版。

② 陈坚白：《反扫荡中的学习生活》，《抗敌报》1939年12月19日，第1版。

情投入到学习之中。

老年人一般被认为是较难接受教育的群体，但如果群众中的老年人对社会教育的关注度高，则此区域的社会教育普及度必然较高、施教效果好。1942年，涉县王全庄有176名老年人(50岁以上)，具备劳动能力的140人，参加互助组的有105人，这些老年人在村民李俊清的带领下组成了老人救国会，按街巷进行组织，设队长、组长，每月上5次课，义务教员由村干部兼任之，农会主任教土地政策等问题，民教主任教政策法令等，村长带领讨论中心工作。[①]之前这部分老人在村中被认为是“老顽固”，是思想相对落后的一群人，经过老年救国会的教育与培训，他们消灭了长期存在的封建迷信思想，并在村中树立了一定的威信。文艺作品中亦不乏对此类事例的报道，如《老百姓》上刊登的《上冬学》一文：“我姓李，名老三，今年已然四十单，从小没会把书念……今天村里有会议，商量冬学事儿怎么…… 问问老头儿我也把书念，倒是能行是不沾？……大虎子比我大七岁，他要能学我也愿。这个年头多么好，念书上学都不要钱。半冬下里本没甚事，为甚不快读书篇？懂了民族国家事，打打日本心更坚。提笔墙上写大字，大家要知持久战……百姓冬下没甚事，岂可不把冬学念。奉劝诸位名公理，全家念书都争先。明白道理打日本，鬼子退了太平年。”[②]又如，以冬学运动中的模范学员张大妈的事例进行创作的歌词，“我们要学张大妈，热心冬学数着她，有病还来上冬学，还能说服别人家。有点小病不吃紧，别把机会错过啦，大家伙儿一起来，不要偷懒躲在家。别说你家孩子小，别说你妈年纪大，人人都想来识字，不想识字是

---

① 《冬学通报》，山西省档案馆藏，A69-1-8-4。

② 念运：《上冬学》，《老百姓》1938年12月13日。

傻瓜。不怕自己事儿多，只要大家努力干。大家快来上冬学，我们克服小苦难。”①歌词朗朗上口，通过传唱起到了很好的宣传效果。龙泉湖村有位 70 岁的老人，每天都准时上课，即使刮风下雨的天气，也不耽误。从这些事迹中可看出根据地群众对于参加冬学运动的积极性。社会教育在根据地开展的普及度以及民众的支持度由此可见一斑。

社会教育中尤以贫农的学习自觉性最高。这是由于贫农在封建乡村中承受着最终的剥削与压迫，中共成立根据地后开展的工作均以根据地农民为根本，中共的政策方针均围绕提升根据地民众之权益而定，农民社会地位得以提高，政治觉悟逐步提升，经济利益得到保障。接受了中共领导的政治教育的农民开始真正认识到苦难的根源在于剥削阶级的存在。他们积极配合根据地各项方针政策和中心工作的开展，农民在社会教育中学会了斗争的方式，提升了政治素养。

图片来源：八路军太行纪念馆。

太行二专的岳万寿在 1937 年以前过着被剥削的生活，从小家里穷，靠租地主二亩地和自家的薄田生活，所打下的粮食交租后已经不够生活所用。通过接受社会教育，学习中共各项政策，思想得到进步，积极参与

①《我们要学张大妈》，王谦主编：《晋察冀边区教育资料选编》社会教育分册，石家庄：河北教育出版社，1990 年，第 163 页。

减租减息、开荒大生产等运动，岳万寿一家于1944年除购买之地、租得之地，以及开荒所得之地共计51亩，除了一切开销外剩余16石粮食，存款30 000多元。① 岳万寿还当选了本村的村长，被评选为太行区英雄模范。

战争教育了农民，使他们产生了忘我无私的思想，华北农民对中国共产党和八路军有深厚的感情和敬意，因为是共产党把他们引向进步和解放的道路。② 民众在接受拥军教育后，思想觉悟得到进一步提升，拥军热情空前高涨，不少群众都积极参与拥军工作。如武安西井镇副村长的妻子，35岁的刘秀贞积极拥军，当部队进驻时，其不分昼夜为往来的工作人员倒水、做饭、送饭，有时一天煮饭八九次，自己经常忙到饭也顾不上吃，还担负起在西井上放哨的任务，并成功帮助受伤的战士进行转移，躲过了敌人的搜捕，且在敌人占领本村后，为村公所和上级机关的干部掩埋了机密文件。榆次敌占区50多岁的王老先生和其19岁的儿子王福根积极抗日，结果被敌人知道后抓起来严刑拷打，逼问他们口供，父子两人被打得遍体鳞伤，但始终没有一句话。后来两人趁敌人松懈之时逃到了根据地，敌人将其房屋烧毁，父子两人听到此消息后说："只要打垮日本之后，这点房屋还不好办？"王老先生送儿子参军，直接参与到抗日最前线的战斗中。③

① 太行第二专编印：《冬学政治课本》(1945年11月1日)，山西省档案馆藏，G3-187。

② 魏宏运：《抗战第一年的华北农民》，《抗日战争研究》，1993年第1期，第12—25页。

③《冬学政治教材》，山西省档案馆藏，G3-331。

第五节　“精兵简政”的影响

一、“精兵简政”运动

1942 年—1943 年，中原地区遭受严重旱灾。据统计，晋冀鲁豫根据地遭受重灾的村庄为1 050个，受轻灾的村庄有 580 个，仅冀南区就有 884 万亩耕地严重受灾而不能耕种，太行区受灾民众有 35 万人之多。[①] 与此同时，日伪政权加紧了对华北根据地的围剿和扫荡，1941 年 8 月，日军集结 5 万余兵力，在 2 个月内对中共抗日根据地的北岳区以及平西区进行了疯狂地扫荡，北岳区在这次扫荡中死亡44 500人，烧毁房屋 15 万间，被抢和烧毁的粮食有5 800万斤，牲畜 1 万多头被日军抢走。[②] 在日军 1942 年“5・1大扫荡”之后，北岳区遭受水灾，河流沿途地区受灾严重，冀中 35 县近九五成的村庄受灾，受灾人数多达 200 万，洪水冲毁田地153. 82万亩，毁坏房屋168 904间。[③]

在此形势背景下，1942 年中共中央发出了“精兵简政”的指示。晋察冀抗日根据地实行机构精简，规定脱离生产的党政干部与群众不得超过总人数的 1%，在这次“简政”中县政府只保留了财政科、教育科和实业科，除保留政府专员外，各科减少办事人员岗位。

---

① 河南省财政厅、河南省档案馆编：《晋冀鲁豫抗日根据地财经史料选编》（河南部分2），北京：档案出版社，1985 年，第 136 页。

② 军事科学院外国军事研究部：《凶残的兽蹄——日军暴行录》，北京：解放军出版社，1994 年，第 71 页。

③ 军事科学院外国军事研究部：《凶残的兽蹄——日军暴行录》，北京：解放军出版社，1994 年，第 77 页。

因此政府自身就裁员高达48%，节约经费将近一半。太行区实行精兵简政政策后节省公粮7 000石，节约各项经费60万元。① 教育系统经过1942年的简政后，一度撤销了教育助理员职位，实行教育督学制，这样使教育组织机构中暂无实际负责社会教育的干部，教育督学虽说可同时监管社会教育工作，但在实际工作中其更多的是负责学校教育工作，而对社会教育的关注度偏低，经过政府机构改革后，将学校教育与社会教育分开，这是极其不合时宜的，这样造成了社会教育事业一度出现任其自行发展的状态。1942年5月以后，教育机构再次改革，恢复了教育助理员，民教合并以后撤销了教育督学，设立教育科员，调动小学教员帮助提高社会教育工作的积极性。尤其是在临近年关，组织群众文化娱乐宣传时，教育科员起到了骨干先锋的作用。

二、"简政"对社会教育的影响

1942年中共颁布学校教育与社会教育计划大纲，要求以社会教育为教育工作的中心任务，将社会教育与发动群众相结合，提高根据地群众的思想政治觉悟，加强群众的组织能力。政府积极配合中共、军队、群众进行社会教育工作，恢复和建立健全村俱乐部、救亡室、民革室、农村剧团，加强民教馆与民众学校的建设，同时鼓励群众积极参与创造戏剧、歌曲等各种宣传活动。各县民教科积极督导根据地乡村的社会教育工作，并担负起对敌占区群众开展宣传的任务。

---

① 河南省财政厅、河南省档案馆编:《晋冀鲁豫抗日根据地财经史料选编》(河南部分1)，北京:档案出版社，1985年，第153页。

(1) 社会教育实施机构数量的变化

精兵简政运动开展时期，对教员进行甄别测验，淘汰测试不合格的教员，并对合格教员进行培训，加强进修。对不符合标准的学校进行裁减，提高教员的社会地位，对教员生活予以关心和照顾，并加强县教联会的组织领导，推进教员教学互助，与此同时还做好了团结敌占区知识分子的工作。

1942年5月，赞皇、林县、和顺、井陉四县共有民众学校70所，其中赞皇20所、临城42所(后由于日军敌寇跃进，对当地进行扫荡、围剿，到11月15日冬学开展之际，民校只剩18所，其中和顺剩余6所、井陉2所)①，这些民校均是在冬学的基础上转变而来，教员由冬学中的义务教员所担任。农村剧团在山西抗日根据地乡村的活动也非常活跃，尤其在年关到来之际和农忙结束后尤为受到群众的喜爱。1942年春季时，太行三分团和文化工作队领导的农村戏剧团有43个，其中赞皇14个，临城21个，和顺2个。②这些农村剧团在乡村积极开展演出，工作成效较好。但在1943年5月文工队结束工作时，农村剧团的工作就逐渐被忽视，加之农忙开始，且日伪敌寇破坏根据地的活动加剧，许多戏剧团的工作便出现停滞不前的状态，而这样的情况基本到年关将近或农闲时节，才因群众文化娱乐活动的需求增加而被逐渐重视起来。

1942年山西抗日根据地开展精兵简政运动后，社会教育的施教机构数量发生了变化，具体变动情况如表7.3所示，由表中可知，不同的社教机构数量均出现了细微的波动，但是并无较大差异，民

① 《一年以来教育工作建设》(1942年12月)，山西省档案馆藏，A71-1-17-2。

② 《一年以来教育工作建设》(1942年12月)，山西省档案馆藏，A71-1-17-2。

校数量有小范围的减少，基本变化不大。甚至有些地区的农村剧团数量还有所增加，这与年关将近群众文化娱乐活动数量增多成正比。

表 7.3 简政前后社会教育状况一览表

项别、数量 \ 县别		赞皇	林县	内邱	平东	昔东	和东	元氏	井陉	共计
简政前	剧团	14	21	6			21			62
	民校	21	35				20		2	78
	民教馆	1	2				1			4
简政后	剧团	14	20	6			8			48
	民校	20	23				20		2	65
	民教馆	1	2							3
4 月至 12 月	剧团		6			12	8			26
	冬学	58	45	29	35	48	41		13	259

资料来源：《一年以来教育工作建设》(1942 年 12 月)，山西省档案馆藏，A71-1-17-2。

(2) 教育行政机构变动

民教两部门合并，民教干部的选择以工作能力见长，教育干部则是以文化水平较高者居多，科员与教育助理基本是从小学教员中选拔出来的。“简政”运动对社会教育的行政机构影响较大，从表 7.4“元氏、井陉行政机构改革前后教育干部人数比例比较表”中可以看出，改革后，教育科长职位被取消，而设置了民教科长，这是由于简政后，民教合一所致。简政后撤销了教育助理员，使得教育督学的工作急剧加重，“每县只有督学 1 人或 2 人(甲等县为 2 名督学，乙等和丙等县设 1 名督学)”，并且各区完全不设教育机构，由此不难想象，由这一两名督学领导全县教育工作，其工作任务之繁重就可想而知了。督学们通常面对高强度的工作不仅需要具备丰富的教学经验，且需要极强的工作能力。但在督学人员任命时，工作能力强和教学经验丰富者往往被委以科员之职，从事一般行政事务，致使督学人员专业能力相对较弱，因而从整体上来看督学的综合业务素质偏低。在精力有限的情况下，一般工作重点都集中在学校教育上，对社会教育的关注力度不够，致使村中社会教育出现无人领导的局面。面对社会教育和学校教育被分开管理的现状，山西抗日根据地对社会教育机构进行了调整，改革后取消了督学和训练班主任岗位，增设了冬学督导员，恢复了教育助理员职位。①

表 7.4　元氏，井陉行政机构改革前后教育干部人数比例比较表②

时期 数量 职位	教育科长	民教科长	督学	科员	教育助理员	训练班主任	民教馆长	冬学督导员	共计
改革前	9	0	9	10	0	5	4	0	37
改革后	0	10	0	7	23	0	2	6	48
说明	教育科长、科员、督学、均包括专属级干部 民教科长包括专属民教科正副科长各 1 名 民教科员中有 3 人兼做民政工作，其余者为教育科员 教育助理 23 人，其中 13 人兼做民政工作，其余专做教育工作 民教馆长 2 人均做冬学工作 训练班主任室由教育干部科员兼任								

①《一年以来教育工作建设》(1942 年 12 月)，山西省档案馆藏，A71－1－17－2。

②《一年以来教育工作建设》(1942 年 12 月)，山西省档案馆藏，A71－1－17－2。

有些县，如赞皇、临城、昔东、和东等，在区一级行政区将民教工作分开，而在有些地区（包括游击区），则将民教工作合二为一。1942 年，元氏、井陉共有民教干部 48 人，其中，中等学校以上文化程度者 24 人，占总数的 50%，高小文化程度者 18 人，其余 6 人为初小文化程度。具体干部文化程度如表7.5所示。

表 7.5 元氏，井陉教育干部文化程度一览表

文化程度 / 职位数量	大学	完全师范	中学	简单师范	高小	初小	共计
科长级	1	3	4	2	1	0	11
科员级	0	0	3	2	2	0	7
区助理员	0	0	5	4	15	6	31
共计	1	3	12	8	18	6	48
说明	科长级干部包括专署民教科长在内 中学程度针对初中而言 高中程度者归入完全师范中计算 未曾毕业者亦算入其中						

资料来源：《一年以来教育工作建设》（1942 年 12 月），山西省档案馆藏，A71－1－17－2。

其中负责教育的工作人员为 23 人，剩余 25 人兼管民教工作，且多数时间用于民政工作，改革后较民教工作未合并前，专职负责教育工作的干部由 37 人减少到 14 人，但在工作效果上看，却比改革前要好。改革后区一级政府均有负责教育工作的干部，这使得社会教育机构工作灵活、充满活力、教育指令快速有效地传达到各村。与此同时，山西抗日根据地亦对学校教育进行了整顿，将小学教育与群众工作紧密结合，鼓励小学教员配合冬学运动开展，要求小学主动对冬学进行检查，帮助冬学义务教员教学，并有效结合年关将至，小学教员踊跃参与到根据地文娱活动中，推动着根据地社会教育的不断前进。

结　语

山西抗日根据地社会教育属于社会剧变下的社会教育重构，由于这种变迁往往带有“雷霆万钧之力”“排山倒海之势”，因而对于传统教育常常是具有“冲击性的”。1940 年 4 月 19 日，《新华日报》（华北版）社论《创立正规的教育制度》指出：“广泛开展抗日的文化运动，提高抗日人民、抗日军队与抗日干部的文化水平与理论水平，没有抗日文化战线上的战斗，以与总的抗日斗争相结合，抗日也是不能胜利的。”①山西抗日根据地社会教育是根据地抗日文化运动的重要组成部分，其服务于中共所领导的革命与抗战。社会教育的广泛、深入开展，不仅促进了山西抗日根据地教育文化事业的繁荣，亦对巩固、发展和壮大山西抗日根据地起到了强有力的推动作用。山西抗日根据地社会教育是在新民主主义文化的宏观指引下开展的，其性质是新民主主义教育，“其实质是民族解放的革命教育与日寇和伪政权的奴化教育的战争”②。《各抗日根据地文化教育政策讨论提纲（草案）》中指出：“新民主主义文化的这个

① 《创立正规的教育制度》，《新华日报》（华北版）1940 年 4 月 19 日，第 1 版。
② 徐特立：《抗战五个年头中的教育》，《解放日报》1942 年 7 月 16 日，第 3 版。

方针不仅普遍适合于各抗日根据地，而且各抗日根据地应当成为新民主主义文化的推动者和模范区域”，并且“新民主主义文化的基本内容是抗日的、民主的、科学的、大众的，是要发展进步文化的力量，团结一切抗日的、民主的、自由思想的文化力量，反对奴役的、黑暗的、复古的、封建的文化势力。”①山西抗日根据地社会教育处于“前进的”直前式社会剧变的“社会换态期”，代表新社会形态的阶级夺取政权后初步确立新社会形态的时期。此时新统治阶级充分利用其政治权力对整个社会系统进行一系列根本改造，使得社会结构与功能在整体特质上与之前的社会全然不同，并在相对较短的时间内达成结构上的异质性更迭。具体表现为：

一、社会教育放权，基层更具活力

山西抗日根据地社会教育将自主权更多地下放到基层，使基层拥有更多的权力去指导具体的社会教育实践。通常由各县教育科主管，或由各村根据本村的实际情况进行社会教育的具体实施。政府起监督作用，组织视察团去各村进行检查，从宏观上指导社会教育工作。以冬学为例，冬学是由县教育科负责推行，区村行政委员会根据上级指示进行讨论，依据各地实际情况执行。1942 年 10 月 20 日颁布的《边委会关于冬学教育实施大纲令》（教社新字第 2 号）中规定“区级以上，要定期召集各群众团体宣教部门举行联席会议，以专区三个月一次、县每月一次、区每半月一次为原则。村成立冬学教育委员会（由村教育主任群众团体共推一人，小学教

① 《各抗日根据地文化教育政策讨论提纲（草案）》，《红色档案延安时期文献档案汇编》委员会编：《红色档案延安时期文献档案汇编　共产党人第 2 卷（第 10 期至第 19 期）》，西安：陕西人民出版社，2013 年，第 336 页。

员,知识分子,共三人至五人组织之,村教育主任主持),统一工作步骤。村以上不另设组织。县区检查,由政民协商共同负责。”①区以上不设冬学运动委员会,但要把宣教联席会健全起来,统一领导冬学运动。村一级凡已有俱乐部或是民校委员会等组织者不必另设冬学委员会。无此类组织者要设立冬学委员会(冬运委员会),其中要邀请武委会干部参加,以避免冬学运动与冬训冲突,民兵冬训在时间支配上由各县统一规定,大体上每旬有两天作为冬训时间。② 且社会教育的整个过程体现了民主的特色,如运用群众集体讨论的方式来解决社会教育相关事宜,如翼城南马行政村的村民在冬学学习后总结的经验之一便是:“经大家民主讨论,什么事情都好办。”这样的民主方式,使群众发自内心地接受社会教育、喜欢社会教育,觉得社会教育是关乎自己切身利益的“自己事”。

1944 年开始试行民办公助方针,一切从群众的意志和需求出发,使领导与群众相结合,发动群众自办冬学,严格纠正过去自上而下的强迫命令的方式。民办与自愿是根本,各级政府、教育管理部门、群众团体均对其进行积极配合。教育权限下放到基层,有利于基层依据自己的实际情况制定更为适合本区域的社会教育内容,如新乐香城村每年冬天有一拳脚场,七八十个青年在此打拳,民众学校就因地制宜地在拳脚场里设置小组学习。当地的妇女们到冬季时会集中到一个地窨子纺线,冬学时就在窨子里挂上识字牌进行学习,村干部对冬学进行巡视,并设置模范评比和测试竞赛,充分调动了根据地基层人民群众参与社会教育的积极性。在

---

①《边委会关于冬学教育实施大纲令》(1942 年 10 月 20 日),王谦主编:《晋察冀边区教育资料选编:社会教育分册》,石家庄:河北教育出版社,1990 年,第 56 页。

②《冀晋冬学运动的指示》,《晋察冀日报》1946 年 9 月 27 日,第 2 版。

冬学的领导方面，宁武张初元村创造了“冬学与实际相结合的办法，组织了战斗、生产、学习指挥部，把冬学委员会和生产、战斗指挥部统一起来”，兴县某村成立了“冬学冬季生产委员会”，统一领导生产与学习。①

民办公助是冬学在发展过程中向基层放权的主要经验之一。“民办公助”政策是办教育的具体政策，也可以说是为实现人民大众的民族的、民主的、科学的教育方针而采取的一种群众路线。启发群众觉悟，把群众教育交给广大群众，根据自己的需要，自己动手办学。无论学习的形式，学制的年限、上课时间（如整日或半日等）、课程教材都不强求一律，由干部及教师根据群众意见来做。②山西抗日根据地自 1944 年开始实行社会教育的民办公助政策。1944 年 10 月 2 日晋察冀边区发布《边委会关于开展冬学运动的指示》中明确提出了：“试行‘民办公助’的方针与自愿的原则。一切从群众的意志出发，使领导与群众结合，发动群众自办冬学，严格纠正过去自上而下强迫命令的方式与脱离群众的现象。‘民办’与‘自愿’不是放任自流，各级政府与其他机关团体、地方驻军应协同一致地积极组织这一工作。”③1944 年《太行三专关于冬学运动的指示》要求改变以往强迫命令的做法，使冬学成为真正的群众自觉运动。④ 在民办公助方针指导下的教学方式与以往不同，其要求结

---

①《关于 1945 年冬学工作的指示信》（1945 年 9 月 1 日），山西省档案馆藏，A90 - 3 - 28 - 4。

②《晋察冀边区群众教育的‘民办公助’和英模运动》（1946 年），北京学苑文化研究中心编：《中国社会力量办学大辞典》，北京：红旗出版社，1997 年，第 901 页。

③《边委会关于开展冬学运动的指示》，《晋察冀日报》1944 年 10 月 7 日，第 1 版。

④《太行三专关于冬学运动的指示》（1944 年 10 月 13 日），山西省档案馆藏，A67 - 4 - 4 - 6。

合根据地中心工作，以反省、讨论、批评、肃清的方法纠正学习、工作、生活中的错误思想，树立正确观念。具体到对学员的帮助，即帮其制定个人奋斗目标，并在有互助组的村庄中以互助组为单位帮助其制定合理学习计划。此外各冬学委员会配合冬学制定或修正全村的学习计划，民办公助的方针注重自下而上地结合群众需求定制学习计划，这防止了计划制定流于形式。

根据群众的需要和自愿来创办冬学，不存在强迫命令，这需要对群众作深入而耐心的动员、启迪，以及细致周密的组织实施。民办公助方针将更多的教育权力下放到基层，使基层教育机构灵活依据实际办学，各村依据自身情况和特点安排施教形式、教学内容以及教法等。民办公助的方针要求每个行政村至少要办好一所冬学。冬学的校长和义务教员由学员自发选举出，主要由劳动英雄或有威信的村干部担任。① 社会教育的组织形式，由群众自愿结合，并尽量与生产组织结合，这样的形式可以是多种多样的，如珠算组、应用文组、自学研究组、运输组、拨工组、纺织组、游击小组等，组织形式和教学方法根据具体实际情况来安排。②

为解决民办公助社教机构经费不足的问题，学员们群策群力想办法、出主意，如有学员自发义务打柴，可供冬学上课之用。灯油不够时学员自发捐大麻子等，研磨出油替代灯油。③ 太行区白草坪冬学学员进行竞赛打柴，这样既可以解决冬学中烤火供暖的问题，又可以将多余的柴卖掉买油，加之各家各户捐助大麻子，碾出

①《关于1944年冬学工作的指示》(1944年7月27日)，山西省档案馆藏，A90-3-28-2。

②《边抗联号召在冬学中发动青年识字竞赛》，《晋察冀日报》1944年10月7日，第1版。

③《关于冬学工作上几个困难问题的解答》(1940年12月5日)，山西省档案馆藏，A68-6-13-15。

油一并供给冬学夜间燃灯所用。没有足够的纸张，则可以用木板刷上黑漆来代替，用石灰进行书写。如离石碛口的群众集股成立冬学合作社、神府白云乡合作社开店，以此方式解决冬学经费问题。[①] 晋绥行署1944年冬学中借鉴学习了其他区的纺织经验，儿童和妇女从合作社贷了21架纺车进行纺织，所得经济收益不仅够自己生活所需，还可解决文具缺乏的问题。[②] 台云乡办冬学合作社，开骡马店，每天派两个民兵招待过往客人，盈利除解决冬学经费外还可按股分红。冬学结束时共"盈利9 400多元，学员分得5 300元红利"。离石碛口冬学学员"200余人集资12 000元建立冬学合作社，每日盈利可供冬学费用"。宁武石盘村冬学开办小型合作社解决冬学经费问题。张初元村冬学开办榨油合作社解决冬学灯油问题，背炭组解决烧炭问题。[③] 屏东枣园村成立教育合作社，由群众自动入股小米1 000斤，合作社以此生产赚下红利来解决教员的经费和杂用。[④]

民办公助方针实现教育权的下放，使基层教育机构可更加灵活地进行教育活动，但在实际工作开展中，亦存在着一些问题，有的村将社会教育所需费用强行摊派，如静三区黑土塔按地公摊[⑤]，有村是以罚柴、罚油的方式进行摊派，亦有一小部分干部采取了放任自流的态度，有部分冬学来的人极少，上级教育部门干部检查后

---

①《关于冬学工作的第三次指示》，山西省档案馆藏，A90－3－28－3。

②《晋绥行署1944年冬学工作计划》(1944年7月28日)，山西省档案馆藏，A90－3－27－1。

③《晋绥行署1944年冬学工作计划》(1944年7月28日)，山西省档案馆藏，A90－3－27－1。

④《冀晋新型合作社》，《晋察冀日报》，1946年1月25日，第2版。

⑤《关于第六分区专员公署宣传会议的总结报告》(1945年4月2日)，山西省档案馆藏，A102－1－20－1。

就又强迫群众入学了，这致使一些群众对冬学提不起兴趣，不愿意再去。在随后的冬学中，此类现象引起了广大社会教育工作者的重视，经过一系列纠偏活动，各种问题得以有效解决。

目前我国的社会教育日趋重要，社会教育的主要实施者是政府、公共团体和私人设立的社会文化机构。社会教育是在政府教育部门的宏观指导下，由社会教育机构实施社教工作，因不同地区、不同社会成员组成结构等均不相同，各有差异，故此社会教育应将更多的权利下放到基层，基层社教实施机构依据本区域自身的特点开展工作，基层具体到社区，可以社区为基本单元，组建社区社会教育委员会，在政府宏观的指导下更好地做到将社会教育与具体实际相结合。尤其是要给予私人创办的社会教育机构更多的扶持，使其可以拥有更多的自主权。通过将社会教育权利逐级下放，将更多的自主权赋予基层社教机构，从而充分调动起基层社教工作者的积极性，以更好地开展符合本区域的社会教育工作。

二、强化政治宣传、巩固乡村政权、夯实群众基础

山西抗日根据地社会教育是与政治宣传密切结合的，其服务于政治，以中共的政治路线为根本指导。中共能取得抗战的最终胜利与广大人民群众的支持密不可分。山西抗日根据地的群众通过接受政治教育，学习新民主主义、马克思主义及战争形势等内容，激发和增强了其民族精神，夯实了爱党拥军的群众基础，调动了群众抗日和后期参与解放战争的积极性与必胜决心。

民主选举的宣传工作是根据地社会教育中政治教育的主要内容，其需要党政机关、各学校、群众团体通力配合。1945 年晋绥边区选举委员会颁布的《关于选举宣传的通知》中指出："各级政民干部、训练班之学生、小学教员应将选举及边区民主建设之教育作为

学习的重要内容，举行报告座谈会，使干部及群众对民主建设的重要性有充分认识。中学、小学教员及中学生、小学生负责所在村及附近村的宣传工作。在县选举委员会统一指导下组织宣传队进行宣传。边区剧团、民间剧团、中学剧团编印与选举宣传相关之剧本、秧歌、快板、歌曲，经审查合格后进行演出。各机关、部队、生产队结合工作向群众开展选举宣传。敌占区的工作由武工队进行。”①1939年12月8日至9日，正值边区粉碎敌人“扫荡”之时，滹沱河沿岸的各村人民开始举行村级民主选举，“两年来在边区民主政治中不断进步的人民，不论青年男女，就是有了小孩的女人和老太婆都在大会上积极地推选自己要选举的干部。”②

1939年4月6日《抗敌报》刊登的《乡选》一文中描述到：“女人们拿着活，抱着孩子们从门内探出了头，在一位四十多岁的妇女的喊叫声下向村头细迈着脚步，村头白桦林边的麦场地已坐满了老年的、壮年的、青年的附近各村的人。选举开始前，村民们组织唱起歌来，选举开始前由区长向群众讲述村政改革的意义和好处，应选举出有信仰的、抗日的、公道的乡长为老百姓服务。不论男女老少、贫穷富裕均可参选，最终再从选取的候选人中挑选最优秀的人当选村长。选举的场面严肃而又热烈，尤其女性们更为积极，当发票人刚站在讲台时，她们就赶紧了步子去接纸头，小心地像抓住了几千年来未见过的权利，紧捏着它走向投票处。人们重重地围着开票人和票箱，前面俯视着的几十双眼睛随着投票人的手转动，好像监视他，怕他少算一张票、念错一个字，后面的伸长颈，仰望着、倾听着。空气在沉默着，只有读票者的悠扬声音在空中浮荡着，直

---

①《关于选举宣传的通知》(1945年5月8日)，山西省档案馆藏，A90－2－3－5。

②《滹沱河沿岸积极进行村选》，《抗敌报》，1939年12月25日，第1版。

到区长宣布村长当选者时才迸发出热烈的笑声。”①

晋察冀作为“模范”根据地，在1940年时区、村政权皆经过民选，参加民选者，占人口总数的90%。② 晋察冀边区的村选毫无假借地实行到了普选的程度。2月8日—3月20日，整个边区都沉浸在村选的浪潮当中，18岁以上的男女村民以15人一组排队到广场上参加村选。一个白发老人微笑着说道：“从前县长指派的村长都一起欺压我们没劳力的人，现在谁好我们选谁，这两年的日子我过的最开心。”③再如1942年5月27日《晋察冀日报》刊登的《民主在乡村》一文写道：“在春天人们除了热心于绿色冒芽的庄稼外，再没有比村选的事更令他们开心了。因为他们从自己亲身经历的事中体验到了村选举是与自身利益密切相关的大事。”④即使是在政治工作开展较薄弱的近敌占区，农民亦有极高的政治觉悟，如“井陉一个接近敌占区的村庄往年村政未走上正轨，村政一直由范某一手把持，本村一百多名公民于1942年春选时要求进行民主改选。”⑤并且，经过社会教育的宣传及根据地妇女运动的深入开展后，女性群体社会地位提升、文化水平提高、对自身的政治权益亦极为关注。在民主政治最为模范的晋察冀边区，女性积极活跃于区村级民选运动中，如新乐县妇女参加民选活动的占到总人数的57%，平山县的女性占比高达61%。⑥ 根据地当选的女村长、女村副、女闾长数量不在少数，这些参政的妇女在群众中的威信很好，

---

①《乡选》，《抗敌报》，1939年4月6日，第4版。

②《学习晋察冀经验教训》，《新华日报》(华北版)1940年3月15日，第1版。

③ 袁勃：《晋察冀边区的村选举》，《新华日报》(华北版)1940年4月19日，第2版。

④《民主在乡村》，《晋察冀日报》1942年5月27日，第4版。

⑤《一个接敌区村庄的村选》，《晋察冀日报》1942年6月14日，第4版。

⑥ 安修：《妇女与宪政》，《新华日报》(华北版)1940年3月7日，第4版。

对群众起到有很好的带头和示范作用。

春耕之后，夏锄之前，社会教育主要进行选举的扩大宣传活动，大力宣传选举和政策法令的意义。夏锄之后，提名候选人及正式选举，此时将候选人之条件进行宣传，教育选民积极参选、认真选举。农民纷纷响应选举工作，并积极参与其中，由表8.1可看出1945年晋绥边区6县村民参选的情况。兴县、岚县、宁武、偏关、岢岚、五寨参加选举的平均人数均超过总人数的一半之上，其中兴县和岚县参选公民比例数达到73%和71%。由表8.2的数据统计可对兴县、岚县、宁武、偏关、岢岚、五寨的各阶层参选情况进行大致了解。由此可看出民主选举工作在山西抗日根据地推广之普及，成绩卓然。

根据地社会教育的动员方式是行政与政治动员同时并进，主要依靠政治动员，发动群众的积极性和创造性，提升根据地民众的思想政治觉悟，以此推动群众运动的热烈开展。① 在根据地未成立之前，农民就已经开始对地主残酷的剥削进行过反抗，但此时的反抗只是一种“悄悄的破坏”，未上升到政治的高度，如“武乡农民夜晚往地里扔石头、挖墙根，只为下雨时更容易将墙泡塌。左权地主家经常失火，秋季时地主的谷场里往往失火少了谷，这些都是农民反抗地主的具体表现。羊角村、下庄村有几个农民经常到地主家‘拼刀’，喝醉酒骂地主。”②这说明农民与地主之间的矛盾由来已久，且农民中聚集着大量反抗地主阶级的力量。但此时的农民未能清晰地认识到地主的剥削本质，很多农民存在错误的认识。

①《中国共产党晋察冀边区党委关于边区冬学运动总结摘要》，《抗敌报》1940年5月16日，第4版。

② 麻贵书：《从武乡的发展来看边区建设》（1945年10月12日），山西省档案馆藏，G3-335。

表 8.1　1945 年晋绥边区 6 县参选公民统计(6 个县 30 个行政村)

县区		兴县	岚县	宁武	偏关	岢岚	五寨	总计
项目/数量		9	6	7	6	1	1	
人口	男	8 557		5 127	930		488	
	女	7 942		2 884	894		436	
	小　计	16 499		8 011	1 824		924	
公民	男	5 610	1 746	3 560	3 122		251	14 289
	女	5 282	1 461	3 071	2 612		233	12 659
	小　计	10 892	3 207	6 631	5 734	626	484	27 574
参选公民	男	4 089	1 288	2 288	1 917		179	9 761
	女	3 874	999	1 455	975		125	7 428
	小　计	7 963	2 287	3 743	2 892	370	304	17 559
比例	男	72.8%	73.7%	64%	61%		71%	68%
	女	73.3%	68%	47%	37%		53%	59%
	小　计	73%	71%	56%	50%	59%	62%	64%

资料来源:《参选公民统计表及各阶层参选的比例表》,山西省档案馆藏,A90－2－3－2。

表 8.2　1945 年晋绥边区 6 县各阶层参选比例(6 个县 30 个行政村)

县区		兴县	岚县	宁武	偏关	岢岚	五寨	总计
项目 / 数量		9	6	7	6	1	1	
地主	公民	166	80	177	34	8		465
	参选公民	99	49	83	16	3		250
	比例	59%	65%	47%	47%	37.5%		53%
富农	公民	1 020	406	363	490	46	49	2 368
	参选公民	693	267	240	298	26	32	1 556
	比例	69%	65.6	60%	60%	65%	67%	65%
中农	公民	3 552	1 356	1 771	2 066	331	246	9 342
	参选公民	2 477	1 028	1 116	1 102	194	170	6 087
	比例	70%	75%	63%	53%	58%	69%	65%
贫农	公民	5 934	1 285	4 001	2 619	216	189	14 244
	参选公民	4 559	893	2 108	1 345	143	102	9 150
	比例	77%	69%	52.6%	51%	66%	54%	64%

续表

县区		兴县	岚县	宁武	偏关	岢岚	五寨	总计
数量 \ 项目		9	6	7	6	1	1	
佃农	公民	144	80	118	62	11		415
	参选公民	95	50	93	12	4		254
	比例	66%	62.5%	78%	19%	36%		61%
工人	公民	61		179				563
	参选公民	28		91				213
	比例	46%		51%				28%
商人及其他	公民	15		22				37
	参选公民	12		12				24
	比例	80%		54%				64%
总计	公民	10 892	3 207	6 631	5 594	626	484	27 434
	参选公民	7 963	2 287	3 743	2 867	370	304	17 534
	比例	73%	71%	56.4%	51%	59%	62%	63.9%

资料来源：《参选公民统计表及各阶层参选的比例表》，山西省档案馆藏，A90-2-3-2。

如认为“地主有钱有地、哪怕出租出利，可是能解决困难，有求借的地方，要都是穷光蛋向谁求借。财主是能养住穷人的。”“人家地主的地和钱租给你、借给你，你岂能白白种人家的地？拿人家的本呢？你说这是剥削，放账牟利，我认为这是合理的，婚丧大事，借人家东西还时还得压上两个馍馍，这是人情往来，况且人家救了你的急，出租出利不只是应该，且应感恩。”这样的思想真实存在于部分群众当中，农民接受了中共开展于根据地的社会教育，接受了政治教育的洗礼后，才理解了地主与农民之间的关系实质为剥削与被剥削的关系，地主把土地集中到本阶级中，将社会财富统治起来，农民的劳动被地主阶级不断剥削，从经济命脉上直接将农民压在社会最低层，穷人永远翻不了身。地主的财富是通过压榨农民敛来的。农民付出了劳动，却被剥削得一无所获，这是不合情理的。中共推行的减租减息政策代表着农民的利益，符合了农民的迫切需求，在此政策的推行下，配合以社会教育的政治宣传工作，中共在乡村的群众基础得以夯实。

社会教育在当代农村亦具有重要意义。自中国共产党成立之日起，就明确指出，“依靠群众是立党之基，中共在抗日战争和解放战争中能取得决定性的胜利，是与群众路线密不可分的。”山西抗日根据地社会教育坚持群众路线，这是其取得瞩目成就的重要因素，群众路线指引社会教育的工作，1943 年 10 月 9 日颁布的《中共太岳区党委关于冬学通知》中对冬学的群众路线做了明确的说明，其内容大致包括以下几个方面：根据地社会教育的内容厘定一定要充分考虑到群众的利益，所定之内容要对人民群众有益，是群众最为关心的内容，与其生产、生活等各方面相关，与群众之利益相关。不可妨碍群众的生产与农事活动。此外，冬学不可强迫群众入学，要让群众从心底里自发、自觉、自愿入学，冬学要办得好才能吸引群众。而且在一般工作有基础的地区，冬学教员要通过群众选举产生。亦要充分考虑到群众自身所积累的经验，包括对敌斗争、生产生活等各方面的经验，向群众的经验学习，并结合群众的经验进行社会教育教学，以群众所熟悉的身边的事例来进行教学，能取得更好的教育效果。群众路线教学方法的指导原则为从群众中来，到群众中去，根据实际情况出发，从群众思想出发，反对任何死讲死读教条等老一套做法，充分激发群众自发自愿的学习热情。教学方式采取群众喜欢的形式，将课堂授课与多种形式的教学方式结合，注重乡村群众喜欢的快板、秧歌、小调等文化娱乐教育形式的加入，这样更易激发群众的学习热情，易于群众理解教育内容，社会教育所起到的教育效果会更好。

我国农村人口比重较大，在农村开展政治宣传工作是非常重要且十分必要的。通过社会教育政治宣传工作的开展，使广大人民群众深入了解中共的方针、政策、路线，使群众体悟到马克思主义不只是先进的理论，它更是和人民生活的方方面面密切相关的，是指导人们学习、生活、工作的准则。农村政治宣传工作的开展将理论与乡村具体实际相结合，采用生动贴合群众生活实际的施教方式，将理论知识生活化、通俗化。

三、革新民众观念，改变乡村旧貌

社会教育在根据地的实施对革新民众观念，改变乡村旧貌起到了决定性的作用，通过接受教育，山西抗日根据地人民的思想认识和知识水平得到显著提升，政治觉悟和民主意识得到了极大增强，改造了旧乡村社会存在的不良习俗，山西抗日根据地社会风气和面貌积极向上，充满着革命的热情。如 1942 年在学习了社会教育中关于合理负担的内容后，涉县的群众在面对不认真开展合理负担工作的村长时，勇于揭发村长的失职，并且自己组织了调查小组，进行细致的调查工作，找出被村长包庇的人员，并召开了全县人民大会，对逃避负担人员进行了批评，并追缴一年所逃避之负担。① 从这个事件中很容易看出群众在接受社会教育后思想政治觉悟得到的提升，并且改变了传统乡村中农民对于政策不甚关心的旧传统，且民众对于干部亦自发地进行了监督，当干部失职时，群众会自发对其进行批评并纠正其工作。

医疗卫生知识的普及和封建迷信的破除是改变根据地乡村旧面貌的重要工作内容。旧式乡村中卫生医疗环境差，民众缺乏卫生常识，因未养成卫生习惯，迷信活动大肆横行。破除封建迷信是山西抗日根据地社会教育的一项重要工作内容。毛泽东在其《新民主主义文化教育》中指出：要告诉边区的群众要和封建迷信、文盲、不讲卫生等旧习惯做斗争。在广袤的根据地乡村，因地理环境闭塞、人口相对分散、教育资源稀缺等诸多原因，民众知识文化水平低下，且由于乡村民众生活疾苦，遇到生病或其他困境时往往求助于巫神巫婆，封建迷信之风盛行。中共在山西抗日根据地开展社会教育，破除封建迷信的旧习时，多选取乡村中鲜活的具体事例为教育内容，以群众身边熟悉之人、所见之事，开展相应的教育。1942年，襄垣西营的封建迷信信徒农妇贾春莲坚信自己一双儿女是金童玉女下凡，儿子结婚后去世了，所以贾春莲认定其子死因是金童不可结婚，因此坚决不允许自己的姑娘出嫁，女儿请求婚姻自主，但她不同意还将女儿带到东山上“修仙”，②后经教育后此农妇

---

①《民众罢免村长并查出黑地一百亩》，《新华日报》（华北版）1942年12月29日，第1版。

②《贾春莲逼女修仙，群众运动开展婚姻始得自主》，《新华日报》（华北版）1942年12月24日，第4版。

才认识到自己是受封建迷信思想所迫害。离石有一妇女患有癫痫病，请来神婆后被骗了两万余元，这件事情被当作揭发封建迷信的事例，在区长的支持下，小学承担起社会教育的工作，学校中选取三位代表向乡村群众讲解了这个事情，指出了封建迷信带来的危害，与此同时，请来医生为患病女性看好了病。[①] 这样以村中鲜活的事例进行破除迷信的教育宣传收到了很好的效果。同时通过对乡村中巫婆巫神等开展封建迷信活动之人进行教育与思想改造，使其反省所作所为，在其深刻自省后，以现身说法的形式参与到破除封建迷信的教育活动中。巫神郄尚前经过教育反省道："过去是怕动弹，凭上它（封建迷信）吃大烟，今后要参加生产走正路。"晋西北有位巫神向群众坦白："神鬼根本都是假的，干这事就是为了借鬼骗钱。"[②]兴县六区罗峪口史家堰高志怀在行政村扩大会上现身说法，坦白了他搞封建迷信活动骗了很多人，就连亲弟弟也被他所误，生病不吃药耽误了治疗而去世，他对参会的人说希望与会人员能够用他的事例来教育群众，一同破除封建迷信。

1941 年 3 月晋察冀边区为了进一步配合春耕，将 3 月 25 日—31 日定为清洁卫生突击周，进行全村彻底的大扫除。县区与春耕委员会合作，推动全县经常性的清洁卫生工作，村一级由村救亡室领导推动卫生活动，深入宣传动员编印教材于民校教授，并动员一切组织进行配合宣传。[③] 1941 年 6 月 16 日《抗战日报》社论建议开展卫生运动，要求民众打扫干净村中厕所和消灭蚊蝇。1945 年太行区开展群众性的卫生运动，进行普遍的宣传工作。所有社教机

---

①《纠正清除迷信工作上的偏向》，《抗战日报》1945 年 5 月 4 日，第 2 版。

②《纠正清除迷信工作上的偏向》，《抗战日报》1945 年 5 月 4 日，第 2 版。

③《四专各区展开卫生运动》，《抗敌报》1941 年 4 月 8 日，第 1 版。

构开设卫生课，向村民宣传卫生公约，即“家里院里街道茅房，要时常打扫干净。衣服手脸要时常洗，不喝凉水，不吃脏东西。有病要请医生，不信巫医。”①1941年晋察冀日报开展卫生活动要求：“掩埋暴露尸骨于地下三尺；彻底消除大街中林立的厕所及堆积的垃圾；进山的猪必须圈起来，街中的猪圈要经常填土；保证清洁，个人要养成清洁卫生的美德；厕所要打扫干净。各区设医药合作社。发起清洁竞赛。卫生运动持之以恒，要坚持下去。”②农村戏剧团、秧歌队等宣传组织进行与之配合的演出，如小型的街头剧、戏剧、秧歌小调、大众黑板报、快板、壁报、贴标语等。各类学校组织发动学员在学校和村庄中进行大扫除及卫生相关活动。1942年晋西北行署除了在社会教育的课程中讲授卫生常识课外，在各行政村建立卫生委员会，并在自然村中成立卫生小组，一同推进乡村卫生运动的发展。此外，小学师生也成为社会教育的帮手，担负起向乡村群众宣传卫生健康等知识的职责。报刊等媒介在此时期的社论中也开辟相关专栏专门普及卫生健康知识。《抗战日报》不仅在社论中对为何要在乡村开展卫生运动、如何在农村开展卫生运动、卫生健康知识包括哪些内容等进行了介绍与宣传，其还于1942年1月创办了《卫生》专栏，专栏从1942年1月20日开始，同年的7月23日结束，一共开办了10期。甘泗淇为此专栏撰写了发刊词，指出了开创专栏的目的在于：“要求开展卫生建设，与不讲卫生的现象作斗争；建设大众医院，培养医生，采药制药；宣传卫生工作，反映经验。”针对当时根据地遭遇日军的“毒疫”攻击而造成的鼠疫、疟疾、伤寒等病症，卫生专栏教授群众对应之相关卫生知识与具体举措。针对村庄中的

① 《冬学识字课本》，山西省档案馆藏，G3－190。

② 《四专各区展开卫生运动》，《抗敌报》1941年4月8日，第1版。

污水粪便等污染环境问题，亦专门刊登文章告知群众其害处及改善措施。《新华日报》亦在每年冬学运动开展时刊发和卫生、健康教育相关的文章，向群众普及卫生常识，从家庭生活最基本的关注点入手进行科普，如“病从口入”是对饮食卫生的关注、屋子内外周边环境该如何清理、简单病症的预防与治疗、病患的照顾等。除了关注乡村公共卫生健康外，专栏亦注重女性卫生、健康养育儿童等卫生常识的普及。报刊是当时根据地社会教育工作开展工作的重要一环，其作为读报组的阅读内容，亦有部分文章被选作社会教育的教材所用，其在社会教育工作的开展中起到了很好的配合作用。

针对乡村中农民生病不看医生，而信鬼神之说和巫医等现象，各地区有计划地进行社会卫生宣传，社教机构开展防疫运动，进行大扫除，教育群众讲卫生。各县建立医药合作社，配合民政部门召开大规模的全县医生联席会、成立较大规模的县级医药合作社，号召群众入股。以开座谈会的形式请医生进行讲解，改造庸医、取缔巫医，破除封建迷信，揭露巫神巫医的骗局，①对其进行思想教育，使其进行坦白发言，组织其进行生产，帮助她们改邪归正。加强中西医药结合之研究，各县一律以民办公助的方式开办医药合作社 1 个。② 阳城广华医药合作社是团结中西医的模范，对好的医生给予嘉奖，为了降低乡村婴儿死亡率，各县举办助产妇训练，开办接产训练班，教会群众生养孩子的常识，减少产妇痛苦和婴儿死亡率，

---

①《关于第六分区专员公署宣传会议的总结报告》(1945 年 4 月 2 日)，山西省档案馆藏，A102 - 1 - 20 - 1。

②《一九四五年文教工作计划》(1945 年 5 月 5 日)，山西省档案馆藏，A67 - 4 - 7 - 3。

并组织兽医,减少牲畜病疫与死亡,利于生产。① 在社会教育课程中专门加入女性生养孩子和卫生防疫等内容。如晋绥边区编印的《冬学识字课本》中加入了以短句形式编写的通俗易懂的防止传染病的方法,"讲卫生能防病,要天天洗脸、常洗衣服、常晒铺盖、不要喝凉水、剩饭剩菜要盖好。老鼠吃过的东西,最好不要吃,或者煮了吃。家里院里常打扫,门窗常开空气好。冬天烧炕太热了,一冷一热肯感冒。勤打老鼠和蝇子,传染疾病能减少。一家卫生一家好,全村卫生福不小。"②

四、注重层次需求,科学连贯发展

社会教育是一系列连贯的教育活动,山西抗日根据地社会教育是在不影响群众劳动生产前提下的教育。中共所开设的社会教育充分考虑到这点,并以马克思主义"任何事物都是在发展变化的""事物之间是互相存在联系的,在一定条件下是可以相互转换的"哲学思想作为开展社会教育工作实践的引导,以社会教育中的识字教育、冬学、民校之间的关系为例做一说明,"冬学可以经常性的转为民众学校,或是根据季节转化将之转为春学"。冬学结束以后在生产组织里继续进行学习,把识字多的人分编在各个组里教大家学习,开设妇女纺织课、推动小先生制,以及家庭成员之间互相教学,每个人学习到知识后立刻教周边的人学习。③ 按照群众接受教育程度的不同,按照不同的教育机构和教育方式来开展教育,

---

①《太岳行署一九四六年文教卫生工作计划》,太岳革命根据地教育史编写组编:《太岳革命根据地教育文献选编》,太原:山西省教育志编审委员会,1986 年,第 193—194 页。

②《冬学识字课》,山西省档案馆藏,G3－189。

③《冬学识字课本》第二册(1945 年),山西省档案馆藏,G3－324。

面对扫盲工作，最根本的是要开展识字教育，冬学和民众学校的区别与联系在于冬学是利用冬季农闲时间临时对民众进行灵活多样的社会教育，而民众学校则是在冬学基础上常年开办的教育机构，是山西抗日根据地进行社会教育的重要"阵地"。冬学运动在具体的开展过程中，亦讲究科学连贯发展，其以群众发动较好的地区为重点，集中主要的教育领导力量把各大基点村的冬学办好。各地县委在充分考虑到该地区群众运动的具体条件与特殊情况后，向各县小区提出相关的具体要求。进而各县委选择群众工作基础较好与领导力量较强之基点村，在各行政区有计划有组织创立1—2个模范冬学运动村，组织冬学运动中的积极分子前来参观，相互观摩交流经验。并制定模范冬学村、模范冬学学员的具体评选标准及奖励办法，以此号召村与村、人与人之间进行学习竞赛，推广冬学运动，使其更有效地开展。

总之，社会教育注重其教育的连贯性，遵循科学发展的规律，社会教育注重层次性，按照受教育者不同层次的需求，对社会教育进行阶段划分，体现在教育内容上则为，对内容的安排须有层次性，并充分考虑到连续性和提高性。在社会教育实施机构的设置上，遵循不断提升的和连续性的原则，使受教育者在接受完成前一阶段的教育后，可进入更高层次的社会教育机构继续学习。

五、方法灵活多样、教育与生产结合

山西抗日根据地社会教育组织形式和施教方法灵活多样，不仅有正规课堂的教学，更有依据抗日根据地教育实际而创造出的因地制宜、多措并举的教学方法。除前文中所论相关社会教育机构和实施办法外，还有很多来自山西抗日根据地教育实际与群众智慧相结合所创造的方法，冬学运动不拘泥于固定的形式，做到了

“群众到哪里,冬学到哪里”。如北岳区在冬学运动实施过程中创造了许多新的教学法,如井陉的教师轮训制,北岳区四专区的示范制(星期六小学教员代替冬学教师上课一次,让冬学教员进行学习),平山中心民校制(中心民校教员帮助冬学教师解决教学问题),以及游击区利用各种组织、各种关系,各种方式等进行冬学教学工作。① 运输队学习形式考虑到其需要运输物资,便将冬学设在招待站,利用运输队在站过夜的闲暇时间,在不过度增加队员们负担的原则下,由小队长负责教育之责,教授简单的识字。纺织小组则定为每晚或是隔天上一次课,学习时长随机,依具体情况而定,也可于发棉花的时间抓紧集合群众进行简短的学习。除了集体授课外,还有地头小组、民主小组、担架小组(外出支前的临时学习组织)、地头小组(参加者多为因家务不能去学校学习的家庭妇女)等组织学习的方式。亦有农会小组、佃户小组、互助组、纺织组、运输队、民兵小组,读报组等,这些就是冬学的基层组织,这样的学习组织实际上就是实现了从组织上把冬学和实际工作结合起来,通过在小组中开展对群众的教育,亦可结合具体的实际工作,将所学与所做相结合,利于更好地总结和反思教育经验。在游击区的冬学结合游击区战争环境,充分考虑到各种因素,创造出具有特点的游击区冬学模式。如昔西游击区多山地,学员分散住在各村庄,结合游击区的环境特点,冬学以自卫队分队为单位组织冬学,分队长负责召集学员,管理学习生活的学员的年龄多在 50 岁以下,未入学校学习的儿童也须参加冬学,如遇敌情则由自卫队分班带领儿童进行转移,50 岁以上的队员则可自由选择是否参加。② 冬学中的

①《北岳区冬运概况》,《晋察冀日报》1942 年 10 月 17 日,第 4 版。

②《昔西布置冬学》,《新华日报》(华北版)1942 年 12 月 29 日,第 2 版。

学员还肩负将所学知识传授给其他群众的职责，以此筑牢游击区冬学更广泛的群众基础。

生产中的教育分为集体与分散两种，集体教育是指利用晚饭后的闲暇时间组织群众进行学习，形式主要为读报，通过报刊内容向群众普及政治教育内容等。分散的教育则主要是指拨工队里的教育，教育内容与集中教育侧重点不同，主要是针对文化知识的教育，利用劳动间隙的休息时间对组员进行文化教育，每次教授字数较少，选取文字较容易，通过简单学习能迅速掌握。武乡妇女纺织训练班则采用短小精干式的授课方法，通过 20 天左右的学习时间，组织妇女学习先进的纺织生产技术，所学课程包括政治课、组织工作和技术训练。政治课的教育目的是要树立劳动光荣的观念，打破“嫁汉吃汉”“有米有面好妇妻”“没米没面两分离”的传统旧观念。

针对社会教育普遍缺乏师资的状况，根据地为了保障社教工作的开展，主张采取“谁会什么教什么的办法，几个人也可以凑成一个蛮好的义务教员。”冬学在师资欠缺的地区普遍采用分散的小冬学的形式，亦有效仿桐滩镇新实验定期举行准备课会议的办法，具体方法为：义务教员先上小课（准备课），再去冬学上大课，小冬学举行定期的联合测验与临时的联合讨论，这种大小课结合与大小冬学结合的办法，易于各地效仿推行。①

社教工作可通过街头诗、文化棚，幻灯片等方式开展，1945 年文教大会以后，太行区高小掀起了宣传运动，通过“制图”“塑模型”“借标本”“搞文化棚”“赶集”“赶朝会”和“饭市”等多种方式进行社

① 《从检查涉、黎、武、潞、偏一带冬学中发现的几个问题的指示》山西省档案馆藏，A52－4－40－1。

会教育的大力宣传。据榆社统计高小在集市共进行宣传41次、在饭市宣传406次,受到农村群众的热烈欢迎。[①] 此外还有冬学与年关文化娱乐活动紧密结合,将农村戏剧团发展成为一个学习单位,使娱乐与冬学相互配合、互相促进。在具体教学过程中,充分发挥群众创造力,将集中与分散、有形与无形的方式统一起来,使冬学变成一座活的社会大学。[②]

变工学校的创办是根据地社会教育的另一种形式。山头村距离主村一里多地,"全村20来户,60多口人,学龄儿童14人"。村子很穷,且外来户居多,至1945年村中仍无学校开设,村民强烈要求开办学校。结合村中具体实际,村民自发进行研究、讨论,最终决定聘用当过义务教员马志献,因其身体不好,无力耕种,担任教员的话,全村每年四个季度共帮助马志献得60个工(每季度15个工),这样的变工方式既帮助了教员解决生活困难,亦解决了群众的燃眉之急。[③] 民校工作开展后,"共有258人"来校学习识字。此外,马志献承担起对全村未入学儿童的教育,因马本人文化水平较低,其为了取得更好的教学效果,每隔几天就去附近村庄的高小进行教学观摩。学员上课时间的安排较为灵活,家中有农活或家务需要学员帮忙时,可上午干活,下午学习,这样的方式是建立于群众实际需要、自觉自愿的基础上的,通过一系列行之有效的举措,充分调动了教员的教学积极性,激发了学员的学习热情,因而取得了较好的教育效果。

---

①《太行区1945年教育工作概述》,山西省档案馆藏,G3-41。

②《冀晋冬学运动的指示》,《晋察冀日报》1946年9月27日,第2版。

③《一九四五年文教工作计划》(1945年5月5日),山西省档案馆藏,A67-4-7-3。

1944年春，晋察冀边区教育会议确定国民教育和大生产运动结合起来是三大主要工作之一。具体到社会教育层面，即要将社会教育内容与生产相结合，这样可有效地解决工学矛盾，将群众日常生活与教育更为紧密地联系在一起。民众学校将生产知识加入到教学内容中来，请专家传授生产技术知识，如根据季节来选定所授当地作物种植的相关知识、防御病虫害知识等。各地利用多种场合、多种方式，积极开展生产宣传运动，利用庙会、集镇、展览馆、饭场、戏场、街头剧等场所进行宣传活动，并通过演出新剧、广播台和大众黑板报进行宣传，此外还运用了新发展的社会教育设施，如幻灯片、新洋片、图标等形式进行相关宣传。同时组织剧团、民教馆、鼓词盲宣队等深入乡村进行大生产运动的宣传。各区村干部和党员结合群众生产要求与思想实际，贯彻落实中共各种生产政策的宣传，消除了群众的思想顾虑，提高了群众生产积极性。涉县河南店结合大生产宣传，在庙会上组织医务师给群众治病，群众反映，“政府这样关心咱，咱生产怎能没有劲。”武安阳邑庙会上，宣传了车谷村张春荣互助组修河的典型事例和劳模任清美旱地变水田的事迹，其村一位老人说：“我回家去也要闹好互助组，努力生产，赶上张春荣。”和顺庙会生产展览馆大力传播改进农业技术、防害除虫的办法，以及牲口配种、植树等科学知识。① 潞城县政府结合生产运动，统一编印广播台、黑板报等宣传材料。赞皇通过宣传“生产政策”后，普遍掀起了修房盖屋、打渠打井、讲卫生积肥等运动。群众都说“了解了县政府的政策干啥都起劲。”各地配合大生产运动的宣传工作，开展了时事教育、卫生宣传，提出“人民军队向前进，后方生产长一寸”及“保证人畜健康、增加生产”等口号。

①《太行区社教工作总结报告》，山西省档案馆藏，A52－4－18－4。

山西抗日根据地还开设训练班,用以提高群众生产技术知识和作战水平。通过对生产知识的相关教育,群众的生产热情得到极大的提升,先进的科学知识得到推广,促进了山西抗日根据地大生产运动的蓬勃发展。社会教育与生产结合主要表现为其与各种生产运动、生产活动组织等相结合,于生产中开展教育,边教育边生产,社会教育为生产打通了思路,创新了办法,生产工作做得好,经济效益也会随之提升。如晋察冀边区十八渡村组织儿童拨工组,共有 70 人参加,除种自家地外,还可包地 7 亩,给抗属锄地 9 亩,全村 73 个驴都由儿童放驴队 39 人轮流去放养,在儿童拨工队中设“小先生”,儿童将驴放到山上后随即开始学习,做到生产学习两不误,①又如东岗南任士进的拨工组,二区康家庄拨工组教育是全县模范,从夏天起从未停顿,秋收过后,九个拨工组自动联合成立了一个冬学,将冬季学习与冬季生产结合,在冬学中,劳动英雄生产模范迫切需要提高自己文化,起到了积极的带动作用,成为全村学习骨干。亦有将冬学运动与纺纱组结合,利用课余闲暇时间进行生产。易县民众结合实际,创新了多种冬学与生产结合的方式,如八区长角台村冬学教员李书田发动儿童上学与放学的路上拾粪。史家沟村的田秀云白天织布夜间上民校,织布生产解决了全家零花费用,并通过学习认识了 600 多字,其织布时还热心帮助别的妇女识字,在她的影响下全村的妇女都上了民校,史家沟村民校成为模范民校。唐县三区将冬学与生产适当结合,普遍建立了夜间自习制,利用休息日和课业时间组织学生生产,如打柴、拾粪、纺织等,全区一个月打柴49 000余斤,解决了灯油文具烤火费等开

①《十八渡村小学学习与生产结合》,《晋察冀日报》1943 年 3 月 20 日,第 4 版。

支。[①] 拥军模范陈秀芬建立妇女识字班，将学习和生产很好地结合起来，取得了很好的成绩。其核心组到麦假时能识 400 字，一般的都学 200 字以上，对拥军公约都达到了四会。生产成绩亦是非常突出，“互助会六组种豆 60 亩，拔苗 80 亩，锄苗 80 亩，拔麦 70 亩，栽山药 30 亩，推水车浇地 50 亩，开荒 2 亩，平畦子 40 亩，种扫 20 棵。缝纫组两组给小队做衣服 30 余身，做背包 30 个，手榴弹套 20 个，子弹袋 7 个，帮助抗属拔麦 4 亩，种豆 5 亩，推水车浇地 2 亩。”[②]沁源的中流村在冬学中，邀请荣誉军人教群众熬碱，在此过程中进行相关的读报识字的教育，取得了很好的教育效果。又如霍登村青救会在运碳队里办冬学，休息时教群众学秧歌、学读报。[③]冬学中妇女组成纺花织布训练班，一边劳动一边学习，这样既不耽误生产，又提升了妇女的文化思想水平。

六、重视妇女教育，调动女性革命热情

山西抗日根据地社会教育非常注重对女性的教育，其为农村妇女解放做出了巨大贡献，专门成立妇女冬学，鼓励妇女走出家门接受识字教育、政治思想教育、文化教育、生产技术教育等。妇女冬学的教育成果非常显著，以山西五台、榆次等县为例，1938 年妇女识字率仅有9.6%，到 1940 年就增加到 48%。[④] 晋察冀边区“1939 年冬有女冬学3 500多处，入学人数为140 000人，到 1940 年

① 《冬学与生产结合消灭了失学儿童》，《晋察冀日报》1945 年 1 月 10 日，第 2 版。

② 《拥军模范陈秀芬和她的民校》，《教育阵地》，1946 年第 6 卷第 2 期。

③ 《牛主任三月六日在太岳参议会上关于政府工作报告（节录）》载于《1945 年 4 月〈太岳政报〉第三期》，山西省教育科学研究所、教育史编纂研究室编：《山西省教育史资料 太岳革命根据地教育资料专辑》，1986 年版，第 9 页。

④ 司徒斯丽：《新民主主义上的妇女教育》，《新华日报》1944 年 2 月 13 日。

时就比1939年参加冬学的女性人数翻了一倍。1940年山西抗日根据地民众学校中女校有2 500所,比1939年增加3倍多;入校学员390 495人,比上年增加1倍多。"[①]不仅是年轻妇女积极参加社会教育,就连上年纪的妇女亦不甘落后,很多本是文盲的妇女,通过自身的努力成为了模范典型。

农村妇女不仅在文化水平上得到大幅提升,更在政治思想觉悟上不断提高,并积极参与到抗日根据地的政治建设当中,根据地妇女积极参与村选,1939年5月灵寿县妇救会配合社会教育开展村选宣传,通过民主选举,选出了138位女村代表,31个村政委员。在距离敌人较近的一个村庄,因妇女不会写选票而遭到村里男性的欺骗落选,于是妇救会要求重选,并监督选举投票过程,结果选出了4位女代表。[②] 如新乐村选在妇救会的推动下积极开展,至1940年新乐两区共选出31位女村长,副村长60余人,女参议员7人,村女性参议员所占比例为30%以上。[③] 农村女性在争取妇女解放的过程中也并非是一帆风顺,但她们积极乐观,勇于面对困难,与阻碍女性进步的旧势力作斗争,为妇女解放作出不懈努力。随着社会教育的开展,山西抗日根据地妇女的文化生活变得丰富多彩,政治水平和思想觉悟得到极大提升。此外,抗日根据地妇女亦积极投入到文娱宣传当中,如每年到旧历年时社会教育注重年关的文娱宣传,根据地的女性踊跃参加各种活动,如参加农村戏剧团,表演新式剧目,或是参加社火踩高跷,1943年太行区旧历年文娱活动中各村社火、戏剧团中女性团员基本"占比四分之三分",有

---

① 杨耕田:《关于边区社会教育的一些问题》,《边区教育》1940年第2卷第15期。

②《边区各县妇运活跃》,《抗敌报》1939年6月21日,第4版。

③《三十一位女村长》,《抗敌报》1940年2月18日,第4版。

些村的高跷队成员甚至全部为女性。平顺县各村在庆祝本年度“三八”节时，各村妇女自觉组织游艺进行宣传，有的踩高跷、有的出演街头剧，并创作演出新式剧目《参军最光荣》《锄奸》，以及主题为反对买卖婚姻的《新老少换妻》等剧。

山西抗日根据地的社会教育中，妇女教育占据了十分重要的地位。社会教育关注女性群体，对女性实施社会教育时充分考虑到年龄、文化水平、所处区域等诸多因素。山西抗日根据地社会教育为女性专门开设了妇女识字班、妇女冬学、女子民校等，当然这并不是要将社会教育按照性别进行划分，而是结合当时的教育实际做出的符合那段历史的正确选择。当代女性社会教育自开始，就偏重于劳动技能的培训，随着社会的发展，女性对社会教育提出了更多的要求，如随着逐渐步入老龄化社会后，退休职工日益增多，其中女性退休职工对社会教育中精神文化方面的内容有了新的更高的要求，因而社会教育应及时对女性的社会教育内容与实施方法做出符合时代特征的必要调整。现在是知识经济时代，知识的掌握、素质的提高、能力的创新，都是女性社会教育需要关注的重点。女性不仅在社会、家庭中承担着重要责任，而且在全民终身教育和学习型社会的大背景下，其在社会中所承担的责任和做出的贡献将越来越大，女性社会教育将会受到更多的重视。

参考文献

一、未刊档案

《冬学时事补充教材》，山西省档案馆藏，G3－55。

《冬学手册》，山西省档案馆藏，G3－181。

《冬学时事读本》，山西省档案馆藏，G3－182。

《冬学政治补充教材》第一册，山西省档案馆藏，G3－184。

《冬学政治补充教材》第二册，山西省档案馆藏，G3－185。

《冬学拥军拥政补充教材》，山西省档案馆藏，G3－186。

《冬学识字课本》，山西省档案馆藏，G3－189。

《冬学公民课本》，山西省档案馆藏，G3－325。

《冬学补充教材》，山西省档案馆藏，G3－323。

《妇女冬学教材》，山西省档案馆藏，G3－327。

《工农识字课本》，山西省档案馆藏，G3－200。

《革命历史资料》，山西省档案馆藏，G3－398。

《华北区一年来社会教育工作总结》，山西省档案馆藏，G3－87。

《教育工作手册》，山西省档案馆藏，G3－92。

《晋冀鲁豫边区法令汇编》，山西省档案馆藏，G3－240。

《教育工作会议文集》，山西省档案馆藏，G3－245。

《民众千字课》，山西省档案馆藏，G3－201。

《民众学校政治教材》，山西省档案馆藏，G3－322。

《社会教育提纲》，山西省档案馆藏，G3－147。

《太行区教育概况》，山西省档案馆藏，G3－40。

《太行区1945年教育工作概述》，山西省档案馆藏，G3－41。

《新教育方针》，山西省档案馆藏，G3－272。

《中国社会经济结构》，山西省档案馆藏，G3－382。

《1940年社教工作总结》，山西省档案馆藏，G3－244。

《1945年文教工作计划》，山西省档案馆藏，G3－54。

《1944年冬学运动总结》，山西省档案馆藏，A90－3－27－2。

《太行三专1941年教育工作计划》（1940年），山西省档案馆藏，A67－4－1－1。

《1944年冬学工作计划、附：冬学工作报告提纲》（1944年7月28日），山西省档案馆藏，A90－3－27－1。

《1945年辉县西沙岗村冬学总结》，山西省档案馆藏，A52－4－41－16。

《1949年教育工作计划提纲草案及召开教育科长、中学校长联席会议的通知》（1948年12月5日），山西省档案馆藏，A90－3－24－1。

《八年来作坊损失初步统计表》，山西省档案馆藏，A90－1－28－2。

《八年来农业损失初步统计表》，山西省档案馆藏，A90－1－28－3。

《边区冬学委员会第一次会议记录》（1945年10月13日），山西省档案馆藏，A90－3－27－4。

《八分区交二区营立冬学工作概况》（1945年12月24日），山西省档案馆藏，A103－1－10－3。

《八分区交二区营立冬学工作经验点滴总结》（1946年1月8日），山西省档案馆藏，A103－1－10－4。

《边区区划人口面积统计表》（1946年5月），山西省档案馆藏，A90－1－30－12。

《博爱县新划区各村人口土地调查表》（1948年12月10日），山西省档案馆藏，A52－1－60－7。

《半年来教育工作的报告材料》(1949 年 8 月 25 日)，山西省档案馆藏，A66－4－22－5。

《财产处理登记表》，山西省档案馆藏，A90－1－28－10。

《参选公民统计表及各阶层参选的比例表》，山西省档案馆藏，A90－2－3－2。

《参加边府县村剧团合演竞赛剧目收集材料》(1944 年 1 月 12 日)，山西省档案馆藏，A67－4－4－11。

《对六专社教工作与冬学工作之奖励办法及标准的意见》，山西省档案馆藏，A52－4－41－6。

《冬学补充教材》，山西省档案馆藏，A52－4－41－15。

《冬学概况表》，山西省档案馆藏，A71－4－31－10。

《冬学的布置和训练意义(及经费问题)》山西省档案馆藏，A52－4－42－3。

《冬训班材料》，山西省档案馆藏，A90－3－29－2。

《打开晋中区宣教工作会议的严重局面报道》(1941 年 7 月)，山西省档案馆藏，A67－4－1－3。

《冬训班材料》(1944 年)，山西省档案馆藏，A90－3－29－1。

《冬学通讯报道》(1944 年 2 月 18 日)，山西省档案馆藏，A67－4－4－2。

《冬学通报》(1947 年 2 月)，山西省档案馆藏，A69－1－8－4。

《二中剧社一年来的总结工作报告》(1945 年 8 月 15 日)，山西省档案馆藏，A90－3－82－1。

《关于太行三专区各县市基本情况统计表》，山西省档案馆藏，A52－1－47－6。

《关于冬学问题之汇报的信》，山西省档案馆藏，A52－4－41－4。

《关于冬学运动的意见给李科长的信》，山西省档案馆藏，A52－4－41－7。

《关于冬学等问题给原、游科长的信》，山西省档案馆藏，A52－4－41－8。

《关于冬学等问题给李科长的信》，山西省档案馆藏，A52－4－41－11。

《关于冬学时事读本的信》，山西省档案馆藏，A52－4－41－13。

《关于冬学教材问题给巩处长的信》，山西省档案馆藏，A52－4－41－14。

《关于冬学及春节文娱工作问题的指示》山西省档案馆藏，A52－4－42－4。

《关于各县冬学问题的材料》山西省档案馆藏，A52－4－42－5。

《关于冬学运动的材料》山西省档案馆藏，A52－4－42－6。

《关于准许在地方粮内供给宣传队半年供给的命令》，山西省档案馆藏，A83－4－6－10。

《关于六分区几个基本数字统计的报告及第四专区各县人口土地产量表》，山西省档案馆藏，A52－1－47－5。

《关于发 1945 年教育工作概况的便函》，山西省档案馆藏，A52－4－7－3。

《关于把一年来学校工作做出总结、并在来年前送来给各专员及中学校长的信》，山西省档案馆藏，A52－4－10－1。

《关于潞城文化合作社的工作总结》，山西省档案馆藏，A52－4－110－2。

《关于太行区人民文化馆的工作材料》，山西省档案馆藏，A52－4－110－3。

《关于统一教员待遇和准备文教会议问题的指示》，山西省档案馆藏，A65 -1－17－6。

《关于半年来一专教育工作简单情况的材料》，山西省档案馆藏，A65－1－17－7。

《关于张生逯通知教学经验的材料》，山西省档案馆藏，A65－1－17－18。

《关于无衣、无食、无住急待救济以便恢复生产能力者的统计表》，山西省档案馆藏，A90－1－28－7。

《关于印发课本及优待贫寒生的通令》，山西省档案馆藏，A67－4－7－11。

《关于没有将测试题答出的原因给教委会的信》，山西省档案馆藏，A67－4－7－27。

《关于不能按时交测验卷的信》，山西省档案馆藏，A67－4－7－28。

《关于杂费开支情况的汇报》，山西省档案馆藏，A68－6－13－2。

《关于民教编制等问题的信》,山西省档案馆藏,A69－1－8－2。

《关于冬运总结注意事项的指示信》,山西省档案馆藏,A71－4－31－9。

《关于核算太中编余人员供给开支的请示》,山西省档案馆藏,A83－4－6－2。

《关于屯留、霍县、安泽教育经费问题的材料》,山西省档案馆藏,A83－4－6－8。

《关于一民高校问题的材料》,山西省档案馆藏,A83－4－6－9。

《关于报导冬学运动经验的函件》,山西省档案馆藏,A90－3－29－1。

《关于总结冬学工作的函件.附:总结提纲》,山西省档案馆藏,A90－3－30－4。

《关于冬学工作布置的总结》,山西省档案馆藏,A90－3－30－6。

《关于开办冬学工作的规定》,山西省档案馆藏,A90－3－30－10。

《关于县选参选的指示》,山西省档案馆藏,A90－2－3－1。

《关于收集材料问题给杨县长的信》,山西省档案馆藏,A90－1－30－2。

《关于一、五分区各县人口统计及经济教育司法等问题的调查材料》,山西省档案馆藏,A52－0－47－9。

《各分区人口、行政统计表》,山西省档案馆藏,A90－1－30－1。

《各县12月份巡回训练村教育委员计划》,山西省档案馆藏,A90－3－27－3。

《关于依托冬学配合救济委员会调查收集敌祸天灾材料的指令》(1935年12月13日),山西省档案馆藏,A52－4－39－1。

《关于王家庄学校学生传染伤寒病情况的报告》(1940年7月23日),山西省档案馆藏,A68－6－13－8。

《关于区口村请求代购课本的呈报》(1940年11月14日),山西省档案馆藏,A68－6－13－10。

《关于冬学工作上几个困难问题的解答》(1940年12月5日),山西省档案馆藏,A68－6－13－15。

《关于老申峧村冬学文盲学生缺少书本的报告》(1940年12月11日),山西省档案馆藏，A68-6-13-1。

《关于本人十个月未领到薪水及小米情况的报告》(1940年12月13日)，山西省档案馆藏，A68-6-13-9。

《关于漳北区一年来(1940-1941.8)教育工作总结报告》(1941年)，山西省档案馆藏，A69-1-8-11。

《各县人口耕地面积 劳动力统计表》(1941年)，山西省档案馆藏，A90-1-24-3。

《关于呈送文盲统计表及入学统计表的报告》(1941年2月14日)，山西省档案馆藏，A68-6-13-12。

《关于各学校教育工作的总结》(1941年2月15日)，山西省档案馆藏，A68-6-13-4。

《关于冬学开学的报告》(1941年2月15日)，山西省档案馆藏，A68-6-13-5。

《关于下发小学暂行规程的通令》(1941年3月29日)，山西省档案馆藏，A68-3-3-3。

《关于个别教员离校不请假的报告》(1941年3月30日)，山西省档案馆藏，A68-6-13-6。

《关于呈送工作报告与工作计划的通知》(1941年4月10日)，山西省档案馆藏，A68-3-3-2。

《关于七区所需课本教目的呈报》(1941年4月27日)，山西省档案馆藏，A68-6-13-11。

《关于第二区领取小学课本的请示》(1941年5月2日)，山西省档案馆藏，A68-6-13-3。

《关于该校第一班学生举行毕业典礼的报告》(1941年6月15日)，山西省档案馆藏，A68-6-13-13。

《关于七区各校四年级毕业生领取毕业证的呈报》(1941年9月16日)，山西省档案馆藏，A68-6-13-7。

《关于昔东损失课本款数字与实际不符的报告》(1942年7月12日)，山西省档案馆藏，A65－1－17－3。

《关于教育工作建设的总结》(1942年12月)，山西省档案馆藏，A65－1－17－2。

《关于如何办冬学问题的几点意见.写给冬学教师的一封信》(1942年12月14日)，山西省档案馆藏，A52－4－38－3。

《关于加强民众学校工作的指示》(1943年6月2日)，山西省档案馆藏，A68－3－3－1。

《关于对下半年民教工作意见的通知》(1943年7月27日)，山西省档案馆藏，A68－3－3－4。

《关于加强当前冬学中时事教育的通知》(1943年11月10日)，山西省档案馆藏，A90－3－26－3。

《关于1943年冬学工作的指示》(1943年11月21日)，山西省档案馆藏，A90－3－26－1。

《关于1944年冬学工作的指示》(1944年7月27日)，山西省档案馆藏，A90－3－28－2。

《关于冬学运动的指示》(1944年10月13日)，山西省档案馆藏，A67－4－4－6。

《关于冬学工作准备的指示》(1944年10月27日)，山西省档案馆藏，A67－4－4－7。

《关于民主冬学工作的指示》(1944年10月28日)，山西省档案馆藏，A67－4－4－10。

《关于召开民教工作会议的指示》(1944年12月2日)，山西省档案馆藏，A67－4－4－8。

《关于揭示有奖征文结果的通知》(1944年12月20日)，山西省档案馆藏，A67－4－4－9。

《关于在干部和农村冬学学习毛主席〈论联合政府〉给各专，县的信》(1945年)，山西省档案馆藏，A52－4－39－3。

《各县自1943年以来各年新恢复区村人口面积统计表》(1945年)，山西省档案馆藏,A90－1－24－2。

《关于成立简易师范培养师资的指示》(1945 年 1 月 19 日),山西省档案馆藏,A67－4－7－32。

《关于从实际出发、下兴居与庄则沟冬学解决了支差问题的通报(三)第 3 号》(1945 年 1 月 23 日),山西省档案馆藏,A83－1－3－2。

《关于在以后的冬运中教材增加问题的通知》(1945 年 1 月 27 日),山西省档案馆藏,A90－3－30－2。

《关于冬学工作的第三次指示》(1945 年 2 月 9 日),山西省档案馆藏,A90－3－28－3。

《关于选举模范文教工作者与准备文教展览会的补充指示》(1945 年 2 月 19 日),山西省档案馆藏,A67－4－7－2。

《关于花家岭贷粮经验介绍的通报(四)第 4 号》(1945 年 2 月 28 日),山西省档案馆藏,A83－1－3－3。

《关于决定各县设立教育科的通令》(1945 年 3 月 1 日),山西省档案馆藏,A90－3－7－1。

《关于种棉经验介绍的通报(六)第 6 号》(1945 年 3 月 24 日),山西省档案馆藏,A83－1－3－4。

《关于沁源龙头村领导生产方法的通报(七)第 7 号》(1945 年 3 月 30 日),山西省档案馆藏,A83－1－3－5。

《关于参选县选的法令》(1945 年 4 月 1 日),山西省档案馆藏,A90－2－3－3。

《关于第六分区专员公署宣传会议的总结报告》(1945 年 4 月 2 日),山西省档案馆藏,A102－1－20－1。

《关于抗勤会议的决定与修正的通报》(1945 年 4 月 10 日),山西省档案馆藏,A83－1－3－6。

《关于仓库员座谈会找到了仓库工作方向的通报第 10 号》(1945 年 4 月 20 日),山西省档案馆藏,A83－1－3－7。

《关于河口村、银寨村冬学工作的报告》(1945 年 5 月),山西省档案馆藏,

A90－3－30－5。

《关于介河口村冬学工作的报告》(1945 年 5 月)，山西省档案馆藏，A90－3－30－7。

《关于选举宣传的通知》(1945 年 5 月 8 日)，山西省档案馆藏，A90－2－3－5。

《关于增设初小一所学校经费、教员薪金统筹统支的请示》(1945 年 5 月 16 日)，山西省档案馆藏，A67－4－7－5。

《关于兴县三个多月文教工作发展状况的报告》(1945 年 7 月)，山西省档案馆藏，A90－3－7－3。

《关于小学教员生活待遇的通令》(1945 年 7 月 23 日)，山西省档案馆藏，A67－4－7－25。

《关于冬学工作的总结》(1945 年 8 月 1 日)，山西省档案馆藏，A102－1－20－2。

《关于准予增加 9 名校长 1 名小学教员 1 名公费生的指令》(1945 年 8 月 5 日)，山西省档案馆藏，A67－4－7－33。

《关于 1945 年冬学工作的指示信》(1945 年 9 月 1 日)，山西省档案馆藏，A90－3－28－4。

《关于秋季集训小学教员的指示》(1945 年 9 月 6 日)，山西省档案馆藏，A67－4－7－23。

《关于冬学工作补充的指示信》(1945 年 10 月 5 日)，山西省档案馆藏，A90－3－28－5。

《关于从左权上庄冬学发展报告中看出几个问题的指示》(1945 年 10 月 20 日)，山西省档案馆藏，A52－4－39－2。

《关于统计八年抗战损失的通知》(1945 年 10 月 27 日)，山西省档案馆藏，A90－1－28－12。

《关于总结教育工作与制定 1946 年教育工作计划的指示信》(1945 年 12 月 5 日)，山西省档案馆藏，A52－4－9－1。

《关于编冬学教材及报告教育概况问题的指示》(1945 年 11 月 10 日)，山西省档案馆藏，A67－4－7－18。

《关于冬学教材问题的通知》(1945年11月20日)，山西省档案馆藏，A90－3－26－2。

《关于对冬学运动加强领导的通知》(1945年11月24日)，山西省档案馆藏，A90－3－30－1。

《关于总结教育工作与制定1946年教育工作计划的指示信》(1945年12月5日)，山西省档案馆藏，A52－4－10－2。

《关于办妇女工读学校的初步意见》(1945年12月18日)，山西省档案馆藏，A67－4－7－24。

《关于总结半年来中学工作的指示》(1945年12月20日)，山西省档案馆藏，A52－4－9－2。

《关于批送冬学训练班总结及开办数目的函件》(1945年12月26日)，山西省档案馆藏，A90－3－30－3。

《关于从临城管理等冬学报告中看出来的几个问题的指示》(1946年)，山西省档案馆藏，A65－1－17－4。

《关于冬校转民校评选义务教员的指示信》(1946年)，山西省档案馆藏，A65－1－17－5。

《关于从检查涉、黎、左、武、潞、偏一带冬学中发现的几个问题的指示》(1946年1月9日)，山西省档案馆藏，A52－4－40－1。

《关于沁源政权干部领导上从实际出发的几个范例的通报(二)第2号》(1946年1月12日)，山西省档案馆藏，A83－1－3－1。

《关于从邢台青定市街冬学的发展看到的几个问题的指示》(1946年1月23日)，山西省档案馆藏，A52－4－40－5。

《关于教育原则、方针及其具体问题的决定》(1946年1月25日)，山西省档案馆藏，A52－4－10－3。

《关于冬学总结问题的命令》(1946年1月28日)，山西省档案馆藏，A71－4－31－1。

《关于介绍涉县台村儿童冬学并予奖励的通报》(1946年1月30日)，山西省档案馆藏，A52－4－40－3。

《关于对发动群众及提高所起的作用两个方面来总结冬学工作的通知.附:总结要点》(1946年3月10日)，山西省档案馆藏，A90－3－30－8。

《关于冬学工作的补充指示信》(1944年11月24日)，山西省档案馆藏，A90－3－28－1。

《恢复学校集训教员的指示》(1945年)，山西省档案馆藏，A67－4－7－26。

《救济物品发放表》，山西省档案馆藏，A90－1－28－9。

《晋绥解放区现有县、区、市、村人口统计表》，山西省档案馆藏，A90－1－30－6。

《晋西北人口、面积、土地统计表》(1941年10月)，山西省档案馆藏，A90－1－24－4。

《教工教材及教育工作材料》(1942年7月12日)，山西省档案馆藏，A65－1－17－1。

《晋绥边区面积人口统计表》(1944年9月8日)，山西省档案馆藏，A90－1－24－1。

《静乐县自然环境调查表》(1945年5月8日)，山西省档案馆藏，A102－1－3－3。

《教育工作通讯》(1945年6月1日)，山西省档案馆藏，A67－4－7－8。

《晋绥六分区村人口面积统计表》(1945年10月31日)，山西省档案馆藏，A102－1－3－2。

《晋绥边区五分区半年来教育工作情况材料》(1946年)，山西省档案馆藏，A101－1－18－1。

《晋绥八分区各县(缺交城)在反法西斯战争中被日寇烧杀抢劫破坏损失统计表(1937－1945)》(1946年)，山西省档案馆藏，A103－1－12－2。

《开展今年冬学运动的指示》(1945年11月17日)，山西省档案馆藏，A67－4－7－20。

《临县县政府统计全县人口、土地、户口、行政村、自然村数目表》，山西省档案馆藏，A90－1－30－3。

《黎城县土地、户数、人口及行政村统计表》，山西省档案馆藏，A52 - 0 - 47 - 8。

《两年半的文化教育建设报告》(1942 年)，山西省档案馆藏，A90 - 3 - 1 - 1。

《1946 年度文教工作实施计划》(1946 年 2 月 1 日)，山西省档案馆藏，A69 - 1 - 8 - 10。

《吕梁军区所属各县原有及解放区村人口面积统计表》(1946 年 3 月 3 日)，山西省档案馆藏，A90 - 1 - 30 - 10。

《牧场损失统计表》(1946 年 9 月)，山西省档案馆藏，A90 - 1 - 28 - 8。

《宁武县各村户口、人口、耕地面积统计表》(1945 年 10 月 31 日)，山西省档案馆藏，A102 - 1 - 3 - 1。

《全区教育工作的总结及今后教育建设的新方向》，山西省档案馆藏，A52 -4 - 7 - 1。

《人口土地统计表》，山西省档案馆藏，A52 - 1 - 47 - 2。

《人口面积分布状况统计表》，山西省档案馆藏，A90 - 1 - 28 - 1。

《人口面积分布状况统计表》，山西省档案馆藏，A90 - 1 - 28 - 4。

《人口、面积统计表》，山西省档案馆藏，A90 - 1 - 30 - 7。

《人口面积统计表》(1944 年 9 月 8 日)，山西省档案馆藏，A90 - 1 - 24 - 5。

《索堡区各村人力畜力统计表》，山西省档案馆藏，A52 - 1 - 60 - 1。

《三专区人口土地统计表》，山西省档案馆藏，A52 - 1 - 47 - 7。

《太行三专三区教育扩大会议记录》(1941 年 2 月 21 日)，山西省档案馆藏，A67 - 4 - 1 - 2。

《沙河县义务教员登记表》(1942 年 12 月 6 日)，山西省档案馆藏，A52 - 4 - 38- 2。

《三专一科长关于检查国民教育开办图书馆等给各县科长的信》(1944 年 8 月 5 日)，山西省档案馆藏，A67 - 4 - 4 - 5。

《三专区高小校长教员麦假集训总结》(1945 年 8 月 5 日)，山西省档案馆藏，A67 - 4 - 7 - 12。

《山西部分行政区划分、自然环境现状统计表(非完整县)》(1946 年 3 月),山西省档案馆藏,A90 - 1 - 30 - 11。

《社会教育一般数字统计表》,山西省档案馆藏,A66 - 4 - 16 - 4。

《土地等基本情况调查》,山西省档案馆藏,A52 - 1 - 47 - 1。

《文教座谈会关于发动建立民办学校的意见》,山西省档案馆藏,A90 - 3 - 7 - 4。

《文艺总结》(1945 年 1 月 19 日),山西省档案馆藏,A67 - 4 - 7 - 1。

《为组织冬学检查的指示》(1944 年 1 月 12 日),山西省档案馆藏,A67 - 4 -4 - 1。

《一九四五年文教工作计划》(1945 年 5 月 5 日),山西省档案馆藏,A67 - 4 - 7 - 3。

《因学校放假测验卷不能按时交给教委的信》,山西省档案馆藏,A67 - 4 - 7 - 29。

《因天灾、敌灾引起的人口重大损失登记表(表二)》,山西省档案馆藏,A90 - 1 - 28 - 5。

《因敌灾、天灾引起的各类灾难民统计表》,山西省档案馆藏,A90 - 1 - 28 - 6。

《元宵节进行三专区剧团大竞赛的通令》(1944 年 1 月 20 日),山西省档案馆藏,A67 - 4 - 4 - 3。

《小学麦假已完、关于高小校长、教员麦假集训的指示》(1945 年 7 月 13 日),山西省档案馆藏,A67 - 4 - 7 - 10。

《阳曲、交城冬学教员训练班总结报告》(1945 年 12 月 22 日),山西省档案馆藏,A103 - 1 - 10 - 2。

《着手进行冬学的准备工作的指示》(1942 年 11 月 10 日),山西省档案馆藏,A67 - 4 - 4 - 12。

《总结冬学与开展民众学校的指示》(1944 年 5 月 18 日),山西省档案馆藏,A67 - 4 - 4 - 4。

《在文教工作上须要注意几个问题的指示》(1945 年 6 月 15 日),山西省档案馆藏,A67－4－7－6。

《战前与现在区划比较表》(1946 年 3 月),山西省档案馆藏,A90－1－30－5。

二、档案史料汇编

陈元晖等编:《老解放区教育资料》(一),北京:教育科学出版社,1981 年。

河北省社会科学院历史研究所、河北省档案馆等编:《晋察冀抗日根据地史料选编》上册,石家庄:河北人民出版社,1983 年。

河北省社会科学院历史研究所、河北学刊编辑部编:《晋察冀抗日根据地史料专辑》,石家庄:河北学刊杂志社,1985 年。

教育科学研究所筹备处编:《老解放区教育资料选编》,北京:人民教育出版社,1959 年。

晋察冀北岳区妇女抗日斗争史料编辑组编:《晋察冀北岳区妇女抗日斗争史料》,中国老年历史研究会,1985 年。

晋绥边区财政经济史编写组编:《晋绥边区财政经济史资料选编》,太原:山西人民出版社,1986 年。

晋察冀抗日根据地史料丛书编审委员会编:《晋察冀抗日根据地》,北京:中共党史资料出版社,1989 年。

晋察冀日报史研究会编:《晋察冀日报社论选(1937—1948)》,石家庄:河北人民出版社,1997 年。

李茂盛编:《太岳抗日根据地重要文献选编》,北京:中央文献出版社,2006 年。

山西大学晋冀鲁豫边区史研究组编:《晋冀鲁豫边区史料选编》,太原:山西大学晋冀鲁豫边区史研究组,1980 年。

太岳革命根据地教育史编写组编:《太岳革命根据地教育文献选编》,太原:山西省教育志编审委员会,1986 年。

山西省教育科学研究所、教育史编纂研究室编:《山西省教育史资料. 太岳革命根据地教育资料专辑》,1986 年山西省档案馆编:《太行党史资料汇编》,太原:山西人民出版社,1989年。

太行革命根据地史总编委会编:《太行革命根据地史稿》,太原:山西人民出版社,1987年。

太行革命根据地史总编委会编:《太原革命根据地史料丛书之七群众运动》,太原:山西人民出版社,1989年。

王谦主编:《晋察冀边区教育资料选编:社会教育分册》,石家庄:河北教育出版社,1990年。

王谦主编:《晋察冀边区教育资料选编:教育方针政策分册》(上),石家庄:河北教育出版社,1990年。

王用斌、刘茗、赵俊杰编:《晋察冀边区教育资料选编》续集,北京:北京师范大学出版社,1991年。

中国作家协会山西分会编:《晋绥革命根据地文艺作品选》,太原:山西人民出版社,1981年。

中共山西省党史资料征集研究委员会太行革命根据地史编写组编:《太行革命根据地大事记述》,太原:中共山西省党史资料征集研究委员会太行革命根据地史编写组,1983年。

中央教育科学研究所编:《老解放区教育资料2》抗日战争时期上,北京:教育科学出版社,1986年。

中央教育科学研究所编:《老解放区教育资料2》抗日战争时期下,北京:教育科学出版社,1986年。

中共山西省委党史研究室编:《晋绥革命根据地大事记》,太原:山西人民出版社,1989年。

中共山西省委党史研究室编:《太岳革命根据地纪事》,太原:山西人民出版社,1989年。

中共山西省委党史研究室编:《太岳革命根据地财经史料选编》,太原:山西经济出版社,1991年。

中央档案馆编:《晋察冀抗日根据地回忆录选编》,北京:中共党史资料出版社,1991年。

中共山西省委党史研究室编:《晋察冀革命根据地晋东北大事纪(1937.7—1949.9)》,太原:山西人民出版社,1991年。

张学新编:《晋察冀革命戏剧运动史料》,石家庄:河北省文化厅文化志编辑办公室,1991年。

三、民国时期报刊

《边区教育通讯》《边区教育》《冬学通讯》《华北文化》《教育阵地》《教育通讯》《教育生活》《解放》《晋察冀日报》《新华日报》(太行版)《新华日报》(华北版)《太岳日报》《社会教育辅导》《社会教育季刊》《社会教育年刊》《太行教育》《太岳文化》《文化与社会》《文教半月刊》《文娱通讯》《新教育》《学习》《学习通报》《学习通讯》《河北月刊》《教育与社会》《行政导报》《申报》

四、地方史志

定襄县志办:《定襄县志》,北京:中国青年出版社,1993年。

壶关县志编纂委员会:《壶关县志》,北京:海潮出版社,1999年。

壶关县志编纂委员会:《榆社县志》,太原:山西古籍出版社,1999年。

交城县志编纂委员会:《交城县志》,太原:山西人民出版社,1994年。

马民贤:《平顺县志》,北京:海潮出版社,1997年。

宁武县志办:《宁武县志》,太原:山西人民出版社,1989年。

山西省忻州市地方志编纂委员会:《忻县县志》,北京:中国科学技术出版社,1993年。

山西省史志研究院:《山西通志(教育志)》,北京:中华书局出版社,1999年。

五台县志编委会:《五台县志》,太原:山西人民出版社,1988年。

原平县志编纂委员会:《原平县志》,北京:中国科学技术出版社,1991年。

左权县志编纂委员会:《左权县志》,北京:高等教育出版社,1999年。

五、学术著作

陈礼江:《社会教育的意义及其事业》,南京:正中书局,1937年。

陈元晖:《老解放区教育简史》,北京:教育科学出版社,1981年。

常向群:《马克思主义社会学论稿》,郑州:河南人民出版社,1992年。

陈桂生:《马克思主义教育论著研究》,上海:华东师范大学出版社,1993年。

陈侠、傅启群:《傅葆琛教育论著选》,北京:人民教育出版社,1994年。

陈元晖:《中国教育学史遗稿》,北京:北京师范大学出版社,2001年。

董纯才:《中国革命根据地教育史》第2卷,北京:教育科学出版社,1991年。

曹建英、刘茗、石璞、谢淑芳:《晋察冀边区教育史》,石家庄:河北教育出版社,1995年。

杜成宪、崔运武、王伦信:《中国教育史学九十年》,上海:华东师范大学出版社,1998年。

樊吉厚、李茂盛、岳谦厚:《华北抗日战争史》,太原:山西人民出版社,2005年。

国立编译馆:《社会教育》,南京:正中书局,1948年。

甘国治:《纪念抗日战争和世界反法西斯战争胜利40周年》(党在抗日战争时期的战略策略)),杭州:浙江人民出版社,1986年。

高平:《大同抗日根据地的创建与壮大》,太原:山西人民出版社,1990年。

顾明远:《中国教育大系:马克思主义与中国教育(上下)》,武汉:湖北教育出版社,1994年。

高奇:《中国教育史研究(现代分卷)》,上海:华东师范大学出版社,2009年。

皇甫束玉等编:《中国革命根据地教育纪事》,北京:教育科学出版社,1989年。

何友良:《中国苏维埃区域社会变动史》,北京:当代中国出版社,1996年。

韩敬波:《教育学基础》,北京:教育科学出版社,2002年。

黄书光:《中国社会教化的传统与变革》,济南:山东教育出版社,2005年。

蒋建白,吕海澜:《中国社会教育行政》,上海:商务印书馆,1937年。

金林祥:《20世纪中国教育学科的发展与反思》,上海:上海教育出版社,2000年。

李公朴:《华北敌后——晋察冀》,北京:生活·读书·新知三联书店,1979年。

刘梅、李建国编:《太行革命根据地教育简史》,太原:山西省教育史志编写领导组,1992年。

刘淑珍:《晋西北抗日根据地教育简史》,成都:四川教育出版社,2000年。

马宗荣:《社会教育概说》,上海:商务印书馆,1925年。

马宗荣:《社会教育事业十讲》,上海:商务印书馆,1936年。

马宗荣:《社会教育纲要》,上海:商务印书馆,1937年。

马宗荣、兰淑华:《社会教育原理与社会教育事业》,贵阳:文通书局,1942年。

[日]吉田熊次著,马宗荣译:《社会教育的设施及理论》,上海:中华书局,1935年。

[日]宫原诚一:《社会教育》,东京:光文社,1950年。

[日]千野阳一:《现代社会教育论》,新评论,1976年。

[苏]费里波夫著,李震雷、徐景陵译:《教育社会学》,上海:华东师大出版社,1985年。

孙启林:《社会教育》,长春:吉林教育出版社,2000年。

孙培青:《中国教育史》,上海:华东师范大学出版社,2000年。

谭克绳:《中国革命根据地史》,福州:福建人民出版社,2007年。

吴学信:《社会教育史》,上海:商务印书馆,1939年。

吴学信:《中国社会教育概述》,重庆:国民图书出版社,1942年。

魏宏运、左志远:《华北抗日根据地史》,北京:档案出版社,1990年。

王冬桦、王非:《社会教育学概论》,北京:教育科学出版社,1992年。

魏宏运:《二十世纪三四十年代太行山地区社会调查与研究》,北京:人民出版社,2003年。

王雷:《中国近代社会教育史》,北京:人民教育出版社,2003年。

王雷:《社会教育概论》,北京:光明日报出版社,2007 年。

王雷:《社会教育原理》,北京:中国社会科学出版社,2015 年。

谢荫昌:《社会教育》,上海:商务印书馆,1913 年。

徐旭:《图书馆与民众教育》,上海:商务印书馆,1941 年。

谢忠厚、肖银成:《晋察冀抗日根据地史》,北京:改革出版社,1992 年。

余寄:《社会教育》,上海:中华书局,1917 年。

俞庆棠:《民众教育》,南京:中正书局,1935 年。

叶澜:《教育研究及其方法》,北京:中国科技出版社,1991 年。

杨圣清、王桧林:《新中国的雏形:抗日根据地政权》,桂林:广西师范大学出版社,1994 年。

叶澜:《教育研究方法论初探》,上海:上海教育出版社,1999 年。

杨小池:《山西革命老区》,北京:中央文献出版社,2003 年。

岳谦厚、张玮:《黄土.革命与日本入侵:20 世纪三十四年代的晋西北农村社会》,太原:书海出版社,2005 年。

岳谦厚:《日本占领期间山西经济损失的调查研究》,北京:高等教育出版社,2010 年。

杨家余:《伪满社会教育研究(1932—1945)》,北京:高等教育出版社,2010 年。

杨才林:《民国社会教育研究》,北京:社会科学文献出版社,2011 年。

张志澄:《社会教育通论》,上海:启智书局,1929 年。

仲靖澜:《社会教育指导》,上海:世界书局,1933 年。

钟灵秀:《社会教育行政》,南京:国立编译馆,1947 年。

中共中央书记处:《六大以来》,北京:北京人民出版社,1981 年。

中国史研究编辑部:《系统论与历史》,郑州:中州古籍出版社,1987 年。

郑登云:《中国近代教育史》,上海:华东师范大学出版社,1994 年。

中共河北省委党史研究室:《北岳抗日根据地》,北京:中共党史出版社,1997 年。

张国祥、郭维明:《山西抗日根据地的文化事业》,太原:山西人民出版社,

2002年。

周子君:《朔州抗日根据地的开辟》,太原:山西古籍出版社,2007年。

周稽裘:《教育现代化》,北京:教育科学出版社,2009年。

六、学术论文

邓红:《论晋察冀边区的社会教育》,《抗日战争研究》1999年第2期。

黄正林:《论抗战时期陕甘宁边区社会教育的几个问题》,《河北大学学报(哲学社会科学版)》2003年第4期。

黄书光:《中国传统教化的现代转型》,《华中师范大学学报(人文社会科学版)》2005年第11期。

黄正林:《社会教育与抗日根据地的政治动员——以陕甘宁边区为中心》,《中共党史研究》2006年第2期。

李金铮:《抗日根据地社会史研究的构想》,《抗日战争研究》1996年第1期。

李金铮:《抗日根据地社会史研究的回顾与思考》,《抗日战争研究》2004年第2期。

李金铮:《向"新革命史"转型:中共革命史研究方法的反思与突破》,《中共党史研究》2010年第1期。

李金铮:《再议"新革命史"的理念与方法》,《中共党史研究》2016年第11期。

蓝公武:《社会教育论》,《教育》1906年第2期。

魏宏运:《抗战第一年的华北农民》,《抗日战争研究》1993年第1期。

王雷:《"社会教育"传入中国考略》,《河北师范大学学报(教育科学版)》2000年第4期。

魏宏运:《晋察冀边区农村教育的追寻和考察》,《中国延安干部学院学报》2013年第2期。

辛萌、侯怀银:《教育学传统解读》,《华东师范大学学报(教育科学版)》2017年第1期。

于述胜:《民国时期社会教育问题论纲——以制度变迁为中心的多维分析》,《北京大学教育评论》2005年第3期。

张秦英、刘汉华:《陕甘宁边区社会教育的特点》,《西北大学学报(哲学社会科学版)》1985年第3期。

张少军、韩秋红:《社会教育理论的实践方式研究——在中外社会教育比较视野下》,《外国教育研究》2006年第12期。

张孝芳:《抗战时期陕甘宁边区的社会教育运动与乡村社会变迁》,《山东社会科学》2008年第8期。

张志伟、栾雪飞:《抗战时期中共根据地教育政策述论》,《史学集刊》2012年第6期。

附　录

山西抗日根据地部分社会教育教材

一、《冬学政治补充教材》(第一册)①

第一课　苏联的胜利

今年七月五日希特勒发动了夏季反攻，七天功夫便被苏联的英勇红军在奥勒尔打败了。

苏联红军从七月五号到十一月五号向西前进了三百至四百五十公里，克服了三十五万平方公里的土地。许多重要的铁路运联点和工业农业重要地区，都被克服了。德军阵亡，受伤及被俘官兵达二百七十余万人。击毁德国飞机九千九百架，坦克一万五千四百辆，装甲车八百九十辆，大炮一万三千门，机枪五万余挺，卡车六万〇五百辆，油车三百九十辆，托脚踏车二千五百辆，满载供给品的汽车八万三千辆，自行车九百辆，火车车厢四千余辆，火车头三

① 《冬学政治补充教材》第一册，山西档案馆藏，G3－184。

百余个，各种仓库三千余所。在十月革命节的前一天（十一月六日）红军又占领苏维埃乌克兰的京城。

已经收复的城市，有的在加紧收复，有的已开始工作。工厂里赶着造军火供给前线。农民们努力生产。苏联的前线与后方一样紧张，为着最后战胜敌人而斗争着。

苏联的红军是共产党领导的，他们有英明的领袖斯大林，苏联的人民和军队亲密的合作着，所以能胜利的消灭敌人，把失去的土地收复回来。今年就要把德国侵略者全部赶出国土之外了。

第二课　同盟国更加团结

苏联的伟大胜利兴奋了全世界的人民，打击了一切投降主义，推动了整个反法西斯战前进。在希特勒压迫下意大利于八月九日内向同盟国投降，十月十三日宣布对德国作战了。

苏联、英国和美国为了缩短欧洲战争，提早打垮希特勒，在今年十月间都派了外交长官在苏联京城——莫斯科开会。这就是三国外长会议。

美国的代表是国务卿赫尔，英国的代表是外相艾登，苏联的代表是外交人民委员会长莫洛托夫，从十月十七日到卅一日开了十二天。这个会议进行的很好，大家都很诚恳的讨论商量问题，发表了四个宣言，决定了很快打垮德国。

德国和日本都在想办法挑拨苏联和英美关系，希望把战争拖延下去，现在已经证明了，那是白费心思的事。

第三课　维持战争长期合作

苏英美三国外长会议决定很多事情，最要紧的有二件：

一、三国外长在会中都很坦诚详细的商量了欧洲作战的办法。三国参谋部的参事顾问还讨论了军事行动的计划，都做了决定，已经准备实行了。我们不久就要看见第二战场的新闻了。

二、为了保护苏英美和一切爱好和平国家的利益,决定现在的合作办法直到战争停止以后还要继续。这样就是为了维护和平,推进各国人民的政治、经济和社会幸福。

第四课 维护国际和平安全

苏美英三国外长会议,联合中国的代表,发表了一个宣言,表示共同消灭敌人的决心,和保卫国际和平与安全的意见。他的内容是:

(一)现在共同努力打败敌人,将来还要共同组织和维护和平与安全。

(二)凡是共同和一个敌人作战者,敌人的投降和解除武装,都要采取共同行动。

(三)敌人如果拒绝投降条件,就采取一切必要的办法。

(四)承认在可能范围内尽早成立一个普遍的大家的国际组织,各个爱好和平的国家,不论大小都可做会员,按照权利利益平等的原则,维持国际和平安全。

(五)在还没有制定秩序和还没有成立普遍的大家的安全办法之前,为了维持国际和平和安全,大家要随时商量,必要时和别的联合国商量,使大家能采取共同行动。

(六)在战争停止以后,除非为了实行这个宣言,并且经过共同讨论,不准在别的国家、土地上使用武力。

(七)大家要和其他联合国一同商量合作,使战后各国的军备有一个共同的想法。

这个宣言没有一丝一毫的报复和欺压别国的事,真正保证战后的新世界是和平的、民主的、幸福的。我们老百姓要监督,督促政府实行宣言的内容。反对明说一套暗做一套的反共反人民帮助敌人的做法。

第五课 消灭法西斯势力

苏英美三国外长会议对意大利代表宣告：

（一）意大利政府应当吸纳始终反对反法西斯的人民团体代表，使政府更加民主。

（二）意大利人民应完全恢复言论、宗教信仰、政治信仰、出版与公共集会之自由。意大利人民并得成立反法西斯的政治团体。

（三）法西斯政府所创立之一切机构应予以取缔。

（四）政府和一切民主的机构与组织应消除他一切法西斯分子和亲法西斯分子。

（五）应释放和大赦一切在法西斯政权下的囚犯和俘虏。

（六）应当设立地方政府的民主机构。法西斯的领袖与将领或有犯罪嫌疑者，应予逮捕。

这个宣言保证了被法西斯统治的国家，都得到现实独立、民主、自由的机会。反法西斯的人民一定要团结起来，消灭法西斯势力呐。

第六课 审判杀人凶犯

苏英美三国外长会议发表了对德国残暴行为的审判：

希特勒血腥恐怖残忍凶暴的兽行，大肆屠杀和迫害爱好和平的人民，甚至在解放国家军队临近时，还进行绝望的惨无人道的绞杀，这是要在战后做清算的！

将来所有这些进行屠杀和枪杀行为的德国官兵是要接受惩罚的，都要被遣回他犯罪的地方，受到当地被虐待的人民的审判。凡是做过这种残暴罪行的人，千万不要同情他们，一律严惩，同盟国将要到天涯海角把他们找出来，依法惩办的。

全世界被侵略被压迫的人民将来都要一起的审判处理这些凶恶敌人——法西斯徒子徒孙们。

第七课　被侵略的国家要重建自由

奥地利是在一九三八年三月十五日被德国吞并，现在苏美英三国外长会议正式宣告，德国这种吞并是不合法的，奥地利应该获得自由独立。其他与奥地利相似的国家，也将一样的获得独立自由。

但是奥地利国曾经帮助希特勒作战，所以将来做战后清算时，还要看它对解放自由的战争贡献多少，决定它自己的前途的。

第八课　大家努力迎接胜利

苏联红军的胜利和反攻一定还会扩大，英美也继续开辟第二战场，都在努力于解放被侵略国家的战争。苏美英反法西斯的联合，全世界的胜利将要很快的到来。

苏美英三国外长会议，一方面决定了打赢战争的办法，另一方面决定了怎样实现战后和平的、独立的新世界。被压迫、被侵略的人民一定要解放。法西斯暴徒的行为要被审判。帮凶的罪犯也要看他的反悔和努力决定自己的命运。

我们大家团结努力吧！苏联的胜利就是我们的胜利。德国的失败就是日本的失败，我们抗战到底，我国的法西斯主义者在将来也要受到人民的审判。

二、《冬学拥军拥政补充教材》①

第一课　拥军

（一）八路军是谁的？

八路军是咱们劳动人民的，是咱们贫苦人民组织起来的，拿上武器，来保护咱们的生命、土地和粮食的，他是咱们的家人的队伍，他爱护咱们，不打咱，不骂咱，战争来了保护咱，所以咱们最喜欢

---

①《冬学拥军拥政补充教材》，山西档案馆藏，G3－186。

他。山西军是大地主、大资产阶级的，是拿上金钱买上兵，去保护大军阀的生命和统治，来欺负咱们老百姓，他是不打日本，专来反共反咱们的。

（二）八路军是咱们的命

抗站以前我们出上粮，出上钱，养活着一伙糟蹋咱们的山西军、中央军、杂牌军，日本打进来，丢下咱们不管，追过黄河去，他们拿上金钱买下兵，原来不是为了保护老百姓，为了他们升官发财治人民的。自从来了八路军，流血牺牲打日本，才打下了咱们的天下，八路军是共产党领导的军队，不打人、不骂人、讲公道、专门替老百姓办事，受压迫，受剥削的老百姓这才慢慢翻了身，所以八路军是咱们的命，有了他咱们的人民才有了命，才做了人，别人也就不敢来欺负咱们，如果没有他，咱们就变成了亡国奴，受压迫受剥削的活死人，所以我们永远不能离开八路军，八路军也永远离不开我们。

（三）谁见过军队生产

因为连年天灾敌祸，咱们家当空虚，八路军为了减轻人民负担，所以他们一边打仗，还要一边生产，他们每天节省小米四两，自己开荒，二分区今年已开荒8 000多亩，而且还帮咱们耕地2 000多亩，彭副总司令都亲自下手开荒打菜。谁听说过军队还生产？这实在是古今中外没有过的事呀！这是咱们自己的子弟兵——八路军才会这样干的呀！

（四）今年扫荡更厉害

六年的时光，八路军是保护咱们老百姓的，粉碎了敌人多少次扫荡，现在敌人快死亡，扫荡一次比一次更厉害，咱们困难也一天比一天要增加，所以我们一方面要努力生产，一方面要加强对敌斗争，去年秋季，敌人把全华北的根据地都扫荡遍了，只剩下咱们这一块，今年大规模的春耕运动，恐怕就要受到敌人的大扫荡了，同时，特务破坏我们生产，破坏我们军民团结，我们要保护生产，保护家乡，就更要依靠军队，爱护军队，团结为一个人一样，才能粉碎扫荡，肃清特务。

（五）反对不爱护自家军队

既然八路军是咱们的，又是那样体爱咱们，保护咱们，咱们就要爱护他，尊敬他，他要有了不对，也要善意的批评他，要像和西拴保那样，从火线上背伤病，像太谷薛恒永那样的帮助土地、粮食、和牲口，但是咱们当中还有不少不识大体的人们，交公粮惨沙惨糠，代耕地交差应付，抬伤兵拖延时间，卖蔬菜抬高价钱，军队住房故意找麻烦，战争中不送情报，这些人还是旧脑筋，没有弄清八路军是自家人，把过去对待旧军队的办法，来对待咱们自家人，这样是不对的。

第二课 拥军公约

一、爱护边区子弟兵，帮助边区子弟兵，尊敬边区子弟兵。

二、一切为着战争需要，积极帮助军队作战。

三、动员优秀青年参军，动员逃兵及逾假未归的战斗员归队。

四、增加生产，保证军队供给，交公粮不惨糠不惨砂。

五、救护伤病员，慰问伤病员，慰劳作战部队。

六、保守军队秘密，保护军队后方机关人员和财产。

七、优待抗战军人家属，优待与帮助退伍军人。

八、与军队做生意要公平，给军队做衣服缝鞋袜要结实。

九、帮助军队运输、带路、送信、送情报。

十、招待来往军人，实施帮助解决驻军的困难。

第三课　拥政

（一）政府是谁的

“天下衙门朝南开，有理无钱进不来”这是什么政府，是保护有钱人的政府，是欺压咱们的不讲理的政府。现在的政府是咱们人民的政府，是改善咱们生活的，是替咱们办事的，是让大家选举，大家管理的政府，他既不偏向有钱人，又处处照顾咱们大家。做官的都是和咱们一样平等的，一样吃苦，一样生产，他们不为升官，不为发财，专为咱们谋利，谋不好利咱们还能撤换，这是多平等的民主的政府。

（二）抗日政府领导我们团结抗战

抗战开始不久，山西军，中央军，杂牌军把咱们老百姓丢下不管，跑的远远的，那些压榨人、剥削人的旧政府也跑掉了。幸好八路军来了，坚持敌后抗战，把这乱混混的局面给稳定下来，共产党又提出共同抗战，于是咱们才组织起“三三制”的民主抗日政府。

抗日政府的工作人员都是咱们老百姓出身的人，知道老百姓的甘苦，做起事来处处讲理说公道话，不欺负穷人，不压迫富人，使大家能够团结一条心去打日本。每次敌人扫荡，政府从来不离开咱们，多少工作人员死在敌人的枪子之下，都是为了咱们老百姓。

民国卅年，边区参议会成立了，定下许多公平合理的抗日法令，照顾了穷人也照顾了富人，一面要减租减息增加工资，使工农劳苦人民能够有生活，好去抗战。保证地主富农的合法利益。抗日政府的工作人员做工作有了缺点，一样受批评处分，老百姓见到有不合理的事情，都可以提出意见，要求政府改正，像这样的政府真是没见过的。

（三）想想六年前的高租高利，满身是债，压的喘不过气来，自己的地，牲口都活活的被臭虫利驴打滚给滚走了，一过腊月二十三，人家逼钱，鸡叫三声快过年，跑在外边不能拜年，这些苦头忘了吗？咱们有多少土地、牲口、房屋被人家坑骗走了呀！多少人被逼的上吊了呀！多少人逼的毁家灭产呀！太谷安乐村二十三户就有二十一户被伍佰元被犬剥夺了全村土地呀！全村老百姓有一多半都逼的不能在村生活了呀！安乐村薛清元，薛恒余四十余亩地，十多间房就全部被剥削去，还给人家做了十多年长工，还没有还清利钱呀！韩家＊＊（原始资料中此处没有提名字）因为当保人，还不起钱就将自己的闺女去还了利钱呀！和西仪城老百姓不是说“要不是抗战，再有两年全村土地都要剥削光了呀”这是多么残忍黑暗的事情呀！我们就是因为被人剥削，旧政府给人家作主，把我们弄穷了呀！但是自从来了八路军，自从有了抗日政府，有了改善生活的减租减息等法令，我们才停止了倒运，才翻身过来。减租减息运动是抗日政府帮助我们收回合法利益呀！我们生活是大大改善了，比如仪城去年佃农 20 户，上等中等地都没有，只有下等地 240 余亩，今年佃农只剩下 9 户了，上等地有了 118 亩，中等地有了 134 亩，下等地有了 334 亩，共有土地 598 亩。比去年增加了 478 亩，而且增加的是好地，这样事情多着哩！榆北白马仁是在从佃农升成富裕中农的，和西崖江福就是羊工变成中农的，这些事情是数不清的呀！政府的减租减息、累进税拉拨起我们农民，政府的增加工资拉拔了我们工人，又照顾了我们富农，婚姻法，哪一条不是为了改善我们生活呢？我们痛苦解除了，政府又奖励我们努力生产，给我们贷款，奖励劳动英雄，又奖励我们财产当富农，又实行精兵简政，减轻我们的负担，政府是多么的爱护我们呀！给咱们打算多周到呀！这是我们的幸福！我们拥护政府工作人员，以前我们受苦，是为了养活别人，今天我们劳动是为了自己，为了抗战，只有在今天的政策下我们才能翻身获救呀！我们劳动人民才变成光荣呀！我们受到了幸福、民主、自由、我们能不感谢政府吗？所以我们拥政就是计算一下我们生活，执行政府法令、爱护政府工作人员、响应政府生产号召，每亩增产五担，增粮一斗一升，制定我们生产计划。

三、《工农识字课本》①

日用杂字包括：

上学识字　先认姓名　认会自己　再认别人　祖父祖母　爹娘儿孙　哥姐弟妹娃娃大人　张王李赵　左右四邻　也有老户　也有移民　村长乡长　支书主任　变工队长　劳动英雄　区长县长　什么姓名　边府主席　也要记清　边工互助　人多力强　深耕细作　快收快藏　冬麦春麦　糜壳高粱　大米白雪　小米金黄　豆有多种　黑绿豌豇　马齿玉米　人人夸奖　多种洋芋　节省粮食　耕三余一　防备灾荒　菠菜葫芦　油炒喷香　萝卜蔓菁　腌好味长　南瓜茄子　辣椒生姜　葱韭薤蒜　油盐醋酱　梨儿葡萄　沙果苹果　桃李杏柿　红枣玉黄　西瓜甜瓜　瓜子麻糖　花生核桃　样样都香　荞麦和乐　豆腐粉汤　蒸馍烙饼　猪肉香肠　包子扁食　面条炸酱　鸡肉美味　鸡蛋滋养　粽子包枣　油糕包糖　好饭待客　理所应当　家常便饭　应换花样　花样多变　能保健康　家家纺织　户户种棉　要用丝绸　发展养蚕　染绸染布　还得栽蓝　织好染好　穿衣不难　剪裁尺量　细心计算　缝新补旧　需用针线　春秋夹衣　夏季单衫　棉衣毛衣　冬季才穿　皮袄皮裤　老人喜欢　帽子鞋袜　头戴脚穿　植树务林　满沟满山　杨柳榆槐　长达成才　梁栋柱椽　修房建窑　木料当先　盖顶用瓦　铺地用砖　门窗宽大　炕设窗前　席子铺炕　新被毛

---

①《工农识字课本》，山西省档案馆藏，G3－200。

毡 桌摆当中 椅凳两边 长箱立柜 钥匙锁栓 油瓶油壶 灯柱灯盏 木梳竹篦 镜子照面 羊肚手巾 脸盆洋碱 农家用具 镢头锄镰 犁铧木帮 铁耙铁锨 筛子罗子 扫帚筐蓝 扁担搭钩 木𣖫木锨 碌碡扇车 石磨石碾 房车织机 斧锯斤鑽 驮笼口袋 鞍架鞧攀 龙头缰绳 镫子皮鞭 缸坛瓦罐 杆杖案板 水漂水桶 铜勺铁铲 饭锅菜刀 瓷盆土碗 筷子笊篱 杯壶碟盘 衣食丰足 住用排场 已经财旺 还要人旺 讲究卫生 身体健康 眼耳口鼻 心肺脾脏 保持清洁 莫让损伤 喝水烧开 食物忌脏 饮食不洁 有害胃肠 喝酒吸烟 肝肺受伤 衣被多晒 常晒太阳 每日清扫 多开门窗 消灭蝇鼠 建设茅房 院里干净 门前清爽 妇女卫生 更要多讲 产妇生娃 卧在炕上 煮剪剪脐 口咬不当 小孩吃食 按时定量 多换被褥 勤洗衣裳 有病吃药 不可烧香 胡说罗仙 骗嘴阴阳 巫神进家 主人遭殃 要米要布 主人遭殃 花钱不说 害命谁偿 耕牛毛驴 骡马猪羊 圈应垫干 草要不脏 饮水宜慢 上路莫慌 多讲卫生 六畜兴旺 生活过好 要学文化 纸墨笔砚 一齐买下 多写多认 记清笔画 识字一千 道理懂下 看书读报 句句成语 过年写对 字字如花 写约立据 亩垧不差 租典分清 地名记下 河滩沟渠 高墚平塌 险条岭畔 圪捞崖坬 墕岔壕坳 山峁圪塔 背湾阳坡 圪坮砭墕 写信记账 条理得法 入股分红 会算会打 石斗升合 尺寸斤两 买卖交易 几元几角 不占便宜 不受欺诈 公平处事 人人夸奖 在家勤劳 又不奢华 孝敬老人 爱护小娃 教育弟妹 帮助大家 家庭民主 才有办法 妯娌和气 弟兄融洽 大家积极 容易发达 姑舅伯叔 亲戚本家 婶子大娘 外婆姨妈 丈人女婿 奶娘干大 他来看你 你去望他 亲戚邻里 爱如一家 发生纠纷 调

节为佳　是非曲直　一点不差　开会早到　积极发言　政治法令　讨论宣传　小调能唱　秧歌会演　见到坏人　劝他转变　盘查放哨　自卫除奸　缴纳公粮　应该争先　优待抗属　发展家产　拥护军队　帮助机关　困难相助　利益共沾　军民团结　兄弟一般　齐心合力　抗战生产　救国责任　大家负担　边区军民　要做模范　准备反攻　收复河山　全国解放　人人喜欢　一年四季　春夏秋冬　寒来暑往　变化不停　春日和暖　雪消冰融　草木发芽　虫生鸟鸣　夏天炎热　水汽易升　气冷化云　云冷雨成　电光闪闪　雷声隆隆　雨后虹现　雾散天晴　庄稼得雨　生长飞腾　百草并茂　大树成荫　伏过秋来　天气变凉　白露霜降　草木枯黄　动物避冷　燕飞虫藏　野兽生绒　毛皮优良　如山打猎　虎豹狐狼　冬季严寒　大雪飘扬　地冻冰结　冷风难当　往年穷汉　手脚冻僵　现在富裕　暖窑热炕　冬学念书　消减文盲　革命恩德　永世不忘

(这本日用杂字是给初入冬学者使用的,采用旧时四言杂字的韵语形式编排,朗朗上口,简单易记。全书共为328句,共有1 312个字)

四、《五百单字课》①

太阳出　西方红　好领袖　毛泽东　朱德将军　总司令　边区主席　杨秀峰　共产党　救命星　建设中国　爱群众　顽固派最坏蛋　专制独裁　搞内战　不识字　真可怜　睁着眼是瞎汉　张开嘴无处言　上学堂　把书念　练习认打算盘　笔墨纸张齐全　会写信　能阅报　文化程度　要提高　小先生　做模范　在校愿

①《五百单字课》,山西省档案馆藏,G3－328。注:原始档案因为毛笔所写,有部分页码的个别字看不清楚

帮预备级　回家喜欢教哥兄　记账目　苏州码　春天到百鸟叫　草芽绿花微笑　庄稼各户闹种籽　赶快耕种溜玉茭　夏季热凤仙香　蝴蝶跳舞蜜蜂忙　农夫辛苦望多收　汗滴禾中苗兴旺　秋风凉谷穗黄　莜荞麦进了场　男女老少同参加　担黍挖豆割杂粮　冬学冷穿棉衣　地冻河封寒气吹　驼煤打柴剥麻皮　副业生产勿放弃　互助组　拨工队　等价交换　都便宜　好光景　靠勤俭　纺花织布　大发展　政府实行新法令　减租清债找穷根　推掉石头翻转身　团结奋斗闹养种　四月八号那一日　飞机失事黑茶山　王秦业邓诸烈士　为的和平遭遇难　讲究清洁强体格　食时定量防瘟疫　饭后漱口早刷牙　厨房厕所更注意　扫帚旧　粪堆长　益寿年丰　两相当　得疾病请名医　服良药保证愈　叫师婆求鬼神　碰破头没使用　栽树木　植森林　枣李杏柿核桃仁　杨柳榆松柏青　桌椅登柜箱翁　铁匙杓罐蒸笼　锅盆碟碗　筷竹筒　柱框栈　檩樑椽　屏门桔　带插销

五、《民众千字课》①

第一课　农民

我们是农民

第二课　抗日主力

农民　农民是抗日主力军

第三课　姓名年岁

我姓　我的名字叫　我今年是　岁

第四课　我的家

我是中国人　我的家在　省　县　村

---

①《民众千字课》，山西省档案馆藏，G3－201。

第五课　耕种

到了春天　农民耕种忙

第六课　春耕委员会

春耕委员会领导春耕

第七课　互助组

你有力　我有牛　大家成立互助组

第八课　儿童妇女

春天到　耕种忙　儿童拾石头　妇女都来帮

第九课　代耕队

张有民是抗属，代耕队帮他种地。

第十课　借贷所

我到借贷所，借钱去买锄。买了锄，好耕地。

练习(一)　填空白

我(　)农(　)是(　)日的主力军。

我(　)中(　)人

我的名字叫(　)。

到了(　)天(　)种忙。

春耕(　)员会(　)(　)春耕。

大家成立(　)(　)(　)。

儿(　)妇女(　)石头。

张有民是抗(　)，代(　)(　)帮他种地。

我到(　)贷(　)借(　)去(　)锄。

第十一课　开荒

开荒，开荒，

今年要开荒百亩荒。家家有余粮。

第十二课　开渠

天旱地又干

开渠把地灌
大家都来灌
不怕天气旱

第十三课 担水下种

快担水，快担水，
不下雨，也要种。
你帮他，我帮你，
玉茭谷子都成长。

第十四课 喂鸡喂猪

我家喂着一口猪，
我家喂着一群鸡，
鸡儿会下蛋，
猪肉好卖钱。

第十五课 栽树

清明到，栽树忙，
你栽一颗柳，
他栽一颗杨，
杨树柳树排成行。

第十六课 收割

高粱红，谷子黄，
秋禾熟了收割忙。
抗属不要愁，
军民来帮忙。

第十七课 选村长

开大会，选村长，
男女老少齐到场。
杨成明的票最多，

当选了新村长。

第十八课

村政委员会

杨成明当了新村长，

抗日工作真是忙，

村里成立村政委员会

人多好办事，

人多好商量。

第十九课　民众团体

农民要救国，

成立农民救国会。

工人要救国，

成立工人救国会。

青年要救国，

成立青年救国会。

妇女要救国，

成立妇女救国会。

这些救国会都是民众团体。

第二十课　村代表会

黄庄的村代表会成立以来，半年内开了三次全体代表会：第一次会，商量开渠灌地；第二次会，商量救济灾民；第三次会，商量担水下种。村民代表会上，把这些工作商量好，村长和村政委员会，就办理去了。

练习(二)　填空白

我(　)年开了三(　)荒地。

开(　)灌(　)，不怕天(　)。

担(　)种玉(　)谷子。

鸡儿下(　)，猪肉(　)钱。

我(　)了一颗(　)树，又栽了一(　)柳树。

你不(　)愁，高(　)熟了，我(　)助你收(　)。

(　)女(　)年齐去(　)村长。

办事要(　)量

(　)些(　)国会，都是民众(　)(　)。

村代(　)会，成立以(　)，半年内开了三(　)会，全(　)代表会。

第二十一课　贪污村长

黄庄的旧村长王立家，当了二年村长，账目不清。有一天开村民大会，有人主张村政委员会应当查一查他的账，大家都说："应当！应当！"一查就查出他贪污了二百多元，他只好赔出来。

第二十二课　合作打日本

不分男，不分女，

不分老，不分少，

不分地主和贫农，

不分掌柜和雇工，

我们生长在农村，

大家合作打日本。

第二十三课　县政府　区公所

县政府，有县长。

区公所，有区长。

我们的县政府，是抗日的县政府。

我们的区公所，是抗日的区公所。

抗日的县长和区长，要代表人民的利益，他们的产生，应当由人民选举。

第二十四课　学校

张有民的儿子小牛今年入本村小学上学去了。

这所学校，有男女小学生八十多人，教员两人。

有两间教室，教室中有桌子，有凳子，也有黑板。

第二十五课　民革室

大街上贴的一张布告，上面写的是：

今天晚上开会，教员报告政府的水利法令，大家都要一齐去听！

民革室 1940 年 9 月 1 日

第二十六课　娱乐晚会

昨天晚上，教员报告了水利法令后，大家在民革室就开娱乐晚会，剧团演剧演得好，妇女唱歌唱得妙，人人都喊："再来一套要不要。"

第二十七课　识字好

识字好，识字好，
大家学会读书报，
识字好，识字好，
记账写信写报告。
识字好，识字好，
国家大事管得了。

第二十八课　民众学校

民众学校开学一个月了，张有民把每天教下的课，都能背会，每个生字也都能写来。他给县春耕委员会，已经能写报告了，下面就是他写的报告：

春耕委员会：

本村春耕以来，开荒三十五亩，栽树三百五十颗，喂鸡六十个，喂猪二十口。余再报。

黄庄村春耕委员会

五月二日

第二十九课　读报组

黄庄成立了一个读报组，组员共有四人，五天开一次会，开会的时候，先由组长王金生读新华日报，大家听了，有不明白的，就提出来问，有时候小学教员也来参加，把他们提的问题讲的明明白白。

第三十课　点将台

有一天黄庄民革室中的点将台上，贴出一张纸条，上写：

什么叫宪政？

要王金生三天内回答。

张有利问

六月五日。

过了一天，王金生就回答了这个问题。

有利：

宪就是宪法，也就是国家大法，政就是大事。以国家大法管理国家大事，就叫宪政。

金生答

六月六日

练习（三）　改错

有人主长查黄庄就村账的张。

土主禾贫农，人作打日本。

县政府有区长，区公所有县长。

他们都应当由合民这举产生。

张小牛今年上学去了，教室中树子，有橙子，也有黑面。

大地上贴的一张布（　），教员晚上有民革室报告水利法令

女乐晚会上，妇女（　）歌（　）得妙。

议会不能管国家大事。

张有民也经把第二十课背会了。

你有不明白的开题，就是出来开。

这个字条上写的是十么?

第三十一课　合作社

有一天,王金生背了二斗麦子,五斤麻去合作社出卖,合作社就收了他的东西,他向合作社买了一斤煤油,一丈五尺白布。

第三十二课　会记账

金生去合作社卖了麦子和麻,买上煤油和白布回家后,当天晚上记了账。

七月二日

入卖麦子二斗收洋十二元,每斗六元

又卖麻五斤收洋五元,每斤元

出买煤油一斤洋一元六角

又买白布一丈五尺洋六元,每尺四角

除支净收洋九元四角整。

第三十三课　银行

民众学校上完课,张有民拉住教员问道:"我们使用的大洋票子是什么地方发的?"教员回答道:"票子是银行发的。"张有民又问道:"那么,我们是不是也可以开设银行发票子呢?"教员又回答道:"不能,开银行出票子都是要由政府办理。"

第三十四课　军民合作

军民要合作,
军民要合作,
你在前面打,
我在后面帮,
抬伤兵,送茶饭。
我们有的是血和汗,
大家同心合力干,
赶不走那鬼子心不甘。

第三十五课　站岗放哨

自卫队，儿童团，站岗放哨查汉奸。
行路人过来就盘问，
有路条的放过去，
没路条的过去难。

第三十六课　路条

今天应当是小牛站岗的日子，他在村边站了不大一会，过来一个行路人，他向这个人说："同志，有路条没有？"

这个人把路条给了小牛，路条上写的是：

今有本村商民钱二和前往西井一带贩货，希沿路军警岗哨验照放行为荷。

王家庄村公所印

七月三日

第三十七课　破坏道路

昨天晚上，县农会来了一个同志，在村里民革室讲破坏道路，他说：

"我们为什么要破坏道路？我们破坏道路就是为了使敌人不能坐上汽车来打我们，就是为了使敌人不能用大炮和坦克车来打我们，再就是为了割断敌人粮弹的接济，你们说：敌人坐不上汽车，他不能用坦克大炮，又吃不上饭，又没子弹，他还能不败吗？"

第三十八课　子弟兵

子弟兵，子弟兵，
子弟兵是自家人。
他们都是我们的好弟兄，
他们都是我们的好儿孙。
子弟兵，子弟兵，

见了鬼子真英勇，
自从有了他，
地方就安宁。

第三十九课　游击小组

黄庄小学校的教员孙克明，有一天给新华日报写了一个通讯，这个通讯是：

×县通讯：本县下王村游击小组，于八月十五日晚，出发到公路边扰乱敌人，费了敌人的不少子弹，还收回电线六十斤。

通讯员孙克明

七月廿日①

第四十课　一封家信

黄庄村长杨成明的弟弟英明，参加八路军已经一年。他参加八路军以前，本来一字不识，可是如今能写信了。这就是他写的信：

哥哥：

我是过几天要开到河北打游击去，我的身体很好，棉衣已经发下，家中今年的收成好吗？祝安好。父母亲大人前代我问安。

弟　英明

十月六日

练习四(造句)

到合作社王金生二斤煤油买了
我记账了会
是发的银行大洋票子
是血和汗有的我们

① 教材此处应是存在笔误的，因上文中写道“于八月十五日晚，出发到公路边扰乱敌人”，故此处时间应为八月廿日。

汉奸查站岗放哨

有没有同志路条

敌人没子弹　他能不败吗　吃不上饭

鬼子子弟兵见了真英雄

写了一个通讯孙克明日报给新华

身体很好我的发下棉衣已经

第四十一课　优待抗属

张有明的大儿子参加了八路军，所以他是抗属，受到村中许多优待，庄稼下种时，村里的代耕队派人帮他，收割时也来帮他，还替他开了五亩荒地，去年收成不好，他家的粮食不够吃，村里农救会还给他捐了一石谷子。他家能受到这些优待，不愁吃穿，所以他儿子在军队中很安心。

第四十二课　借约

许安人去年收下的粮食不够吃，只好向本村的地主王和生借钱去买粮食，他向王和生借了大洋三十元，按照政府减息法令，每月利息一分，下面是立的借约。

立借约人许安人借到

王和生先生大洋叁拾元整，每月利息一分，借期一年到期，本利还请。恐口无凭，立字为据。

保人　王济生　押

立借约人　许安人

中华民国二十九年九月十日

第四十三课　公平负担

一天，黄庄的张二牛找小学教员孙克明，请他填写一张公平负担分数调查表，下面就是填下的这张表：

<table>
<tr><td colspan="8"></td><td colspan="2">户主姓名</td><td rowspan="20">居民合理负担比例分数调查表</td></tr>
<tr><td colspan="5" rowspan="2">收　入</td><td colspan="5">资　产</td></tr>
<tr><td>净负值债</td><td>合价计值</td><td></td><td colspan="2">数量／项目</td></tr>
<tr><td rowspan="17">除债净入</td><td></td><td></td><td>收量</td><td>地租</td><td></td><td></td><td></td><td colspan="2">土地</td></tr>
<tr><td colspan="2"></td><td colspan="2">年入</td><td></td><td></td><td></td><td colspan="2">房屋</td></tr>
<tr><td colspan="2"></td><td colspan="2"></td><td></td><td></td><td></td><td colspan="2">林木</td></tr>
<tr><td colspan="4"></td><td></td><td></td><td></td><td colspan="2">工商农</td></tr>
<tr><td colspan="4"></td><td></td><td></td><td></td><td colspan="2">人力</td></tr>
<tr><td colspan="4"></td><td></td><td></td><td></td><td colspan="2">存款</td></tr>
<tr><td colspan="4"></td><td></td><td></td><td></td><td colspan="2">存粮</td></tr>
<tr><td colspan="4"></td><td></td><td></td><td></td><td colspan="2">总计</td></tr>
<tr><td colspan="3"></td><td>年出息</td><td></td><td></td><td></td><td colspan="2">负债</td></tr>
<tr><td colspan="4">年平均每口收入</td><td colspan="2">资产每品平均</td><td>合计</td><td>大口</td><td rowspan="4">人口</td></tr>
<tr><td colspan="4"></td><td colspan="2"></td><td></td><td>小口</td></tr>
<tr><td colspan="2"></td><td colspan="2">负担起码数</td><td></td><td></td><td colspan="2"></td></tr>
<tr><td colspan="2"></td><td colspan="2">超过数</td><td></td><td></td><td colspan="2"></td></tr>
<tr><td></td><td></td><td></td><td></td><td></td><td></td><td></td><td colspan="2">每口应得分 数</td></tr>
<tr><td></td><td></td><td></td><td></td><td></td><td></td><td></td><td colspan="2">全户共计应得分数</td></tr>
<tr><td></td><td></td><td></td><td></td><td></td><td></td><td></td><td colspan="2">备考</td></tr>
<tr><td></td><td></td><td></td><td></td><td></td><td></td><td></td><td colspan="2"></td></tr>
</table>

第四十四课　一张收条

今年秋收后，黄庄□[1]定屯积公粮二百五十石，因为办事的人很努力派的很公平，所以不到一个月，就把这二百五十石粮屯起了，屯起来后，过了没有几天，县政府来公事，要村公所把粮送去六十石，送粮的人把粮送到后，拿回一张收条来：

① 教材此处字迹不清楚，是指黄庄的一个地名。

今收到

黄庄村公所送来小米二十石，玉茭四十石整。

××县政府 印

中华民国二十九年十月二十日

第四十五课 造纸工厂(上)

黄庄的小学教员孙克明有一天领上儿童们前去邻村的造纸厂参观，他们到了工厂，先找见工厂的经理，经理领着他们在厂中看过一遭以后，就向他们说："我们这个厂是公私合资开办的，资本不过一千元，雇着四十五个工人，现在每月能出大麻纸五千刀，根据地要是多开些这种工厂，敌人纸张入口一定可以减少许多。"

第四十六课 造纸厂(下)

工厂的经理把厂中的情形简单说了以后，孙克明就问道："厂中工人的生活情形怎样呢?"经理回答道："我们工厂已经把工人的生活真正改善了，工人完全是吃厂中的粮食，工资最少的每月五月，最多的要到二十元，比起以前就提高了好几倍，每天的工作时间只有九小时，每天还上政治课和识字课各一小时。"

第四十七课 太行山

伟大的太行山，

山峰高高入云端。

地下藏煤铁，

永远采不完，

山高地又宽，

好打游击战。

第四十八课 漳河

一天. 黄庄的教员孙克明出了一个题目让学生作文，题目是漳河。张小牛在作文本上写了下面几行：

“漳河从我们村边流过，河水能灌地，能做饭，也能洗衣。去年发大水，冲了我家三亩地，这道河真是有利也有害，我们应当修理河道，增加他的利，减少他的害。”

第四十九课　华北的铁路

黄庄的人们听到了新华报上破坏白晋铁路的消息以后，都围在一起谈论。王金生向本村出外经商多年的李成先问道：

“成先哥！人们说根据地外头铁路很多，你说都是些什么铁路呢?”

成先答道：“我们这个抗日根据地是被三条铁路围着，这三条铁路就是平汉同蒲正太。平汉路是从北平到汉口，同蒲路是从大同经过太原到永济县，正太路是从太原到石家庄，可是这些铁路都被敌人强占了。”

第五十课　五大城市

上海、天津、北平、广州、汉口，是我国五大城市。这五个城市的人口，都是在一百万人以上，交通都很方便，工商业都很发达。上海是五个中最大的一个，人口已经有三百多万。这些城市，都被敌人占领，我们一定要打胜敌人，收复回来。

练习(五)

一、填空白

(1) 去年(　)成不好，我家的粮食不(　)吃。

(2) 我借了王和生大洋(　)(　)元整，每月利息(　)分，借期是(　)年。

(3) 请你(　)我(　)一张公平负担分数调查表。

二、改错题

(1) 因为办事的人努力很，派公平的很，所以不到一月屯就起来。

(2) 根据地要是工厂多开些造纸，纸张敌人的入口，减少一定许多。

(3) 地下煤铁藏,永远不完采。

三、造句

(1) 让学生题目教员出了一个作文。

(2) 我们的敌人铁路强占都被许多了。

(3) 工商业上海天津的都很发达,方便交通都很。

六、《民众学校政治教材》①

公民誓约

"我们誓死不做汉奸,不给敌人办事,我们要爱护军队,帮助军队,保证伤病员安全,我们要保护储藏资财,誓死不告诉敌人。"

第一课 我们来宣誓

公民誓约里面规定着几件事,这几件事有的是我们该做的,有的是我们不该做的。该做的事情,不做就不对,不该做的事情,如果做了,有的是错误的,是违背自己良心的,有的是犯法,是违反国家法律的。

我们每个老百姓,不论男女老少,只要是年满十八岁的抗日公民,就该大家站在一块宣誓,要好好用自己的脑筋想明白认清楚,什么是自己该做的,什么是自己不该做的。千万不要把该做的不该做的混搅不清,要是把该做的事和不该做的事混搅不清,那就不但不是一个好公民,而且就不敢保险自己就不犯错误,不犯法律。

公民誓约,不是嘴上说了就完事,而是要自己的言行举动真正的和这个誓约相合,而是要誓约中规定应做的事就真正做,誓约中规定不应做的事就真正不做,我们的圣贤教训我们说"言必有信",

① 《民众学校政治教材》,山西省档案馆藏,G3－322。

我们应该打定的主意就是说了就要做到。

我们全体公民要一齐站起来，身子要正直，高举起右手来，大家随我宣誓：“我们誓死不做汉奸，不给敌人办事，我们要爱护军队，帮助军队，保证伤病员安全，我们要保护储藏资财，誓死不告诉敌人。”

第二课　汉奸真可恨

（一）日本鬼子是我们的仇敌

日本强盗残杀根据地的老百姓，烧杀根据地的房屋，抢掠根据地的牲口、粮食，破坏根据地的庄稼和用品，想使根据地的人民，无房可住，无饭可吃，无衣可穿，无东西可用，不能种地，不能生存，他想用这些残暴的办法，使根据地的老百姓变成他的顺民奴隶，好由他们欺凌，由他们宰割，我们老百姓要想活，日本鬼想要我们死，我们老百姓想自由快乐，日本鬼子偏要我们做奴隶受痛苦，所以日本鬼子与我们全体老百姓不共戴天的仇敌。

（二）汉奸是敌人的帮手，也是老百姓的仇敌

汉奸是日本强盗欺凌残杀我们老百姓的帮手。汉奸是最无廉耻的，最没骨气，最不讲道德，昧尽天良的中国人。他们的眉眼看去是中国人，然而却早已失掉了中国人的心，他们居住在中国，是中国人辛苦抚养成的子孙，但是却没有一点中国人的气味，只会奴颜婢膝，侍奉仇敌。日本鬼子杀中国人，他们也帮着杀。鬼子感到压制老百姓的办法还不够，他们就帮鬼子出些坏主意，想些坏办法，他们不忠实于祖国，而忠实于敌人，他们不保卫祖国乡土，反来帮助敌人糟蹋自己生长的乡土，他们不抗拒敌人，保护自己的同胞，反来要帮助敌人残害奸淫自己的同胞，他们真是可恨的民族败类，他们和敌人一样，都是老百姓的死对头。

第三课　宁死也不当汉奸

根据地的老百姓，都是光荣的抗日公民，都是堂堂正正，有骨气有天良的中国人，所以都该有宁死不做汉奸的决心。

（一）我们一定能打胜敌人

我们和敌人打了四年多，敌人并没有灭亡了我们，敌人年年扫荡根据地，但是并没有把根据地摧毁，反来根据地则是一年比一年繁荣兴盛了。敌人倒一天比一天更加衰败了。因此我们每个抗日公民，都应当看清楚这个实事，都应当相信我们一定能胜利，敌人一定要失败。

（二）汉奸一定要随上敌人灭亡

汉奸的无耻可恨，我们全晓得了，汉奸即是和敌人一个鼻孔出气，他的命运就和敌人连带着，我们都晓得了敌人将来一定要失败灭亡，所以敌人到了失败灭亡的时候，汉奸也一定□□□□①，无路可走。

（三）不要上了敌人的当

敌人有许多办法逼迫中国人当汉奸，通常用的是恐吓办法，但是抗日公民应当不怕敌人恐吓，敌人为了我们不服从他的命令，即使杀我们剐我们，也不要丧失正气，屈膝事仇。

敌人又启用利诱的办法，就是见你不服从他时，就给些小便宜，给你钱给你东西，给你好处，我们抗日公民应当见了这些小便宜不动心，应当严词拒绝敌人的各种利诱。此外，敌人还常用欺骗的办法，哄人给他当汉奸，我们抗日公民就应当不相信敌人的那些甜言蜜语，就应当慎察明辨，识破敌人的一切阴谋诡计，不要上他的当，要抱定老主意，认清猫儿反正不会替耗子打算。

---

① 教材此处字迹不清楚。

（四）我们宁死不做汉奸

我们每个老百姓都要认清敌人的这些害人办法，决心不上敌人的当，宁死不做汉奸。

第四课　宁死也不能给敌人办事

我们不但要宁死不当汉奸，保守中国人的气节人格，而且要绝对不给敌人做事，这样才是一个抗日的好公民。

（一）不给敌人送情报做侦探

敌人常威逼我们送情报做侦探，这样有害我军的事，绝对不应做，因为敌人明白了我方的实情，就要使我军作战不利，就最容易使我军遭受损失，就在逃不脱的时候，也应当欺骗敌人，糊弄敌人，无论如何不要把我军的真情实况告诉他。

（二）不给敌人当民夫

给敌人当民夫，送给养，也是对敌有利，对我不利的事，每个抗日公民，应当逃脱敌人的捕捉，就是被捉住也要找空子逃走。

（三）不给敌人引路

敌人来进攻的时候，我们老百姓绝对不要给他引路，不给敌人引路，敌人就是瞎子，我军就容易打胜仗。

（四）不参加敌人召开的会

敌人占领的地方，常召集老百姓开大会，他召集这种会，有时是胡说八道欺骗老百姓，有时趁人集合的很多，就趁机抓捕捉壮丁，有时是把人集合齐，实行大规模屠杀，所以我们抗日公民绝对不要参加敌人这种会，更不要替敌人召集群众。

（五）不替敌人抢搜东西

敌人常常逼迫我们老百姓替他搜抢东西，寻找东西。我们抗日公民应当爱护别人的东西，如同爱护自己的东西一样，万不要引上敌人去搜抢别人的粮食、鸡儿、猪、羊和其他东西。

（六）我们宁死也不给敌人办事

替敌人做任何事，都是有利敌人，有害祖国的。我们每个抗日公民，应当打定主意，宁死也不给敌人办事。

第五课　大汉奸和小汉奸

（一）汉奸有两种

汉奸有两种：一种是大汉奸，这种汉奸是真心情愿替敌人做事的。一种是小汉奸，这种汉奸是被生活所迫，为了找事做找饭吃，才不得已来替敌人做事的。我们应该把这两种汉奸分别清楚。

（二）大汉奸最可恶

大汉奸是死心塌地替敌人做事的无耻败类。他们的人数不多，但是能写会算，好说道理，他们读过圣人的书，满嘴仁义道德，但他们最没骨气，为了自己眼前的荣华富贵，就低声下气，给敌人做走狗，就丧尽天良，毒害中国人，而且费尽心机，出主意想办法，极力帮助敌人灭亡中国，他们想依靠上敌人，舒服一辈子，这种汉奸是无可救不能争取的，所以我们应当把他们杀尽灭绝。

（三）小汉奸可争取

小汉奸在汉奸中占多数，他们的本心并不愿做汉奸，不过是为了要给儿女和自己讨饭吃，才给敌人做事，他们过的生活很痛苦，给敌人卖命做事，还不得一饱。这种人并不是死心塌地忠实于敌人，他还忘记不了自己是中国人，他虽给敌人做事，但又时常动摇，他们对敌人和大汉奸根本不诚意。伪军的士兵、警察和下级军士，伪组织的小职员以及出卖劳力的一切人，都属于这一类。这一类小汉奸，只要通过我们宣传说服，加以争取，他们就能醒悟，就能弃暗投明，改邪归正。

（四）抗日公民要争取汉奸

每个爱国的抗日公民，都该给自己认识的小汉奸和伪军兵士写信捎话，让他们回到根据地参加工作或安居乐业。但是对死心塌地的大汉奸，却应当誓死消灭。

第六课 铲除暗藏的汉奸

（一）根据地里有秘密的汉奸组织

敌人为了破坏根据地，就把他训练下的汉奸，偷偷的派到根据地来，这些敌人派来的汉奸，就拿钱收买土匪、流氓、坏人，成立秘密的汉奸组织。秘密的汉奸组织，是咱暗暗躲藏的，我们很不容易发现。常言说“明枪易躲，暗箭难防。”正是因为他们是偷偷摸摸的进行破坏，所以为害最大，如果不想些好办法，我们就免不了吃这些王八蛋的亏。

（二）暗藏的汉奸最会造谣

暗藏的汉奸破坏根据地最常用的办法是散布谣言，扰乱人心。八路军明明的坚持华北抗战，永远保护华北人民不离华北，而这些汉奸常造谣说：“八路军要走了，敌人快来了”，八路军和中央军本来和和气气的团结抗战，他们偏偏造谣胡说，中央军几十万要打过来了，冀南票本来信用很好，老百姓很愿使用，但汉奸偏要造谣说：“冀南票就要不花了”。抗日政府本来爱护老百姓，汉奸偏挑拨老百姓不听信政府的话。八路军本是纪律严明、勇敢作战保护老百姓的军队，汉奸偏要造谣说：“八路军不打仗，专吃老百姓。”本来军队在前线牺牲拼命，饿着肚子等饭吃，汉奸偏要造谣说：“屯粮太重，合理负担太重，”鼓励老百姓拒绝交粮交款。根据地本来不论贫富团结抗战，汉奸偏要造谣说：“根据地实行共产，有小人没活路。”总而言之，汉奸造谣的目的，是想使根据地军民不和，贫富不和，互相猜忌，社会不安，我们必须要认清他们这种奸计。

（三）暗藏的汉奸怎样破坏根据地

暗藏的汉奸，除过造谣惑众，还常常暗杀抗日军民，破坏军队藏放的物品，割断根据地的电线，在井里下毒药，散布传染病细菌，给敌人的飞机指示轰炸目标。

（四）留心暗藏的汉奸

暗藏的汉奸是敌人的内应，他们看着也是人眉人眼，和老百姓一样，所以每个抗日公民必须时时注意，处处留心，才能识破他们，铲除他们。

第七课 战争来时的汉奸

（一）战争中汉奸更加万恶

当敌进攻，战争到来的时候，根据地的汉奸就和敌人里应外合，更加狂张，更加万恶，我们老百姓想要在战争中不受汉奸的迫害，就要明白汉奸在战争到来时怎样做害。

（二）小心汉奸报敌情

敌人进攻时，汉奸最肯谎报敌情，敌人本来离的还很远，他就造谣说敌人到了，使村乡的秩序弄的大乱，要不然是敌人还没走，汉奸就造谣说敌人已走，老百姓要是受骗回去，就要吃大亏，所以敌人进攻时，老百姓必须自己组织起来，打探确实情报，不可信流言上了汉奸的当。

（三）不被汉奸探听走秘密

老百姓坚壁清野藏出去的粮食衣物，和军队藏放的物品，如果不注意保守秘密，就常被汉奸知晓，战争一来，汉奸就领上敌人抢走烧掉，所以我们老百姓对自己藏放的东西和军队藏放的东西，无论如何要在平时保守秘密，十万不可乱告人。

（四）防止汉奸探听军情

敌人进攻时，必定有穿便衣的汉奸在前边当侦探，为了不使汉奸探得我们的虚实，我们老百姓，碰见了生人就万不可把我军的实情告给他，同时要好好的站岗放哨，认真盘查行人，发现并捕捉敌人派出的侦探。

（五）防备汉奸乱打枪，割电线

敌人进攻时，根据地暗藏的汉奸常常乱打枪，搅乱社会秩序，破坏我军的联络，我们老百姓一感觉电线被割，就要快快报告我军，一听枪声，就要带上武器前去搜查。

第八课　老百姓怎样锄汉奸

（一）锄汉奸是公民的责任

汉奸危害老百姓，危害根据地，真是无恶不作，所以铲除汉奸是我们每个抗日公民理应担负的责任。

（二）清查户口，不让敌人隐藏

抗日政府为了防范汉奸在根据地隐藏，所以时常清查户口，我们老百姓有些还不明白政府清查户口的好意，常常以假报真，给奸细留下隐藏的空子。我们抗日公民要是真愿彻底消灭祸害根据地的汉奸，就该帮助政府把户口查的清清楚楚。自己实在报了以后，还应该劝那些隐瞒的人也要实报，遇到有亲戚朋友来家，要立刻报告村公所，只要每个抗日公民认真这样实行，汉奸敌探就再不能躲藏了。

（三）盘查行人，不放走汉奸

铲除汉奸的另外一个办法，就是严密的岗哨，认真盘查行人，轮到自己站岗的时候，千万不要偷懒省事，遇见没路条的人和可疑的人，要耐心的盘查询问，绝不让一个敌探汉奸逃脱。

（四）要改变只顾自家不爱别人的家

我们老百姓的习惯总是“各人自扫门前雪，不管他人瓦上霜”，好像别人家的什么事，都与自己无干。隔壁家里是好是坏，我们根本不闻不问，这种态度就易使汉奸敌探在村中躲藏，只有改变了这种态度，才能使汉奸敌探在全村老百姓监视下，无法活动，无法隐藏。

（五）老百姓要参加锄奸组织大家一起锄奸

为了铲除汉奸，我们老百姓要自动参加锄奸组织，和众人一起，专心一意进行锄奸工作，对可疑的人要仔细调查，留意他们来往的人，留心他们整天干些什么事，村里有了谣言，就要追根究底弄个明白，只要能这样，汉奸丑类还能脱逃我们老百姓的佛爷掌心吗？

第九课　军队是恩人

（一）八路军是老百姓的恩人

要是没有八路军，根据地就早被敌人占领了，根据地的老百姓也就早变成敌人的奴隶了，根据地老百姓的性命和家财也早就没有保障了，妨碍鬼子占领根据地就是爱国爱民英勇打仗的八路军，有八路军，老百姓就有自由，就有活路，就变不成奴隶，没有八路军，老百姓就失掉自由，就得忍受敌人的宰割，就要变成亡国奴隶，身家性命就难保留，我们说句至情至理的话：“八路军真是老百姓的恩人！”

（二）我们老百姓还得好好报答军队的恩情

可是我们对这个恩人的报答却真是有愧良心，军队舍命牺牲杀敌，我们还不能常使他吃顿饱饭，穿身暖衣，古来圣人教训我们的道理是：自己宁可不吃不穿，也要使恩人有吃有穿，自己宁可吃的粗点，也要使恩人吃到细的。我们想一想看一看，我们军队今天过的生活是怎样呀？天气冷到结冰，□□□□□□[①]，枪林弹雨中拼命打仗，还三天两日吃不到饭，我们老百姓对待我们的恩人，真是太没有尽到责任啊！

（三）战士都是老百姓的子弟，要好好爱护他们

八路军的战士，都是我们一样的庄稼人，都是穿上军衣的老百姓，都是我们老百姓的兄弟和儿子，他们有许多都是外乡人，我们却不该因为他们是外乡人就另眼看待。他们离开家乡离开爹娘，用热血和头颅来保护我们老百姓，拿性命来和鬼子拼，才真正是最值得尊敬的好男儿，才真正是我们老百姓应该爱护的好子弟。

第十课　我们不要怨恨军队

（一）怨恨军队是不讲情理的

我们老百姓，不只是没有好好报答军队的恩情，反倒常常无缘无故的怨恨军队，房子被敌人烧了，就埋怨军队没有抵挡住敌人，粮食被敌人抢了，也怨军队不在自己村边打跑敌人，我们要是不仔细想的话，还认为埋怨的很有道理，如果细想一下，就知道这样埋怨军队，实在不近情理。

（二）死守村子就要吃亏

谁也知道八路军打的是游击战，游击战的打法，并不是死守村子和敌人硬碰硬，因为我们的家具不如敌人，火力不如敌人，要是死守村子和敌人硬碰硬的话，不只是保护不了村子，反来要使军队吃亏。再说：村子那样多，要是村村都让正规军死守，哪里会有这许多正规军呢。所以八路军的打法是：敌人来势凶猛，力量比我们大的话，我们就暂且避开，避开以后，不是不打敌人，而是要等待机会，乘敌人不防备的时候，集中力量狠狠的打它，只有这样才能得

① 教材此处字迹不清楚。

便宜，才能打胜仗，也只有这样，才能真正保护了根据地，保护住老百姓。

（三）我们进行的是长期战争

我们老百姓还常常盼望军队一下就打跑敌人，这是根本不明白我们和敌人的战争是长期战争，不是军队不想一下打走敌人，而是力量不够，暂时还做不到，只要我们抗日军民齐心合力，力量一定能生长的更大，而熬他三年五载，万恶的敌人不怕他不滚蛋的。

好好的组织民兵，使民兵的本事，一天比一天学的多，学得好，才能扩大保护村庄的力量，只要敌人跑到哪里，哪里就有民兵袭搅他，打击他，使他常常惊慌不安，才能使他没空烧房屋，烧粮食，才能使我们少受损害，我们听天由命怨恨军队，是没有一点用处的。

第十一课　当战士是光荣的义务

（一）军队须要扩充和补足

保卫根据地需要很多的军队，没有足够的军队，根据地就有被敌人摧毁的危险，我们根据地今天的军队是有不小的力量，但是还是要大大的扩充，军队常常和敌人打仗要有伤亡，因伤亡短少了的，也必须要补充才行。

（二）参加军队就是加强了打敌人的力量

扩充和补足军队，就是加强了打敌人的力量，我们老百姓常常希望军队多打仗，打胜仗，更急盼打日军，快快把敌人赶走，但是思想如此，却只有我们老百姓踊跃参加军队，快快加强打敌人的力量，如果力量不够，希望快打走敌人，不成了空想了吗？

（三）有贼大家防，有敌大家打

我们老百姓常有一种错误的想法，参加军队只是别人的儿子和兄弟应当去，自己的家人和兄弟却最好不用去。好像打敌人只该别人出力，自己却只该等着打胜敌人以后去享福，这种想法很明显是不对的。常言说:有贼大家防。今天有敌就该大家打。只顾利己,结果不但不能利己,反而使自己也受害。如果军队不用补充,不扩大,力量不够,就打不走敌人,打不走敌人,自己就免不了要受敌人的祸害,自己就有做亡国奴的危险,自己就永远不能过安生日子。

(四)当战士是公民的光荣义务

当战士是每个抗日公民的光荣义务,怕当战士,怕打仗牺牲的人是最可耻的,许多怕牺牲的人,反来倒被敌人活活杀死,反来的活不成,倒是参加了军队的好男儿,却既能杀敌人为同胞报仇,自己也活个舒气痛快,许多抗日工作同志曾劝我们老百姓说:与其坐着等死,不如死里求生,参加队伍杀敌,这种才真是至情至理呀!谁要是老惜自己的儿子丈夫兄弟,不愿让他们去帮助军队,给恩人家帮忙,谁就是忘恩负义的人,谁也就不能算一个好公民。

第十二课　怎样爱护军队(一)

(一)老百姓帮助军队就能打胜仗

军队和敌人打仗的时候,需要老百姓帮忙的地方很多,如果老百姓不去帮忙,军队就不能一心一意去打敌人,就不能打胜仗,我们老百姓既是要爱护军队,就该实实在在出点力帮助军队,使军队不要在打敌人时产生困难。

(二)老百姓要帮助军队运输及抬送伤员

军队作战时第一件需要老百姓帮忙的,就是运送粮食,运送子弹,运送给养,军队有许多人在火线上打仗,需要的粮食很多,需要的子弹也很多,军队又顾打仗,又顾搬运些东西,实在顾不来,可是战士牺牲流血要是吃不饱饭,没有子弹,仗就打不好打不胜,所以我们老百姓给军队搬送子弹粮食,实在是应尽的公民责任。一个抗日公民,是绝不忍心看自己的军队饿肚子没子弹等着打败仗的。

一个抗日公民也绝不会在敌人和我们的恩人战斗的时候，眼睁睁看着恩人吃亏而帮不上一点力量。

军队作战时第二件需要帮忙的，就是抬送伤兵，抬伤兵也是很费人力的事，火线上的战士要是都来抬伤兵，岂不是就没法打仗了吗！战士为了打敌人保护老百姓而光荣受伤，更是老百姓恩重如山的大恩人，要是我们忍心看着这些大恩人受伤后叫爹叫娘的悲惨呼喊，而不加救护，不来抬送下火线，抬送到安全地方医治，才是天理人情都说不下去，才是使战士寒心，永远埋怨我们老百姓忘恩负义呢！

（三）要送情报，要借给粮食

军队作战时，老百姓还应帮忙的重要事，就是一听说敌人的行动就打探清楚给我军送情报，这样就能帮助我们的军队打胜仗，还有一件，在军队粮食不到时，我们老百姓一定要暂且借给军队粮食吃，不要眼瞅着战士挨饿。

第十三课　怎样爱护军队（二）

（四）要爱护受伤得病的战士

老百姓要爱护军队，就要关心保护军队中受伤得病的战士，在平时护送伤病战士时，应该好好的照顾，渴了要给水喝，饿了要给饭吃，对待伤病战士要和颜悦色，要像对待自己的子弟一般亲切体贴，上一站的民夫抬送来担架替换时，千万要迅速替换，不要迟延时间，让伤病战士受难罪，因为早一刻送到医院，就能早一刻得到治疗，就能免得病势和伤势加重，尤其是重伤战士和重病号，路上迟延的时间太久，本来早一刻治疗就能救治的，往往因治的太迟就死掉，常常看见伤病战士送到一个村子，等上整半天，还替换不了担架，我们老百姓嘴上常说积功积德，能快点替换担架让伤病战士少受难，正就是替国家，提根据地，替自己积功积德的好事啊。

（五）要搭救伤兵战士

敌人进攻时，后方医治的伤病号如果移动不及时，我们老百姓千万要把这些光荣而又可怜的好男儿换上便衣，隐藏起来，保险不要让鬼子找见杀掉。多救活一个战士，就给国家多一份打敌人的力量，也就能早一天把敌人打走，早一天过安生太平日子。

（六）要尊敬抗属帮助抗属

老百姓要有爱护军队的心愿，就不要忘了替本村的杀敌战士照顾他们的家属，就该帮助抗属种地收割，帮助抗属担水打柴，就该帮助抗属解决一切困难，万不要光顾自家过好日子，眼看着抗属挨饿受冻，试想想杀敌的战士要是知道了他的父母妻子儿女在家受罪，他能不牵肠挂肚，寒心伤胆吗？

老百姓要真有心愿爱护军队，就该劝导逃亡回家的部队战士归原部队，就该帮助逃亡战士解决他家庭的困难，让他安心离家，再上战场杀敌，就该对那些不听劝导的没骨气的怕死鬼绝交，并且家家都不要隐藏他，让他羞的见不了人，慢慢让他醒悟过来，重回部队，只有这样才能使部队的力量常充足，常能打胜仗。

第十四课　怎样爱护军队（三）

（七）要保护军队藏放的资财

军队有许多衣服粮食子弹和物品存放着预备使用，这些东西合起来就叫军队的资财，我们老百姓平时既应当爱护这种资财，到战争时更应加意保护，自己要是知道藏放的地点，就千万要保守秘密，防范汉奸的侦察，就是敌人鞭打着拷问，也宁死不告诉他，只有我们老百姓人人这样，才能使我们军队的资财不受敌人的损害，才是真正爱护军队的道理。

资财是老百姓的血汗

去年（民国廿九年）秋天，敌人扫荡太行山时，就因为我们老百姓不保守秘密，把藏放资财的地点告诉了敌人，军队的许多衣服粮食和物品，就被敌人强夺损毁了，我们军队的资财本来就很困难，如果再被敌人损毁，就要使军队的困难更厉害，再说：军队的资财都是老百姓的血汗换来的，粮食是向老百姓囤积的，衣服和用品都是老百姓交了款买来的，损失了军队的东西，也就白费了老百姓自己的血汗，我们组织的军队根本是老百姓养活的，他要缺下什么还不是只有取给于老百姓，军粮军衣和子弹用品被敌人损坏，还不是又得加重老百姓的金钱负担吗？所以我们说：老百姓要是不爱惜军队的资财，不加意保护军队的资财，不替军队保守秘密，就简直是不爱惜老百姓的血汗，就简直是有意使自己的负担加重。

（八）尊敬和帮助荣誉军人

最后我们再说一件事，就是如果我们有帮助军队的心愿，就该尊敬荣誉军人，帮助荣誉军人，因为我们知道荣誉军人，是为了牺牲生命保卫国家，保护我们老百姓才英勇负伤，所遭残害的，他们残废以后，大多生活艰难，他们虽然残废了，但却是世界上最光荣的一种人，也是我们全体老百姓的大恩人，所以我们应该处处尊敬他，安慰他，帮助他解决一切困难，服务荣誉军人的家庭，要比帮助抗属更加认真，我们要教育我们的子弟，让他们见了荣誉军人要行礼，走路让荣誉军人走前头，看戏要让荣誉军人坐凳子，请客时要让荣誉军人坐首席，逢年过节要给荣誉军人拜年拜节，给荣誉军人送礼，在荣誉军人面前或背后不要把荣誉军人叫作“残废军人”“伤病”“瞎子”“拐子”，因为这种叫法，最容易使荣誉军人伤心，至于帮助荣誉军人种地收割打柴担水，切实救济贫寒的荣誉军人，使他们不要受冻挨饿，就更是老百姓每个人应尽的责任。总之，对待荣誉军人的态度上我们就能区别，一个人是好公民还是坏公民，一个好公民一定是真正尊敬荣誉军人，实在帮助荣誉军人的，一个既不尊敬荣誉军人也不帮助荣誉军人的人也一定是一个忘恩负义不讲道理昧着良心的坏公民。我们老百姓是愿学习做一个好公民呢，还是自愿做一个坏公民呢?!

七、《工农读本》(第一册)[1]

第七课　世界是工农的血汗创造的

我们知道了穷人为什么受穷，富人为什么发财，我们还要知道世界上的一切东西，都是咱们劳动人民用血汗创造的，世界上离开咱们穷人就不能活。

仔细想想，房子是谁盖得？还不是木匠和泥水匠吗？家具是谁造的？还不是铁匠窑匠吗？粮食是怎样来的？还不是靠农民一年四季忙到头才打下来了吗？布是谁织的？还不是工农和工农的老婆吗？可见世界上吃的、住的、穿的、盖的都是靠咱工人农民的血汗得来的，可是我们总是受穷，翻过来再看看富人一年到头不动弹，可是住的是高楼大厦，穿的是绫罗绸缎，吃的是大米白面，用的是油漆桌椅。

工人农民忙个死，吃不上、穿不上，还要受人欺负，地主资产阶级们不动弹，吃得好、穿得好、还要欺负人，这个世界上的事不是很不公平吗？

我们所受苦受穷，就是因为这个世界不公平。

第八课　工人农民怎样才能不受苦

我们知道了穷人为什么穷，富人为什么富和世界是这样不公平，那么工人、农民怎样才能不受穷，不受地主资产阶级坑骗和压迫呢，只有一个办法，就是工人、农民和老百姓一致团结起来，改造

[1]《工农读本》第一册，山西省档案馆藏，G3－199。其中第一、二、三、四、五、六课，因资料不全，未收录。

这个不公平的旧世界，世界公平了，我们自然就不受穷苦不受压迫了。

为什么工人、农民非团结才行呢，因为大地主大资产阶级们有钱有势，能说会道，光靠一个人或少数人是斗不过他的，必须大家团结起来，组织农民抗日救国会，工人农民比地主资产阶级多的多，只要团结组织起来就有力量，大地主大资产阶级就不敢剥削咱们和欺负咱们，可以做到世界真正平等，人人有衣穿有饭吃，要知道我们既然能创造世界上的一切东西，我们就有力量改变这个不公平的旧世界，我们还有本领管理这个世界，这就是说我们工人农民要想解放，须要自己组织力量，光怨时运、怨命、求神拜佛都是不顶事的。不信都看苏联，他们过去和中国一样，也有大地主大资产阶级和工人农民，后来工人农民们团结起来了，实行了共产主义，现在人人劳动，人人有饭吃，谁也不剥削谁，谁也不压迫谁，我们工人农民只要能团结起来，将来也能和苏联一样。

第九课　要和地主资产阶级们团结抗日

我们知道苏联的工人农民们起来把地主资产阶级们打倒，过了那么好的生活。那么现在我们中国工人农民是不是也可以和苏联一样团结起来消灭地主资产阶级，实行共产主义，过那样幸福的日子呢？不行，因为现在日本还没打出去。

日本打进中国来，是要灭亡我们的国家，要我们子孙万代都是要做他的奴隶。这样不光工人农民不能活，就是地主资产阶级也要吃亏，受日本人的欺负，所以不光工人农民们抗日，就是地主资产阶级们也是要抗日的，只有少数大地主，大资产阶级想向敌人妥协投降，其他一切中国人都不愿意。我们这些工人农民更不愿意，应当把所有愿意抗日的中国人都团结起来共同打日本，这样再加上英国、美国的力量，打倒日本是不成问题的，所以现在我们中国的工人农民，不能放过日本不打，先打倒地主资产阶级，那样抗日的力量就小，中国就要被日本灭亡，我们现在应该一面要求地主资产阶级们实行合理负担和减租减息，一面还要和他讲团结，共同抗日，只要负担公平，租息不重，我们再努力生产就能过好日子，只要大地主资产阶级们愿意实行抗日，愿意实行减租减息，不过于剥削，愿意实行民主不压迫工人农民，咱们不光可以联合他们抗日，就是把日本打出去以后，咱们还可以联合他们建设一个幸福平等的新中国。

第十课 打走日本的时间已经不远了

我们中国抗战已经六年多了，那么什么时候才能把日本打出中国去呢？共产党告诉我们打走日本的时期已经不远了，为什么呢？

因为现在世界上不光是日本和中国打，而且英国、美国也和日本打，这几个国和苏联还和德国打，这样全世界上就分成两条阵线，一条是德国和日本的法西斯阵线，专门侵略别人的国家。一条是苏美英和中国，反法西斯阵线，专门反对德国和日本的侵略。在法西斯国家中，德国比日本还厉害，所以反法西斯国家决定先把它打倒，现在苏联红军大胜利，把德国快打出苏联了。英美马上也要调动大兵打德国，大概德国明年就会被打倒。只要打倒了德国，英美和中国一齐动手，很快就会把日本打倒。所以说中国抗战胜利的时间已经不远了，但在打出日本前困难很多，如没饭吃，敌人扫荡等，但是只要军民合作努力生产，一定可以度过荒年，也一定能粉碎敌人扫荡。太行山根据地灾荒也很厉害，敌人扫荡也很凶，但是老百姓都熬过去了，这里也一定能熬过去。

第十一课　战后新中国是什么样子

抗战既然快胜利了，那么把日本打出以后中国是个什么样子呢？国民党军队是否还会过黄河糟害老百姓，反对八路军呢？我们说他是想过来，但要老百姓和八路军不叫他过来，他就不能过来。

国民党蒋介石的军队，既然不打日本，就是想留下来等八路军把日本打走，他再来打八路军，八路军共产党始终不愿内战，愿意全国和平团结，但如果一定要打，八路军也不怕他，因为八路军既然能打了日本，也就不怕打不过他们，打走日本后，他不来便罢，他如果一定要来打八路军和老百姓，八路军就一定和老百姓一起把他打回去。不但我们这个地方的八路军和老百姓反对国民党蒋介石发动内战，实行独裁，全中国四万万老百姓都反对他发动内战，实行独裁，世界其他国家，如英国、美国，特别苏联也反对蒋介石发动内战，实行独裁，因世界打了好几年，才好容易把德国和日本打倒了，就是为的各国实行民主，世界完全和平，难道还允许中国继续内战和一党专政么？

全国人民和共产党八路军都反对内战和独裁，全世界都帮助中国老百姓和八路军的，所以蒋介石要发动内战也一定失败，最后胜利还是我们老百姓的。这样可见内战是打不成的，就是打起来国民党反动派在全世界、全中国的人民和中国共产党八路军的反对下也是要失败的。这就是说战后的新中国一定是一个和平、统一的中国。

战后中国不光要和平统一，而且要实行民主，工人农民及愿意实行民主的地主、资产阶级联合组织“三三制”的政权，实行统一累进税及减租减息，增加工资，改善人民生活的政策，再加上大家努力生产，咱们的生活就大大改善，这就是说战后的新中国，是一个自由、平等、幸福、繁荣的新中国。

快要胜利了，新中国就要出现了，大家一起努力吧。

附：

（一）农救会会员标准

1. 坚决抗日，拥护政府，执行抗日政府法令。

2. 积极参加生产劳动。

3. 为人处事公道，公私兼顾。

（二）农救会会员权利：

1. 会员对本会的组织领导有选举与被选举权，罢免权。

2. 会员可参加本会各种会议及工作问题的讨论，并有表决权。

3. 会员享受本会对会员的各种教育。

4. 会员如有困难问题，可呈请农会帮助解决。

（三）农救会会员义务

1. 遵守农救会纲领，执行农救会的一切决议。

2. 发展介绍农救会会员。

3. 交纳会费。

八、《冬学政治补充教材》(第二册)①

第一课　根据地有没有特务汉奸

说起锄奸，有好多人怀着错误的念头，他们想“汉奸是敌人往□□②派来的，咱村里没有”，“咱村保险，汉奸不敢来”，因此就不注意锄奸反特务工作。

今年九月太谷政府破获了一个特务大案，这个特务组织叫做新民会，新民会是敌人在根据地的汉奸组织，而且已经好几年了，

---

①《冬学政治补充教材》第二册，山西省档案馆藏，G3－185。其中，第五、十课因资料不全，未收录。

② 教材此处字迹模糊不清，应是一地名。

对我们根据地老百姓危害很大，谁说根据地没有特务汉奸呢？

“家贼难防狗不咬”，我们根据地有特务汉奸，他们勾结敌人，苦害我们。

不要以为根据地没汉奸吧！我们过去就吃了这个亏，可不要“再麻痹了”！提高警惕，严密注意特务汉奸的行动。

第二课　看看汉奸是怎样残害我们（一）

汉奸对我们老百姓是丧尽天良，想各种办法害我们的。这里将我们破获的新民会特务案给大家讲讲。

太谷二区温家庄有一伙好民兵，探情报打敌人，每次扫荡老百姓都在他们的掩护下未受损失，还防备了汉奸的活动，所以村里人们说：“民兵是我们的靠山。”

老百姓的靠山，汉奸们当然就不满意，他们和敌人设好诡计×月×日把民兵包围，他们县青救会主席马太生同志，及温家庄的高大魁、刘××等武委会干部及民兵七人英勇牺牲在汉奸郭福寿的手下。

老百姓回了村里都伤心下泪，只有郭福寿宣传：“叫你们再当民兵，就知道这干不下个好。”大家都奇怪他说这话，原来郭福寿是个大汉奸（州八道新民总会的副会长），勾结敌人，出卖民兵的就是他。

第三课　看看汉奸是怎样残害我们（二）

还有太谷县寺王村的民兵自卫队也很好，特别是武委会主任王凤祥，人们叫他指导员，这也成了汉奸们的眼中钉。

今年三月□□□□□□[①]，打死榆次四民兵，打死塔寺的放哨的，又将王凤祥同志杀死。

---

① 教材此处字迹模糊不清。

谁干的呢？汉奸王天亮，为敌人送情报。

第四课　看看汉奸是怎样残害我们(三)

伤心的事情还有，太谷三区石圪垴，五区于今年夏天去住了二回，敌人就去了两次，敌人在这个村里抢走许多头牲口，六七石粮食，敌人来的时候，使老百姓受了很大苦，给老百姓带了很大苦，政府拿了不少公粮来救济，放在××山，第二天敌人就抢走了，这也是我们村的敌人造成的损失。

第六课　忠奸不两立，大义灭亲

古人说：忠奸不能两立，大义灭亲。南庄村就出了两个汉奸，南庄新民会的××，田凤兰、刘大魁因为罪大恶极，十恶不赦，政府把他们枪毙了。忠奸不两立，大义灭亲。陈××是田凤兰的老婆，她说："我从小就来了他家，他当了汉奸，我不要这当汉奸的男人!"

田凤兰的五儿在□□[1]开会，知道他爹当了汉奸，政府把他枪毙，就告邻家说："去挖上个坑埋了吧，当了汉奸占不上棺材。"

这几个人我们应当敬佩他们，因为他们就告人说我不要那汉奸父亲。之后，田凤兰被杀，家里人都未去，说："我不去！不给汉奸当儿子!"刘大魁的父亲也很好，听说他儿子当了汉奸时态度很坚决，就是自己亲人当了汉奸，他们也是不饶的。

第七课　上了汉奸特务的当

刘文彪是下西庄村，圪垛村人，他就是上了汉奸特务的当。

汉奸王天亮告刘文彪说："你参加了新民会吧，日本上来不烧不杀。"他就马马虎虎参加了。

有一次日本包围了圪垛村把刘文彪的家里烧了，房子烧毁，刘

---

① 教材此处字迹不清，应为一地名。

文彪去找王天亮，问他："你可说参加了新民会不烧不杀，要烧杀了我就要退出。"王天亮说："你还打算反口，告日本人把你全家烧了剐了。"真的，没过几天敌人又到圪垛，把刘文彪捉到太谷，打了半死，还灌凉水。以后抗日政府多方动员，费九牛二虎之力才筹划了些钱将他保出来。

刘文彪回来很痛心，但怕汉奸处理没有敢报告政府，这次因为他是榆太新民总会宣传，将他传来他才痛痛快快说了，政府体念他是上了人家的当，所以没判罪，放他回家做好人，刘文彪听了才知道上了当的人只要坦白的报告政府，改过自新，政府会帮助他做好人的。很是感动，所以他现在工作很积极。

特务分子用多种威胁利诱的办法发展组织，如他们介绍人只说："你参加个会吧。"之后才告说是"新民会"，你如果不愿意他就吓唬你，"你不愿意吗？告日本人来剿灭你全家。"这就是霸王硬上弓，愿不愿逼着干，像这样上当的人可不少，我们要劝说他们坦白悔过，真正有过能改的人，就是好人。

第八课　镇压死心塌地汉奸，挽救上当份子

政府根据以上的情形，改了两条法令：① 镇压死心塌地汉奸；② 挽救上当份子。

什么是死心塌地汉奸呢？就是作恶多端，反复无常，为老百姓公愤，经政府多方教育争取仍不悔改的份子，对于这些人，为了保证抗日人民的利益，铲除害群之马，为了杀一儆百，所以政府要镇压他们。

但是对于能够回心转意上了当的人，因为他们有的是上了特务的当，有的是决心改过，所以政府的政策是从宽处理，不杀他们，还给他们留一条自新的道路。

我们要拥护政府的锄奸政策，检举死心塌地的特务分子，要求政府为民除害，挽救一切上当和可能争取回头的人，让他们改过自新。

第九课 日本人不烧不杀吗？

新民会在发展会员的时候，鬼哄人们说："你参加新民会吧，敌人上来不烧不杀。"我们讲一个例子吧。

大家还记得在小店开会的时候，人们问田国兰："你为什么参加新民会？"老家伙说："人家说参加了新民会不烧不杀。"马上有人问他："你家的三小子哪了？你的房子是你个人烧的？"他又说："怎么不烧不杀，我老糊涂啦。"

再不信看看本川，那到是维持敌人多年了，敌人怎样对待老百姓呢？出来抢粮有多少夺多少，夺不出来洋狗咬，阳邑不是咬死好几个人，大白村一个妇女，不是七月里怀着小孩，不是被敌人一脚踢死了吗？

大家想想看，谁是仇人，谁是恩人。

第十一课 算算账

当汉奸的有的还有些人想赚下些钱，自己舒服，所以昧着良心给敌人做事。

可是这些人不会算账，他们没有想想命要紧，还是钱要紧. 老牌汉奸殷同，当了那么多年的汉奸，帮助敌人压迫中国人，可说是忠实走狗了，终于被敌人毒死，可见当汉奸给敌人办事是没有好下场的。太谷的田凤兰当了汉奸，家里的房子仍被烧了，不是很好明确的吗？可见当汉奸即使要不了命，是好好生产赚上钱享福好，还是当汉奸赚钱舒服好？

古人说过："君子爱财，取之有道。"这是说钱要来的正派，生产来的就是有道，花着光荣。当汉奸赚的钱，花着不光荣，自己担惊受怕，心愧不安，没有一时可以放心过活。刘富彪说："我的心好疼，吃不下饭，睡觉也睡不着，只怕你们发现了，结果还是发现啦!”这句话让那么些人想想吧！怎么好好活。

九、《抗日三字经》[①]

好男儿，性忠坚，爱国家，出自然，国不保，家不安，卫国家，务当先。

宋岳母，训岳飞，背刺字，精志谱，岳将军，奋威武，打金兵，复故土，

唐张巡，称忠良，禄山反，守睢阳，与战池，共存亡，美姓名，万里扬。

日本鬼，侵中华，似恶兽，似毒蛇，占我土，杀我民，又抢掠，又奸淫，

恨如海，仇如山，我同胞，请听言，倭敌柄，起明朝，沿海岸，乱杀烧，

戚继光，发兵剿，鬼敌寇，鼠窜逃。清政府，不改良，官不贤，兵不强，

甲午战，海军亡，日本鬼，更猖狂，吞琉球，灭台湾，割旅顺，并大连，

我藩属，丧失完，东三省，好地方，多大豆，富高粱，森林茂，煤矿藏，

九一八，切莫忘，日本鬼，夺藩阳，守将士，志不刚，不抵抗，实心伤，

好河山，一夜亡，七月七，卢沟桥，日本鬼，演练操，半夜后，开枪炮，

轰宛平，夺天津，攻北京，国人怒，世界惊，在上海，八一三，日

---

① 冬学教材亦会选用初级小学适合对民众进行教学的教材，此太岳区《抗日三字经》为初小二年级课本，亦作为同年的冬学教材所用。

本鬼，

生事端，陆战队，极凶残，杀妇孺，屠耕牛，既无法，又无天，残忍状，

不可言，我同胞，多惨死，共产党，重自由，八路军，告国民，齐抗战，

求生存，拼死命，把国救，人人战，处处抗，彼倭寇，难扫荡，农种植，

供军粮，军粮足，军力强，多施肥，早晚浇，锄野草，留良亩，多打粮，

不辞劳，工人好，有心胸，早入厂，晚下工，商贩卖，要公道，不居备，

不取巧，卖国货，利权保，学界人，知识高，勤宣传，教同胞，富有人，

钱力出，军界士，贵勇敢，杀敌人，不眨眼，一当十，十当百，百当千，

千当万，不胜利，不停战。

索　引

S

T

W

X

Y

后　记

人生天地之间，若白驹之过隙，忽然而已。蓦然回首，自 2017 年博士毕业至今已有三年多的时光。博士时我师从岳谦厚先生，承蒙先生不弃，毕业后我留校于近代中国研究所。

本书由我的博士毕业论文修改补充而成。在博士毕业后，我继续去省、市、县档案馆查阅、搜集根据地社会教育相关档案资料，并进行了多次田野调查和访谈。遵循“让历史说话，用史实发言”的宗旨，我在尽可能多地掌握一手档案史料的基础上，继续充实、丰富和完善着博士论文。由于学识有限，书中难免存在疏漏与不足之处，还请学界同仁不吝赐教！

在书稿完成之际，我要郑重地感谢我的博士导师岳谦厚教授，先生给予了我无尽的指导与帮助，从论文题目确立、史料查阅、写作过程，再到最终定稿，都倾注着先生的心血！在此我也要感谢我的硕士导师侯怀银教授，自硕士一年级起，先生就鼓励我要以学术研究为理想，并建议我考博，不断攀登学术高峰。

最后，我要再次由衷地感谢南京大学“抗日战争专题研究”项目编委会，非常荣幸本书入选出版。

辛萌

2021 年 4 月